van de Velde **Wiener Werkstätte**
arles **Rennie Mackintosh** Peter
en **Gray** Jacques-Emile Ruhlmann Syrie Maugham
ius Kaare Klint Wilhelm Kåge Svenska
runo **Mathsson** Enid Marx Donald Deskey
erriand **Le Corbusier** Gerrit Rietveld
rianne Brandt Giuseppe Terragni **Raymond Loewy**
Henry Dreyfuss **Wells Coates** Sixten Sason
rne **Jacobsen** Pier Giacomo & Achille Castiglioni
ranck Hans Wegner **Ernest Race** Robin &
liot **Noyes** Hans Gugelot Douglas Scott
Ray Eames Marco Zanuso Marce
mi **Joe Colombo** Mario Bellini Harley Earl
Philippe Starck Michael Graves
gdesign **Richard Sapper** Javier
Citterio Ron Arad Jasper Morrison

DESIGN
IM 20. JAHRHUNDERT

DESIGN
IM 20. JAHRHUNDERT

DIE EROBERUNG DES ALLTAGS DURCH DIE KUNST

PENNY SPARKE

DEUTSCHE VERLAGS-ANSTALT   STUTTGART

Molly, Nancy und Celia gewidmet

Übertragen aus dem Englischen von
SWB Communications, Marbach

Die Deutsche Bibliothek – CIP Einheitsaufnahme

Design im 20. Jahrhundert :
die Eroberung des Alltags durch die Kunst / Penny Sparke.
[Übertr. aus dem Englischen von SWB Communications, Marbach] –
Stuttgart : Deutsche Verlags-Anstalt, 2001
Einheitssacht.: A century of design ‹dt.›
ISBN 3–421–03192–4

2. Auflage 2001
© Penny Sparke 1998 (Text)
© 1998 Octopus Publishing Group Ltd.
© 1999 Deutsche Verlags-Anstalt, Stuttgart
(für die deutsche Ausgabe)
Redaktion: SWB Communications, Marbach,
Dr. Sabine Werner-Birkenbach
Satz: dtp im Verlag (Cornelia Saier)
Bildbeschaffung: Wendy Gay
Druck und Bindearbeiten: Toppan Printing Company Ltd., China
Printed in China
ISBN 3–421–03192–4

Inhalt

In diesem Buch geht es im Grunde um Menschen. Es ist natürlich auch ein Buch über Dinge – Dinge, die nicht existieren und ganz sicher nicht so aussehen würden, wie sie es tun, wenn sie nicht jemand zuerst erdacht hätte. Uns ist nur selten bewußt, daß alles, was uns in unserem Alltag umgibt – vom Frühstücksbesteck über den Bus, mit dem wir zur Arbeit fahren, dem Computer, den wir benützen, den Stühlen, auf denen wir sitzen, und den Laternenpfählen, an denen wir auf unserem Heimweg vorbeikommen –, ausgedacht und entworfen wurde und daß eine Person oder ein Team diesen Dingen die Form gegeben hat, die wir sehen.

Sich diese Gegenstände auszudenken ist kein so simpler Vorgang, wie es auf den ersten Blick scheint. Es geht nicht einfach darum, auf der Rückseite eines Briefumschlags einen Entwurf zu kritzeln, vielmehr muß man sich ein Bedürfnis vor Augen halten und dann versuchen, dafür eine Lösung zu finden. Ein solches Bedürfnis kann ganz unterschiedlich ausfallen: Es kann ein funktionales Bedürfnis sein, beispielsweise etwas, mit dem Sie Ihr Brot schneiden können. Es kann sich um ein ästhetisches Bedürfnis handeln, etwas, das Ihr Leben schöner oder angenehmer macht. Es kann ein gesellschaftliches oder psychologisches Bedürfnis sein, etwas, das Ihnen ein Gefühl der Sicherheit oder der Harmonie mit Ihrer Gesellschaftsschicht vermittelt. Doch am weitaus häufigsten ist es ein ökonomischer Imperativ seitens des Herstellers, der ein neues Produkt auf den Markt bringen will. All diese Bedürfnisse und noch viele mehr müssen von dem Designer berücksichtigt werden, bevor er an einen Gegenstand auch nur als Möglichkeit denken kann.

Die Verantwortlichkeiten eines Designers sind mannigfaltig. Dazu gehört nicht nur, daß die einzelnen Komponenten des fraglichen Objekts richtig zusammenpassen müssen, dazu gehört auch, daß er der Vermittler unserer Träume, Sehnsüchte und Ängste sein und die passenden Symbole für uns schaffen muß. Wir definieren unsere Identität, sowohl unsere individuelle als auch unsere kollektive, durch die Dinge, mit denen wir uns umgeben, und Designer müssen auch diesen Punkt in Betracht ziehen. Es ist eine komplexe Aufgabe, die in mancherlei Hinsicht übermenschliche Fähigkeiten erfordert.

Designer haben es bei ihrer Arbeit darüber hinaus mit einer ungeheuren Zahl an Beschränkungen zu tun. Wenn der betreffende Gegenstand als Massenprodukt gefertigt werden soll – und das ist in diesem Jahrhundert meistens der Fall –, muß der Designer allen Ansprüchen der Herstellung gerecht werden und in den letzten Jahrzehnten auch denen von Marketing und Einzelhandel, was sogar noch wichtiger ist. Er muß die Produktionstechniken verstehen und um die Möglichkeiten und Grenzen unterschiedlichster Materialien wissen. Er muß auch über die Konsumenten und deren Bedürfnisse, Wünsche und Vorlieben informiert sein. Designer erfüllen außerdem eine wichtige kulturelle Funktion. Sie sind die Schöpfer der gegenständlichen Umgebung, in der wir leben, und müssen daher eine Vision davon haben, wie sie aussehen und wie sie unser Leben beeinflussen soll. Einige sind dabei bis an die Grenzen des Möglichen gegangen, haben völlig neue Formen erdacht und für manche Objekte neue Bedeutungen gefunden. Andere haben am theoretischen Überbau des Designs gearbeitet und ihre Rolle im kulturellen, wirtschaftlichen und politischen Umfeld definiert. Wieder andere hatten Visionen, die mit den ästhetischen und emotionalen Bedürfnissen der Öffentlichkeit zusammenfielen.

Dieses Buch handelt von den Pionieren, die im Design eine Möglichkeit sahen, ihren persönlichen Ehrgeiz in den Dienst gesellschaftlicher Ziele zu stellen. Es ist unmöglich, als Designer für die Industrie zu arbeiten, ohne die Auswirkungen auf die Gesellschaft zu bedenken. In diesem Jahrhundert haben sich zahlreiche Designer stets von neuem dieser Aufgabe gestellt. Immer wieder stand das Design an vorderster Front kultureller und anderer Veränderungen in diesem Jahrhundert. Designer haben mit vielen anderen Berufsgruppen zusammengearbeitet – mit Künstlern, Architekten, Politikern und Technologen – und sich von ihnen inspirieren lassen.

Sie wurden von verschiedenen Kräften geleitet, je nach der vorherrschenden Strömung. Bei Veränderungen in der Politik oder im kulturellen Klima änderte sich auch die Richtung, in die viele Designer blickten.

Designer arbeiten in Gruppen an einer Einzelaufgabe oder verwirklichen als Individuen ein persönliches Projekt. Wie alle Berufsstände werden auch sie von der jeweils herrschenden Ideologie ihrer Zeit beeinflußt.

Die dominierende Design-Ideologie in diesem Jahrhundert war die des Modernismus, der das Konzept der Moderne in die materielle Massenwelt übertrug. Der Modernismus ließ sich von technologischen Fortschritten leiten und richtete sich streng nach den Prinzipien der mechanisierten Massenfertigung. Seine visuelle Sprache entwickelte er aus der Avantgarde der abstrakten Kunst, die als angemessene Ausdrucksmöglichkeit der Moderne angesehen wurde. Fast alle führenden Designer des Modernismus waren in erster Linie Architekten, die an die Architekturtheorie des Funktionalismus glaubten – an die Vorstellung, daß die äußere Form eines Gebäudes von seiner Funktion bestimmt werden sollte. Diese Vorstellung brachten sie auch in den Bereich des Designs ein. Ihr Ansatz war so dominant, daß in den zwanziger und dreißiger Jahren dieses Jahrhunderts alle Institutionen, die mit Design zu tun hatten – darunter Ausbildungseinrichtungen und Museen –, den Modernismus als die angemessene Designtheorie des neuen Jahrhunderts ansahen. Natürlich arbeiteten viele Designer auch außerhalb dieser Parameter, aber der Einfluß des Modernismus war bei allen spürbar. Erst in den sechziger Jahren stand der Modernismus einer ernsten Bedrohung gegenüber, und selbst nach seinem scheinbaren Dahinscheiden blieb er die bevorzugte theoretische Basis für viele einflußreiche Designer – und das ist er bis heute.

Wer sind die Designer, die für dieses Buch ausgewählt wurden? Meistens sind es Männer, wie das in der Geschichte der meisten Berufe in diesem Jahrhundert der Fall ist, obwohl signifikant viele Frauen als Innenausstatterinnen oder als Assistentinnen berühmter früher Modernisten ebenfalls dazu gehörten. Mit Fortschreiten des Jahrhunderts gab es auch immer mehr erfolgreiche Designerinnen.

Die Mehrheit der vorgestellten Gestalter hat eine Ausbildung zum Architekten hinter sich. Logischerweise wandten sie sich zuerst Gegenständen aus dem Bereich der Innenausstattung zu, aber dann gingen sie zu den Produkten dieses Jahrhunderts über, die den Alltag bestimmen: Schreibmaschinen, Mixgeräten, Automobilen und anderen. Die Ausnahmen dieser Regel waren zumeist Kunsthandwerker, Grafiker oder Künstler. Erst nach 1945 gab es Produktdesigner, die speziell für diesen Beruf ausgebildet worden waren. Der Einfluß verwandter Disziplinen hat dem Design des 20. Jahrhunderts eine Vielseitigkeit verliehen, die sich auf den Seiten dieses Buches entfaltet.

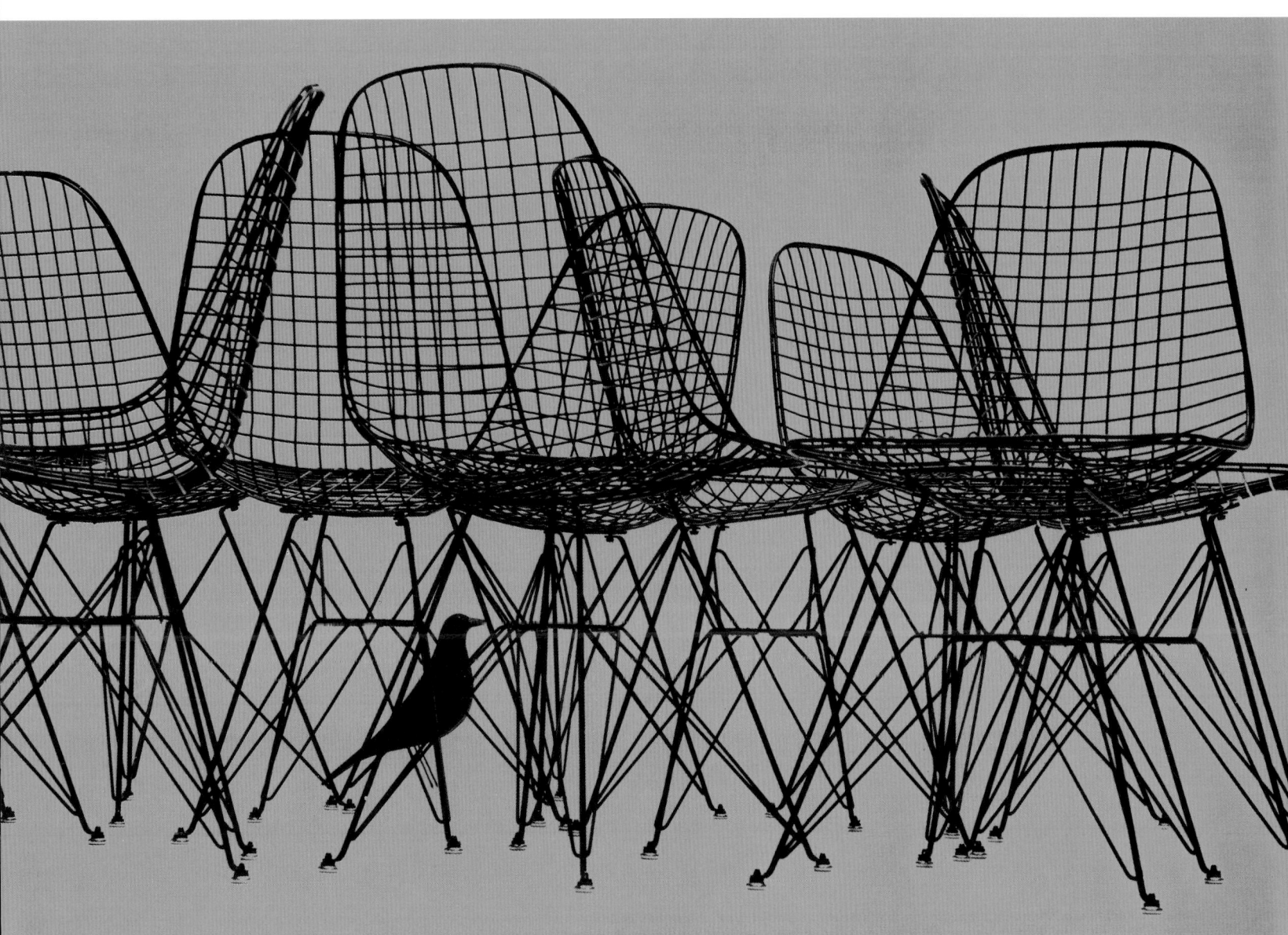

*Das Titelbild der »Architectural Review«
vom Juni 1952 zeigt eine Gruppe von
Stühlen aus Drahtgeflecht – sie tragen
den klangvollen Namen »Cat's Cradle« –,
die Charles Eames für die Möbelfabrik
Herman Miller entwickelte. Die elegante
Formgebung dieser minimalistischen
Entwürfe wirkte sich deutlich auf den
Zeitgeschmack der Nachkriegsjahre aus.*

Das neue Jahrhundert

Die zwei Jahrzehnte um die Jahrhundertwende waren eine Zeit der Veränderung im Hinblick auf die materielle Welt, auf Lebensweisen, wie sie es zuvor noch nie gegeben hatte. Es waren die Jahre, in denen das »Moderne Zeitalter« entstand, wie wir es heute nennen. Das Leben in den westlichen Industrieländern – nicht nur das einer Elite, sondern der Allgemeinheit – änderte sich unwiderruflich. Der Massentransport, die Massenkommunikationssysteme und die Massenwarenproduktion gaben den Dingen für immer ein neues Gesicht. Die Hauptkraft hinter diesen Veränderungen war die Technologie, die man für vernünftig, fortschrittlich und vor allem unaufhaltsam hielt. Viele Menschen setzten ihr Vertrauen in den Fortschritt, weil sie glaubten, dies sei der einzig gangbare Weg vom 19. ins 20. Jahrhundert. Sie glaubten, die Technologie würde materiellen Wohlstand, soziale Gleichheit und ein wirksames und vernünftiges Herangehen an die Probleme des täglichen Lebens mit sich bringen. Architekten und Designer gehörten zu den ersten, die der Versuchung der Technologie erlagen. Fast ein Jahrhundert lang hatten sie in einem völlig anderen Klima arbeiten müssen, das die Sicherheit der Tradition den Aufregungen des Neuen vorzog. Vorsicht statt Abenteuerlust hatte den Geschmack der neuen Mittelklasse und der kaiserlichen Mächte in der Mitte des 19. Jahrhunderts bestimmt, Neugotik hatte mit dem Historismus gewetteifert.

Vor dem Hintergrund dieses reaktionären Klimas entstand das moderne Design. Architekten ebneten den Weg, indem sie ihre Ideen vom Gebäude auf dessen Innenräume übertrugen und schließlich auf die Gegenstände darin. Damit rissen sie die Hierarchie nieder, die diese Bereiche lange getrennt hatte. Die Architektur, die »Königin der Künste«, war respektabel und stark genug, um die materielle Welt als Ganzes zu beeinflussen, und gab nun den Anstoß zu einer grundlegenden Veränderung.

Die Erneuerung nahm in Großbritannien ihren Anfang. Auf den Ideen von John Ruskin basierend und von William Morris, C. R. Ashbee, C. F. A. Voysey und anderen fortgesetzt, begannen die Designer die Wiederbelebung historischer Stile zu hinterfragen, welche durch maschinelle Fertigung in neuem Gewand daherkamen und gedankenlos konsumiert wurden.

Die Gestalter suchten zunächst einen Ausweg durch die Stärkung des Kunsthandwerks. Ihr Ziel war, eine Reinheit des Stils und zugleich die Verbundenheit zwischen Künstler und Objekt wiederzuerlangen. Obwohl dieser reformerische Eifer in seinem Wesen ländlich war und in mancher Hinsicht rückwärts gerichtet, markierte er eine wichtige Zeit des Umbruchs, in der Architekten und Designer offen und sensibel auf das neue Klima, in dem sie sich wiederfanden, reagieren konnten.

Während das ländlich geprägte Ideal des Arts and Crafts Movement in entlegenen Gebieten anderer Ländern Entsprechungen fand, die dazu eine nationale Identität repräsentierten – etwa Finnland, Ungarn und Schweden –, entstand das eigentliche moderne Design in Zentren wie Paris, Brüssel, München, Barcelona und, bis zu einem gewissen Grad, Mailand und Glasgow. Obwohl diese Entwicklung ihren stärksten Niederschlag in der Architektur fand, blieben auch die schönen Künste, die Gebrauchskunst sowie die Innenausstattung nicht unbeeinflußt.

Der Art nouveau oder Jugendstil, wie er im deutschsprachigen Raum genannt wurde, stellte den ersten wirklichen Bruch mit der Vergangenheit dar. Es war ein Übergangsstil, da er einerseits auf Naturmotive zurückgriff und andererseits die Möglichkeiten neuer Materialien – zum Beispiel Schmiede- und Gußeisen, Aluminium und Scheibenglas – ausschöpfte, um zeitgemäß zu sein. Er umfaßte ein breites Spektrum stilistischer Möglichkeiten, von den geschwungenen Formen der Werke Hector Guimards (siehe S. 20/21), Emile Gallés und Eugène Gaillards in Frankreich, über jene Henri van de Veldes (siehe S. 16/17) und Victor Hortas in Belgien, Antoní Gaudís in Spanien und Peter Behrens' (siehe S. 30–33) in Deutschland bis hin zu den geometrischeren Gestaltungen Charles Rennie Mackintoshs (siehe S. 26–29) in Schottland sowie Otto Wagners und Josef Hoffmanns in Österreich (siehe S. 12/13 und 34–37). In all seinen Facetten suchte der Art nouveau die Verbindung von Struktur und Dekoration. Man begann, Gebäude, Innenräume und Objekte als Produkte ihrer Materialien, ihrer Konstruktionsprinzipien und ihrer Funktion zu betrachten; gleichzeitig sah man sie als bedeutsame Teile der Zeichen- und Symbolwelt.

Die Rolle der Maschine und die zunehmende Rationalisierung und Effizienz im modernen Leben hatte die Abwendung von der Natur hin zu einfacheren geometrischen Formen zur Folge. Die Jugendstil-Designer in Österreich und Deutschland wurden dieser neuen Anforderung gegenüber zunehmend sensibler und suchten nach einem neuen Ansatz.

Die wichtigen Ausstellungen dieser Zeit zeigten die Veränderungen und spiegelten deren Erfolge wider. Die Weltausstellungen in Paris in den Jahren 1889 und 1900 (siehe S. 22/23) zollten dem Einfluß des Art nouveau ihren Tribut, während die Turiner Ausstellung von 1902 den geometrischeren Stil des Glasgowers Mackintosh vor internationalem Publikum in den Vordergrund stellte. Die Verbreitung neuer Zeitschriften zum Thema dekorative Kunst wie »The Studio« und »Pan« beschleunigte ebenfalls die Wirkung über nationale Grenzen hinweg. Stile und Ideen überquerten den Atlantik, und exotische Einflüsse aus den europäischen Kolonialreichen spielten eine entscheidende Rolle in diesem sich ausweitenden Schmelztiegel der Möglichkeiten.

Während das neue Klima einiges möglich machte, hätte doch keine Veränderung stattfinden können ohne den persönlichen Einsatz einer Gruppe weitblickender und couragierter Einzelpersonen. In Europa und in den Vereinigten Staaten ergriffen Architekten, Künstler, Designer und Kunsthandwerker die Chance für eine Veränderung. Diese betraf nicht nur die Architektur und das Design, sondern das Leben selbst. Die Idee des »Gesamtkunstwerks« war die theoretische Rechtfertigung für jene Designer, die Grenzen der verschiedenen Künste überschritten. Und bald schon konnte man eine neue Beziehung zwischen der materiellen Umgebung und dem Alltag erkennen, nicht nur als entfernte Utopie, sondern als realistische Möglichkeit.

Diese Vision der Zukunft war weitgehend von Männern geprägt. Von der modernen Technologie inspiriert, waren es männliche Architekten, die die Suche nach Veränderung der materiellen Umgebung bestimmten. Doch die Gebiete Dekoration und Kunsthandwerk waren damals von der »Maschinenästhetik«, wie man sie später nannte, noch nicht an den Rand gedrängt worden, sondern spielten eine wichtige Rolle bei der Befreiung von Zwängen aus der Vergangenheit. Schließlich war, wie die in diesem Kapitel vorgestellten Architekten und Designer fest glaubten, alles möglich.

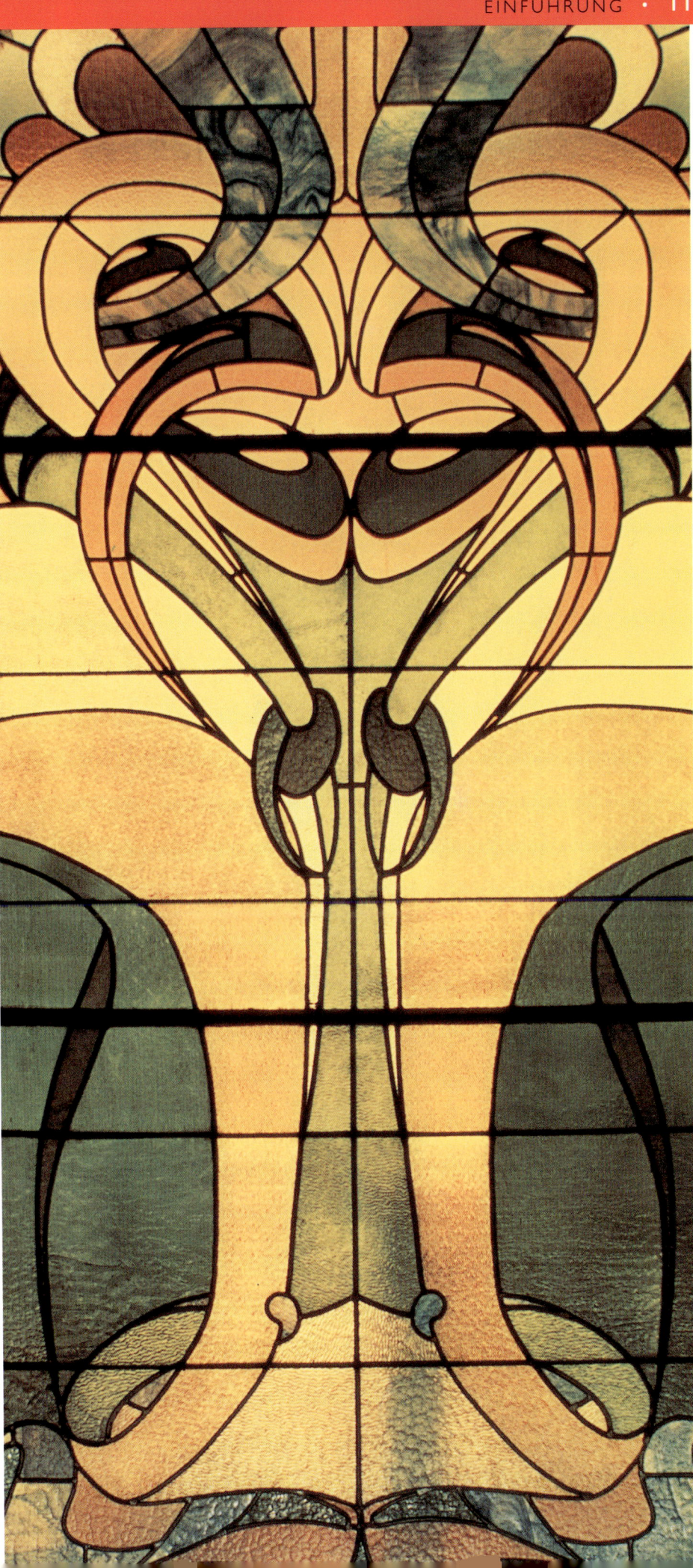

Ein Buntglasfenster, das Henry van de Velde in den späten neunziger Jahren des 18. Jahrhunderts für das Hôtel Otlet in Brüssel entwarf, für dessen Inneneinrichtung er verantwortlich war. Die geschwungenen Linien des Fensterdesigns setzten sich in der gesamten Ausstattung fort, was sie zu einer typischen Fin-de-siècle-Kreation macht.

Eine Schlüsselrolle in der Geschichte der modernen Architektur und des Designs kommt ohne Zweifel Otto Wagner (1841–1918) zu. Der Wiener inspirierte als Lehrer und Schriftsteller und vor allem durch sein Werk viele Künstler. Er war einer der ersten, die in ihren Arbeiten auf die veränderten Anforderungen des »modernen Lebens« reagierten. Hierzu gehörte die

Verwendung neuer Materialien, die Auseinandersetzung mit den technischen Errungenschaften seiner Zeit sowie die Einbeziehung der Bedürfnisse einer zunehmend urbanen Gesellschaft. Otto Wagner entwickelte eine Formensprache, die sein Bemühen um Funktionalität zum Ausdruck brachte und sich vom Historismus seiner Vorgänger im 19. Jahrhundert deutlich absetzte.

Otto Wagner

Otto Wagner war ganz ohne Zweifel der führende Kopf des Wiener Aufbruchs in die Moderne in den Bereichen Architektur und Design. Als Lehrer, Autor und vor allem durch sein gestalterisches Werk kommt ihm in der Entwicklung des Designs an der Schwelle vom 19. zum 20. Jahrhundert eine zentrale Rolle zu.

Im Jahr 1898 entwarf Wagner diesen Stationspavillon der Wiener Stadtbahn am Karlsplatz (rechts) – im Bild ein Detail. Die gleichzeitige Hervorhebung von funktionalen Bauteilen und rein dekorativen Elementen ist charakteristisch für die Übergangsphase im Werk Otto Wagners zwischen Historismus und Funktionalismus.

Ausbildung und erste Arbeiten

Otto Wagner erhielt eine solide akademische Architekturausbildung, zunächst von 1857 bis 1860 an der Technischen Hochschule in Wien (einschließlich einem Jahr an der Berliner Bauakademie). Zwischen 1861 und 1863 studierte er an der Wiener Akademie der Bildenden Künste, wo er 1894 Professor und Leiter der Abteilung Architektur wurde. Zu seinen frühesten Bauten in Wien gehören innerstädtische Mietshäuser und Villen mit dekora-

tiven Details, die älteren Baustilen entlehnt waren. Von dieser eher historistischen Architektur rückte er jedoch im Lauf seiner Entwicklung ab. Er konzipierte etwa vierzig solcher Häuser, darunter sein eigenes im Rennweg 3 (1889), dessen Fassade Renaissance-Elemente aufweist. Außerdem entwarf er ornamentiertes Mobiliar, das an den Biedermeier-Stil erinnerte, welcher bei der seit Mitte des 19. Jahrhunderts stetig wachsenden städtischen Mittelschicht in Wien populär war.

Entwicklung des Funktionalismus

Die ersten Jahre des 20. Jahrhunderts stellten für Otto Wagner eine Zeit des Umbruchs dar. Er begann eine eigene Herangehensweise an Architektur zu entwickeln, die ihre Impulse aus den Errungenschaften des Zeitalters der Moderne bezog. 1899 gehörte er für kurze Zeit der 1897 gegründeten Wiener Sezession an, einer Gruppe von Künstlern und Architekten, die in Opposition zur Wiener Akademie der Bildenden Künste entstanden war. Das Ziel der Sezessionisten war es – entgegen der Lehrmeinung, die angewandten Künste stünden auf der Wertskala unter der Malerei –, die Architektur, die schönen Künste und das Kunsthandwerk als gleichwertig anzusehen und die Grenzen zwischen den Disziplinen aufzuheben; ein Ziel, das auch im Mittelpunkt von Wagners Werk als Designer stand. Am Ende des Jahrhunderts hatte er eine Reihe von Objekten entworfen, die diesem Ideal näherzukommen suchten. Dazu gehörte ein gußeiserner Ausstellungsstand mit Ausstattung für die Weltausstellung in Paris im Jahr 1900 (siehe S. 22/23), der die typische geschwungene Linienführung des Jugendstils – der nordeuropäischen Variante des stärker von floralen Formen geprägten französischen Art nouveau – aufweist.

Wandlampe (rechts) von 1902 für die Telegraphenstelle im Verlagshaus der »Zeit« in Wien. Die am Gebrauch orientierte Schlichtheit zeigt Wagners damalige funktionalistische Auffassung von Design.

Innenansicht der Kirche am Steinhof in Wien (links), errichtet 1904–1907. Das Gebäude ist eines von Wagner Schlüsselwerken in seiner Rolle als Wegbereiter der modernen Architektur. Obgleich die Wände reich verziert sind, steht doch die Strenge der architektonischen Struktur im Vordergrund.

Dieser Stuhl aus lackiertem und poliertem Buchenholz (unten) mit seiner gelochten Sitzfläche wurde zwischen 1904 und 1906 für die Postsparkasse in Wien entworfen, das im Hinblick auf spätere Entwicklungen in der Architektur wohl bedeutendste Bauwerk Wagners.

Von 1900 an zeigten Otto Wagners Entwürfe für Gebäude und Einrichtungsgegenstände immer deutlicher eine funktionale Ästhetik; besonders seine Stühle überzeugten in ihrem Aussehen durch die Betonung ihrer Konstruktion. Er verwandte neue Materialien wie Glas und Aluminium, wodurch sich die verspielte Natur seiner frühen Arbeiten verlor. Die Möbel für den bemerkenswertesten seiner Bauten aus jener Zeit, die Postsparkasse in Wien (1904–1906), wiesen einfache, würfelartige oder auch gebogene Elemente aus dunkel lackiertem Buchenholz auf. Diese waren mit Aluminium verstärkt, was die Funktionalität der Konstruktion betonte (siehe rechts). Die Lochung der Sitzflächen einiger Stühle und Hocker reduzierte ihr Gewicht und korrespondierte optisch mit den Nieten an den Aluminiumbeschlägen. Die gleiche Liebe zum Detail, die Wagners Architektur und Möbeldesign auszeichnete, war in all seinen Werken sichtbar. 1902 schuf er eine Reihe von Silbergegenständen in der Formensprache der Art nouveau für den Wiener Hersteller J.C. Klinkosch, die im selben Jahr auf der Esposizione Internazionale d'Arte Decorativa Moderna in Turin gezeigt wurden. Zudem war Wagner in großem Umfang in die Wiener Stadtplanung eingebunden. Als künstlerischer Berater der Wiener Verkehrsbetriebe entwarf er von 1894 bis 1899 Stationspavillons und Brücken für die Stadtbahn, darunter die Haltestelle Karlsplatz (1898, siehe S. 12). In den Jahren 1906/1907 arbeitete er für die Kommission, die mit der Regulierung des Flußlaufs der Donau beauftragt war.

Lehrer und Autor

Otto Wagners Werke waren als Beispiele des frühen Funktionalismus für andere Designer in Wien und ganz Europa wichtig, doch seine fortschrittlichen Ideen wurden auch durch seine Schriften und seine Lehrtätigkeit verbreitet. Wagners Forderung, Architektur und Gestaltung den Anforderungen des modernen Lebens anzupassen, wird in seiner Schrift »Moderne Architektur« von 1896 formuliert. Dieses Buch trug ihm den Titel »Vater der Wiener Moderne« ein. Wagner betont darin die Notwendigkeit, den funktionalen Bedürfnissen des zeitgenössischen Lebens durch die Zweckorientierung, die Art der Konstruktion und die Verwendung neuer Materialien zu entsprechen. An der Architekturabteilung der Wiener Akademie der Bildenden Künste hatte er großen Einfluß auf seine Schüler. Unter ihnen waren Josef Hoffmann (siehe S. 34–37) und Joseph Maria Olbrich, die beide 1896 in Wagners Atelier arbeiteten und zu den Gründungsmitgliedern der Wiener Sezession zählten. Wagners Gesamtwerk vereint Arbeiten aller Art und jeder Größe, die jedoch eines gemein haben: Sie zeigen seine unbeirrbare Hingabe an das Konzept der Modernität.

Die meisten Pioniere des modernen Designs, die um die Jahrhundertwende herum eine Rolle in der Entwicklung dieser Bewegung spielten, arbeiteten in Wien, Paris oder Brüssel – in Zentren, die das Entstehen eines neuen Stils bezeugen, der nicht so sehr aus der Vergangenheit lebte, sondern zukunftsorientiert war. Nur wenige Künstler aus anderen Städten konnten sich durch die Präsentation ihrer Werke auf den wichtigsten Ausstellungen und durch Publi-

kationen in den großen Kunst- und Designzeitschriften der Zeit internationales Renommee verschaffen. Einer von ihnen war der in Mailand lebende Designer und Möbelbauer Carlo Bugatti (1855–1940). Sein ausgesprochen eigenwilliger Stil zeigt Merkmale, welche dem Trend in der damals aktuellen Gebrauchskunst entsprechen. Dazu gehören sein umfassendes Interesse an ungewöhnlichen Materialien und an der außereuropäischen Kunst.

Carlo Bugatti

Ausbildung und erste Werke

Im Gegensatz zu vielen anderen innovativen Designern war Bugatti von seiner Ausbildung her nicht Architekt, sondern Maler. Er studierte zuerst in den späten siebziger Jahren des 19. Jahrhunderts an der Accademia di Belle Arti di Brera in Mailand, danach an der Ecole des Beaux-Arts in Paris. Kurzzeitig liebäugelte er mit der Idee, Architekt zu werden, doch dann widmete er all seine Energie fast dreißig Jahre lang dem Entwurf und Bau von Möbeln für wohlhabende Mailänder. Sein erster Versuch in dieser Richtung war eine Schlafzimmer-

ausstattung, die anläßlich der Hochzeit seiner Schwester im Jahr 1880 entstand. Das Bett war überspannt von maurischen Bögen, an Kopf- und Fußende mit japanisch anmutender Ornamentik verziert und mit zahlreichen Holzeinlegearbeiten versehen. Im Jahr 1888 eröffnete Bugatti eine Werkstatt in Mailand, in der er Holzmöbel herstellte und verkaufte.

In seinem Bemühen um hochwertige Handarbeit war Bugatti den Ideen der britischen Reformer John Ruskin und William Morris verpflichtet, doch die exotischen Stilelemente in seiner Arbeit, wie

etwa asiatische und arabische Bildsymbolik, gehen eher auf das English Aesthetic Movement zurück oder sind von Pariser Künstlern inspiriert. Seine Entwürfe, die ausgesprochen exzentrisch wirkten, wurden in ungewöhnlichen Materialien wie Pergament und Leder ausgeführt; Einlegearbeiten und Quasten erhöhten die exotische Wirkung dieser ungewöhnlichen Kreationen.

Stilentwicklung

In den neunziger Jahren des 19. Jahrhunderts entwickelte sich Carlo Bugattis Interesse weg von

Foto Carlo Bugattis, aufgenommen vor einem seiner Werke aus den späten neunziger Jahren des 19. Jahrhunderts. Es zeigt die Kreisformen, die zu Bugattis Markenzeichen wurden.

Eine Truhe aus dem Jahr 1902 (oben) aus Pergament, verziert mit Goldbronze. Die stilisierten floralen Motive wurden von Bugatti häufig zur Dekoration von Möbeln verwendet.

asymmetrischen und hin zu symmetrischen Formen. Immer häufiger verwendete er Pergament, um die Verbindungsstellen von Möbelteilen zu verkleiden, und wiederholt tauchten kreisrunde Motive auf. Auf der Pariser Weltausstellung von 1900 gewann er eine Silbermedaille (siehe S. 22/23), und im selben Jahr belieferte er den Khedive-Palast in Istanbul mit Mobiliar. Seine Entwürfe waren stets mit Blick auf die Gesamtausstattung konzipiert. So lieferte er die Einrichtung von vier Räumen für die Esposizione Internazionale d'Arte Decorativa Moderna in Turin 1902, von denen einer – sein Name bedeutet »Schneckenraum« – den ersten Preis gewann. Seine Ausstattung mit eingebauten, geschwungenen Sitzgelegenheiten, Stühlen und einem Tisch basierte auf der Spiralform eines Schneckenhauses und kennzeichnete eine dramatische Wende hin zu einer Ästhetik der organischen, gewundenen Formen, die offensichtlich mit dem internationalen Art nouveau in Zusammenhang stand. Dieses Werk Bugattis markierte den Höhepunkt

seines kreativen Schaffens und trug viel dazu bei, sein Ansehen als innovativer Designer international zu erhöhen. Trotz der exotischen Einflüsse und der offensichtlichen

Exzentrik kann man Bugattis Werk als eine italienische Variante des internationalen Art-nouveau-Stils betrachten. Sein vorrangiges Ziel war es, historische europäische

Stile – denen besonders in Italien, wo das Erbe der Renaissance noch erheblichen Einfluß zeigte, große Bedeutung zukam – als Quelle der Inspiration zu vermeiden und traditionelle Formen aufzugeben. 1904 entzog sich Bugatti, der wahrscheinlich die Möglichkeiten seines elaborierten und aufwendigen Designs ausgeschöpft hatte, dem Druck, ein Handwerksgeschäft zu führen, und verkaufte seine Werkstatt. Er ging nach Paris, wo er sich, mit Ausnahme einiger aufwendig verzierter Silbergegenstände, die er 1907 dort ausstellte, wieder der Malerei zuwandte.

Schlafzimmereinrichtung von 1900 (oben), entworfen für das Haus von Lord Battersea in London. Die Kreisformen, die exotischen Details in der Dekoration und die Enge des Raums sind typisch für Bugattis Werk, der wenige Innenräume vollständig gestaltete.

Schaukasten mit Metall- und Holzeinlegearbeiten, verkleidet mit Holz und dekoriert mit Pergament. Die Symmetrie dieses reichverzierten Werks ist charakteristisch für das Frühwerk des Künstlers aus den späten neunziger Jahren. Japanischer Einfluß zeigt sich in den Mustern aus Blumen und Bambus, während die Bogenform der maurischen Kunst entlehnt ist.

Neben Otto Wagner gehörte Henry van de Velde (1863–1957) der älteren Generation von Gestaltern an, die das Design des 20. Jahrhunderts maßgeblich beeinflußten. Wie Wagner (siehe S. 12/13) war auch van de Velde zugleich Autor, Theoretiker, Lehrer sowie Architekt und Designer. Seine Werke und besonders seine Schriften waren prägend für viele spätere Gestalter. Während Otto Wagner die Bewegung weg vom Historismus zu einer neuen Formensprache des Designs führte, die auf der Verwendung neuartiger Materialien beruhte, beschäftigte sich van de Velde vor allem mit den Themen Linie und Form. Er forderte, daß das Aussehen eines Gegenstandes nicht länger eine symbolische Funktion haben solle, sondern durch seine Funktion bestimmt werde, denn, so van de Velde, »Nützlichkeit allein kann schon Schönheit hervorbringen«.

Henry van de Velde

Henry van de Velde sitzt hier an einem Tisch, den er 1899 als Teil einer ganzen Arbeitszimmereinrichtung für die Sezessions-Ausstellung in München im selben Jahr entwarf. Im Hintergrund ist eines seiner frühen symbolistischen Bilder zu sehen.

Typisch für van de Veldes Möbelentwürfe sind die geschwungenen Formen, die er gleichermaßen als Zier- und Konstruktionselement einsetzte. Die Linienführung dieses Stuhls (rechts) – 1895 für sein Haus Villa Bloemenwerf entworfen – ist einer frühen Form des modernistischen Designs verpflichtet.

Ausbildung und frühe Werke

Van de Veldes Auseinandersetzung mit der Linie hat ihre Wurzeln in der Malerei, einem Fach, das der Künstler zunächst in Antwerpen (1881–1884) und später in Paris (1884–1885) studierte. Seine frühen Arbeiten wurden vom spätimpressionistischen Werk Vincent van Goghs und Paul Gauguins sowie vom Pointillismus Georges Seurats inspiriert. Wo auch immer der Ausgangspunkt gewesen sein mag, es war schließlich die bewegte Linienführung der Symbolisten und des Art nouveau – letztere zunächst vor allem auf Plakaten und in der Grafik –, die seine Aufmerksamkeit auf sich zog. 1889 trat er der belgischen Künstlergruppe Les Vingt bei, 1894 schrieb er seine Abhandlung »Déblaiement d'Art« (»Der Kunst den Weg frei machen«). Er entwickelte darin eine Theorie der Linie, die er »dynamographisch« nannte und deren Aufgabe es war, die einem Gegenstand innewohnende dynamische Struktur sichtbar zu machen. Bei seinem Stuhl für die Villa Bloemenwerf zum Beispiel (siehe rechts) sorgen die hölzernen Bögen nicht nur für eine stabile Konstruktion, sondern verdeutlichen auch eine Aufwärtsbewegung.

Die Villa Bloemenwerf

Viele Aspekte von van de Veldes Theorie hatten eine sozialreformerische, moralische Dimension im Sinne John Ruskins und des englischen Arts and Crafts Movement mit William Morris an der Spitze. Genau wie dieser wandte sich van de Velde beim Entwurf eines Hauses für sich und seine Familie (1895) erstmals der Architektur und dem Gebrauchsdesign zu. Dieses Haus, die Villa Bloemenwerf im belgischen Uccle, war deutlich der geschwungenen Linienführung der französischen und belgischen Art-nouveau-Architektur verpflichtet, doch im Unterschied zu ihr waren die organischen Formen nicht allein Dekoration, sondern durchdran-gen das Gebäude und ließen ein harmonisches Ganzes entstehen. Die Originalität der Villa brachte ihrem Architekten eine Reihe von Aufträgen ein, zu denen die des Kunsthändlers Siegfried Bing und seines Konkurrenten Julius Meier-Graefe zählten. Van de Velde sollte Möbel für deren Kunstsalons L'Art Nouveau (1895) und La Maison Moderne (1899) in Paris entwerfen. In der Tat dehnte van de Velde in den späten neunziger Jahren des 19. und den ersten Jahren des 20. Jahrhunderts seine Arbeit auf eine Menge von Sujets innerhalb der dekorativen Künste aus: Er entwarf Inneneinrichtungen, Buchgestaltungen, Metallarbeiten, Keramik,

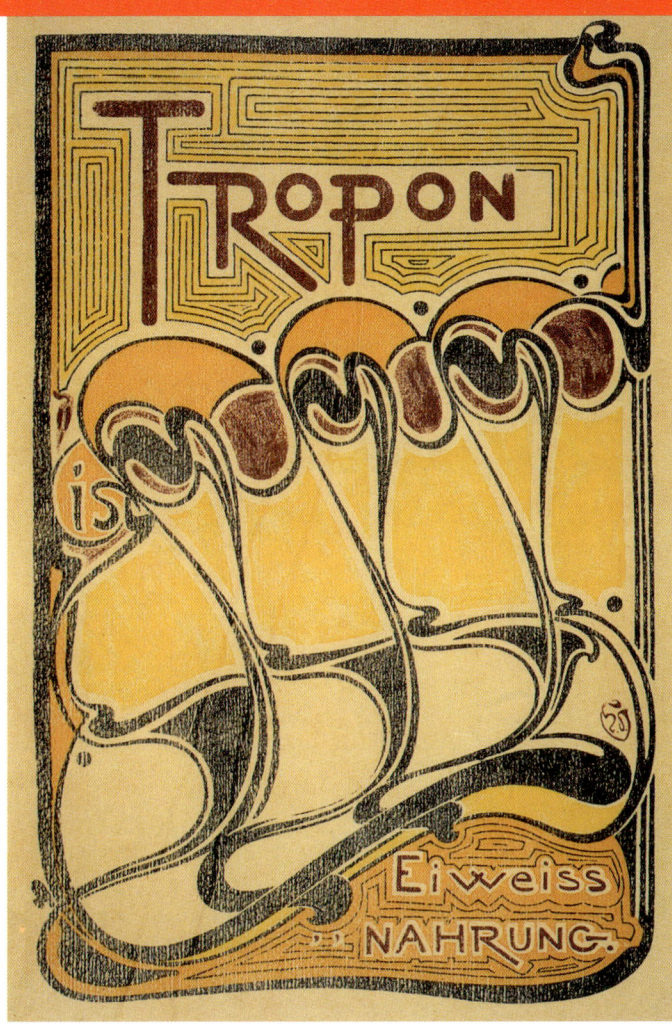

Ein 1897 entworfenes Plakat (links) für die Nahrungsmittelfabrik Tropon in Mühlheim. In frühen Jahren wechselte van de Velde von der Malerei zur Plakatgestaltung. Mit seinen biomorphen Formen, abstrakten Mustern und der Verwendung von Schrift im Bild ist dieses Plakat typisch für van de Veldes Grafik.

Van de Veldes Entwürfe für Tafelsilber zeigen kraftvolle, »dynamisch-grafische« Linien, die eine funktionale Bedeutung haben und zugleich Verzierung sind. Die schlichte Eleganz dieser Stücke von 1903 (rechts), die vom königlichen Goldschmied Theodor Müller in Weimar hergestellt wurden, ist charakteristisch für ihren Gestalter.

Van de Veldes Werk umfaßt eine große Bandbreite verschiedener Objekte, doch ihre Gestaltung verbindet der Gedanke, daß »Nützlichkeit allein schon Schönheit hervorbringen könne«. Die Form dieser zweihenkeligen Vase aus Steingut (unten), in den ersten Jahren des 20. Jahrhunderts für die Firma Reinhold Franke entworfen, wird hauptsächlich von der praktischen Plazierung der Griffe bestimmt.

Tapeten, Textilien und – sich der Reformbewegung anschließend – neuartige, lose fallende Frauenkleidung. In dieser Periode blieb sein Stil bewegt, aber zurückhaltend.

Arbeit in Deutschland und Spätwerk

1899 ging van de Velde nach Deutschland und blieb dort bis 1917. Im Jahr 1902 forderte man ihn auf, eine Kunstgewerbeschule in Weimar zu entwerfen – aus ihr sollte 1919 das Bauhaus hervorgehen –, deren stellvertretender Leiter er 1908 wurde. Bis zum Ersten Weltkrieg vertrat er die Ziele des modernen deutschen Designs aktiv nach außen. So war er Mitbegründer des Deutschen Werkbundes (1907), einer Organisation, die den Graben zwischen Design und Industrie überbrücken sollte. Wichtige Projekte dieser Jahre waren unter anderem Entwürfe für Meißener Porzellan,

Silber- und Metallarbeiten für verschiedene Fabrikanten und die Innenausstattung des Folkwang-Museums in Hagen.

1914 jedoch trafen van de Veldes fast romantische Ideen über die Rolle des Designers auf die streng rationalen Prinzipien von Hermann Muthesius, ebenfalls Mitbegründer des Deutschen Werkbundes und eine führende Figur in deutschen Designerkreisen. Muthesius beharrte auf der Vorstellung, daß eine Standardisierung für das Design grundlegend war, wenn es der Massenproduktion der neuen Zeit gerecht werden wollte. Van den Velde glaubte hingegen, in der Nachfolge des Arts and Crafts Movement des 19. Jahrhunderts, an die zentrale Bedeutung des Individualismus. Im selben Jahr gab er sein Lehramt auf, zog 1920 in die Niederlande

und 1925 nach Belgien zurück. Hier übernahm er Lehrtätigkeiten in Brüssel und Gent und widmete sich verschiedenen Projekten wie zum Beispiel der Gestaltung des linken Ufers der Schelde in Antwerpen (1926), der Universitätsbibliothek in Gent (1936) und dem Kröller-Müller-Museum in Otterlo (ab 1937); innerhalb der Debatte, welche Richtung das moderne Design nehmen sollte, verlor seine Position jedoch immer mehr an Bedeutung.

Viele der wichtigen Errungenschaften in der Entstehungsgeschichte des modernen Designs gehen auf fortschrittliche Architekten zurück, die es für erforderlich hielten, das äußere Erscheinungsbild und die Innenausstattung ihrer Bauwerke in der Gestaltung aufeinander zu beziehen. Die Massenproduktion inspirierte sie zu gewagten, abstrakten Designs. Zur gleichen Zeit entstand jedoch ein ebenso innovativer, aber weniger radikaler Ansatz zur Modernisierung von Interieurs aus dem recht neuen Berufsfeld der Innendekoration. Man machte sich auf die Suche nach einem frischen, leichten, modernen »Look«. Die Amerikanerin Elsie de Wolfe (1856–1950) vertrat als eine der ersten die Idee einer professionellen Raumausstattung aus einer Hand, wobei die Arbeiten des Polsterers, des Schreiners und anderer Spezialisten einer einheitlichen gestalterischen Idee unterworfen wurden.

Elsie de Wolfe

Erste Werke

Obwohl Elsie de Wolfe meist für die wohlhabenden Damen der gehobenen Gesellschaft arbeitete, mit denen sie auch privat verkehrte, war ihr eigener sozialer Hintergrund ein anderer. Ihre erste Karriere machte sie als professionelle Theaterschauspielerin, und erst mit vierzig Jahren wandte sie sich der Innenausstattung zu. Der Berufswechsel fand statt, nachdem sie ihr eigenes Haus in New York eingerichtet hatte (1897/1998),

Ein Porträt der amerikanischen Innenarchitektin Elsie de Wolfe (oben), aufgenommen von Cecil Beaton. De Wolfes Vermächtnis ist beträchtlich: eine ganze Reihe von jüngeren Amerikanerinnen, darunter Schwester Parrish, folgten ihr in den Beruf der Innenarchitektin, so auch die Engländerinnen Syrie Maugham (siehe S. 54/55) und Sybil Colefax. De Wolfes Einrichtungen waren weit entfernt von den strengen Prinzipien des »Maschinenzeitalters«. Dennoch sind und bleiben sie eine Facette dessen, was Innenarchitektur im 20. Jahrhundert sein kann.

Ein Bild aus de Wolfes Buch »The House in Good Taste« (1913, rechts). Es belegt ihre Liebe zu Chintz mit floralen Motiven, der in vielen ihrer Entwürfe vorkommt. Wie das Bild zeigt, legte De Wolfe großen Wert darauf, eine Zimmerecke für einen »richtigen« Schreibtisch zu reservieren. Obwohl sie vor allem alte Möbelstücke verwendete, wurden diese oft in sanften Grau- oder Grüntönen gestrichen und mit farbenfrohen Stoffen aufgepolstert. Damit modernisierte sie die altmodische Kombination aus dunklem Holz und schwerem Brokat.

das sie als »Showhouse«, eine Art Ausstellungsgebäude, benutzte. Sie zeigte den Interessenten ihre Räume, um sie zu ermutigen, ihr gestalterisches Wissen und Können in Anspruch zu nehmen. Getreu ihrer Maxime »Einfachheit, Angemessenheit und Proportion« begann sie zur Jahrhundertwende, die Häuser reicher Amerikaner zu modernisieren, die ihren Sinn für Schönheit und ihren guten Geschmack unter Beweis stellen wollten. 1905 gelangte sie zu noch größerer Be-

kanntheit durch den Auftrag, den von dem Architekten Stanford White entworfenen Colony Club, den ersten ausschließlich für Frauen eröffneten Club in New York, einzurichten. De Wolfe benutzte dieses Projekt für Experimente mit Ausstattungsstrategien, die, wie sie glaubte, zu einer neuen Herangehensweise an die Gestaltung von Interieurs führen würden. Dazu gehörte der extensive Gebrauch von blumenbedrucktem Chintz, eine Kombination von sanften, hellen Farben wie Rosé, Grau, Hellblau und – ganz wichtig – Weiß. Außerdem benutzte sie Streifen und Gitterwerk, ein Rückgriff auf das Kunsthandwerk des 18. Jahrhunderts, sowie französische Rokoko-Möbel. Altes stand neben Neuem, doch der Gesamteindruck war von Modernität und Leichtigkeit geprägt.

Die großen Erfolge

Der große Erfolg brachte ihr weitere Aufträge ein, und so war Elsie de Wolfe bald vollauf damit beschäftigt, Inneneinrichtungen für viele ihrer wohlhabenden Bekannten zu entwerfen. Die Ausstattung ihrer eigenen Häuser diente weiterhin als Werbung für neue Aufträge. 1905 kaufte sie zusammen mit ihrer früheren Managerin und Freundin Elizabeth Marbury ein Haus in Versailles, die Villa Trianon (siehe S. 19 unten).

Der »Trellis Room« (»Spalierraum«, links), entworfen für den 1905 von dem Architekten Stanford White gebauten Colony Club, den ersten nur Frauen vorbehaltenen Club in New York. Der Raum war in de Wolfes Buch »The House in Good Taste« in einem Kapitel abgebildet, das sich mit der Verwendung von Spalieren in und an einem Haus befaßte. De Wolfe verwendete diese Form der Dekoration auch bei mehreren Aufträgen für Privathäuser. Dazu hatten sie vor allem die Blumengitter in den Gärten von Schloß Versailles angeregt, in dessen Nähe sie wohnte.

Ein Zimmer (unten) in de Wolfes Haus, der Villa Trianon in Versailles. Für die Einrichtung verwendete sie viele Antiquitäten, wie meist war sie aber vor allem vom französischen Stil des 18. Jahrhunderts inspiriert. Charakteristisch sind auch die gestreifte Tapete und die hellen Farben.

Das berühmte Schloß König Ludwigs IV. in ihrer unmittelbaren Nachbarschaft sollte sie stilistisch beeinflussen. Das transatlantische Leben, das Elsie de Wolfe von da an führte, wurde zu einem wichtigen Aspekt ihrer Arbeit, da sie so in Europa leichter Antiquitäten erwerben konnte, die sie für ihre Einrichtungen in den Vereinigten Staaten benötigte und die ihren Interieurs einen europäischen Anstrich gaben.

Das geschmackvolle Haus

Noch bekannter wurde de Wolfe 1913 nach der Veröffentlichung ihres Buches »The House in Good Taste« (»Das geschmackvolle Haus«). Das Buch erschien zunächst als Serie in der Zeitschrift »Good Housekeeping«, wodurch es eine große Leserschaft erreichte, und war mit Fotos von Elsie de Wolfes Interieurs illustriert. Die Autorin beschreibt darin von ihr entworfene Ein-

richtungen und macht Vorschläge, wie die Leser ihren eigenen modernen Stil schaffen können. In einem Kapitel rät sie, für Vorhänge schlichten weißen Musselin statt altmodischer schwerer Spitze zu verwenden. Sie war außerdem eine große Befürworterin moderner Badezimmer und elektrischen Lichts. In den zwanziger und dreißiger Jahren verbrachte sie immer mehr Zeit in Frankreich, wo sie die Häuser dort lebender Amerikaner einrichtete.

Elsie de Wolfe behielt ihr Büro in New York, bis ihr Unternehmen im Jahr 1937 Bankrott anmelden mußte. 1940 zog sie mit ihrem Mann, dem britischen Diplomaten Sir Charles Mendl, nach Kalifornien. Ihr neues Haus in Beverly Hills, das sie mit breiten Streifen, grün lackierten Wänden und großen Spiegeln versah, wurde in der Zeitschrift »House and Garden« abgebildet.

Wie Antoní Gaudí in Barcelona und Victor Horta in Brüssel repräsentierte Hector Guimard (1867–1942) die höchste Vollendung des Art nouveau in Paris. Der Art nouveau, der im letzten Jahrzehnt des 19. und in den ersten Jahren des 20. Jahrhunderts eine große Popularität hatte, gab einen wichtigen Impuls für den Wechsel vom Historismus des 19. zur Moderne des 20. Jahrhunderts. Obwohl die für diesen Stil charakteristischen geschwungenen Linien auf Formen in der Natur zurückgehen, bekamen sie durch Guimard eine strukturelle und funktionale Bedeutung. Sein Verdienst, die Synthese von Funktion und Ästhetik, hatte eine langfristige Wirkung, und sein Streben, Architektur und Innenausstattung einschließlich dekorativer Kunstgegenstände als eine untrennbare Einheit zu begreifen, ist ein bedeutender Beitrag zum modernen Design.

Hector Guimard

Der französische Art-nouveau-Architekt und -Gestalter Hector Guimard in seinem Atelier (oben). Seine von der Natur inspirierten Entwürfe für private und öffentliche Auftraggeber übten einen starken und anhaltenden Einfluß auf das Erscheinungsbild des Paris der Jahrhundertwende aus.

Guimards Entwürfe für die Pariser Metro (ab 1903) gehören zu seinen bemerkenswertesten Arbeiten. Nirgendwo sonst bildeten Naturmotive, Funktionalität und materialbedingte Konstruktion eine stärkere Einheit als bei seinen Lampen für die Metrostationen. Diese stellten stilisierte Knospen auf langen, geschwungenen Stielen dar. Das zeitgenössische Bild (rechts) zeigt den Metroeingang auf den Champs-Elysées.

Erste Arbeiten und das Castel Béranger

Guimard studierte von 1882 bis 1885 an der Ecole Nationale des Arts Décoratifs und 1889 für ein Jahr an der Ecole des Beaux-Arts, beide in Paris. Sein erster Auftrag war die Einrichtung des Restaurants Grand Neptune am Quai d'Auteuil in Paris (1888), für die eine geschwungene Linienführung und die Verwendung von Holz charakteristisch sind.

Von Anfang an verstand er sich als »Ensemblier« – als Gestalter des Innenraums als Ganzes. Den gleichen Ansatz verwirklichte er beim Entwurf eines Wohnblocks, des Castel Béranger (1894–1897), in der Rue La Fontaine in Paris. Er gestaltete das gesamte Gebäude – Interieur, Möbel und architektonische Accessoires – als Einheit. Schmiedeeiserne und kupferne Gitter wie das am Haupteingang (siehe S. 21, oben links) und das Treppengeländer sind beeindruckende Kreationen. Ihre Asymmetrie und die Leichtigkeit ihrer Linienführung verleihen den statischen Gebilden den Eindruck von Bewegung. Guimard war sehr bedacht auf Details und darauf, die Erscheinung des gesamten Gebäudes – innen und außen – einheitlich zu konzipieren, so daß er sogar Teile der Einrichtung wie Teppiche und Tapeten, Lampenaufhängungen und eine Reihe von eingebauten oder beweglichen dunklen Mahagonimöbeln entwarf. Alle Teile zeigen die charakteristischen asymmetrischen, fließenden Formen oder Schnitzereien.

Metrostationen

Für die Pariser Weltausstellung von 1889 arbeitete Guimard am im Art-Nouveau-Stil gehaltenen Elektrizitäts-Pavillon, in dem elektrische Geräte ausgestellt waren.

Seine Beschäftigung mit Entwürfen für das moderne Zeitalter fand ihren Höhepunkt in seinen 1903 begonnenen wundervollen Gestaltungen der Eingänge zu den Stationen der Pariser Metro. Das Nebeneinander von Gußeisen, Schmiedeeisen und Glas stellte seine Vorliebe für moderne Materialien unter Beweis, der

Le Style Guimard
Le Métropolitain
Station des Champs-Élysées

METROPOLITAIN

Hector Guimard
Arch^te d'Art
Paris

Tous droits de Propriété et reproduction réservées

Verzicht auf klassische Formen und Ornamente zeigte deutlich seine Absicht, sich von den historischen Stilen in Architektur und Design zu lösen. Dies erlaubte ihm, seine eigene Formensprache zu entwickeln, die in erster Linie von der Natur inspiriert war.

Spätere Kreationen

Guimards Beschäftigung mit architektonischen Details wie Gitter, Türknaufe und Fensterriegel durchzog seine ganze Karriere, und er entwarf Eisenarbeiten für viele seiner Projekte. Darüber hinaus schuf er Möbel – Stühle, Tische, Schränke – für sein eigenes Haus Hôtel Guimard (1909) sowie für das Hôtel Mezzura (1910). Anstelle von dunklen Mahagonimöbeln, wie er sie für das Castel Béranger geschaffen hatte, bevorzugte er nun leichtere Materialien wie zum Beispiel Birnbaum. Die geschnitzten Sitzmöbel erhielten eine reich gemusterte Polsterung.

Im Jahr 1920 präsentierte Guimard sein erstes standardisiertes Möbelprogramm, doch inzwischen war der Art nouveau aus der Mode geraten. Bei der Exposition Internationale des Arts Décoratifs et Industriels Modernes 1925 in Paris war Guimard noch vertreten, und in den folgenden Jahren experimentierte er zunehmend mit geometrischen Formen, doch das, was man als seinen originären Beitrag zur Entwicklung des modernen Designs ansehen muß, war zu diesem Zeitpunkt bereits abgeschlossen. Seine große Leistung bestand in der Schaffung eines neuen Stils, der unabhängig von seinen historischen Vorläufern war und der dadurch nachfolgenden Designern eine noch nie vorher dagewesene Freiheit in der Gestaltung eröffnete.

Das dekorative Gitter aus Schmiedeeisen und Kupfer am Eingang des Castel Béranger (1894–1997, oben), das nach Plänen von Guimard erbaut wurde. Es zeigt die geschwungenen Linien, die zum Markenzeichen des Art nouveau werden sollten. Die Asymmetrie des Gitters und das Motiv der sich verjüngenden Linie, die eine Schleife macht, waren Merkmale, die sich überall in der Einrichtung des Gebäudes wiederholten, angefangen bei den Treppenaufgängen bis hin zu Tapeten und Teppichen.

Eine Deckenlampe aus Bronze und Glas, um 1908 (oben rechts). Diese reichverzierte Lampe belegt Guimards Offenheit gegenüber der neuen Energiequelle Elektrizität.

Ein Mahagonischrank, entstanden um 1902/1903 (links). Das asymmetrische, geschnitzte Oberflächenrelief sowie die gerahmte Täfelung sind typisch für Möbelentwürfe Guimards. Obwohl die bewegten Motive von der Natur inspiriert sind, verleihen die klaren Linien dem Schrank eine fast abstrakte Qualität. Sie zeigt Guimards Bemühung um moderne Formgebung.

Paris 1900

Die Weltausstellung in Paris im Jahr 1900

Kein anderes Ereignis in der zweiten Hälfte des 19. Jahrhunderts reichte in seiner Bedeutung an die Weltausstellungen und die großen internationalen Schauen heran. Sie brachten neue Technologien und Massenware

Eine geschnitzte Mahagonivitrine, von V. Epaux speziell für die Pariser Weltausstellung von 1900 entworfen. Die geschwungene, aber symmetrische Form des geschnitzten Apfelblütenreliefs spiegelt den Einfluß des Rokoko, der damals als wichtiger Faktor bei der Entwicklung des französischen Art nouveau angesehen wurde.

zum ersten Mal einem breiten Publikum nahe, und von hier aus wurden Trends verbreitet wie noch nie zuvor. Die Weltausstellung (Exposition Universelle) in Paris im Jahr 1900 folgte auf eine Ausstellung ähnlicher Größe, welche elf Jahre vorher ebenfalls in Paris stattgefunden

Standort und Konzept

Die Weltausstellung von 1900 hatte als Standort den Champ de Mars mit der Esplanade des Invalides und den Champs Elysées als Hauptadern und besaß zwei größere Ausstellungsneubauten: den Petit Palais und den Grand Palais. Sie dauerte mehrere Monate und zog viele Tausend Besucher an, die das Gelände durch ein imposantes Tor – nach seinem Architekten Porte Binet genannt – betraten. Es sollte so beeindruckend sein wie das Wahrzeichen der ersten Pariser Weltausstellung von 1889, der Eiffelturm. Auf dem riesigen Tor thronte eine Frauenstatue mit dem Namen »La Parisienne« (»Die Pariserin«) als Symbol der Weiblichkeit, denn man empfand den Art-nouveau-Stil mit seinen geschwungenen Formen als feminin und sah das Interieur des Hauses als Ort der Frau an. Auf dem Gelände standen zahlreiche Ausstellungspavillons, die die Beiträge der beteiligten Nationen vorstellten. Die Österreicher waren durch die Exponate der Wiener Architekten und Gestalter Josef Hoffmann (siehe S. 34–37) und Otto Wagner (siehe S. 12/13) stark vertreten; etwas überraschend war, daß weder der Belgier Henry van de Velde (siehe S. 16/17) noch der Schotte Charles Rennie Mackintosh (siehe S. 26–29) – beide führende Designer ihrer Zeit – ausstellten.

hatte und die den französischen Art-Nouveau-Stil etablierte. Das Ereignis von 1900 war ebenso erfolgreich wie sein Vorläufer; man feierte den Aufschwung, den vor allem die Innenarchitektur und das Kunstgewerbe in den Jahren nach 1889 in Europa erlebt hatte.

Die Ziele der Pariser Weltausstellung waren vielfältig und hauptsächlich nationalistisch. Man wollte den Art nouveau, der auf dem Höhepunkt seiner Popularität angelangt war, als eine speziell französische Entwicklung präsentieren, und zeigen, daß er kunsthistorisch im 18. Jahrhundert wurzelte. Darüber hinaus wollte man vorführen, daß Frankreich die Spitzenposition im Bereich der Gebrauchskunst innehatte; die Begriffe »französisches Design« und »Qualität« sollten in ganz Europa untrennbar miteinander verbunden sein. Der Schwerpunkt der Ausstellung lag ohne Zweifel auf Innenausstattungen im französischen Art-nouveau-Stil. Der führende Kunsthändler, Siegfried Bing, dessen Pariser Kunstsalon L'Art Nouveau dem Stil seinen Namen gegeben hatte, präsentierte in seinem Pavillon Innenausstattungen von Eugène Gaillard, Georges de Feure und Edward Colonna. Andere französische Pavillons, einschließlich des Ausstellungsstandes der Société des Artistes Décorateurs, zeigten Luxusgüter aus Werkstätten, die in ihren Produkten die Synthese von Kunst und Handwerk anstrebten. Möbel, Keramik- und Metallarbeiten sowie Interieurs nach Entwürfen führender zeitgenössischer Künstler und Designer wie Hector Guimard (siehe S. 20/21), Louis Majorelle

Eine Schlafzimmereinrichtung (rechts) des Möbeldesigners Eugène Gaillard, die im höchst einflußreichen Art-nouveau-Pavillon von Siegfried Bing ausgestellt wurde. Der Pavillon enthielt sechs Räume, die von verschiedenen französischen Künstlern ausgestattet worden waren. Die abgebildeten Möbel sind deutlich vom Rokoko-Stil des 18. Jahrhunderts geprägt, der die ganze Ausstellung beherrschte – im Petit Palais wurden sogar Rokoko-Möbel gezeigt.

Ein Ausstellungsplakat (unten) von Georges Leroux. Das Motiv einer stoffumhüllten Frau, die einen Mond hält, zog sich durch die ganze Ausstellung.

und Emile Gallé nahmen einen Ehrenplatz ein. Die Ausstellung von Produkten des traditionellen französischen Kunsthandwerks, zum Beispiel Sèvres-Porzellan und Gobelin-Wandteppiche, betonte die lückenlose Kontinuität zwischen Vergangenheit und Gegenwart. Die Auseinandersetzung mit den technischen Errungenschaften der Moderne war ein weiteres Thema der Weltausstellung. So gab es einen Pavillon, in dem die Anwendungsmöglichkeiten der Elektrizität vorgeführt wurden. Er wurde nach seiner differenziert gestalteten Fassade mit elektrisch betriebenen

Wasserfontänen auch Château d'Eau (Wasserschloß) genannt. Ein solcher Einsatz von Technik als gestalterisches Mittel war neu und charakterisiert das damals neuartige Verhältnis zu Energie und Bewegung.

Der Niedergang des Art nouveau

Obwohl die nächste bedeutende internationale Ausstellung – die Esposizione Internazionale d'Arte Decorativa Moderna 1902 in Turin – dem Art nouveau immer noch beachtlichen Tribut zollte, war dieser Stil bereits nicht mehr vorherrschend. Das lag teilweise an der Betonung der ausgefeilten Handwerkstechnik, wodurch die Art-nouveau-Möbel nicht in jeder Größe hergestellt werden konnten. Binnen weniger Jahre machte der Art nouveau dem mehr maschinengeeigneten geometrischen Stil Platz, der eng mit Wien verbunden war. Josef Hoffmanns Ausstellungsstücke der zweiten Pariser

Weltausstellung – Räume, die er für die Wiener Kunstgewerbeschule und für die Wiener Sezession gestaltet hatte und die durch starke horizontale und vertikale Linien beherrscht waren, ohne Anklänge an die organischen Formen des Art nouveau zu zeigen – waren aus heutiger Sicht zukunftsweisende Beiträge.

Ein Blick auf das Gelände der Weltausstellung (unten) entlang der Seine-Ufer. Der Eiffelturm, der anläßlich der ersten Pariser Weltausstellung im Jahr 1889 errichtet worden war, bildet auch bei der zweiten einen wichtigen Orientierungspunkt. Im mittleren Vordergrund sieht man das unverwechselbare Eingangstor der Ausstellung, die Porte Binet.

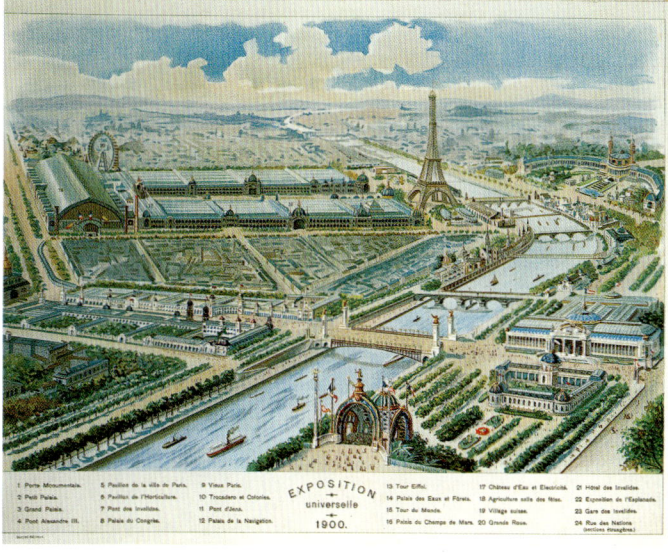

Obwohl die meisten Wegbereiter des modernen Designs um die Jahrhundertwende in Europa wirkten, trugen auch die USA wesentlich dazu bei, den stilistischen Umbruch vom Historismus zum Design des modernen Zeitalters vorzubereiten. In den Vereinigten Staaten wie in Europa spielten die Architekten dabei eine führende Rolle, da sie die Notwendigkeit erkannten, das Äußere von Gebäuden und ihre Innenräume gestalterisch als Einheit zu betrachten. Der amerikanische Architekt Frank Lloyd Wright (1867–1959) wird meistens in Zusammenhang mit diesem Wechsel in den USA genannt. Er übte vor und nach dem Ersten Weltkrieg einen unvergleichlich großen Einfluß auf Theorie und Praxis des europäischen Designs aus.

Frank Lloyd Wright

Frank Lloyd Wright war einer der wenigen amerikanischen Architekten des 20. Jahrhunderts, deren Einfluß bis in das Europa der Nachkriegsjahre reichte.

Den »Faß-Stuhl« entwarf Wright für das Haus von Darwin D. Martin (1904/1905, unten). Die Verbindung von Holz mit einer starken Betonung der Vertikalen ist ein unverwechselbares Merkmal von Wrights frühen Möbelentwürfen.

Frühe Arbeiten und die »Prairie-Häuser«

Ausgebildet als Ingenieur an der Universität von Wisconsin (1885–1887), aber entschlossen, sich in der Architektur zu profilieren, arbeitete Wright ab 1887 in und um Chicago als Architekt, von 1889 bis 1892 vor allem im Büro von Dankmar Adler und Louis Sullivan. 1896 machte er sich selbständig und begann eine Reihe von Wohnhäusern zu entwerfen. Seine Herangehensweise an deren Gestaltung wurde von japanischen Lehren beeinflußt. Dabei spielten die Linienführung vom Inneren nach außen eine Rolle und die symbolische Bedeutung des offenen Raumes. Der Begriff »Prairie-Haus« beschrieb den von ihm entworfenen Typ des frei stehenden Hauses, wie er es um die Jahrhundertwende herum für eine Reihe fortschrittlicher Kunden baute. Charakteristisch waren die Betonung horizontaler Linien, der asymmetrische Grundriß und die Verwendung natürlicher Materialien, besonders Holz.
Wright betrachtete den Innenraum, die Einrichtung und die Accessoires eines Gebäudes als wesentlichen Teil der Architektur und bevorzugte es daher, seinen Kunden ein von ihm komplett entworfenes Haus anzubieten. Sein Ziel war es, durch die Verwendung der gleichen naturbelassenen Materialien für innen und außen eine »organische Einfachheit« zu erreichen. Dabei folgte er der Vision einer perfekten Harmonie zwischen Landschaft, Architektur und Innenraumgestaltung. Von ihm entworfene Einrichtungsgegenstände plazierte Wright oft als Raumteiler. Im Willitts-Haus (1901/1902) in Highland Park, Illinois, stand erstmals ein Kamin mit eingebauter Sitzgruppe über dem Mittelpunkt des kreuzförmigen Grundrisses – ein Element, das zu einem wesentlichen Merkmal aller »Prairie-Häuser« Wrights wurde.

Möbeldesign

Wrights Vorliebe für geometrische Formen und sich überschneidende Ebenen in der Architektur ließ ihn einen ähnlichen Stil für Möbel entwickeln. Es waren einfache Holzkonstruktionen, oft kastenartig mit geraden Linien und einem einzelnen, durch seine Größe gestalterisch hervorgehobenen Element – üblicherweise dem Rückenteil. Wrights größter Erfolg auf diesem Gebiet waren vielleicht die Metalltische und -stühle , die er 1904 für das Larkin Gebäude in Buffalo, New York, entwarf: Sie gehörten zu den ersten Metallmöbeln für den Innenraum, die nicht Holzmöbel imitierten. Die Stühle aus lackiertem Stahl hatten mit Leder aufgepolsterte Sitzflächen, waren

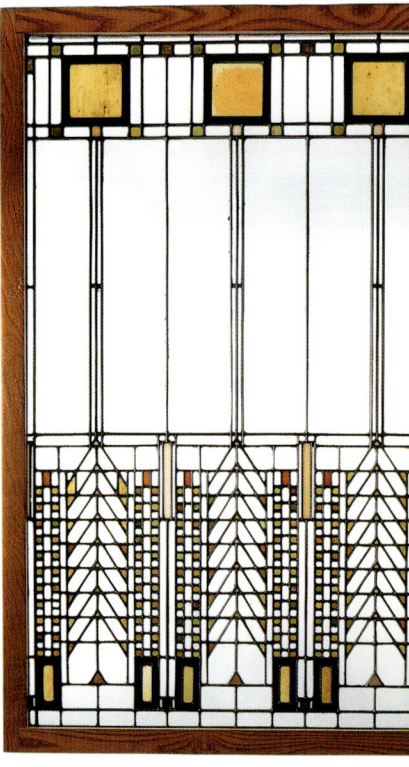

»Der Lebensbaum«, ein Bleiglasfenster (1904/1905, unten), das Wright für das Haus von Darwin D. Martin in Buffalo, New York, entwarf und das von der Linden Glass Company hergestellt wurde. Die Betonung der Vertikalen erinnert an die dekorativen Arbeiten von Charles Rennie Mackintosh (siehe S. 26–29) und ist typisch für Wrights Fenster aus dem ersten Jahrzehnt des 20. Jahrhunderts.

Ein Porzellangedeck, das Wright für das Hotel Imperial in Tokio entwarf (1915–1922, oben). Nach seinem Tod übernahm die japanische Firma Noritake die Produktion.

Ein Blick (links) auf das von Wright entworfene Haus von Frederick C. Robie in Chicago, Illinois (1909). Die Ansicht der Wohnzimmerterrasse zeigt die starke Betonung der Horizontalen, die optisch eine enge Verbindung zum Boden schafft.

Der Sessel »Imperial Tokyo« (unten), ein Teil von Wrights zahlreichen Entwürfen für das Hotel Imperial. Der Sessel wurde wie der »Faß-Stuhl« auf der gegenüberliegenden Seite in den achtziger Jahren des 19. Jahrhunderts von der italienischen Firma Cassina (siehe S. 212/213) wiederaufgelegt.

drehbar und auf Rollen. Die Rückenlehnen waren streng geometrisch und mit quadratischen Löchern perforiert. Es waren radikal neue Objekte, sowohl was das verwendete Material als auch ihren minimalistischen, geometrischen Stil angeht, die einen neuen Maßstab für Büromöbeldesign setzten. Zusätzlich zu seinen Entwürfen eingebauter Schränke und Sitzgelegenheiten, die er als eine direkte Fortsetzung seines Schaffens einer Gebäudestruktur betrachtete, gestaltete Wright auch Buntglasfenster (siehe S. 24 rechts) sowie Glas-, Keramik- und Metallgegenstände und Textilien. Für das Hotel Imperial in Tokio (1915–1922), lieferte er zum Beispiel eine große Anzahl solcher dekorativer und nützlicher Objekte (siehe rechts oben und unten).

Spätwerk

Nach seinem Aufenthalt in Japan kehrte Wright in die Vereinigten Staaten zurück und setzte seine Arbeit mit so innovativen Gebäuden fort wie Fallingwater (1935–1939), welches er für Edgar Kaufmann in Bear Run, Pennsylvania, baute. Das Haus ist vollständig in die Landschaft integriert. Vertikale Stützen tragen einen über einen Wasserfall führenden Unterbau aus Beton. Während man sich an Wright letztendlich vor allem als progressiven Architekten und Theoretiker erinnert, sollte man seinen Einfluß auf das europäische Design, besonders auf die Arbeiten holländischer De-Stijl-Designer wie Gerrit Rietveld (siehe S. 98–101), nicht unterschätzen.

Der Schotte Charles Rennie Mackintosh (1868–1928) ist möglicherweise der wichtigste der Architekten mit Ambitionen zur Innenausstattung in den Anfängen des modernen Designs. Obwohl er den Großteil seines Lebens in Glasgow verbrachte, einer Stadt, die aus damaliger Sicht eher am Rande des Geschehens und weit entfernt von den Zentren der künstlerischen Avantgarde wie Paris, Wien und Brüssel lag, leistete er einen bahnbrechenden und höchst individu-

ellen Beitrag. Mackintoshs frühe Arbeiten waren seine größten Erfolge. Um 1900 wurde er überall in Europa als einer der originellsten und genialsten Designer der Zeit gefeiert. Er arbeitete zusammen mit seiner Frau Margaret Macdonald, deren Schwester Frances Macdonald und Frances' Ehemann Herbert McNair; man nannte die Gruppe schlicht The Four (Die Vier). Als das radikalste Bauwerk Mackintoshs gilt die Glasgow School of Art.

Charles Rennie Mackintosh

»The Four« (Die Vier) mit einer Gruppe von Freunden Mitte der neunziger Jahre des 19. Jahrhunderts in Dunure fotografiert: in der Mitte hinten Frances Macdonald, ihre Schwester Margaret ganz außen links, sowie Herbert McNair (links) und Charles Rennie Mackintosh (rechts) ganz vorne.

Abgesehen von einer leicht veränderten Kopfstütze ist dieser hohe Eichenstuhl (rechts) von 1898/1899 identisch mit dem, den Mackintosh zwei Jahre zuvor für die Miss Cranston's Tea Rooms in der Argyle Street, Glasgow, entwofen hatte. Mackintosh verwendete oft Stühle mit hohen Rückenlehnen für seine Einrichtungen, um die architektonischen Merkmale der Räume wieder aufzugreifen oder sie zu betonen.

Ein neuer Stil

Mackintosh ist wohl am bekanntesten für seine radikalen Bauprojekte. Die Glasgow School of Art, vollendet 1909, und zwei Häuser in der Umgebung von Glasgow – Windyhill (1900/1901) und Hill House (1903) – waren durch ihr schlichtes, modernes Äußeres und ihre lichtdurchfluteten Räume bemerkenswert innovativ. Mackintoshs Genialität zeigte sich jedoch vor allem in seinen Entwürfen für Möbel, Buntglas-, Textil- und Metallobjekte. Er vereinte neuartige abstrakte Formen mit einer Betonung der Vertikalen und Horizontalen und extrem stilisierte Muster, deren Symbolismus sich aus der Natur und dem menschlichen Körper ableitete: seine Blumenmotive hatten verlängerte Stiele und Ranken, die abstrakte Formen ergaben – ein Element, das innerhalb seiner Arbeit ein gewisses Eigenleben entwickelte. Seine Art der Verbindung verschiedenartiger Einflüsse war einzigartig: verschlungene keltische Formen und Motive, japanische Ästhetik mit ihren geraden Linien, Kunstgewerbe im Sinne des englischen Arts and Crafts Movement sowie Präraphaelitische Bildsymbolik. Während all diese Elemente für sich bereits

existierten, gelang nur Mackintosh eine so beeindruckende Verbindung.

Frühe Werke und Symbolismus

Mackintosh begann seine Laufbahn als Lehrling in einem Architekturbüro in Glasgow. 1889, als er im Büro der Architekten Honeyman & Keppie arbeitete, lernte er den Technischen Zeichner Herbert McNair kennen. Die beiden besuchten abends Zeichenkurse an der Glasgow School of Art und begannen gemeinsam mit ihren Kommilitoninnen Margaret und Frances Macdonald an einigen Projekten zu arbeiten, darunter Plakate und dekorative Objekte. Ihre Werke aus dieser Zeit – und zwar besonders die Plakate – waren ausgesprochen künstlerisch und lassen Anklänge an Illustrationen Aubrey Beardsleys im Stil des Art nouveau erkennen. Mitte der neunziger Jahre wurde Mackintosh deutlich vom Symbolismus beeinflußt. Dieser Stil benutzte eine vertraute Bildsymbolik – idealisierte Frauengestalten, wallendes Haar und fließende Gewänder, Blumen und Vögel –, um universelle Themen

Eine Illustration für eine Speisekarte (links), die Margaret Macdonald 1911 für Miss Cranston's White Cockade Tea Rooms und das dazugehörige Restaurant entwarf. Es war ein Projekt für die Glasgower Ausstellung desselben Jahres. Macdonald trug mit ihrem Talent für Illustrationen, die meist elegante Frauengestalten und geschwungene florale Motive zeigten, zu vielen Entwürfen ihres Mannes bei.

Eine Kommode – ursprünglich für das Haus Windyhill gefertigt – und Lampen (unten), alle von Mackintosh. Das runde Blumenmotiv und das Purpurrot sind typisch für seinen Einrichtungsstil.

wie Liebe und Tod darzustellen. Bereits 1893 begann er, auch Möbel zu entwerfen. Die meisten dieser Stücke entstanden um das Jahr 1895, waren recht einfache Eichenschränke oder andere schrank- oder kommodenartige Einrichtungsgegenstände, die er nach Auftrag individuell gestaltete.

Das Jahr 1900

1900 war ein einschneidendes Jahr für Mackintosh und seine Mitarbeiter. In diesem Jahr begann er mit dem Bau von Windyhill für William Davidson; außerdem war er auf Einladung Josef Hoffmanns (siehe S. 34–37) auf der achten Ausstellung der Wiener Sezession vertreten, wodurch seine Arbeit dem Wiener und gleichzeitig einem internationalen Publikum bekannt wurde. Im selben Jahr heiratete Mackintosh Margaret Macdonald, was ihre enge Zusammenarbeit noch verstärkte: von diesem Zeitpunkt an tragen alle seine Arbeiten auch ihre Handschrift; Margarets schlanke, biegsame Frauengestalten und Naturmotive (siehe oben) verschönerten viele von Mackintoshs Interieurs und Möbeln.

Theorien der Innenarchitektur

Anders als William Morris, C.R. Ashbee, C. F. A. Voysey und andere Gestalter aus dem englischen Arts and Crafts Movement mit ihrer Forderung nach »Kunst für alle« war Mackintosh weniger ein sozialer Idealist als ein künstlerischer Visionär. Die »Materialtreue«, eine aus dem Kunsthandwerk stammende Maxime, interessierte ihn weniger als die Umsetzung seiner Idee einer einheitlichen Konzeption von Außen- und Innenarchitektur. In Anlehnung an die Prinzipien des deutschen und österreichischen Designs konzipierte er seine Gebäude als »complete works of art«, als Bauwerke, die einheitlich gestaltet und harmonisch sein sollten. Das Ganze war für Mackintosh immer mehr als die Summe seiner Teile, was sich am Beispiel zweier Interieurs besonders deutlich zeigt. Bei der Ausgestaltung des ersten gemeinsamen Hauses mit Margaret Macdonald, Mains Street 120 in Glasgow (1900), betonte er das Zusammenspiel von vertikalen und horizontalen Linien mittels hoher Stuhllehnen, Wandleisten, eines auf

halber Höhe angebrachten Wandfrieses sowie hängender Lampen. Gedämpfte Farben – Weiß, Creme und Hellgrau – sind durch lila Tupfer aufgehellt. Die geometrische Grundstruktur des Raums war durch getrocknete, in japanischem Stil arrangierte Blumen und exakt positionierte japanische Drucke kontrastiert. Das Schema war zweifellos gemeinsam entwickelt worden, wobei Mackintosh den geometrischen Rahmen lieferte und Margaret Macdonald die dekorativen Details. Mit ihrem berühmten »Rose Boudoir«, das 1902 auf der Turiner Esposizione Internazionale d'Arte Decorativa Moderna präsentiert wurde, wiederholten die Mackintoshs ihre erfolgreiche Zusammenarbeit. Das Design verband erneut geometrische Strukturen und ausgewogene Proportionen mit dekorativen Glanzlichtern. Diese zeigten stilisierte Frauenköpfe mit wehendem Haar, Schlangenlinienformen und einfach gehaltene Rosen-

motive; hier wurde auf organische und natürliche Formen Wert gelegt. Die von Mackintosh um 1900 entworfenen Möbel haben eine optische Funktion bei der Erzeugung von Harmonie im Raum. Zu nennen sind hier seine berühmten Stühle mit den hohen Lederlehnen für Hill House, zahlreiche Objekte für Windyhill, die Einrichtung für die Miss Cranston's Tea Rooms in Glasgow (1898/1899 und 1903, siehe unten), deren gesamte Innenausstattung er entwarf, und bunt bemalte Einbaumöbel wie Schränke, Tische, Betten und anderes.

Internationaler Erfolg und der Bau der Glasgow School of Art

Zwischen 1900 und 1906 lagen Mackintoshs produktivsten Jahre. Er stellte in großem Stil aus und machte sich dadurch europaweit einen Namen. Viele Aufträge hatte er direkt seinem Erfolg bei einer der Ausstellungen zu verdanken.

Das Gästezimmer des Hauses Derngate 78 (oben) in Northampton, das für W. J. Bassett-Lowke und seine Frau umgebaut worden war (1916/1917). Mackintosh gestaltete die Rückfassade und das Innere des Hauses neu und entwarf auch die Einrichtung. Er gab die floralen Motive früherer Designs zugunsten eines schlichteren, geradlinigeren Stils auf.

Ein farbig gestrichenes Sofa von 1917 für den Dug-Out (Schützengraben) – einen Raum im Untergeschoß von Miss Cranston's Willow Tea Rooms in Glasgow –, der nach den Schützengräben des Ersten Weltkrieges benannt war. Der geometrische Effekt, den Mackintosh durch die horizontalen und vertikalen Linien erzielte, bestimmte besonders seine späteren Entwürfe und war auch bei seinen Kollegen der Wiener Werkstätte (siehe S. 38/39) sehr beliebt.

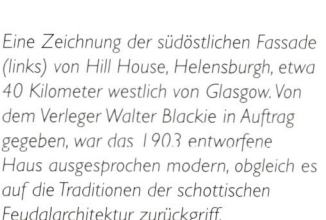

Eine Zeichnung der südöstlichen Fassade (links) von Hill House, Helensburgh, etwa 40 Kilometer westlich von Glasgow. Von dem Verleger Walter Blackie in Auftrag gegeben, war das 1903 entworfene Haus ausgesprochen modern, obgleich es auf die Traditionen der schottischen Feudalarchitektur zurückgriff.

1902 bat ihn Fritz Wärndorfer – als Bankier das finanzielle Rückgrat der Wiener Werkstätte –, einen Musikraum zu entwerfen. Wie zuvor verwendete Mackintosh auch hier weiße Wandvertäfelung, einen umlaufenden Fries, hängende Lampen und eine Auswahl hochlehniger Stühle.

Eines von Mackintoshs großartigsten Werken war die Glasgow School of Art, die er in zwei Phasen, von 1897 bis 1899 und von 1907 bis 1909, erbaute. Hier hat er die Funktion in einzigartiger Weise der Dekoration übergeordnet und ein Bauwerk geschaffen, für dessen Gesamtwirkung auch Kleinigkeiten – bis hin zu den Eisenklammern für die Leiter der Fensterputzer – eine Rolle spielen. Jedes Detail, ob außen oder innen, trägt die Handschrift des Gestalters.

Spätwerk

Bereits nach wenigen Jahren kamen die Aufträge spärlicher, und 1913 zog Mackintosh von Glasgow nach London. Seine bedeutenden Werke aus der Zeit während und nach dem Ersten Weltkrieg umfaßten ein Haus für den Industriellen W. J. Bassett-Lowke (1916/1917; siehe S. 28 oben) und während der zwanziger Jahre Textildesigns mit stilisierten Blumen.

Die Miss Cranston's Tea Rooms, die Inneneinrichtungen und die großen architektonischen Arbeiten zeigen Mackintoshs Zugehörigkeit zu der Gruppe von Designern, deren Sensibilität sie zu Vorreitern in der Übergangszeit vom 19. zum 20. Jahrhundert machte.

Mackintosh war sich der Notwendigkeit einer neuen Annäherung von Architektur und Innenraumgestaltung bewußt. Seine Herangehensweise, die sich mit der Raumstruktur auseinandersetzte, ohne darüber die Dekoration zu vernachlässigen, machte sein Werk zu einem der wichtigsten Beiträge zum modernen Design.

Die Glasgow School of Art, die Mackintosh entwarf und die zwischen 1897–1999 und 1907–1909 errichtet wurde, war eines der großartigsten Werke des Architekten. Bis ins kleinste Detail zeichnete er für das Gebäude verantwortlich. Die Bilder zeigen Beispiele für seine innovativen Grafiken und seine beeindruckenden Innenräume – hier ein Metallschild (oben rechts) und die Bibliothek (rechts).

Trotz der großen Bandbreite seiner Verdienste auf den Gebieten des Designs, der Architektur und der Gebrauchsgrafik wird Peter Behrens (1868–1940) oft einfach als der erste Industriedesigner im modernen Sinn bezeichnet. Als beratender Designer für Fabrikbauten, Produkte und Gebrauchsgrafik der deutschen Elektrofirma AEG verstärkte er zwischen 1907 und 1914 den Ruf der Firma als designorientiert und fortschrittlich. Damit war er der Vorreiter für

spätere beratende Industriedesigner wie Walter Dorwin Teague (siehe S. 116/117), Norman Bel Geddes und Raymond Loewy (siehe S. 120-123), die in den dreißiger Jahren eine ähnliche Rolle für große amerikanische Firmen spielten. Behrens sah sich selbst als eine Art Kulturreformer und wollte durch die Massenproduktion gutes Design in das tägliche Leben durchschnittlicher Leute bringen.

Peter Behrens

Ein Porträt von Peter Behrens, 1913 von dem deutschen Künstler Max Liebermann gemalt. Behrens war damals 45 Jahre alt und hatte sich bereits einen großen Namen als Architekt und Industriedesigner gemacht.

Ausbildung und Frühwerk

Behrens studierte Malerei und widmete sich ihr in den neunziger Jahren des 19. Jahrhunderts. Auf der Suche nach einer angemessenen Form des persönlichen Ausdrucks partizipierte er an modernen Kunstströmungen wie dem Impressionismus und dem Symbolismus. Er nahm 1893 an der ersten Ausstellung der Münchener Sezession teil – einer Gruppe von Künstlern, die, wie später ihre

Kollegen der Wiener Sezession, von der akademischen Malerei abrücken wollten – und erhielt eine positive Reaktion auf seine dort präsentierten Arbeiten. Seine häufige Teilnahme an Ausstellungen im letzten Jahrzehnt des 19. Jahrhunderts machte ihn bekannt. Um die Jahrhundertwende verlegte er sich auf Holzschnitte: »Der Kuss« (1898) zeigt deutliche Anklänge an Aubrey Beardsley und folgt deutlich dem internationalen Art nouveau.

Zur gleichen Zeit entwarf Behrens auch Möbel, Porzellan-, Metall- und Glasobjekte in einer zurückhaltenden Form des Art nouveau und zeigte damit sein wachsendes Interesse an Produktionsprozessen. 1897 war er einer der Mitbegründer der Münchner Vereinigten Werkstätten für Kunst im Handwerk, einer Organisation, die sich als Ziel gesetzt hatte, das Handwerk in den Status der Kunst zu erheben. Danach entwarf er einige Produkte für deutsche Manufakturen, darunter Weingläser für Benedikt von Poschinger in Oberwieselau (1898), Schmuck für Schreger in Darmstadt (1901) und Besteck für Ruckert in Mainz (1902, siehe S. 31 oben rechts). Behrens präsentierte auch Holz-

schnitte und Bucheinbände im deutschen Pavillon auf der Pariser Weltausstellung von 1900. Während der ersten Dekade seiner Karriere hatte er sich als bedeutende Person der internationalen Kunst- und Designszene etabliert.

Darmstadt

1900 war ein wichtiges Jahr für Behrens. Er zog nach Darmstadt und wurde Mitglied der Künstlerkolonie auf der Mathildenhöhe, die sich in ihren Zielen teilweise an das englische Arts and Crafts Movement anlehnte. Die Kolonie wurde 1899 gegründet, und zu ihren Mitgliedern gehörten Hans Christiansen, ein Möbel-, Keramik- und Glas-Designer, der Bildhauer Rudolf Bosselt, der Dekorationsmaler Paul Bürck, der Bildhauer Ludwig Habich, der Architekt Joseph Maria Olbrich und Patriz Huber, der Innenausstattungen, Möbel und Metallarbeiten entwarf. 1901 baute Behrens sich ein eigenes Haus in Darmstadt – ein ehrgeiziges Projekt, bei dem er für jedes Detail verantwortlich zeichnete. Das Haus repräsentiert die ganze Bandbreite seines Könnens als Designer und als Architekt – letzteres ein Fach, das er auto-

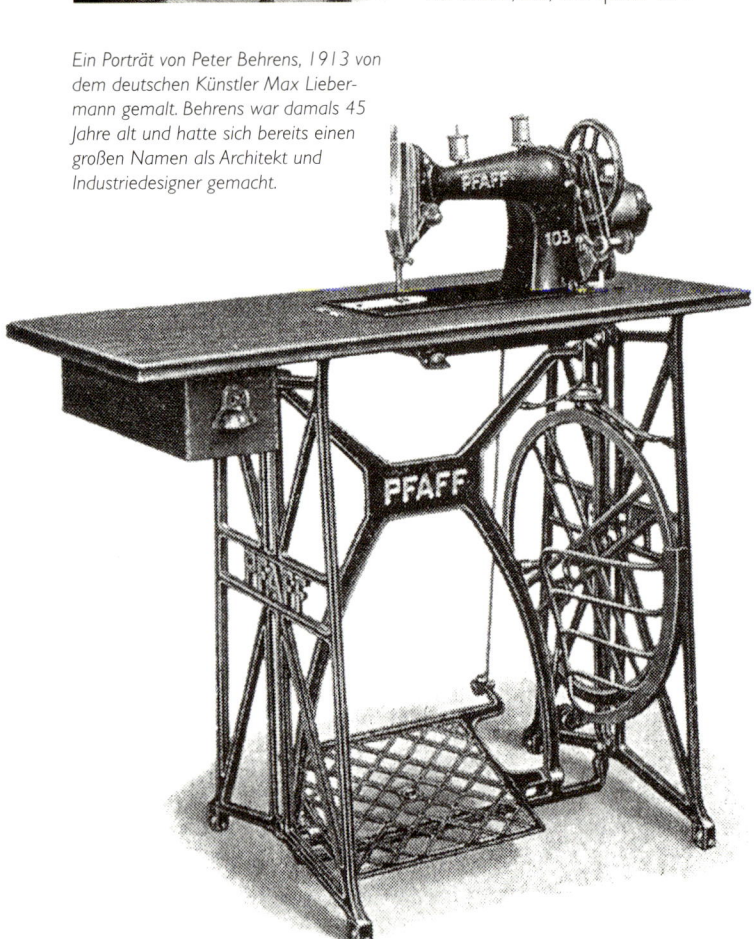

1910 entwarf Behrens diese Nähmaschine (links) für die deutsche Firma Pfaff. Der Auftrag folgte auf seine erfolgreiche Tätigkeit für die AEG, bei der er seine Begabung für technisches Design, das die Ästhetik nicht vernachlässigte, unter Beweis gestellt hatte.

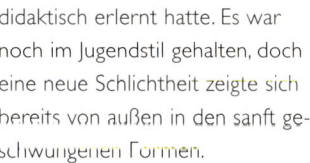

Eine hängende Bogenlampe, 1907 für AEG entworfen (links). Die Lampe, die das Licht direkt durch den Reflektor strahlte, war für Räume mit niedrigen Decken gedacht.

Dieses Silberbesteck, das Behrens 1902 für sein eigenes Haus entwarf, wurde von der Firma Ruckert in Mainz herge- stellt. Die zarten geometrischen Muster auf den Griffen waren Behrens' typische Art und Weise, Art Nouveau-Verzierun- gen zu vereinfachen.

Kunstgewerbeschule in Düsseldorf wurde. Gleichzeitig machte er sich einen Namen als Architekt und Designer des modernen Stils mit seinen Arbeiten für die deutsche Elektrofirma AEG.

Arbeit für die AEG

Die Aufträge der Firma AEG gaben Behrens die Gelegenheit, vom Design handwerklicher zur Gestal- tung massenproduzierter Waren

und von der Familienhauskonzep- tion zur Industriearchitektur zu gelangen. Ab 1907 beschäftigte der Firmenchef Walter Rathenau Behrens für die Entwicklung einer ganzen Reihe von Produkten, ange- fangen bei Bogenlampen, elek- trischen Wasserkesseln und Venti- latoren bis hin zu Broschüren und zu Besteck für die Mitarbeiter- kantine. Die funktionale und tech- nologische Natur der Gegenstände

didaktisch erlernt hatte. Es war noch im Jugendstil gehalten, doch eine neue Schlichtheit zeigte sich bereits von außen in den sanft ge- schwungenen Formen.
Das Haus war mehr als ein Kunst- werk – es war auch eine Mani- festation des Familienmenschen Behrens, denn es war als ideales Heim konzipiert. Mit einund- zwanzig Jahren hatte Behrens Lilli Kramer geheiratet, mit der er zwei Kinder hatte: Josef (geb. 1890) und Petra (geb. 1898). Behrens' Wunsch, für sich und seine Familie ein Heim zu schaffen, stellte ebenso seine idealistische und optimistische Aussage über ein besseres Leben im neuen Jahrhun- dert dar. Die Reformer des Designs William Morris und Henry

van de Velde (siehe S. 16/17) hatten ihren Familien ebenfalls Häuser gebaut, und diese Verbin- dung zwischen fortschrittlicher Theorie und Praxis sollte im Design des 20. Jahrhunderts sehr stark bleiben.
In seiner Darmstädter Zeit hatte Behrens auch mit Theaterproduk- tionen und -ausstattungen zu tun. Er schrieb das kleine Büchlein »Feste des Lebens und der Kunst« (1900), in dem er seine Idee des idealen Theaters entwickelte. Nacheinander entwarf er drei Inte- rieurs für die Turiner Esposizione Internazionale d'Arte Decorativa Moderna von 1902. Den größten Sprung in seiner Karriere machte er, als er die Künstlerkolonie verließ und 1903 Direktor der

Diesen Stuhl (rechts) entwarf Behrens 1903 für das Hamburger Haus seines Freundes, des Dichters Richard Dehmel. Die geschwungene Art-nouveau-Silhouette

ist hier sehr reduziert, ein Merkmal, das auch die Arbeiten von Behrens' belgischem Kollegen Henry van de Velde (siehe S. 16/17) aufweisen.

Eine doppelseitige elektrische »Synchron-Uhr« (um 1910, links) mit einem Messinggehäuse und einem Zifferblatt aus gewalztem Stahl. Die funktionale Schlichtheit der leicht lesbaren Uhr spiegelt Behrens' Anliegen wider, Massenprodukte für Fabriken und Büros so standardisiert wie möglich zu gestalten.

bar, deren Bau Behrens zwischen 1908 und 1909 plante. Gleichzeitig ging jedoch sein Bestreben dahin, die AEG-Produkte so weit wie es praktisch möglich war zu »verschönern« und sei es nur durch eine Betonung der Proportionen; ein typischer Ausspruch von ihm war, daß »ein Motor wie ein Geburtstagsgeschenk aussehen sollte«. Diese Aussage nahm in vielerlei Hinsicht das voraus, was eines der wichtigsten Ziele späterer professioneller Industriedesigner in ihrer Betonung des »Stylings« werden sollte. Behrens' Arbeiten für die AEG mit ihrem funktionalistischen Ansatz waren radikaler als alle anderen in der Welt des Designentwürfe dieser Zeit.

Spätere Laufbahn
Ungeachtet der Tatsache, daß Peter Behrens' Arbeit für die AEG eines

der frühesten Beispiele für modernes Industriedesign darstellt, ist sie innerhalb seiner Laufbahn doch nur eine Episode. Sein Hauptinteresse war die Architektur, auch wenn er sich 1912 noch einmal einer innengestalterischen Aufgabe widmete: dem Entwurf einfacher Möbel für Arbeiterfamilien. Darüber hinaus engagierte er sich im Deutschen Werkbund (1907), einem Zusammenschluß von Industriellen, Architekten, Gestaltern und Politikern, die ein modernes Design für das industrielle Zeitalter verwirklichen wollten. Nicht zu überschätzen ist Behrens' Bedeutung für die Architekten der nachfolgenden Generation. So starteten 1910 drei der wichtigsten Architekten der Folgezeit ihre Karrieren in seinem Büro: Walter Gropius, Ludwig Mies van der Rohe und Le Corbusier (siehe S. 88/89, 92/93 und 94–97).

ermutigte Behrens, die kunstvollen Bögen des Jugendstils zugunsten einfacherer, praktischerer Formen aufzugeben.
Er verzichtete jedoch nicht völlig auf künstlerisches und kunsthandwerkliches Beiwerk: Sein Design für elektrische Wasserkessel mit ihren weichen Linien und den mit Bambus umflochtenen Henkeln ähnelte durchaus den traditionellen Teekannen (siehe rechts). Die enge Verbindung von überlieferten Formen und modernem Design war auch in Behrens' grafischen Arbeiten für die AEG sichtbar, während seine Entwürfe für Ventilatoren und Bogenlampen (siehe S. 31 oben links), die für den

Einsatz in Fabriken und anderen öffentlichen Gebäuden bestimmt waren, viel mehr Maschinen ähnelten und keine Zugeständnisse an Verzierungen machten. Die deutlich industriell geprägte Gestaltung wurde auch in der berühmten AEG-Turbinenfabrik sicht-

1909 entwarf Behrens eine Reihe von elektrischen Wasserkesseln für die AEG. Sie waren in drei Formen und mehreren Oberflächenbearbeitungen erhältlich. Die hier abgebildeten Beispiele (rechts) sind beide vernickelt mit gehämmerten Oberflächen, die ihnen eine kunsthandwerkliche Anmutung verleihen. Andere Ausführungen sind glatter und sehen eher wie Massenware aus.

EIN LANDHAUS IN SCHLACHTENSEE

Von PETER BEHRENS

Eine Seite der Zeitschrift Die Neue Linie (1932 veröffentlicht) mit einem Text von Behrens. Abgebildet ist ein Landhaus in Schlachtensee, das von ihm entworfen wurde (oben). Die klaren Linien und funktionalen Formen des Hauses wurden Markenzeichen der großen Architekten Le Corbusier, Gropius und Mies van der Rohe, die alle für kurze Zeit in Behrens' Architekturbüro arbeiteten.

Die Eingangshalle (links) des Hauptsitzes der Höchst AG in Höchst am Main (1920–1924). Die monumentalen Betonformen und die griffigen Oberflächen (im Bild) hatte Behrens bereits bei früheren Industrieaufträgen verwendet, das bemerkenswerteste Beispiel ist die AEG-Turbinenfabrik in Berlin (1908/09).

JOSEF HOFFMANN

Zur Jahrhundertwende spielte Wien eine Schlüsselrolle in der Entwicklung einer neuen Architektur und eines neuen Designs. Die Wiener Sezession hatten mit ihrer Ablehnung des Historismus ein Klima der Innovation und des Fortschritts geschaffen. In diesem Prozeß spielte der Architekt und Designer Josef Hoffmann (1870–1956) eine bedeutende Rolle.

Josef Hoffmann

Josef Hoffmann sitzt hier auf einem selbstentworfenen Stuhl. Seine einflußreiche und weitverbreitete Designethik stützte sich auf die Theorien des Arts and Crafts Movement, das von den Engländern John Ruskin und William Morris ins Leben gerufen wurde. Während Morris' Vorstellungen von sozialer Reform auf dem Handwerk gründeten, suchte Hoffmann nach moderneren industriellen Möglichkeiten, um der breiten Masse gutes Design zugänglich zu machen. Die Mitglieder der Sezession und der Wiener Werkstätte hatten jeweils eigene Signets, mit denen sie gelegentlich ihre Arbeiten kennzeichneten – Josef Hoffmann verwendete ein stark stilisiertes Monogramm (ganz oben).

Bei diesem Stuhl Hoffmanns, dem »Modell 371« (um 1906, rechts) werden die harten vertikalen Linien der Rückenlehne durch kleine Holzkugeln abgemildert – ein wiederkehrendes Motiv bei Hoffmanns Sitzmöbeln.

Individuelle Auffassung von Design

In seinem ganzen Werk lehnte Hoffmann bewußt historische Vorlagen und die Natur als Modell für seine Entwürfe ab und arbeitete statt dessen mit abstrakten und geometrischen Formen, deren Symbolkraft er einer Welt entgegensetzte, die von den Anfängen der Massenproduktion dominiert wurde. Das heißt aber nicht, daß Hoffmann Dekoration prinzipiell ablehnte. Es gelang ihm vielmehr, sie der geometrischen Struktur, die seine Gebäude, Interieurs und Objekte bestimmte, unterzuordnen. Das war deutlich an seinen ersten Gestaltungen von Innenräumen zu sehen, von denen viele bei den Ausstellungen der Wiener Sezession in den Jahren 1898–1900 präsentiert wurden. Seine hierfür geschaffenen, würfelförmigen Möbel waren häufig eingebaut, und funktionale Teile waren durch Verlängerung betont. Darüber hinaus bildeten dekorative Gegenstände – wie etwa Vasen – geschwungene Linien und Muster auf Teppichen und Wänden. Dadurch entstand ein visuelles Gegengewicht zu den Einrichtungsgegenständen (siehe S. 35, links). Josef Hoffmann baute während seiner ganzen Schaffenszeit auf die Kraft dieses visuellen Kontrasts zwischen Dekoration und geometrischer Form.

Ausbildung und die Wiener Sezession

Geboren im mährischen Pirnitz – heute Tschechien –, studierte Hoffmann Architektur zunächst in Brno (dt. Brünn) und von 1892 bis 1895 an der Akademie der Bildenden Künste in Wien, wo er von Otto Wagner unterrichtet wurde. Er scheint ein ernsthafter Mann gewesen zu sein, höchst ehrgeizig und motiviert. Seine Tätigkeit als Lehrer von 1899 bis 1936 und sein ständiges Engagement bei verschiedenen Gruppen legen jedoch nahe, daß er seine Ideen gerne mit anderen teilte.

Von 1896 bis 1897 arbeitete Hoffmann in Wagners Atelier. 1897 gehörte Hoffmann zu den Mitbegründern der künstlerisch radikalen Wiener Sezession – zusammen mit dem Maler Gustav Klimt und den Designern Koloman Moser und Joseph Maria Olbrich. Zu dieser Zeit begann eine sehr produktive Schaffensphase. Zwischen 1897 und 1900 arbeitete er an zahlreichen Interieurs, darunter der Raum namens Ver Sacrum in Joseph Maria Olbrichs Sezessions-Gebäude und ein Entwurf für das Wiener Haus des Industriellen Paul Wittgenstein. Hoffmann wurde auch als einer der Wiener Repräsentanten für die Weltausstellung in Paris im Jahr 1900 ausersehen (siehe S. 22/23). Seine schlichten, geometrischen Raumentwürfe hoben sich deutlich von den aufwendigen französischen im Stil des Art nouveau ab. Er nahm Verbindung zu dem Glasgower Architekten Charles Rennie Mackintosh (siehe S. 26–29) auf und bat ihn, einige seiner Werke im selben Jahr auf der achten Ausstellung der Wiener Sezession zu zeigen. 1903 war Hoffmann eine der treibenden Kräfte bei der Entstehung der Wiener Werkstätte (siehe S. 38/39).

Eine Skizze Hoffmanns aus dem Jahr 1899 (oben) für eine frühe Innenausstattung. Die Möbel sind Teil eines Ganzen, das von charakteristischen vertikalen und horizontalen Linien beherrscht wird. Die schwachgekrümmten Linien – zum Beispiel an der Stuhllehne – ersetzte er in späteren Arbeiten durch eine viel strengere Geometrie.

Der Eingangsbereich des Sanatoriums in Purkersdorf, Österreich (rechts), 1904 entworfen. Der Einfluß historistischer Bauweise zeigt sich in den monumentalen Säulen und der strengen Symmetrie der Halle, doch die Schlichtheit der Einrichtung ist auffallend modern. Im Eingangsbereich stehen auch Sessel von Koloman Moser, eines Mitbegründers der Wiener Werkstätte.

Der Palais Stoclet in Brüssel, den Hoffmann zwischen 1905 und 1911 entwarf (rechts), war eines der bedeutendsten Werke des Architekten. Während die Außenansicht seine Beherrschung der geradlinigen Form zeigt, zeigen die Innenräume seine Fähigkeit Funktion und Dekoration in Einklang zu bringen.

Er galt in den ersten Jahren des 20. Jahrhunderts international als einer der vielversprechendsten jungen Architekten und Designer der Zeit.

Arbeit als Architekt

Seine Karriere als Architekt begann Hoffmann im Jahr 1900, als er vier Villen in einem Wiener Vorort entwarf, die zwischen 1901 und 1905 gebaut wurden. 1904 konzipierte er das Sanatorium in Purkersdorf (siehe S. 35), an dem er seine berühmte »kubistische« Formensprache mit ihrer Betonung von geraden, schmucklosen Linien entwickelte. Dieses erstaunlich modern aussehende Gebäude und seine komplette Innenausstattung hatten großen Einfluß auf die Entwicklung der modernen Architektur. Wie die Entwürfe Otto Wagners waren auch Hoffmanns frühe Außen- und Innenraumgestaltungen von Anfang an aufeinander bezogen – eine Idee, die von der Sezession weiterentwickelt wurde. Weitere hervorragende Beispiele sind das Palais Stoclet in Brüssel (1905–1911, siehe rechts), wo er bei der Gestaltung der Innenräume mit Gustav Klimt zusammenarbeitete, und das Café Fledermaus in Wien (1907).

Hoffmanns »Sitzmaschine«, das »Modell 670« (1908, unten), ein Ruhesessel aus Buchenholz, das geschichtet, geformt, gedrechselt und gestrichen war. Der Stuhl wurde bis 1916 von J. & J. Kohn hergestellt. Wieder sind die typischen Holzkugeln zu sehen, die hier dazu dienen, die Rückenlehne in verschiedenen Positionen einrasten zu lassen.

Möbeldesign

Wie Otto Wagner war auch Hoffmann der Ansicht, daß die Gestaltung des äußeren Erscheinungsbilds und der Innenräume eines Gebäudes voneinander untrennbar seien. Möbel spielten in seiner Arbeit eine Schlüsselrolle, und er schuf viele Stücke, eingebaute und bewegliche, für von ihm selbst konzipierte Räume. Auch hier dominierte die Idee der geometrischen Struktur, unabhängig davon, ob es sich um Schränke, Stühle, Tische oder Hocker handelte. Am bekanntesten sind wohl Hoffmanns erstaunlich einfachen Eßzimmerstühle, einige ursprünglich für Caféhäuser gedacht, die er in der ersten Dekade des 20. Jahrhunderts entwarf. Diese »Sitzmaschinen«, wie Hoffmann sie nannte, wurden durch einfache Formen und zurückhaltende Dekoration bestimmt (siehe links). Der wiederholte Gebrauch von kleinen Kugeln bei einer ganzen Reihe von Stuhlentwürfen verdeutlichte Hoffmanns Vorliebe, dekorative Elemente zur Betonung der Konstruktion zu verwenden. Das Unternehmen J. & J. Kohn ging mit einigen Möbelstücken Hoffmanns in Produktion, wodurch seine Entwürfe europaweit und in den Vereinigten Staaten einflußreich wurden.

Keramik, Metall und Glas

Hoffmanns Entwürfe aus anderen Bereichen der angewandten Kunst wie Keramik-, Metall- und Glasarbeiten folgten den gleichen Prinzipien wie seine Architektur; auch hier stand das Interesse an der Form im Vordergrund. Diese Objekte wurden überall gezeigt, unter anderem 1902 auf der Esposizione Internazionale d'Arte Decorativa Moderna in Turin. Glas, Keramik und Metall bargen für Hoffmann ganz unterschiedliche Herausforderungen, denn seiner Ansicht nach sollte das Design die Beschaffenheit des verwendeten Materials widerspiegeln: Jedes Material, so vertrat er, gibt die endgültige Form vor. Für den österreichischen Glashersteller Lobmeyr entwarf er eine große Vielfalt von Trinkgläsern sowie Blumenschalen aus geschliffenem und geblasenem Glas. Geblasenes Glas ergab natürlich eher organische Formen, während man scharfkantigere, geometrische durch das Schleifen eines soliden Glasblocks erhielt. Ton machte solche scharfen Kanten unmöglich, so daß Hoffmanns Keramikarbeiten eine gewisse Weichheit zeigen, obwohl ihre Muster geometrisch sind. Gitter bestimmen seine Metallarbeiten, besonders seine überall hergestellten durchbrochenen Metallkörbe, und auch seine Stoffentwürfe tragen Gittermuster.

Spätwerk

Hoffmanns Schaffensphase war relativ lang, und er fuhr bis ins hohe Alter fort, Gebäude zu entwerfen, zu unterrichten und überall auszustellen. Er war für die Gestaltung des österreichischen Pavillons auf der Pariser Exposition Internationale des Arts Décoratifs et Industriels Modernes von 1925 verantwortlich, und seine geometrischen Motive zählen zu den wichtigsten Stilelementen des Art déco der zwanziger und dreißiger Jahre. Sein Einfluß erstreckte sich über Europa hinaus bis in die Vereinigten Staaten: 1928 konnte man seine Arbeiten in der Exposition of Art in Industry im New Yorker Kaufhaus Macy's sehen. Besonders großen Einfluß hatte sein Werk auf die Wiener Emigranten Joseph Urban und Paul Frankl sowie auf den Amerikaner Donald Deskey (siehe S. 62/63). Zu dieser Zeit waren Hoffmanns erstaunlich moderne Entwürfe überall bekannt, und er galt international als eine zentrale Persönlichkeit für die Entwicklung des Designs in der ersten Hälfte des 20. Jahrhunderts.

Eine zweihenkelige, vergoldete Schale aus gehämmertem Metall (1920, links). Sie zeigt beispielhaft die eher dekorative Seite von Hoffmanns Schaffen. Mit dieser Art von Entwürfen steht er im Einklang mit der allgemeinen Entwicklung der Wiener Werkstätte in den zwanziger Jahren.

Ein Badezimmer im Palais Stoclet (1905–1911, unten). Die Verwendung von Marmor für Boden und Wände demonstriert, wie Hoffmann erfolgreich luxuriöse Einrichtungen entwarf, ohne zugleich auf funktionale Schlichtheit zu verzichten.

Wiener Werkstätte

Die Wiener Werkstätte wurde 1903 mit dem Ziel gegründet, die Produktion qualitativ hochwertiger Handwerkserzeugnisse im Hinblick auf die sich ausdehnende Industrialisierung zu unterstützen. Die Werkstätte entwickelte sich aus der Wiener Sezession heraus, die 1897 gegründet worden war, um die Trennung zwischen den schönen Künsten und dem Kunsthandwerk aufzuheben. Die Initiatoren der Werkstätte, Josef Hoffmann (siehe S. 34–37) und Koloman Moser, waren zugleich die führenden Mitglieder der Sezession. Finanzielle Unterstützung erhielten sie von dem Bankier Fritz Wärndorfer, der als Sekretär der Sezession tätig gewesen war. Auf dem britischen Arts and Crafts Movement basierend – vor allem auf C. R. Ashbees Kunsthandwerksgilde Guild of Handicraft und den Ideen von John Ruskin und William Morris –, holten sich die Werkstätten ihre Inspiration nicht aus vergangenen Stilen, sondern suchten neue, für die moderne Welt geeignete Formen zu schaffen. Das Ziel war nach Hoffmann die Entwicklung »einer engen Beziehung zwischen Öffentlichkeit, Designer und Kunsthandwerker und die Herstellung guter einfacher Gegenstände für zu Hause«.

Eine Glasvase (unten), die von Jutta Sika, einer der berühmtesten Mitarbeiterinnen, um 1905 entworfen wurde. Das Schachbrettmuster und die Kugelfüße sind typisch für frühe Entwürfe aus der Wiener Werkstätte.

Eine versilberte, mit Einlegearbeiten verzierte Kaminuhr (rechts), die 1906 von Joseph Urban für das Restaurant Paul Hofner in Wien entworfen wurde. Der ornamentale Stil der Uhr weist sie als eher kommerzielles Produkt der Wiener Werkstätte aus.

Frühe Entwürfe

Die Entwürfe von Hoffmann, Moser und anderen – etwa Otto Prütscher, Michael Powolny, Carl Czeschka und Joseph Urban – dominierten die Produktion der Werkstätten und waren führend für das progressive Design in Wien bis zum Ersten Weltkrieg. Ihr klarer, moderner Stil war durch abstrakte Muster und geometrische Motive wie Schachbrett, Quadrat, Gitter und Kreis charakterisiert.
Die kleinen Ateliers – jedes war einem bestimmten Material gewidmet – schufen Objekte in einer großen Palette von Materialien, darunter Schmuck, Metallarbeiten, Spielzeug, Glaswaren, Keramik und Bucheinbände. Ab 1910 kamen Kleider und modische Accessoires dazu. Es ließ sich nicht vermeiden, daß die teuren, kunsthandwerklichen Produkte, die alle die Signaturen der Designer und Meisterhandwerker trugen, zu Luxusgütern wurden, die sich nur die Wohlhabenden leisten konnten.

Ornamentale Gestaltung

Etwa ab 1915 zeigten die Entwürfe der Wiener Werkstätte mehr und mehr Verzierungen mit unverhüllten Bezügen zu früheren dekorativen Stilen wie dem prunkvollen Barock des 17. Jahrhunderts und dem Biedermeier, das die Wiener »Neureichen« Mitte des 19. Jahrhunderts so liebten. Diese neue Hinwendung zur Üppigkeit wurde ihnen durch die Nachfrage der Käufer auferlegt und war besonders offensichtlich in den Arbeiten von Dagobert Peche, dessen Innenräume, Möbel und Dekorationsobjekte reich verziert waren (siehe S. 39 oben rechts).

Die Rolle der Frauen

In den zwanziger Jahren arbeiteten mittlerweile auch einige Frauen in den Wiener Werkstätten, wo man die Konzentration auf die Gestaltung häuslicher Objekte als eine für sie respektable Weise ansah, ihre Kreativität auszudrücken. Einige von ihnen hatten bei Moser an der Wiener Akademie der Bildenden Künste studiert wie

Ein Empfangsraum (um 1904, links), gezeigt bei der Ausstellung der Wiener Werkstätte in der Neustiftgasse in Wien. Die Einrichtung umfaßt eine kleine Hängelampe von Josef Hoffmann, einem der Gründungsmitglieder der Gruppe.

Ein von Dagobert Peche um 1925 entworfener Spiegel mit vergoldetem Holzrahmen (rechts). Der Hauch von Luxus verbunden mit einer offensichtlichen Modernität (ähnlich dem dekorativen Stil, der damals in Paris populär war) war typisch für die Produkte aus der letzten Dekade der Wiener Werkstätte.

dies immer deutlicher wider. Den neuen Wiener Stil sah man bald überall in New York, angefangen bei Theaterausstattungen über Verpackungen bis hin zu Schaufenstergestaltungen. Nach und nach wurde er immer opulenter und war nicht mehr vom Art déco zu unterscheiden, welcher in den dreißiger Jahren die Mode bestimmte. Die Wiener Werkstätte wurde 1932 aufgelöst, wofür wohl die Dominanz des Art déco verbunden mit einem Mangel an finanzieller Unterstützung der Auslöser war.

Ein Stuhl aus geformtem Schichtholz (unten), von Koloman Moser 1901 entworfen. Er wurde von der Firma J. & J. Kohn hergestellt, die mit Mitgliedern der Wiener Werkstätte bei einigen innovativen Möbelprojekten zusammenarbeitete.

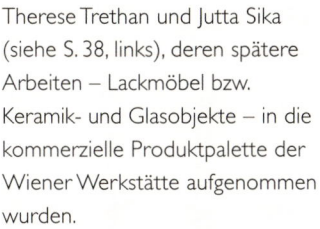

Therese Trethan und Jutta Sika (siehe S. 38, links), deren spätere Arbeiten – Lackmöbel bzw. Keramik- und Glasobjekte – in die kommerzielle Produktpalette der Wiener Werkstätte aufgenommen wurden.

Spätere Entwicklung

Eine Sozialreform, die Hoffmanns Ziel, einfache häusliche Objekte hoher Qualität zu produzieren, untermauert hätte, wurde von der Wiener Werkstätte nie realisiert. Im Gegenteil, ihre Produkte wurden zu modischen Ziergegenständen

für wohlhabende Leute, obwohl Fabrikanten wie J. & J. Kohn und Thonet ihren Teil dazu beitrugen, den Werkstätte-Stil populär zu machen, indem sie Möbel von Hoffmann und Moser (Beispiel siehe rechts) herstellten. 1919 eröffnete die Werkstätte eine Verkaufsniederlassung auf der Fifth Avenue in New York; der Ausstellungsraum wurde von Joseph Urban entworfen. Dieser Umzug in die Vereinigten Staaten verstärkte den kommerziellen Aspekt auf Kosten der sozialreformerischen Ideale, und die Entwürfe spiegelten

Konservativer Modernismus

In vielerlei Hinsicht stellte der Erste Weltkrieg in der Entwicklung einer modernen Designbewegung einen Wendepunkt dar. Bis 1914 waren die Theorien, die sich um die Jahrhundertwende herauskristallisiert hatten, entweder gänzlich aus dem Blickfeld des Interesses verschwunden oder weiterentwickelt worden. Der Art nouveau beispielsweise, besonders in seinen geschwungenen Ausdrucksformen, fristete nun ein Randdasein, das kaum mehr war als ein Modestil – und ein überholter dazu. Die großen Künstler dieser Stilrichtung waren entweder in Vergessenheit geraten, ergingen sich in bloßen Wiederholungen oder hatten sich zurückgezogen. Andererseits erlebte ein Designkonzept, das auf den Ideen des britischen Arts and Crafts Movement beruhte, nach dem Ersten Weltkrieg eine Blütezeit. Schlichtheit und Zweckmäßigkeit waren die Zielsetzung, und man ging in der Gestaltung von den Materialien und deren Anforderungen aus. Daraus entwickelte sich die einflußreiche Architektur- und Designtheorie, die als Funktionalismus bezeichnet wird und der Gegenstand des folgenden Kapitels zur progressiven Moderne ist. In den Jahren nach 1918 wurde der Funktionalismus zum Grundprinzip einer völlig neuen Strömung in Architektur und Design, und zum Zeitpunkt des Ausbruchs des Zweiten Weltkriegs übte es bereits einen starken internationalen Einfluß aus. Genaugenommen brachte die Moderne zwei Ausprägungen hervor – die eine rundweg progressiv, die andere eher historisch orientiert und ihrem Wesen nach konservativ.

In diesem Spannungsfeld fanden Kunsthandwerker und Innenausstatter wie Jean Dunand, Eileen Gray und Jacques-Emile Ruhlmann (siehe S. 44–51) ein ihnen wohlgesonnenes Publikum und rückten, neben anderen wie Pierre Legrain, Jean Puiforcat, dem Ausstattungsteam von Süe und Mare sowie Jean Michel Frank, in den zwanziger Jahren in den Vordergrund. Jeder einzelne Gestalter ging seinen individuellen Weg, war aber zugleich Teil einer Bewegung. Die wegweisende, 1925 in Paris ausgerichtete Exposition Internationale des Arts Décoratifs et Industriels Modernes (siehe S. 52/53) bildete ein Forum für ihre Werke und lieferte den Namen für die neue Stilrichtung: Art déco. Bei dieser Schau erhielt die Welt die Gelegenheit, das Kunstgeschehen in Frankreich in Augenschein zu nehmen. Das blieb nicht ohne Wirkung auf Besucher aus dem Ausland, unter ihnen Keith Murray aus Großbritannien und Donald Deskey aus den Vereinigten Staaten (siehe S. 60–63). Andere sahen Bilder der Ausstellung in der Weltpresse und ließen sich ebenfalls von den Entwürfen inspirieren. In Großbritannien setzte es sich die Innenausstatterin Syrie Maugham (siehe S. 54–55) zum Ziel, traditionelle und neue Elemente bei Inneneinrichtungen zu vereinen. Und der österreichische Designer Josef Frank (siehe S. 56–57) war ebenfalls überzeugt, daß beim modernen Interieur sowohl die besten Entwürfe der Vergangenheit wie auch aktuelle Entwicklungen zu berücksichtigen seien.

Der Art déco förderte zwar wie zuvor der Art nouveau einen elitären Begriff von Luxus und einen Qualitätsanspruch, der von der handwerklichen Kunstfertigkeit und der Verwendung teurer Materialien herrührte, doch nach und nach wandelte er sich zu einer populären Ästhetik, die schon in den dreißiger Jahren in beispielloser Art in die Massenkultur Eingang fand. Er wurde nicht mehr nur auf luxuriösen französischen Ozeandampfern verwendet, sondern zierte auch die Fassaden von Wolkenkratzern, Fabriken und Kinos und wurde so auf der ganzen Welt zu einer beliebten Stilrichtung. Auch beim Entwurf preiswerter, in großen Stückzahlen produzierter Kunststoffwaren, von Frisierkommoden bis zu Picknickutensilien, spielte der Art déco eine wesentliche Rolle. Was als exklusive Kunstrichtung ins Leben gerufen worden war, war ironischerweise zu Beginn des Zweiten Weltkriegs zu einem populären Stil der modernen Ära geworden.

Ganz anders verlief die Entwicklung bei jener Richtung der konservativen Moderne, die sich weniger in einem visuellen Stil Ausdruck verschaffte, sondern sich auf einen Herstellungsprozeß konzentrierte, der auf die Fortführung von Traditionen bedacht war. Sämtliche skandinavischen Länder verfügten über ausgeprägte lokale Volkstraditionen, arbeiteten aber gleichzeitig an neuen, kunsthandwerklichen Erzeugnissen – unter anderem Keramik, Glas, Möbel und Textilien –, die ihnen großes Ansehen auf dem internationalen Markt einbrachten. Hinzu kam ein starkes Engagement für die Idee einer egalitären Gesellschaft, in der modernes Design in Verbindung mit einer Industrie für Massengüter zur Verbesserung der materiellen Lebensbedingungen des einzelnen einen bedeutenden Beitrag leisten sollte.

Die schwedische Form der Moderne, repräsentiert durch Werke einzelner Künstler wie Wilhelm Kåge (siehe S. 66–69), Edvard Hald, Simon Gate, Gregor Paulsson, Gunnar Asplund, Bruno Mathsson (siehe S. 80/81), wurde ermöglicht durch das Wirken einer Organisation namens Svenska Slöjdföreningen (Gesellschaft für Industriedesign, siehe S. 70/71). Diese unterstrich die Notwendigkeit, kunsthandwerkliche Traditionen mit industrieller Herstellung und sozialer Reform in Einklang zu bringen. In Dänemark bemühte man sich vor allem auf dem Möbelsektor um eine harmonische Verbindung von Tradition, Modernität und gesellschaftlichen Idealen. Kaare Klint (siehe S. 64/65) leistete dort im Rahmen eines Programms, das durch die nachfolgende Generation bis in die Nachkriegsjahre fortgeführt werden sollte, unermüdliche Aufbauarbeit. In Finnland orientierte man sich bei der Entwicklung einer eigenständigen Form von Modernität ebenfalls an sozialen Leitlinien; auch hier spielte das Kunstgewerbe eine tragende Rolle. Das Streben nach Kontinuität mit der nationalen Vergangenheit war ebenfalls von Bedeutung und fand wie in Schweden und Dänemark seinen Niederschlag in der Verwendung traditioneller Materialien. Alvar Aaltos (siehe S. 74–77) Werk und seine bahnbrechenden Arbeiten mit gebogenem Schichtholz sind ein wichtiges Beispiel dafür, wie finnische Designer Vergangenheit und Zukunft zu verknüpfen verstanden. Anderen Gestaltern, die mit Glas und Metall arbeiteten, gelang dies ebenfalls.

Diese weniger strenge Variante der Moderne hatte erheblichen Einfluß in Großbritannien, einem weiteren Land, in dem man gern an Traditionen festhielt. Dies galt sowohl für das Erbe aus dem Arts and Crafts Movement des 19. Jahrhunderts als auch für die nationale Identität. In den zwanziger und dreißiger Jahren spiegelte sich dieser Einfluß in zahlreichen Versuchen wider, sich mit der Moderne auseinanderzusetzen. Möbeldesigner – darunter Ambrose Heal und Gordon Russell (siehe S. 72/73) – knüpften an die Werke ihrer Vorgänger wie C. R. Ashbee und Ernest Gimbson an, während Designer und Künstler wie Enid Marx (siehe S. 82/83), Eric Ravilious und Paul Nash verschmelzen in einer für den konservativen Modernismus typischen Art und Weise Vergangenheit und Gegenwart.

Auf der Grundlage einer von Jean Dunand angefertigten Skizze schuf dessen Sohn Pierre Dunand zwischen 1945 und 1950 diesen Entwurf eines lackierten Paravents. Er ist angelehnt an den Stil des bekannten französischen Malers Henri Rousseau und vereint Elemente naiver Malerei und Raffinesse auf eine Weise, die typisch ist für Jean Dunands Art-déco-Entwürfe aus den zwanziger und dreißiger Jahren.

Unter den Anfang des 20. Jahrhunderts in Frankreich tätigen Kunsthandwerkern war der in der Schweiz geborene Jean Dunand (1877–1942) zweifelsohne einer der herausragendsten Könner. Nahezu sein gesamtes Werk stand in der Tradition höchster Kunstfertigkeit, vor allem aber im Umgang mit Verzierungen und Farben blieb er unerreicht. Er war unermüdlich im Entwerfen von Innenausstattungen und in der Herstellung von Mobiliar und Einrichtungs-

gegenständen, beispielsweise Vasen, Stühle, Stellwände und Schmuck. Des weiteren verstand er sich auf die Verarbeitung verschiedener Materialien, von Metall über Holz bis hin zu Lack. Dunands Sohn beschrieb seinen Vater als »eigenwillig und entschlossen«. Nach bescheidenen Anfängen leitete er Mitte der dreißiger Jahre seine eigene Werkstatt und produzierte mit über 100 Angestellten Innenausstattungen für Frankreichs Ozeandampfer.

Jean Dunand

Jean Dunand war einer der größten Könner unter den französischen Kunsthandwerkern der zwanziger Jahre. Insbesondere seine Lackarbeiten waren hinsichtlich ihrer künstlerischen Originalität und der exakten Ausführung außergewöhnlich.

Die spannungsreiche Farbgebung dieser lackierten Metallschale (etwa 1925, unten) ist ein typisches Beispiel dafür, wie Dunand die Gestaltungsmöglichkeiten von Lack zu nutzen verstand. Die elegante Form des Objekts ist ebenfalls charakteristisch für seine Arbeiten.

Bildhauerei und erste Einrichtungsgegenstände

Jules-John Dunand – so sein ursprünglicher Name – wurde in Genf geboren und an der dortigen Ecole des Arts Industriels zum Bildhauer ausgebildet (1891–1896). 1897 erhielt er von den Genfer Stadtvätern ein Stipendium für ein Studium in Paris, wo er bald in der Werkstatt des Bildhauers Jean Dampt Anstellung fand. In der Frühphase seiner Karriere half er als Assistent bei der Produktion von traditionellen Skulpturen aus Holz und Metall.

Auf der Pariser Weltausstellung von 1900 präsentierte er dann eine eigene Bronzeplastik mit dem Titel »Quo Vadis«, für die ihm eine Goldmedaille verliehen wurde. Erst 1903, als er an einer Inneneinrichtung für die Comtesse de Béarn in Paris arbeitete und dabei Möbel und Türrahmen schnitzte, wandte er sich dem Kunsthandwerk zu und gründete dort sein eigenes Atelier. Ab etwa 1905 konzentrierte sich Jean Dunand ausschließlich auf diesen Bereich und begann mit der Herstellung von Kupfer- und Messingvasen. Die stilisierten Pflanzenmotive und die asymmetrische bildliche Darstellung vieler dieser Vasen ließen

Lackierter Paravent von Dunand aus den zwanziger Jahren (rechts). Das abstrakte Muster rechts oben auf der Stellwand sowie der stilisierte Fisch spiegeln neben seinem starken Interesse für das

den Einfluß des Art nouveau und der orientalischen Kunst erkennen; diese beiden Stilrichtungen nahmen in den Ausstellungen jener Jahre breiten Raum ein.

Lackarbeiten

1909 erfolgte ein weiterer Aufbruch in Dunands Karriere, als er sein Augenmerk auf Lackarbeiten richtete und seinen Namen in Jean änderte. Ab 1912 erhielt er, genau wie Eileen Gray (siehe S. 46–49), Unterricht von dem japanischen Einwanderer Seizo Sugawara. Mit Enthusiasmus machte sich Dunand das neue Medium zu eigen, das für den Rest seiner Karriere ein wichtiger Teil seiner Arbeit bleiben sollte. Anfangs verwendete er Lack bloß aus praktischen Erwägungen heraus – als Schutzschicht bei Metallarbeiten –, und erst im Anschluß an den Ersten Weltkrieg setzte Jean Dunand ihn als eigenständiges kreatives Medium ein.

Er begann mit der Produktion von hochwertigen lackierten Wandtafeln und Paravents, versehen mit Naturszenen und stilisierten Tieren – wie zum Beispiel Reihern, Fröschen, Affen und Rehen –, die zum großen Teil auf die japanische Kunst zurückgingen. Ab ungefähr

Kunstgewerbe Japans auch seine Liebe zu Naturabbildungen wider. Diese richtete sich im speziellen auf die exotische Flora und Fauna, die auf vielen seiner Objekte zu sehen ist.

1919 bevorzugte er zunehmend geometrische Formen in leuchtenden Farben, die fortan zum Kennzeichen von Dunands Entwürfen wurden. 1924 nahm er zusätzlich Modeaccessoires, unter anderem Schmuck und Kosmetikkoffer, in sein Designrepertoire auf.

Erfolge in den zwanziger und dreißiger Jahren

Die Pariser Ausstellung von 1925 markierte den Höhepunkt der ersten Phase von Dunands Karriere. Zu seinen Ausstellungsobjekten gehörte ein Rauchzimmer in der Abteilung »Eine französische Auslandsbotschaft«; dieser Entwurf, mit lackierten Wänden, geometrischen Mustern und vom Kubismus inspirierten Lehnstühlen, wurde enthusiastisch aufgenommen und sicherte Dunand während des folgenden Jahrzehnts zahlreiche Aufträge für Möbel und Innenausstattungen. In diesem Zeitraum expandierte Dunands Werkstatt rasch, und 1928 wurde man in den Vereinigten Staaten anläßlich einer Ausstellung in dem New Yorker Kaufhaus Lord & Taylor auf seine Arbeit aufmerksam.

Ohne Frage waren es die von der Compagnie Sud-Atlantique in Auftrag gegebenen Entwürfe für die französischen Ozeandampfer, die »Atlantique« (1931) und die »Normandie« (1935), die Dunand die meiste Aufmerksamkeit einbrachten. Mit den enormen lackierten und mit figürlichen Darstellungen geschmückten Wandtafeln, den Inneneinrichtungen und Möbeln, die er für die

»Coiffeuse« oder Frisierkommode aus Holz (oben), von Jean Dunand für eine Boudoir-Einrichtung auf dem Pariser Salon des Artistes Décorateurs von 1930 entworfen. Zu diesem Zeitpunkt hatte sich Dunand mit seinem Stil von der reichen Ornamentik gelöst und ließ einfachere, geometrische Formen einfließen, die den Einfluß des Kubismus erkennen lassen.

»Normandie« entwarf, verlieh er den ungebrochenen französischen Traditionen hoher Handwerkskunst und der Herstellung von Luxusartikeln, die Europa seit der Jahrhundertwende dominiert hatten, noch einmal Ausdruck. Diese Tradition fand allerdings nach dem Zweiten Weltkrieg keine Fortsetzung. Dunands Arbeiten waren stets von erlesener Kunstfertigkeit und daher teuer. Ihre Beliebtheit führte zum Aufkommen billiger Nachahmungen – besonders von Juwelen, Toilettenartikeln

und weiteren kleineren Dekorationsobjekten. Diese Umstände waren schließlich für den Niedergang des Art-déco-Stils verantwortlich. In den zwanziger und frühen dreißiger Jahren indes leistete Dunand mit seinen international anerkannten Projekten für die Exposition des Arts Décoratifs (1925) und die französischen Ozeandampfer einen wesentlichen Beitrag zu der Stilrichtung, die man ursprünglich mit Qualität und gutem Geschmack in Verbindung brachte.

1927 von Dunand gestaltetes »Ensemble« aus fünf Halsketten (rechts). Die fünf konzentrischen Bänder sind mit schwarzrot lackierten, geometrischen Mustern verziert und zeigen, daß er sich von afrikanischem Schmuck inspirieren ließ.

Die in Irland geborene Architektin und Designerin Eileen Gray (1878–1976) läßt sich nur schwer einer Kategorie zuordnen: In ihrem Werk und im Leben widersetzte sie sich energisch den Hauptströmungen. Der Designhistoriker Philippe Garner bezeichnete sie als eine »ruhige, aber entschlossene Einzelgängerin«. Da sie kaum einer Gruppe zuzuordnen war, erlangte ihr Beitrag zur Entwicklungsgeschichte des Designs erst in den siebziger Jahren Anerkennung. Heute allerdings rechnet man sie zu den wichtigsten Gestaltern der ersten Hälfte des 20. Jahrhunderts. Im Gegensatz zu Charlotte Perriand, die ihre Karriere bei Le Corbusier (siehe S. 94–97) begann, oder zu Lilly Reich, die eng mit Ludwig Mies van der Rohe (siehe S. 92/93) zusammenarbeitete, schloß sich Eileen Gray keiner herausragenden Persönlichkeit der modernen Architektur an und arbeitete größtenteils allein.

Eileen Gray

Erst in jüngerer Vergangenheit wurde Eileen Gray die ihr gebührende Anerkennung zuteil. Sie experimentierte mit verschiedenen Formen und Materialien und schuf so unverwechselbare Objekte und Interieurs. 1926 nahm Berenice Abbot in Paris dieses Foto von ihr auf.

Ausbildung und Frühwerk

Zwar unterschieden sich Grays Arbeiten aus späteren Phasen ihrer Karriere kaum von jenen ihrer fortschrittlich gesinnten avantgardistischen Mitstreiter, doch in den Anfangsjahren stand sie den ornamentalen Traditionen des französischen Designs sehr nahe. Von 1898 bis 1902 studierte sie Kunst an der Slade School in London und besuchte 1900 anläßlich der Weltausstellung erstmals Paris. Die Stadt hinterließ bei ihr einen starken Eindruck, und mit der finanziellen Unterstützung der Familie bezog sie 1907 eine Wohnung in der Rue Bonaparte 21, die sie bis zu ihrem Tode in unregelmäßigen Abständen bewohnte.

Ab 1910 beschäftigte sich Eileen Gray bevorzugt mit Lackarbeiten, einer Technik, die sie zunächst in einer Londoner Werkstatt und später beim japanischen Meister Seizo Sugawara in Paris erlernt hatte.

Eileen Grays handgefertigte Möbel waren sauber verarbeitet und auf eine Farbpalette von Schwarz, Braun und anderen dunklen Tönen beschränkt, was ihren Entwürfen eine ausgeprägte farbliche Harmonie verlieh. Auf ihren Paravents und anderen Einrichtungsgegenständen waren entweder stilisierte Figuren aus der Mythologie oder ab etwa 1913 vom Kubismus inspirierte abstrakte Muster abgebildet.

1913 ging Eileen Gray auf der jährlichen Ausstellung der Société des Artistes Décorateurs erstmals mit ihren Arbeiten an die Öffentlichkeit; dem Modeschöpfer und Sammler Jacques Doucet fielen ihre Exponate auf, woraufhin er ihr den ersten bedeutenden Auftrag erteilte. Zu den Möbelstücken, die sie für ihn fertigte, zählte ein kleiner rotlackierter Tisch mit schwarzen Troddeln. Dieser zeigte deutliche Einflüsse der französischen Möbel des 18. Jahrhunderts, ein Interessengebiet, das Gray mit einer Reihe von anderen zeitgenössischen Kunsthandwerkern wie Jacques-Emile Ruhlmann (siehe S. 50/51) und Maurice Dufrène teilte.

Eine etwa 1920–1922 von Eileen Gray entworfene lackierte Schlafcouch aus Holz (unten). Lack war das erste Material, mit dem sie als Designerin experimentierte; sie setzte es bei einer ganzen Reihe von Objekten sehr wirkungsvoll ein. Die üppige Polsterung, die der Couch Bequemlichkeit verlieh, und die an der asiatischen Kunst orientierten Muster des Rahmens sind typisch für Arbeiten aus der Frühphase von Eileen Grays Karriere.

Inneneinrichtungen

In den zwanziger und dreißiger Jahren arbeitete Gray an Inneneinrichtungen für eine Reihe von Pariser Kunden, darunter Suzanne Talbot (Madame Mathieu Levy) und die Vicomtesse de Noailles. An diese Projekte ging sie wie eine Innenarchitektin heran und verwendete eine Vielfalt exotischer Materialien und ungewöhnlicher Objekte, beispielsweise Pergament und Straußeneier für die Wanddekoration bei Suzanne Talbot. Lack wurde in reichem Maße an den Wänden und auf vielen der Einrichtungsgegenstände, besonders auf Paravents, aufgetragen, aber ihr vielleicht innovativster Entwurf war eine Schlafcouch mit Bronzelack und Blattsilber, die die Form eines

Kanus besaß und auf sechs stabilen Beinen stand. Dieses völlig eigenständige, »Pirogue« genannte Möbelstück (siehe unten) tauchte in Grays späteren Innenausstattungen wieder auf. Für sämtliche ihrer Interieurs entwarf sie außerdem Teppiche mit stilisierten Mustern. Diese lassen den starken Einfluß traditioneller Kunst der französischen Kolonien in Afrika und dem Pazifik erkennen, der sich auch in den Bildern vieler Maler der Epoche, insbesondere bei den Kubisten, findet.

Die Galerie Jean Desert

1922 eröffnete Eileen Gray in Paris ein Geschäft mit dem Namen Galerie Jean Desert. Die Preise für ihre Komplettausstattungen und für

1933 für Suzanne Talbots Pariser Wohnung gestaltetes Wohnzimmer (oben). Es enthält Eileen Grays berühmte Sessel »Serpent« (Mitte links) und »Bibendum«

(links und rechts außen) sowie Tierfelle mit besonders ausdrucksvoller Zeichnung, die ihren Interieurs eine exotische Note verliehen.

Ein lackierter Paravent aus vier Paneelen, 1914 für den Modeschöpfer Jacques Doucet entworfen. Die Vorderseite (rechts) zeigt eine allegorische Szene mit

zwei Jünglingen, von denen einer einen alten Mann trägt, während die Rückseite mit einem abstrakten Muster ineinander gedrehter Linien versehen ist.

Der hängemattenartige »S-Stuhl« (oben) wurde zwischen 1932 und 1934 für Eileen Grays zweites Haus in Frankreich entworfen. In typischer Weise vereinte die Designerin einen funktionellen, zusammenklappbaren Schichtholzrahmen mit einer komfortablen, dünn gepolsterten Sitzfläche aus Segeltuch.

geometrischen Arbeiten des De Stijl-Designers Gerrit Rietveld (siehe S. 98–101) verweist, wie auch einem kleinen Toilettentisch aus der Mitte der zwanziger Jahre mit einer offeneren Stahlrohrstruktur, Holzschubladen auf einer Seite und einem Aufbau aus Holz. Selbst ihre lackierten Einrichtungsgegenstände wurden in den frühen Zwanzigern schlichter durch den zunehmenden Verzicht auf ornamentale Details.

Hinwendung zur Moderne

Grays 1923 auf dem Salon der Société des Artistes Décorateurs in Paris ausgestellte »Schlaf-Boudoir für Monte Carlo« markierte den Übergang vom ornamentalen zu einem funktionalistischen Stil. Es war mit nur wenigen, einfachen Einrichtungsstücken möbliert: zwei freistehende Paravents aus weißlackierten, durch Stangen miteinander verbundenen Paneelen – diese waren auch in Schwarz erhältlich –, ein Motivteppich sowie ein wie zufällig über ein Sofa drapiertes Tierfell. In der zweiten Hälfte der

zwanziger Jahre freundete sich Eileen Gray nach und nach mit geometrischen Formen, neuen Materialien und dem Konzept der Massenproduktion an. Ihre Möbelentwürfe entfernten sich immer weiter von ihrem früheren ornamentalen und exotischen Stil sowie von den kunsthandwerklichen Traditionen. Sie ähnelten nunmehr eher Möbeln, die in Deutschland oder den Niederlanden und in Paris von der Gruppe um den avantgardistischen Architekten Le Corbusier und seine Partnerin Charlotte Perriand entworfen wurden. In vielerlei Hinsicht jedoch wiesen ihre Entwürfe in diesen Jahren sanftere Formen auf als jene der Vertreter einer strengeren Konzeption von Modernität. Damit brachte sie ihre Ablehnung der von vielen Avantgardisten propagierten Vorstellung, der Konsument müsse sich dem Design anpassen und nicht umgekehrt, zum Ausdruck. Der »Transat-Lehnstuhl« (1925–1930) zum Beispiel verband eine komfortable Polsterung und einen verstellbaren Holz-

einzelne Einrichtungsgegenstände waren, da vieles handwerklich gefertigt wurde, naturgemäß sehr hoch. Teppiche dagegen waren günstiger herzustellen und erwiesen sich als großer kommerzieller Erfolg (siehe S. 49 oben). Im Laufe der acht Jahre, die sie die Galerie

betrieb, interessierte sich Eileen Gray zunehmend für den Kubismus und den Funktionalismus in Architektur und Design. Deutlich wurde dies vor allem an ihren Möbelentwürfen, beispielsweise einem kleinen Ausziehtisch von 1923, der unzweifelhaft auf die

Die als »Pirogue« bekannte lackierte Ruheliege (unten), etwa 1920 entworfen für Suzanne Talbot, eine von Grays wichtigsten Kundinnen. Das handgeschnitzt wirkende Erscheinungsbild der Couch und die Ähnlichkeit mit einem afrikanischen Einbaum spiegeln wahrscheinlich das allgemeine Interesse der Pariser Künstler an Kunst außerhalb des westlichen Kulturkreises.

rahmen mit einem bemerkenswert schlichten und modernen Aussehen. Der Stuhl – ursprünglich für das am Meer gelegene Ferienhaus »E.1027« gestaltet – wurde den beiden Forderungen nach Komfort und Flexibilität vollkommen gerecht und wurde auch in der Galerie Jean Desert verkauft.

Architektur

In der letzten Phase ihrer Karriere schlug Gray nochmals eine neue Richtung ein. Mitte der zwanziger Jahre ließ sie sich von dem Kritiker Jean Badovici dazu überreden, sich auf dem Gebiet der Architektur zu versuchen. Dieser Herausforderung stellte sie sich mit Selbstvertrauen und Enthusiasmus. Ihr erster Versuch war ein gemeinsam mit Badovici entworfenes, eigenes Haus in Roquebrune im Süden Frankreichs

(1926 – 1929). Es wurde »E.1027« genannt und war mit seinem Flachdach, weiß getünchten Wänden und Fensterreihen erstaunlich modern. Speziell für dieses Haus schuf Gray einige neue Möbel, darunter den berühmten »Bibendum-Stuhl« (siehe S. 47 oben) und einen Nachttisch aus Stahlrohr und Glas (siehe rechts). Nachdem Badovici das »E.1027-Haus« übernahm, konstruierte Gray für sich selbst ein kleineres Haus (1932 – 1934) in Castellar, ebenfalls in Südfrankreich. Es war äußerlich genauso revolutionär, mit dem gleichen Flachdach und identischen Fensterreihen, und ebenso rigoros in der Einrichtung. Das bedeutendste, für dieses Haus entworfene Möbelstück war der »S-Klappstuhl« (siehe S. 48 oben). Grays Karriere als Designerin erreichte Mitte der dreißiger Jahre ihren Höhepunkt. Zwar trug sie mit einigen Arbeiten zu Le Corbusiers Pavillon auf der Pariser Ausstellung Exposition Internationale des Arts et Techniques dans la Vie

Moderne von 1937 bei – es handelte sich um den Entwurf für ein Ferienzentrum –, doch lagen ihre größten Erfolge, beispielsweise die Stühle »Bibendum« und »Transat«, zu diesem Zeitpunkt bereits hinter ihr.

Gewebter Wollvorleger (oben), von Eileen Gray Anfang der zwanziger Jahre entworfen. Die Modeschöpferin Coco Chanel, deren Initialen darin eingewebt sind, kaufte ihn für ihr südfranzösisches Haus in Roquebrune. Gray verwendete bei ihren Teppichentwürfen häufig schlichte, geometrische Muster und nahm somit den unauffälligeren Stil ihrer späteren avantgardistischen Arbeiten vorweg.

Nachttisch aus Stahlrohr und Glas (rechts), etwa 1927 von Eileen Gray für das Haus »E.1027« in Roquebrune entworfen. Der Tisch gehört zu einer Möbelserie aus Stahlrohr, die Gray für den eigenen Bedarf entwarf. Die Höhe der Tischplatte läßt sich durch einen an der Rückseite versteckten Schlüssel verstellen.

Unter den französischen Gestaltern des Art déco steht der Name Jacques-Emile Ruhlmann (1879–1933) für Begriffe wie Eleganz und Luxus. Seiner Ansicht nach war »das Luxusgut ein Anreiz, den Standard der massengefertigten Objekte zu verbessern«. Im Gegensatz zu Jean Dunand (siehe S. 44/45), der sich als Kunsthandwerker verstand, war Ruhlmann eher als eine Person mit besonderem Feingefühl in Fragen des Geschmacks zu beschreiben. Er

beschäftigte sich mit dem Entwurf von Möbeln, Beleuchtungskörpern, Tapeten, Teppichen und anderen Einrichtungsgegenständen sowie vor allem mit der Idee des »Ensembles« im Sinne des ausgehenden 19. Jahrhunderts. Bei seiner Suche nach einem modernen Einrichtungsstil srebte er nach der Synthese aus historischen Stilelementen und modernem Design. Dabei griff er mit Vorliebe auf den Empire-Stil des späten 18. und frühen 19. Jahrhunderts zurück.

Jacques-Emile Ruhlmann

Jacques-Emile Ruhlmann war eine führende Persönlichkeit innerhalb des französischen Art déco. Weniger Handwerker als vielmehr sensibler und einflußreicher Beobachter, zielten seine Arbeiten auf das Luxussegment des Marktes. Sein Beitrag zur Innenarchitektur bestand in dem Konzept des »Ensembles«.

Erste Entwürfe für Möbel und Inneneinrichtungen

Ruhlmann erhielt zwar keine Ausbildung zum Möbeltischler, machte sich aber von 1901 an im Pariser Malerei-, Tapeten- und Spiegelgeschäft seines Vaters vertraut mit der Verarbeitung aufwendiger Materialien, die für sein späteres Werk charakteristisch werden sollten. Nach dem Tod seines Vaters 1907 übernahm er die Geschäftsleitung und renovierte Inneneinrichtungen wohlhabender Kunden. Im selben Jahr heiratete er und entwarf, wie viele Designer und Innenausstatter vor und nach ihm, für sein eigenes Heim überwiegend Möbel in einem schlichten, am Klassizismus orientierten Stil. Während seiner ganzen, relativ

kurzen Karriere sah seine Arbeitsweise so aus: Er fertigte Skizzen an und überließ die Ausführung seiner Entwürfe den jeweiligen Handwerkern.
1911 stellte Ruhlmann eines seiner Tapetenmuster auf dem Salon des Artistes Décorateurs aus, und nach dem Herbstsalon von 1913 stieg sein Renommee. Er hatte dort Möbel gezeigt, darunter Holzschreibtische, die stilistisch an den Klassizismus anknüpften, mit langen, sich verjüngenden Beinen – ein bevorzugtes Gestaltungsmittel Ruhlmanns. 1919 gründete er mit dem Maler und Innenarchitekten Pierre Laurent ein neues Geschäft unter dem Namen Ruhlmann & Laurent. Fortan entwickelte Ruhlmann einen eigenständigen

Stil, der ihm in den zwanziger Jahren zu enormem Erfolg verhalf. Er konzentrierte sich dabei auf die Verbindung von exklusiven Materialien – unter anderem Seide, Samt, Ebenholz und Elfenbein – mit Holzbearbeitungsverfahren, die aus dem 18. Jahrhundert stammten. Außerdem verwendete er kühne, klare Formen und schuf so reich verzierte, farbige Raumausstattungen mit einer Nuance Modernität zur Befriedigung des damaligen Geschmacks der großbürgerlichen Käufer.

Diese in den zwanziger Jahren von Ruhlmann entworfene Schlafcouch aus Rosenholz und vergoldeter Bronze erhielt den Namen »Ducharmebronz«. Die Verwendung luxuriöser Materialien und prächtiger Farben ist typisch für seine Möbelentwürfe, ebenso wie die Verbindung moderner Elemente – unter anderem kubistische Formen – mit historischen Bezügen, beispielsweise vergoldete Metallornamente und röhrenförmige Polsterkissen.

Badezimmereinrichtung (etwa 1925–1930, links), die eindrucksvoll verdeutlicht, wie Ruhlmann den Luxus früherer Zeiten mit modernen Erfordernissen in Einklang brachte. Die reichliche Verwendung von geädertem Marmor erinnert an üppige Stile der Vergangenheit, während die schlichten Formen des Beckens und die freiliegenden Rohre sein Interesse an Funktionalität sichtbar machen.

Eine lackierte und vergoldete Wandtafel mit dem Titel »Die Jagd« (um 1934, rechts). Die flache, stilisierte Darstellung eines Jägers mit seinem Hund spiegelt die Art und Weise, in der viele Art-déco-Gestalter die Kunst Japans, des alten Griechenlands und Roms interpretierten. Allesamt waren dies in den dreißiger Jahren beliebte Inspirationsquellen.

Die Pariser Ausstellung von 1925 und kommerzieller Erfolg

Den Höhepunkt seiner kreativen Karriere erlebte Ruhlmann auf der Pariser Exposition Internationale des Arts Décoratifs et Industriels Modernes von 1925. Zu diesem Anlaß entwarf er mit Hilfe eines Freundes, dem Architekten Pierre Patout, das »Hôtel du Collectionneur« (»Haus des Sammlers«), das von vielen als eines der bedeutendsten Werke des Art déco angesehen wird. Es vereinte moderne kubistische Formen mit historistischen Elementen wie beispielsweise Friesen. Die Einrichtung umfaßte gemusterte Teppiche und Tapeten sowie Möbel mit sich verjüngenden Beinen und gemusterten Polstern (siehe S. 53 unten).

Nach dem Erfolg von 1925 arbeitete Ruhlmann an mehreren Prestigeaufträgen, darunter das Café des Ozeandampfers »Ile de France«, ein Konferenzsaal für die Pariser Handelskammer und Möbel für den Elysee Palast (1926). Zum Ende des Jahrzehnts waren seine Entwürfe noch kostbarer und teurer geworden, und er begann, Edelhölzer mit modernen Materialien wie Stahlrohr zu kombinieren. Ruhlmann stellte auch weiterhin viele seiner Arbeiten aus, besonders im Rahmen der jährlichen Salons des Artistes Décorateurs. Seine letzten, auf dem Salon von 1932 vorgestellten Raumausstattungen waren auffallend schlicht und beinahe rustikal im Vergleich zu seinem früheren Schaffen. Ein Jahr vor seinem Tod gab Ruhlmann sein Geschäft auf, welches aufgrund neuer

Modeströmungen immer schlechter lief. Obgleich sein Erfolg nur ein Jahrzehnt anhielt, machten Ruhlmanns viel beachtete Entwürfe für bedeutende internationale Ausstellungen und öffentliche Auftraggeber ihn zu einer zentralen Figur des französischen Art déco.

Geschnitzter und vergoldeter Beistelltisch mit Marmorplatte (um 1929, rechts), entworfen für das Hôtel Ducharne in Paris. Nach dem Erfolg seines »Hôtel du Collectionneur« 1925 war Ruhlmann unter den wohlhabenden Parisern sehr gefragt. Diese schätzten seine Fähigkeit, moderne Formen mit dem Luxus und der Kunstfertigkeit, die man allgemein mit Antiquitäten assoziierte, zu vereinen.

Paris 1925

Der Begriff *Art déco*, mit dem weithin der in den zwanziger Jahren in Frankreich entwickelte moderne Architektur- und Einrichtungsstil bezeichnet wird, geht zurück auf die 1925 in Paris ausgerichtete *Exposition Internationale des Arts Décoratifs et Industriels Modernes*. Diese ehrgeizige internationale Schau – die Idee dazu stammte aus dem Jahr 1912 – sollte ursprünglich 1915 stattfinden, mußte aber wegen des Ersten Weltkriegs verschoben werden. Die Ausstellung von 1925 wurde als eine Art Nachfolgeereignis zu der enorm erfolgreichen Pariser Weltausstellung von 1900 ausgerichtet, welche seinerzeit die führende Rolle Frankreichs bei der Entwicklung des *Art nouveau* bestätigt hatte. Mit der von der Regierung getragenen Ausstellung von 1925 wollte man die Führungsposition Frankreichs im Design und der Herstellung hochwertiger Einrichtungsobjekte untermauern. Zudem war sie eindeutig eine Reaktion auf die erfolgreichen Ausstellungen des Deutschen Werkbunds, einer einflußreichen Institution zur Vereinigung von Industrie und Design, in der sich deutsche Designer zusammengeschlossen hatten.

Melnikows sowjetischer Pavillon (rechts) war eines der wenigen Beispiele russischer Avantgarde-Architektur auf der Ausstellung. Die Verwendung von Glas und Metall, das Gittermuster und die sich spannungsreich schneidenden Diagonalen sind allesamt typische Merkmale des Konstruktivismus.

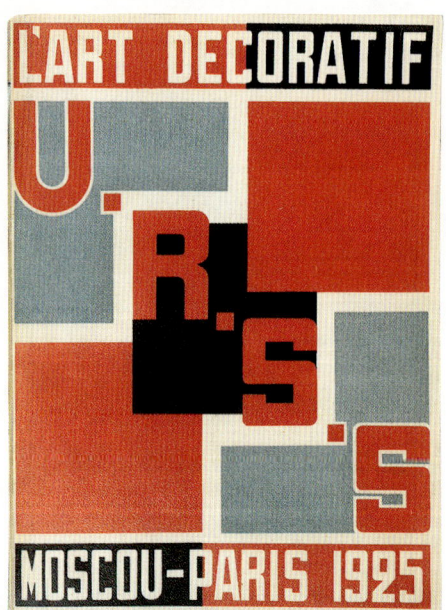

Titelseite von »L'Art décoratif« (1925, oben), dem Katalog des sowjetischen Pavillons, von Konstantin Melnikow für die Pariser Ausstellung entworfen. Der kantige Stil der Schrift und der Zeichnung spiegelt die abstrakte, konstruktivistische Ästhetik des Pavillons selbst wider.

Ein vom Metallverarbeiter Edgar Brandt gefertigter Paravent aus Schmiedeeisen und Messing bildete den Mittelpunkt seines Ausstellungsstands. Die stilisierte Naturdarstellung und der Luxus waren typisch für die meisten der ausgestellten modernen Einrichtungsgegenstände.

Der moderne Stil der Ausstellung

Der *Art nouveau* war bis zum Jahr 1925 von einem neuen Stil verdrängt worden. Dieser vereinte Formen und Motive aus unzähligen Quellen, zu denen Einrichtungs- und Möbelstile des französischen Rokokos aus dem 18. Jahrhundert, kubistische Malerei und afrikanische Kunst zählten. In den Vorgaben an die Aussteller machte man deutlich, daß Nachahmungen vergangener Stile nicht akzeptiert würden, so daß die Teilnehmer bestrebt waren, durch Verwendung abstrakter und stilisierter geometrischer Formen möglichst »modern« zu wirken. Es waren zahlreiche Länder vertreten, doch Deutschland konnte aus politischen Gründen nicht teilnehmen und die Vereinigten Staaten verzichteten auf eine Präsentation, da die Regierung der Ansicht war, man habe keine ausstellenswerten Entwürfe vorzuweisen.

Die französischen Pavillons

Die Ausstellung von 1925 nahm einen beträchtlichen Teil des Pariser Stadtgebiets entlang den Ufern der Seine ein. Stuckpavillons und andere Ausstellungshäuser, die Möbel und Einrichtungsgegenstände beherbergten, bildeten die Glanzlichter der Schau. Dabei dominierten die Pavillons der großen Pariser Kaufhäuser Bon Marché, Printemps, Louvre und Galeries Lafayette, die bedeutende Innenausstatter mit der

Katalog mit Zeichnungen von Innenausstattungen, die im Pavillon der Galeries Lafayette zu sehen waren (unten). Dazu gehören ein Salon und eine Empfangshalle von Maurice Dufrène. Die Einrichtungen sind in dem dekorativen und luxuriösen Stil gehalten, der für die Ausstellung charakteristisch war.

tekten Le Corbusier. Er zeigte, daß die französische Moderne viel mit dem funktionalistischen, auf maschinelle Fertigung ausgelegten Konzept der deutschen Gestalter gemeinsam hatte. Dieser Pavillon war nicht als schmuckes Phantasieobjekt angelegt, sondern als modulare Einheit, die in entsprechender Anzahl zu einem standardisierten Wohnblock ausgebaut werden konnte.

Das Ziel der Pariser Ausstellung von 1925, die führende Rolle Frankreichs in der Manufaktur von Luxusgütern zu festigen, wurde erreicht, und der dort vorherrschende Art-déco-Stil erfreute sich in den dreißiger Jahren internationaler Beliebtheit.

Schon bald sollte der elegante, geometrische Stil in ganz Europa und den Vereinigten Staaten viele Gebäude zieren, von Fabriken über Kinos bis zu Wolkenkratzern.

Von Jacques-Emile Ruhlmann für den Pavillon »Haus des Sammlers« entworfene Schlafzimmereinrichtung (unten). Ruhlmanns kostspielige, handgefertigte Einrichtungsgegenstände zeigen deutlich eine Gemeinsamkeit der französischen Aussteller: Sie legten bei ihren Gestaltungen das Hauptgewicht auf Qualität und Luxus und nicht auf die Eignung zur Massenfertigung.

Gestaltung ihres Ausstellungsbeitrags betrauten. Maurice Dufrène beispielsweise zeichnete verantwortlich für den Stand der Galeries Lafayette (siehe oben rechts), der in dem spektakulären, von den Architekten Jean Hiriart, Georges Tribout und George Beau entworfenen Pavillon Maitrise untergebracht war. Weitere wichtige französische Ausstellungsobjekte waren unter anderem Jacques-Emile Ruhlmanns »Hôtel du Collectionneur« (»Haus des Sammlers«, siehe rechts und Seite 50/51) und das Arbeitszimmer des Architekten Pierre Chareau im »Pavillon de l'Ambassade Française« (»Pavillon der französischen Botschaft«).

Internationale und moderne Ausstellungsstände

Zu den beachtenswerten ausländischen Ausstellungsständen zählten der von Josef Hoffmann (siehe S. 34–37) entworfene österreichische Pavillon, mit einer von Josef Frank (siehe S. 56–59) gestalteten Inneneinrichtung, sowie der Pavillon des russischen Architekten Konstantin Melnikow (siehe oben). Es gab allerdings einen französischen Beitrag, der diesem stilistisch entsprach, auch wenn dieser an den Rand des Ausstellungsgeländes verbannt worden war: der »Pavillon de l'Esprit Nouveau« (»Pavillon des neuen Geistes«, siehe S. 95) des Archi-

In den zwanziger Jahren hatte die Anfang des Jahrhunderts von Elsie de Wolfe (siehe S. 18/19) entwickelte Art und Weise moderner Innenausstattung in Europa bereits Fuß gefaßt. Die Einrichtung von Räumen galt in Großbritannien als geeigneter Beruf für Damen der gehobenen Gesellschaft, die Gebrauch von ihren künstlerischen Fähigkeiten machen wollten. Wohlhabende Kunden beauftragten gerne Innenausstatter, um ihren »guten Geschmack« unter Beweis zu stellen. Syrie Maugham (1879–1955), Sybil Colefax und Nancy Lancaster waren drei dieser gefragten Ausstatterinnen. Syrie Maugham stellte in vielerlei Hinsicht das britische Pendant zu Elsie de Wolfe dar, und zwischen den Kriegen wurden die beiden Frauen sogar enge Freundinnen.

Syrie Maugham

Syrie Maugham war eine aus einer Reihe von professionellen Innenausstattern, die in den dreißiger Jahren in Großbritannien tätig waren. Ihr gelang in ihrem Einrichtungsstil die Verbindung von Eleganz mit Modernität.

Blick in den Flur von Syrie Maughams Londoner Wohnung (unten). Die Streifentapete und die reichverzierten Hocker lassen vergangene Epochen aufleben, während die klare Ordnung dem ganzen eine moderne Note verleiht.

Karriereanfänge

Wie viele ihrer Mitstreiterinnen ergriff Syrie Maugham den Beruf der Innenausstatterin sozusagen als Erweiterung ihres gesellschaftlichen Lebens. Nach dem Scheitern ihrer beiden Ehen widmete sie sich mit vollem Engagement der Innenarchitektur. Ihr zweiter Ehemann war der Roman- und Theaterschriftsteller W. Somerset Maugham. Durch ihn wurde sie in die Kreise der Intellektuellen und Künstler eingeführt, zu denen sich auch viele ihrer späteren Kunden zählten. Wie bei einer Reihe von anderen professionellen Innenausstatterinnen der damaligen Zeit stand am Beginn ihrer Karriere die Eröffnung eines Geschäfts in London (1922 auf der Baker Street), in dem sie »Schnickschnack« verkaufte – Gipsfiguren, Stoffe, Gemälde, Kerzenständer und weitere Dekorationsgegenstände. Des weiteren verkaufte sie Möbel, denen sie einen neuen Anstrich gab. Nachdem diese im folgenden Jahr im Magazin »Vogue« abgebildet waren, wurde daraus eine richtige Mode: Man entfernte den alten Lack der Möbel und strich diese mit blassen Farben neu an. An der Restaurierung von Antiquitäten fand Syrie Maugham während ihres ganzen Arbeitslebens Gefallen, und sie setzte diese auch immer wieder in ihren Interieurs ein. Ihr Geschäft war so erfolgreich, daß sie 1926 eine Verkaufsstelle in Chicago und im Jahr darauf eine in New York eröffnete. In London wechselte sie mehrmals den Standort, um so den Ansprüchen ihrer wachsenden Kundschaft gerecht zu werden.

Einrichtungsstil

Syrie Maughams Vorstellung einer modernen Inneneinrichtung war, wie die Elsie de Wolfes, eine Synthese aus Altbewährtem und Aktuellem, aber Maugham war fortschrittlicher in der Verwendung neuer Materialien. Ihr Stil, unter den Reichen und den Künstlern in Mode, zeichnete sich durch eine einzigartige Kombination von historischen und modernen Elementen aus, die extravagante und zugleich komfortable Einrichtungen ermöglichte. In der zweiten Hälfte der zwanziger Jahre und während des folgenden Jahrzehnts wurden ihre Arbeiten regelmäßig in angesehenen Magazinen abgebildet, zum Beispiel in »Harpers Bazaar«, »Vogue« oder »House and Garden«, wodurch ihre Kundschaft ständig zunahm. Ihre Markenzeichen – Spiegelglas, Möbel aus Bambusrohr, Kakteen und Blumenarrangements sowie Kristallglas – wurden zu Synonymen von Eleganz und gutem Geschmack.

Das »Weiße Zimmer« und andere Interieurs

Syrie Maugham hatte zwar eine ausgeprägte Vorliebe für Weiß und für gedämpfte Farben, doch waren ihre Einrichtungen alles andere als streng. Durch die Kombination verschiedener Strukturen und Farbschattierungen erzeugte sie selbst in einem einzelnen Raum Abwechslung. Wie auch Elsie de Wolfe, schuf sie einige ihrer außergewöhnlichsten Werke für den eigenen Bedarf. Darunter sind die 1926 fertig-

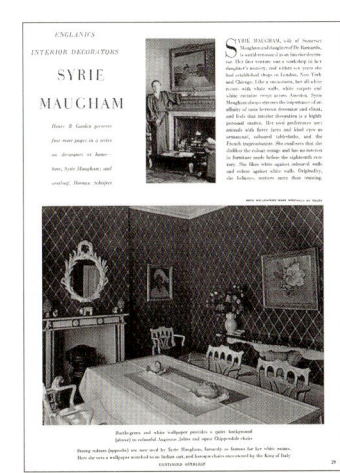

Syrie Maughams eigenes Eßzimmer im Magazin »House and Garden« (1949, oben). Unter den eklektischen Einrichtungsgegenständen sind zwei ihrer Markenzeichen: Rokokospiegel und gestrichene Möbel.

Badezimmer im Londoner Haus von Margaret Argyll aus den dreißiger Jahren (links). In typischer Weise vereinte Syrie Maugham Antiquitäten mit modernen Elementen wie der großen Wanne.

gestellte Villa Eliza im französischen Le Touquet und das 1927 in ihrem Londoner Haus an der King's Road eingerichtete Wohnzimmer als zwei ihrer konsequentesten Entwürfe hervorzuheben. Letzteres wird zwar gewöhnlich als das »Weiße Zimmer« (siehe rechts) bezeichnet, war aber alles andere als ein steriler, monotoner Wohnraum. Die feinfühlige Verbindung verschiedener Strukturen und Weißtöne in der Polsterung und in den Teppichen machten es zu einem abwechslungsreichen Raum, der Eleganz und Schönheit verströmte. Obwohl Maugham behauptete, das »Auslassen sei eines der Geheimnisse der Innenarchitektur«, verzichtete sie in ihren Räumen doch nie auf Blumen und dekorative Details, mit denen sie das Fehlen von Farben

optisch wettmachte. 1933 verabschiedete sich Syrie Maugham von den gedämpften Farbtönen und entwarf zunehmend farbenfrohere Einrichtungen, für die die Verwendung von Rosa, Grün und Blau kennzeichnend war. Ende der dreißiger Jahre ließ das Interesse für Innenausstattungen mit dem nahenden Krieg nach. 1938 löste Syrie Maugham ihr Geschäft in der Bruton Street auf und zog 1940 mit ihrer Tochter Liza nach New York, wo sie den Großteil des Krieges verbrachte. Zwar kehrte sie 1944 nach Großbritannien zurück, doch ihre führende Rolle als Innenausstatterin mußte sie in den fünfziger und sechziger Jahren an andere abgeben wie etwa Osborne & Little, David Hicks und Jon Bannenburg.

Das berühmte weiße Wohnzimmer in Syrie Maughams Londoner Haus (1927, rechts). Ihr Talent, moderne Ideen – hier die Spiegelpaneele und die hellen Farben –

mit weichen und komfortablen Möbeln harmonisch zu verbinden, wurde von der wohlhabenden, vornehmen Kundschaft besonders geschätzt.

Der in Österreich geborene Architekt und Designer Josef Frank (1885–1967) trug entscheidend zur Entwicklung der konservativen Ausprägung des modernen Designs bei. Seine Karriere begann in Wien, zu einem Zeitpunkt, als die Sezessionisten und die Wiener Werkstätte radikale und progressive Entwürfe für die moderne Ära schufen. Anfang der dreißiger Jahre zog er dann nach Schweden, wo er mit seinen Arbeiten an der eher traditionsorientierten schwe-

dischen Moderne mitwirkte, die nach dem Zweiten Weltkrieg international im Design von Gebrauchsgegenständen tonangebend war. Aufgrund seines Judentums, seines ausgeprägten Individualismus und seiner Nationalität blieb Frank immer ein »Außenseiter«. Da sein Werk im Ausland in den dreißiger Jahren starke Beachtung fand, hatte er ironischerweise an der Entstehung des Begriffs »schwedische Moderne« maßgeblicheren Anteil.

Josef Frank

Das Werk des Österreichers Josef Frank reichte von funktionalistischen Produktentwürfen bis zu einem neuen eklektischen Ansatz für Innenausstattungen. Aus diesem Grund war sein Einfluß in vielen Bereichen spürbar, vor allem aber bei der Entstehung des als »Schwedische Moderne« bekannten Stils.

Der Bugholzstuhl Modell »A811F« (rechts), Anfang der dreißiger Jahre für die Travel Company entworfen. Zwar wird der Stuhl manchmal Josef Hoffmann (siehe S. 34–37) zugeschrieben, doch die damaligen Zeitschriften wiesen den Entwurf Frank zu. Die eleganten Proportionen und der einfache Aufbau des Stuhls sind typisch für Franks Möbelentwürfe.

Architektur und Innenausstattungen vor 1914

Franks Vater war ein jüdischer Textilfabrikant und Großhändler, und Frank selbst hegte während seiner ganzen Laufbahn ein starkes Interesse am Textildesign. Zunächst studierte er an der Technischen Hochschule in Wien Architektur. In seiner Ausbildung wurde ein besonderes Gewicht auf Architekturgeschichte gelegt, und seine Abschlußarbeit befaßte sich mit Leon Battista Alberti, einem italienischen Architekten der Frührenaissance. Direkt nach dem erfolgreichen Abschluß des Studiums gründete er

mit zwei Kollegen, Oskar Strnad und Oskar Wlach, ein Architekturbüro und übernahm eine Anzahl von innenarchitektonischen Projekten. Dabei griff er auf sehr unterschiedliche Quellen zurück wie chinesische Traditionen, englische Möbelkultur des 18. Jahrhunderts, französische Seidenwaren des 18. Jahrhunderts oder Volkskunst. In einem 1910 für seine Schwester in Wien entworfenen Zimmer kombinierte er beispielsweise jugendstilartige Elemente mit individuell gestalteten Elementen.

Schon zu Beginn seiner Karriere zeigte sich deutlich, daß Frank nichts mit dem Wiener Avantgarde-Konzept des »Gesamtkunstwerks« verband. Eher schätzte er eine freizügigere Auslegung des Wohndesigns, mit einer größeren Betonung des Komforts. Zu den weiteren frühen Projekten zählten unter anderem der Entwurf von Inneneinrichtungen für das Museum für ostasiatische Kunst in Köln (1912) und für eine schwedische Schule in Wien, die beide im historistischen Stil ausgeführt wurden. Während der Arbeit an der Schule traf Frank Anna Sebenius, eine schwedische Lehrerin, die er später heiratete.

Nach dem Ersten Weltkrieg

Nach dem Ersten Weltkrieg übernahm Frank von 1919 bis 1927 einen Lehrstuhl an der Wiener Kunstgewerbeschule und übte

auch weiterhin seine Tätigkeit als Architekt und Innenarchitekt aus. Während dieser Zeit konzentrierte er sich auf zwei unterschiedliche Aufgabengebiete: Das erste war die Planung hochwertiger Sozialwohnungen, für die er mit Unterstützung des sozialistischen Stadtrats mehrere Entwürfe in einem rigoros funktionalistischen Stil schuf (siehe S. 57 oben), das zweite waren Inneneinrichtungen. Gemeinsam mit Oskar Wlach gründete Frank 1925 eine Einrichtungsfirma namens »Haus und Garten«, die auf die wohlhabende Wiener Mittelschicht als Kundschaft abzielte und für die man eigens ein Ladengeschäft eröffnete. In dieser Periode entwarf Frank auch Möbel und Stoffmuster, von denen besonders »Primavera« und »Mirakel« (siehe S. 59) beachtenswert waren.

Ausstellungen in den zwanziger Jahren

Einem breiteren Publikum wurden Franks Entwürfe erstmals im Jahr 1925 auf der Pariser Exposition Internationale des Arts Décoratifs et Industriels Modernes vorgestellt, wo seine Firma Haus und Garten eine kleine, schlichte Inneneinrichtung mit weißen Wänden und Holzmöbeln zeigte. Einer der Besucher, bei denen diese Einrichtung einen tiefen Eindruck hinterließ, war Estrid Ericson, Inhaber des damals gefragten Stockholmer

Der Wiedenhofer Hof (1923 – 1924, links), eine Arbeitersiedlung mit vielen Wohnungen auf engstem Raum. Frank war in den zwanziger Jahren für eine Reihe von sozialen Wohnungsbauprojekten verantwortlich, bevorzugte aber generell individuellere Lösungen mit geringerer Wohnungsdichte.

In den fünfziger Jahren für Svenskt Tenn entworfene Tischlampe (unten). Im Gegensatz zu den progressiveren Vertretern der Moderne, die in ihren Lampenentwürfen Stahl und Glas den Vorzug gaben, verwendete Frank oft herkömmliche Materialien wie Messing und Stoff.

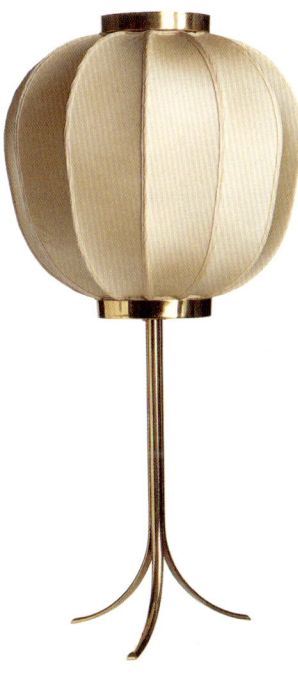

Designstudios Svenskt Tenn, der zu einer Schlüsselfigur in Franks Laufbahn werden sollte. 1927 bat der Architekt Ludwig Mies van der Rohe (siehe S. 92 / 93) Frank um einen Beitrag zum Stuttgarter Wohnungsbauprojekt Weißenhofsiedlung, zu dem international führende Architekten der Moderne die Entwürfe beisteuerten. Franks

Beteiligung an dieser Mustersiedlung sollte zwar sein Ansehen als Vertreter des Funktionalismus steigern, doch zeigten die Inneneinrichtungen seines Zweifamilienhauses eine weniger strenge und dafür menschengerechtere Auffassung von Wohnraumdesign, mit komfortablen Möbeln, Kissen und Polstern.

Skizze (rechts) der Raumausstattung, die Frank für die Golden Gate International Exposition 1939 in San Francisco entwarf. Für dieses Projekt griff er auf einige bereits vorhandene Einrichtungsgegenstände zurück, darunter der verzierte Paravent und das Bett, die

Frisierkommode mit drei Spiegeln und die flexible Stehlampe. Die Einrichtung ist – wie für ihn typisch – hell, klar geordnet und mit vielen Mustern versehen und trug dazu bei, Frank in den Vereinigten Staaten als Begründer der »Schwedischen Moderne« zu etablieren.

Eine moderne Inneneinrichtung von Svenskt Tenn (oben), mit von Frank entworfenen Objekten. Die Kombination des gemusterten Teppichs, des eleganten Tisches mit verjüngten Beinen und des komfortablen Sofas läßt ein behagliches und modernes Wohnraumambiente entstehen, das sich auch heute noch in Schweden großer Beliebtheit erfreut.

Von den dreißiger bis in die fünfziger Jahre entwarf Frank viele verschiedene Varianten einer Kommode auf einem Gestell, die allesamt mit gemasertem Furnierholz verkleidet waren (rechts). Die Form ist asiatischen und englischen Möbeln des 18. Jahrhunderts entlehnt, wurde aber von Frank vereinfacht und dem Zeitgeschmack angepaßt. Eine Version der Kommode wurde 1952 im Nationalmuseum in Stockholm ausgestellt.

Arbeit in Schweden

Estrid Ericson beauftragte Frank 1932 mit dem Entwurf einiger Möbel und Stoffe für Svenskt Tenn. Mit der Machtergreifung der Nationalsozialisten im darauffolgenden Jahr sah sich Frank dazu gezwungen, Österreich zu verlassen und zog nach Schweden, wo er 1934 Chefdesigner von Svenskt Tenn wurde. Fortan konzentrierte er sich mehr auf Möbel, Textilien und häusliche Gebrauchsgegenstände als auf die Architektur. Bei Franks Arbeit in Schweden während der dreißiger Jahre standen Farben und Muster sowie die Idee von Eleganz, Proportion und Komfort im häuslichen Wohnbe-

reich im Vordergrund. In enger Zusammenarbeit mit Ericson, der mehr für das »Arrangement« und weniger für das Gestalterische zuständig war, entwarf er massige Sofas, elegante, mit Intarsien verzierte Kommoden, seriengefertigte Messinglampen, die ein weiches Licht abgaben, sowie gemusterte Gardinen- und Polsterstoffe in leuchtenden Farben. Bestimmte Möbelmodelle – ein von ägyptischen Vorbildern beeinflußter dreibeiniger Stuhl, eine Frisierkommode mit drei Spiegeln und ein Servierwagen – wurden zu Markenzeichen seines Stils. Im Anschluß an die Veröffentlichung seiner Schrift »Architektur als Symbol« im Jahr 1930, in welcher er darlegte, daß es bei der Architektur nicht bloß um Funktion und Tech-

nik geht, lieferte er auch Beiträge zu der schwedischen Designzeitschrift »Form«.

Internationaler Einfluß

Frank konzipierte in den dreißiger Jahren nicht nur einen neuen Designstil, sondern darüber hinaus repräsentierte er mit seinen Arbeiten zunehmend auf internationalen Ausstellungen das schwedische Design. Auf der Pariser Ausstellung Exposition Internationale des Arts Décoratifs et Industriels Modernes 1937 beispielsweise stellte er gemeinsam mit Ericson einen großzügig angelegten Entwurf für eine Terrasse mit Korbstühlen und Topfpflanzen vor. Kritiker erkannten darin eine neue Sensibilität, weniger streng als der Funktionalismus, und tauften diesen Stil

*Den Stoff namens »Mirakel« (unten) ent-
warf Frank in Wien für seine Einrichtungsfirma Haus und Garten, bevor er
1934 nach Schweden emigrierte. Er trägt*
*ein für seinen Gestalter typisches über-
bordendes Blumenmuster und blieb bis in
die sechziger Jahre eine beliebte Haus-
haltstextilie.*

»schwedisch modern«. Auf der
New Yorker Weltausstellung und
der Golden Gate International
Exposition in San Francisco (beide
1939) bezeichneten die Kritiker
Franks unverwechselbare, ver-
brauchergerechtere Inneneinrichtungen als »eine Hinwendung zu
mehr Vernunft im Design«. Bei seinem New Yorker Entwurf verband
er einen schachbrettartigen Boden
mit einem nierenförmigen Schreibtisch, einem Kaminsessel mit blu-
menverzierter Polsterung, Bücher-
regalen und einem Couchtisch.

Arbeiten während des Krieges

Mit dem Ausbruch des Zweiten
Weltkrieges siedelte Frank von
Schweden nach New York um, wo
er an der New School for Social
Research einen Lehrposten in
Architektur antrat. 1944 schickte
er seinem Mitarbeiter Ericson
anläßlich dessen 50. Geburtstag 50
neue Textilentwürfe zu. Diese wiesen die für Frank typischen plasti-
schen Darstellungen von Vögeln
und Blumen auf und bildeten –
nach seiner Rückkehr nach Schweden im darauffolgenden Jahr – die
Grundlage für seine Nachkriegs-
karriere. Die Entwürfe aus dieser
Zeit, wie der »Obstbaum« (siehe

rechts), sind zu Klassikern geworden und auch heute noch in
Schweden populär.

»Schwedische Moderne« in der Nachkriegszeit

In den fünfziger Jahren erreichte
Franks Ansehen einen Höhepunkt.
Eines der denkwürdigsten Projekte
dieses Zeitraums war eine Reihe
von schlichten und hellen, mit
gemusterten Stoffen ausgestatteten
Einrichtungen für den Bildhauer
Carl Milles. Diese sind später als
»Anne's House« bekannt geworden. Zunehmend war es Franks
Designkonzept von komfortablen,
freundlichen Wohnräumen, das in
der ganzen Welt mit der Idee der
»Schwedischen Moderne« ver-
knüpft wurde. In seinem letzten
Lebensabschnitt schuf Frank visionäre, architektonische Projekte, die
mehr Einfluß auf die nachfolgende
Generation der Postmoderne
denn auf seine avantgardistischen
Zeitgenossen ausübte.

*»Obstbaum« (1944, rechts), ein in den
Vereinigten Staaten entworfener, von
orientalischer Kunst inspirierter Stoff, den
Frank anläßlich Estrid Ericsons 50. Geburtstag nach Schweden schickte. Dieser
Entwurf ist ein besonders gutes Beispiel
für Franks Vorliebe für Farben und Muster.*

Das Kunsthandwerk war in Großbritannien nach dem Ersten Weltkrieg – entsprechend dem Publikumsgeschmack – in der Auffassung von Design bekanntermaßen konservativ. In diesem rückwärtsgewandten Umfeld arbeitete der in Neuseeland geborene Architekt und Designer Keith Murray (1892–1981) zwischen den Kriegen nach und nach mit verschiedenen britischen Herstellern für Keramik-, Glas- und Metallwaren zusammen.

Seine Aufgabe bestand darin, deren Produkte zu modernisieren und so auf den Stand anderer Länder zu bringen. Vorbild war vor allem Frankreich, wo das Design progressiver ausgerichtet war. Murrays wegweisenden avantgardistischen Entwürfe ernteten allseits Kritikerlob, sowohl zur Zeit ihrer Entstehung als auch später. Außerdem trug er zur Definition eines neuen Berufsbildes in Großbritannien bei, dem des Designers als Industrieberater.

Keith Murray

Keith Murray hatte in den zwanziger und dreißiger Jahren einen wesentlichen Anteil daran, daß Hersteller wie der Keramikproduzent Wedgwood und die Glasfirma Stevens & Williams ihre Produkte im minimalistischen Stil gestalteten.

Ausbildung und Anfang der Karriere

Murrays Familie wanderte 1906 nach Großbritannien ein. Nach dem Militärdienst in der Königlichen Luftwaffe während des Ersten Weltkrieges wurde Murray von der Architectural Association in London zum Architekten ausgebildet. Nach dem Abschluß besuchte er 1925 die Pariser Exposition Internationale des Arts Décoratifs et Industriels Modernes, wo er sich

Ein für Mappin & Webb entworfenes versilbertes Cocktail-Service (um 1935, unten). Von anderen damaligen Servicen unterscheidet es sich durch Murrays konsequent verwirklichten Minimalismus.

von den Ausstellungsobjekten beeindruckt zeigte. Er hatte sich schon immer für Glaskunst interessiert, doch ein Besuch der Ausstellung »Swedish Decorative Arts« in der Londoner Royal Academy 1931 – dort sah er schlichte, gravierte Werke von Edvard Hald und Simon Gate – lenkte seine Aufmerksamkeit auf modernes Glasdesign.

Über Beziehungen zum Committee on Art and Industry, einem 1931 von der Regierung eingerichteten Gremium zur Untersuchung des Verhältnisses zwischen Künstler und Fabrikant, stellte Murray Kontakt zu den Whitefriars Glassworks

in London her, für die er eine Reihe von experimentellen Entwürfen in schlichten geometrischen Formen schuf. 1932 wurde er einem weiteren Glashersteller vorgestellt, Stevens & Williams mit Sitz in den Midlands. Im gleichen Jahr begann Murray auch seine Mitarbeit bei dem Keramikhersteller Wedgwood aus Staffordshire. Wie bei Stevens & Williams wurde er auf freiberuflicher Basis engagiert und dazu angehalten, die Produktionsanlagen des Betriebs unter die Lupe zu nehmen. Obwohl er kein ausgebildeter Handwerker war, beruhte der Erfolg von Murrays Entwürfen zu einem Großteil auf seinem Verständnis der Materialien und der Herstellungsprozesse.

Glas- und Keramikentwürfe

Murray schuf bis 1939 eine Vielzahl von Entwürfen für Stevens & Williams und Wedgwood. Für erstere kreierte er eine Palette von Glaserzeugnissen, von Tafelgeschirr für die Massenfertigung über geblasene Einzelstücke bis zu gravierten und geschliffenen Gefäßen. Genauso produktiv war er für Wedgwood: Er lieferte Entwürfe für Vasen, Kännchen, Schalen, Geschirr und Besteck sowie für viele weitere zweckmäßige und dekorative Keramikerzeugnisse. Für seinen von Grund auf neuen Ansatz waren mehrere Aspekte von Bedeu-

Glasvasen mit Gravur, produziert von Stevens & Williams (1935–1939, links). Das schlichte, wirkungsvolle Kaktusmotiv betont durch ein Minimum an Oberflächengestaltung die markanten Formen der Vasen.

Kännchen und Becher in blaßgrünem und cremefarbenen geschlemmtem Ton (etwa 1935, unten), für Wedgwood entworfen. Die einzige Dekoration sind die konzentrischen Kreise im unteren Teil, ein von Murray immer wieder benutztes Stilelement.

tung: seine Ausbildung zum Architekten, die Betonung eines modernen Stils, seine Auseinandersetzung mit Fragen des Materials und sein Respekt vor den Errungenschaften des Designs im 18. Jahrhundert, insbesondere in Großbritannien. Besonders augenscheinlich war dies bei seinen eleganten Gefäßen aus geschliffenem Glas. Diese waren mit sich wiederholenden, kleinen, stumpf geschliffenen, facettierten Motiven – geometrischen und naturalistischen – verziert.

Die optische Wirkung seiner Keramikentwürfe erreichte er durch die Spannung zwischen Form und Oberflächengestaltung, wobei er einfache Mittel wie umlaufende Wulste oder Rippen einsetzte. Die Farbgebung spielte bei Murrays Glas- und Keramikerzeugnissen ebenfalls eine bedeutende Rolle. Bei den Keramiken umfaßte die Palette gedämpfte Töne wie mattes Blau, Grau, Hellgelb und vor allem Grün, während Schwarz bei Keramik- und Glaserzeugnissen

Von Murray für Wedgwood entworfene Keramikvase mit mattgrüner Glasur (rechts), in einer Form, die er »Annular« nannte. Sie wurde auf einer Töpferscheibe gefertigt, wodurch eine Oberflächengestaltung entstand, die zu einem typischen Art-déco-Entwurf avancierte.

zum Einsatz kam. Die zurückhaltenden Farben sollten die minimalistische Formgebung unterstreichen.

Ins Blickfeld der Öffentlichkeit rückten Murrays Arbeiten durch Ausstellungen in London, darunter »British Industrial Art in Relation to the Home« in der Dorland Hall 1933 und zur »British Art in Industry« in der Royal Academy 1935. Sein Werk galt als einer der bedeutsamsten britischen Beiträge zur Moderne. Mitte der dreißiger Jahre wagte er sich auch an das Design von Metallarbeiten für den Fabrikanten Mappin & Webb, für

den er Luxusartikel wie Cocktail-Services entwarf (siehe S. 60, links). 1936 wandte er sich wieder seinem ursprünglichen Beruf zu und eröffnete mit C. S. White ein Architekturbüro, das als ersten Auftrag ein neues Fabrikgebäude für Wedgwood entwarf, das 1940 eingeweiht wurde. Murray sollte 1946 noch eine letzte Keramikserie für Wedgwood entwerfen – in einem weicheren, weniger streng geometrischen Stil als seine früheren Arbeiten –, widmete sich aber ansonsten für den Rest seiner Laufbahn der Architektur.

Von dem guten Dutzend bahnbrechender Industriedesigner, die in den USA während der zwanziger Jahre in den Vordergrund rückten und es in den dreißiger Jahren zu Wohlstand brachten, war Donald Deskey (1894–1989) derjenige, der am stärksten vom modernen Kunsthandwerk aus Wien und Paris – insbesondere vom geometrischen Art-déco-Stil – beeinflußt wurde.

Darüber hinaus war er der Designer, der das Potential neuer und unkonventioneller Materialien, darunter Kork, Aluminium, Linoleum und verchromter Stahl, am besten zu nutzen verstand. Und ein dritter Verdienst Donald Deskeys kommt hinzu: Er war verantwortlich für das Entstehen eines eigenständig amerikanischen Stils, des »Streamlined Moderne«, der »stromlinienförmigen Moderne«.

Donald Deskey

Donald Deskey trug dazu bei, die eleganten Formen des europäischen Art déco in das amerikanische Industriedesign einfließen zu lassen. Seine New Yorker Firma Donald Deskey Associates entwickelte sich zu einem der wichtigsten Designunternehmen in den Vereinigten Staaten.

Gepolsterter Aluminiumstuhl (unten), 1929 für den Schönheitssalon Abraham and Strauss in New York entworfen und vom Möbelhersteller Ypsilanti Reed produziert. Die minimalistische geometrische Form ist typisch für Deskeys Arbeiten aus dieser Schaffensperiode.

Anfang der Karriere

In Minnesota geboren, suchte Deskey zu Beginn seiner Laufbahn nach Orientierung. Er nahm zunächst an der University of California ein Studium als Architekt auf (1915–1919), welches aber durch den Ersten Weltkrieg unterbrochen wurde und das er nicht fortsetzte. Während des Krieges wurde er zum Oberkanonier ausgebildet, kam aber nicht in Übersee zum Einsatz. Nach 1918 nahm er verschiedene Jobs an, unter anderem als Hilfskraft im Schiffsbau und als Techniker im Straßenbau. Durch diese Erfahrungen, gefolgt von einem Aufenthalt in Chicago 1920,

wo er als Grafikdesigner arbeitete, und einer Reise 1923 nach Paris, erlangte er Einblick in das Ingenieurwesen und die Malerei. Er ließ sich schließlich in Paris nieder, wo er seine spätere Frau Mary Campbell Douthett kennenlernte, und begann als Lithograph und Grafikdesigner zu arbeiten. Eine solche Vielfalt an frühen Berufserfahrungen war typisch für diese Generation von Künstlern und Designern, die häufig ermuntert wurden, ihre Fähigkeiten gegen gutes Entgelt in der Industrie praktisch umzusetzen. Daraus zogen beide Seiten einen Nutzen, da die herstellende Industrie die künstlerische Gestaltung ihrer Produkte zunehmend als ein Mittel betrachtete, ihr Prestige zu erhöhen und sich einen Vorteil gegenüber der Konkurrenz zu sichern.

Erfolg in New York

Deskey und seine Frau gingen Ende 1923 in die Vereinigten Staaten, wo sie blieben, bis die Anziehungskraft von Paris und die Ausstellung Exposition Internationale des Arts Décoratifs et Industriels Modernes von 1925 sie wieder über den Atlantik zurückführten. Die dort ausgestellten, von Grund auf neuen Entwürfe hinterließen bei Deskey einen tiefen Eindruck, und so war er nicht unwesentlich daran beteiligt, als dieser moderne

Einrichtungsstil in den Vereinigten Staaten, insbesondere in New York, den Durchbruch schaffte. Ab 1926 war er in New York als Designberater für die Industrie tätig und begann im Jahr darauf mit der Gestaltung von Möbeln, Lampen und Stoffen für die mit seinem Geschäftspartner Phillip Vollmer gegründete Firma Deskey-Vollmer, die bis 1931 existierte. Zu dieser Zeit fing Deskey an, Paravents aus verschiedenen Materialien zu entwerfen, unter anderem aus Linoleum, Kork, Kupfer und Bakelit, und kühne Art-déco-Muster zu verwenden. Einen dieser Paravents kaufte der aus Wien emigrierte Gestalter Paul Frankl und stellte ihn in seiner New Yorker Galerie aus. Ein weiterer tauchte in einer Schaufensterdekoration auf, die Deskey für das Kaufhaus Saks auf der Fifth Avenue zusammenstellte. Ende der zwanziger Jahre konzentrierte sich Deskey auf den Entwurf von exklusiven Möbeln und Einrichtungen für wohlhabende Kunden. Einer seiner ersten wichtigen Aufträge war 1930 die Einrichtung für John D. Rockefellers New Yorker Wohnung auf der 54. Straße West. Diese zeichnete sich durch gedämpfte Farben und die konsequente Verwendung von Deskeys bevorzugten neuen Materialien aus. Vor dem Hintergrund der engeren Verbindung zwischen Designern

Zu den vielen New Yorker Inneneinrichtungen, die Deskey in den dreißiger Jahren entwarf, zählte die International Casino Bar (1939, oben links). Die elegante Ausstattung sah aus, als hätte man sie aus einem Hollywood-Musical entlehnt und fand Beifall bei einem Publikum, das auf Glamour aus war.

Deskey entwarf in den dreißiger Jahren eine Reihe von schlichten, modernen Möbeln. Dieser kleine Aluminium-Couchtisch mit gekreuztem Fußgestell (unten links) zeigt seine technische Virtuosität und seinen Sinn für Neuerungen.

Deskey war bekannt für seine in den dreißiger Jahren entworfenen Beleuchtungskörper. Die Lampe unten (etwa 1935) wurde aus dünnem Aluminiumrohr gefertigt und mit einem schlichten weißen Schirm versehen. Das Design steht den Entwürfen des Bauhauses an Geradlinigkeit in nichts nach und ist ein typisches Beispiel für Deskeys »industriellen« Stil.

und Industrie interessierte er sich zunehmend für die Zusammenarbeit mit Massenherstellern. Aus einer solchen Kooperation entstand ein kleiner Stuhl aus Stahlrohr, der von einem Möbelproduzenten in Grand Rapids in Michigan in großer Serie hergestellt wurde. Der große Durchbruch gelang ihm schließlich mit dem Gewinn der Ausschreibung für die Inneneinrichtung der Radio City Music Hall im New Yorker Rockefeller Center 1932/1933. Dies war eine prestigeträchtige und schwierige Aufgabe, und Deskey mußte ein großes Team von Zeichnern und Assistenten engagieren. Er arbeitete eng mit Künstlern zusammen und lud beispielsweise Stuart Davis dazu ein, sich mit avantgardistischen Wandgemälden an dem Projekt zu beteiligen.

Die fertigen Einrichtungen spiegelten Deskeys Vorliebe für abstrakte Formen und verschiedenartige Materialien wider.

Ausstellungen und spätere Arbeiten

Wie bei vielen seiner zeitgenössischen Kollegen stieg Deskeys Ansehen aufgrund der Präsenz seiner Arbeiten auf den bedeutenden Ausstellungen der zwanziger und dreißiger Jahre, zum Beispiel der Pariser Exposition Internationale des Arts et Techniques dans la Vie Modernes von 1937, wo er einen Grand Prix und eine Goldmedaille gewann, und der New Yorker Weltausstellung 1939. Bis zum Ende des Jahrzehnts arbeitete er für eine ganze Reihe von Herstellern, darunter Widdicombe Furniture, Libby Glass und Froehler Manufacturing, und entwarf dabei alles, von Industrieanlagen bis zu Haushaltsgeräten. Ferner arbeitete er weiterhin an Inneneinrichtungen. In den späten dreißiger Jahren verwirklichte er ein besonders aufregendes Projekt für die International Casino Bar in New York, einen Nachtklub mit einer Theke, die in ungewöhnlicher Weise einem Treppenaufgang entlang verlief (siehe oben). In den vierziger Jahren gründete Deskey sein eigenes Designstudio Donald Deskey Associates und entwarf Produkte und Verpackungen, unter anderem für Procter & Gamble. 1970 beendete er seine Laufbahn.

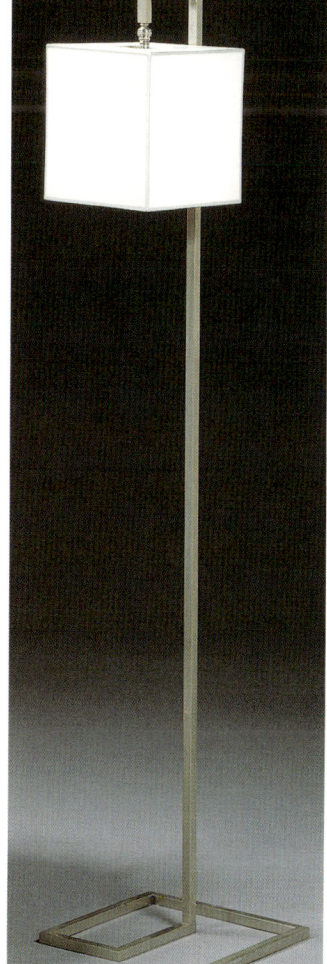

Dänische Designer haben während des ganzen 20. Jahrhunderts eine maßgebliche Rolle bei der Entwicklung moderner Möbel gespielt und dabei immer wieder auf belebende und originelle Weise Traditionelles mit Neuem vereint. Zwar wurde ihr Beitrag bereits in den fünfziger Jahren gewürdigt, als Designer wie Hans Wegner (siehe S. 160/161), Børge Mogensen und Finn Juhl international gefeiert wurden, doch liegen die Ursprünge schon bei den Schriften

und Entwürfen Kaare Klints (1888–1954) aus den dreißiger Jahren. Auf der Grundlage sorgfältiger Analyse unzähliger Möbelstücke sowie des Studiums der Proportionen und Bedürfnisse des menschlichen Körpers entwarf er praktisches, schönes und modernes Mobiliar. Mit seinem Ansatz nahm er spätere Versuche, »funktionelle« Möbel zu schaffen, vorweg. Seine Methode wurde schon in den dreißiger Jahren von vielen Designern verschiedener Ländern angewandt.

Kaare Klint

Der dänische Designer Kaare Klint verschrieb sich ganz dem funktionellen und modernen Design. Die von ihm entworfenen schlichten Möbel sollten weniger künstlerische Objekte sein, sondern funktionstüchtige Gebrauchsgegenstände.

Klints Neuentwurf des klassischen Liegestuhls des 19. Jahrhunderts demonstrierte sein Interesse am Verhältnis zwischen dem menschlichen Körper und der Möbelkonstruktion. Diese Version von 1933 (unten) ist zusätzlich gepolstert.

Entwürfe vor dem Ersten Weltkrieg

Klint studierte an der Teknisk Skole, der Technischen Schule, in Kopenhagen Architektur und Design und wurde dort unter anderem von seinem Vater, P. V. Jensen Klint, und Carl Petersen – beides Architekten – unterrichtet. 1914 ermutigte Petersen Klint zur Mitarbeit an Entwürfen von Einrichtungsgegenständen für das Kunstmuseum im dänischen Fåborg. Schon bei diesem frühen Projekt war sich Klint über sein Hauptanliegen beim Möbeldesign im klaren: Er wollte die besten Charakteristika historischer Möbel verwenden und zugleich eine Gestaltung schaffen, die den modernen Anforderungen gerecht würde. Bei einem Holzstuhl für das Museum in Fåborg beispielsweise verband er klassische Proportionen mit Details britischer Möbel des 18. Jahrhunderts wie etwa sich elegante verjüngende Stuhl- und Tischbeine

und verwendete dabei traditionelle Materialien und Fertigungsverfahren. Das Design insgesamt jedoch war schlicht und absolut modern (siehe S. 65, unten). Um 1916 begann Klint die Proportionen des menschlichen Körpers in Bezug zu Möbeln zu setzen. Diese Studien sollten ihn sein Leben lang beschäftigen und den Ausgangspunkt für sämtliche seiner späteren Entwürfe bilden.

Lehrtätigkeit und Arbeiten in den zwanziger und dreißiger Jahren

Klint arbeitete weiterhin an Möbeln und Einrichtungsgegenständen für Museen, darunter das Thorvaldsens Museum (1922–1925) und das Dänische Museum für Kunsthandwerk Det Danske Kunstindustrimuseum (1924–1954), beide in Kopenhagen. 1920 eröffnete er ein eigenes Design- und Architekturbüro, und Mitte des Jahrzehnts hatte er sich außerdem zu einer

Lampenschirme aus plissierter Pappe, mit Kunststoffüberzug (oben), von Klint gemeinsam mit seinem Sohn Ebsen Mitte der vierziger Jahre für die Firma Le Klint entworfen. Sie erfüllen die Forderung nach optimaler Funktion durch minimale, und in diesem Falle preiswerte Mittel, und werden immer noch von Le Klint produziert.

Der »Safari Stuhl« (1933, rechts), Klints Neugestaltung des »Safari-Klappstuhls« von Rudolf Rasmussen. Klint ließ sich von der traditionellen einheimischen Möbelkultur inspirieren.
Dieses Modell wird immer noch produziert und ist bei Anhängern des skandinavischen Designs nach wie vor beliebt.

Stuhl aus Eiche und Rohrgeflecht (links), an Vorbildern aus dem 18. Jahrhundert orientiert, 1914 von Klint und Petersen entworfen und von N. M. Rasmussen hergestellt. Der ursprünglich für die Besucher des Museums in Fåborg konzipierte Stuhl wird auch heute noch hergestellt.

höchst einflußreichen Lehrkraft entwickelt. Ihm war die Einrichtung des Fachbereichs Möbel 1924 an der Kopenhagener Kunstakademie Det Kongelige Danske Kunstakademi zu verdanken; zwanzig Jahre später wurde er dort Professor für Architektur. Im Zusammenhang mit Klint erinnert man sich vor allem an die schlichten und robusten Möbel, die er Ende der zwanziger Jahre entwarf. Sie beruhten allesamt auf traditionellen Möbeltypen, wurden aber entsprechend dem Lebensstil des frühen 20. Jahrhunderts verändert. Der »Safari-Stuhl« (siehe oben) zum Beispiel war von einem seriengefertigten britischen Offiziersstuhl

inspiriert, welcher in ein wohlproportioniertes und komfortables Möbelstück mit geringem Gewicht umgestaltet wurde.

Einfluß auf nachfolgende Designer

Obwohl Klint den traditionellen Verfahren der Möbeltischlerei verpflichtet war – seine Möbel wurden handgefertigt, zum Großteil von dem kleinen Familienbetrieb Rudolf Rasmussens –, fühlte er sich auch angezogen von der Idee der Massenherstellung preiswerter Entwürfe, zum Beispiel von Lampenschirmen aus plissierter Pappe (siehe oben, links). Dänische Möbeldesigner der späteren Generation wie Ole Wanscher und Børge Mogensen, die beide auch mit Klint zusammenarbeiteten, wurden von seinem Konzept der Anpassung historischer Formen an den modernen Gebrauch und seinem Interesse für die menschlichen Bedürfnisse beeinflußt.

Mehr als jedes andere europäische Land Anfang des 20. Jahrhunderts verschrieb sich Schweden dem modernen Design als einem Mittel zur Stärkung der eigenen politischen, sozialen und kulturellen Identität. Beim modernen schwedischen Design bemühte man sich um die Verbindung von Tradition mit Innovation. Besonders augenfällig war dies bei der neuen schwedischen Keramik- und Glasindustrie. Die Hersteller verwendeten zwar mechanisierte Produktionsverfahren, machten sich jedoch daran, Alltagsgegenstände für das breite Publikum ästhetischer zu gestalten. Dazu gewannen sie Künstler wie Wilhelm Kåge (1889–1960) für den Entwurf von Massenprodukten. Wilhelm Kåges Zusammenarbeit mit dem renommierten Keramikhersteller Gustavsberg ist ein Beispiel für die besonders erfolgreiche Zusammenarbeit eines renommierten Künstlers mit der Industrie.

Wilhelm Kåge

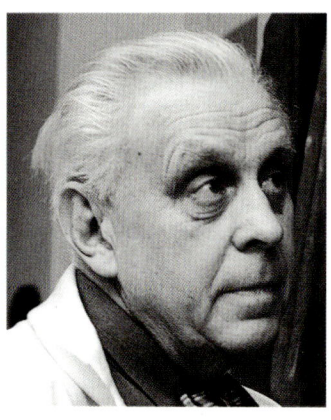

Wilhelm Kåge spielte eine bedeutende Rolle bei der Entstehung des Designstils der »schwedischen Moderne«. Bei seiner Arbeit für den Keramikhersteller Gustavsberg verwirklichte er die Ideale vieler schwedischer Designer des frühen 20. Jahrhunderts. Diese wollten wohldurchdachte Haushaltsgegenstände schaffen, die kostengünstig zu produzieren und dadurch für die Allgemeinheit erschwinglich waren.

Kåge entwarf das Service »Blaue Lilie« (unten) ursprünglich für die Home Exhibition von 1917. Die Anlehnung des Entwurfs an volkstümliche Farben und Motive sowie seine Schlichtheit illustrieren Kåges Designkonzept, das auf den Alltagsgebrauch und die Möglichkeit zur Massenproduktion abzielte.

Frühe Malerei, Plakatentwürfe und Keramik

In der Frühphase seiner Laufbahn malte Kåge Bilder und Plakate, die vom Art nouveau inspiriert waren. Er studierte in Stockholm (1908/1909) und Kopenhagen (1911/1912), wo er die Arbeiten der skandinavischen Avantgarde – darunter die des schwedischen Malers Carl Wilhelmsson und des dänischen Bildhauers Johan Rohde – kennenlernte. Dies veranlaßte ihn zu Experimenten mit modernen Stilen, insbesondere mit dem Symbolismus. Mit seinem Wechsel von der Malerei zum Plakat unmittelbar vor Ausbruch des Ersten Weltkrieges machte er erstmals einen Schritt in die Welt des kommerziellen Designs.

Gustavsberg und die Home Exhibition

1917 wandte sich Gustavsberg mit dem Angebot an Kåge, Gunnar Wennersberg als Künstlerischen Direktor zu ersetzen. In seinen frühesten Entwürfen blieb Kåge der Vorliebe seines Vorgängers für schlichte, naturalistische Vogel- und Blumenmotive, die größtenteils auf die schwedische Volkskunst zurückgingen, verhaftet. 1917 schlug er dann mit einem Auftrag für ein Tafelservice für die Home Exhibition in der Stockholmer Kunstgalerie Liljevalchs erstmals neue Wege ein. Im Rahmen dieses von Designern und Herstellern veranstalteten Ereignisses wurden 23 vollständig möblierte Inneneinrichtungen präsentiert, die als Modellwohnungen für die durchschnittliche schwedische Arbeiterfamilie konzipiert waren (siehe S. 67, oben). Kåges Service »Blaue Lilie« aus glasiertem Ton und für die Fertigung in großen Stückzahlen bestimmt, war mit einem stilisierten, im Abziehverfahren aufgetragenen Dekor versehen, das auf traditionellen schwedischen Entwürfen beruhte. Dennoch war es in seiner Schlichtheit modern (siehe links). Das Service »Blaue Lilie« erwies sich als zu progressiv für Gustavsbergs damalige Kundschaft, bei der es keinen Anklang fand und die eine reichere Ornamentierung bevorzugte. Gustavsbergs Ziel, schlichte dekorative Entwürfe für ein Massenpublikum herzustellen, wurde in den zwanziger Jahren zugunsten eines Stils, der in der Tradition des Klassizismus stand, und exklusiver Einzelstücke aufgegeben. Dies blieb jedoch nur eine Episode. Wie die bildenden Künstler Simon Gate und Edvard Hald, die für den Glasfabrikanten Orrefors Entwürfe anfertigten, reagierte Kåge auf die neueren Entwicklungen des Designs und gewann 1925 auf der Pariser Exposition Internationale des Arts Décoratifs et Industriels Modernes einen »Grand Prix« für ein Einzelstück in einem vergleichsweise ornamentreichen Stil (siehe unten rechts). Während dieser Phase experimentierte er auch viel mit Farbglasuren und komplexeren Formen.

Die Stockholmer Ausstellung von 1930

Den nächsten Wendepunkt in der Entwicklung des modernen Designs in Schweden und in Kåges kreativer Laufbahn stellte die Stockholmer Ausstellung Stockholmsutstäliningen

1930 dar. Erstmals machten sich schwedische Architekten – unter ihnen Gunnar Asplund und Sven Markelius – ohne Einschränkung den revolutionären Architekturstil des Funktionalismus zu eigen. Diese moderne Strömung ähnelte in ihrer schwedischen Ausprägung sehr ihren französischen und deutschen Pendants, war aber zusätzlich – was einzigartig war – eng mit sozialdemokratischer Politik, den Zielen des sozialen Wohnungsbaus und der Massenfertigung wohldurchdachter Haushaltsgegenstände verbunden.

Doch erneut reagierte das schwedische Publikum verhalten auf dieses Experiment radikalen Designs, speziell was das Kunsthandwerk anging. Deutlich wurde dies am kommerziellen Mißerfolg von Kåges innovativstem Keramikentwurf für die Ausstellung: einem schlichten, weißglasierten Tafelservice aus Ton – bis auf eine grüne Linie um den Rand ohne jegliche Verzierung – in ovalen, stapelbaren Mehrzweckformen, die sich beliebig miteinander kombinieren ließen. Das Service erhielt als Referenz an seine Funktionalität und Bruchsicherheit den Namen »Praktika«. Es wurde ab 1933 in Serie produziert, erwies sich aber wie schon zuvor das Modell »Blaue Lilie« als zu puri-

Innenausstattung (oben), 1917 gezeigt auf der Ausstellung Home Exhibition in der Stockholmer Liljevalchs Galerie. Die Veranstaltung spiegelte das Interesse der schwedischen Designer an der Alltagsumgebung. Das Service »Blaue Lilie« steht auf dem Wandregal rechts.

Für Gustavsberg entworfene Schale (unten), die Kåge auf der Pariser Ausstellung Exposition Internationale des Arts Décoratifs et Industriels Modernes von 1925 einen Preis einbrachte. In den zwanziger Jahren verschrieb sich Kåge vorübergehend einem elitären Ansatz.

Zur Serie »Praktika« (unten), die als Reaktion auf die funktionalistischen Ideale in der Architektur entworfen worden war, gehörten diese einfachen, genau ineinan- *der passenden Schalen. Das Design erwies sich jedoch als zu nüchtern für den Geschmack des schwedischen Publikums und war daher ein kommerzieller Mißerfolg.*

stisch für den schwedischen Markt und fand keine Käufer. Noch im selben Jahr gestaltete Kåge eine weitere Serie namens »Pyro«, die für Gustavsberg zu einem enormen Verkaufsschlager wurde und auf der Pariser Ausstellung Exposition Internationale des Arts et Techniques dans la Vie Modernes 1937 präsentiert wurde. Zwar war auch dieses Geschirr sehr schlicht, zeichnete sich aber durch weichere Linien sowie einen wärmeren, cremefarbenen Grundton aus. Es war mit einem braunen, stilisierten und von der Volkskunst inspirierten Blumenmotiv geschmückt (siehe

unten rechts). Im Kontrast dazu entwarf Kåge im gleichen Jahr die »Argenta-Kollektion« (siehe unten links), ein weitaus raffinierterer, vom Art déco beeinflußter Entwurf, der mit silbernen Figuren und Tieren verziert war. Diese Reihe wurde ebenfalls 1930 auf der Stockholmer Schau gezeigt.

Kriegszeit und Spätphase der Karriere

In den vierziger Jahren entwarf Kåge weiterhin Geschirr für die Serienfertigung und entwickelte dabei zunehmend weichere, fließendere, skulpturale Formen,

die er nur zurückhaltend mit Dekor versah. Damit übte er in Europa nach 1945 im Keramikbereich einen enormen Einfluß aus. Ein Geschirr, das er 1944 hervorbrachte und bei dem die Einzelteile jeweils mit fünf grauen Linien verziert waren, erinnerte an »Praktika« (siehe links), obwohl die Konturen rundlicher und organischer waren. Anfang der fünfziger Jahre erfolgte die Markteinführung der »Praktika II-Kollektion«, einem ganz in Weiß gehaltenen Service mit weichen, schlichten Formen.

Kåge brachte auch ausdrucksvolle »Kunst-Keramiken« hervor. Dabei diente ihm in den vierziger Jahren nicht mehr die schwedische Volkskultur als Inspirationsquelle, vielmehr orientierte er sich an internationalen Einflüssen wie der mexikanischen oder chinesischen Kunst. Diese führten ihn zu solchen Entwürfen wie seinem »Farsta-Steingut«. Bei einer Ausstellung im Stockholmer Nationalmuseum 1953 war Kåge mit einer breiten Palette höchst ausdrucksstarker Erzeugnisse vertreten, von fischförmigen Gefäßen bis zu Vasen, die

mit spannungsreichen, abstrakten Zeichen oder mit Darstellungen versehen waren, die wie handgemalt anmuteten. Diese Objekte hatten nichts mehr zu tun mit den in großen Stückzahlen produzierten Gebrauchsgegenständen der früheren Jahre und zeigten das ganze Spektrum seiner künstlerischen Möglichkeiten. Andere Werke aus den fünfziger Jahren ähnelten den bildhauerischen Keramiken, die Pablo Picasso zeitgleich schuf, wohingegen frühere Entwürfe aus dem Jahr 1940 – zusammen als »Surrea« bezeichnet – offenkundig auf die Arbeiten der Surrealisten und die kubistische Bildhauerei verwiesen.

Kåge blieb bis 1947 künstlerischer Direktor bei Gustavsberg; sein Nachfolger war Stig Lindberg. Kåge entwarf aber bis zu seinem Tod 1960 Keramikerzeugnisse für das Unternehmen.

Einfluß auf den nationalen Stil

Obwohl er sich mehr als vierzig Jahre nur mit einem einzigen Material auseinandergesetzt und dabei ausschließlich mit einem Hersteller zusammengearbeitet hatte,

Die silberverzierte »Argenta-Vasenkollektion« (etwa 1930) war die letzte Serie Kåges mit klassizistischen Anklängen, einem Stil, der sich im Schweden der zwanziger Jahre großer Beliebtheit erfreute. Die schlichte Form dieses Stücks (links) weist aber bereits auf spätere, funktionalistische Entwürfe voraus.

Das hitzebeständige Geschirr »Pyro«, erstmals 1930 auf der Stockholmer Ausstellung präsentiert und von Gustavsberg hergestellt, war ein großer Verkaufsschlager. Die cremefarbene und braune Tönung sowie das stilisierte Blumenmotiv erinnerten an traditionelles Geschirr, die Funktionalität und allgemeine Verfügbarkeit aber waren eindeutig modern.

GUSTAVSBERG

war Kåges Fähigkeit, Tradition und Moderne zu vereinen, für die Entstehung des als »Swedish Modern« bekannten nationalen Designstils von enormer Bedeutung. Dieser Stil dominierte in den ersten Nachkriegsjahren international den Publikums- und Kritikergeschmack. Kåges lange Laufbahn war ein Beispiel dafür, wie es der Designbranche und der herstellenden Industrie in Schweden gelang, Komfort und erschwingliche Preise mit Innovation auf eine Weise zu verbinden, die beim Verbraucherpublikum ankam, und dabei einen modernen, für das 20. Jahrhundert spezifischen Designstil zu entwickeln,

der die aktuellen politischen und sozialen Erfordernisse berücksichtigte. Kåges Werk war sehr umfangreich – von exklusiven Einzelstücken, die er ausschließlich zur Befriedigung seiner eigenen kreativen Bedürfnisse anfertigte, bis zu den preiswerten, in großen Mengen produzierten Artikeln mit attraktiven Oberflächenmustern. Wilhelm Kåges Arbeiten verdeutlichen, wie er es als bildender Künstler verstand, seine Vorstellungskraft für die Aufgaben des Designs zu nutzen und Erzeugnisse zu schaffen, die nach und nach den Geschmack einer ganzen Nation repräsentierten.

Der Stand von Gustavsberg (oben) auf der höchst einflußreichen Stockholmer Ausstellung Stockholmsutstäliningen von 1930. Unter den Objekten befinden sich eine ganze Reihe von Kåges Entwürfen.

Das federähnliche blaue Dekor dieser Vase (rechts) aus den zwanziger Jahren läßt an Motive schwedischer Volkskeramik denken. Durch seine Leichtigkeit unterscheidet sich der Entwurf allerdings von den schwerfälligeren Mustern der traditionelleren Objekte, die damals verbreitet waren.

Die Designvereinigung Svenska Slöjdföreningen

Vase (1918, unten), von Simon Gate für die Glaswerke Orrefors entworfen. Von der Ausbildung her bildender Künstler, wurde Gate 1915 im Rahmen einer Aktion der Svenska Slöjdföreningen, bei der man Künstler für die Zusammenarbeit mit der herstellenden Industrie gewinnen wollte, Orrefors vorgestellt.

Viele der Versuche im 20. Jahrhundert, eine moderne Bewegung des Designs ins Leben zu rufen, gingen von nationalen Vereinigungen aus, die von Regierungen oder unabhängigen Gruppen gegründet wurden. Ihre Rolle bestand in der Festsetzung und Anhebung des Standards im Design, wobei man vor allem politische, wirtschaftliche, kulturelle oder ethische Ziele im Auge hatte. Die Ursprünge dieser Gremien lassen sich größtenteils auf die Mitte des 19. Jahrhunderts datieren. Damals drohte mit der Zunahme industrieller Massenfertigung die gestalterische Qualität der traditionellen handwerklichen Produktion zu sinken. Die 1845 gegründete Svenska Slöjdföreningen (Schwedische Gesellschaft für Industriedesign) ist eine der ältesten dieser Vereinigungen.

Frühphase und Ausstellungen

Die Gesellschaft wurde mit dem Ziel gegründet, »die Erzeugnisse des schwedischen Handwerks und der Industrie durch Kooperation mit den künstlerischen Kräften zu verbessern, die Wohnkultur zu erhöhen und das Niveau des allgemeinen Geschmacks anzuheben«. Um die Jahrhundertwende orientierte sich die Gesellschaft unter der Leitung von Erik Folcker an Deutschland, vor allem an den Schriften und Werken von Hermann Muthesius. Dieser war Mitbegründer und führendes Mitglied des Deutschen Werkbunds, einer 1907 mit der Zielsetzung einer Annäherung zwischen Design und Industrie gegründeten Organisation. Mit ähnlichen Absichten richtete die Svenska Slöjdföreningen 1909 in Stockholm eine Ausstellung schwedischen Designs aus. Präsentiert wurden dabei die Arbeiten wegweisender, mit der herstellenden Industrie zusammenarbeitender Künstler und Gestalter.

Die Home Exhibition

Um 1915 machte sich die Svenska Slöjdföreningen unter dem Einfluß ihres neuen Sekretärs, des Kritikers Erik Wettergren, daran, modernes Design offensiver zu fördern, vermehrt Kontakte zwischen Künstlern und der Industrie herzustellen und vor allem ihr Programm mit

Von Josef Frank (siehe S. 56–59), *damals Mitarbeiter von Svenskt Tenn, für die New Yorker Weltausstellung 1939 entworfene Einrichtung (rechts). Dieser Einrichtungsstil, von den Amerikanern »swedish modern« (»schwedisch modern«) benannt, repräsentierte eine modernere, humanere Auffassung von Wohnraumgestaltung. Für den schwedischen Ausstellungsstand war die Svenska Slöjdföreningen verantwortlich.*

Einrichtung auf der Stockholmer Ausstellung Stockholmutstäliningen von 1930 (links). Die Verwendung von Stahlrohr und glatten, schmucklosen Flächen verrät den Einfluß des Bauhauses und Le Corbusiers auf das damalige schwedische Design.

Edvard Halds Glasvase »Feuerwerk« (rechts), 1921 für Orrefors entworfen. Ebenso wie Gate wurde der Künstler Hald 1915 im Rahmen des von der Svenska Slöjdföreningen durchgeführten Projekts zur Zusammenarbeit von Kunst und Industrie dem Hersteller Orrefor vorgestellt.

steten, sondern auch fortschrittliches Design mit einem radikalen sozialen Programm zu verbinden wußten. Mit der Regierungsübernahme der Sozialdemokraten in Schweden 1932 wurde die Umsetzung dieser Ideale möglich. Während dieses Jahrzehnts spielte die Svenska Slöjdföreningen eine zentrale Rolle bei der Förderung des Design-Konzeptes der »schwedischen Moderne«. Dieser schlichte Stil war durch Josef Franks Beiträge zur Ausstellung Exposition Internationale des Arts et Techniques dans la Vie Modernes 1937 in Paris, die New Yorker Weltausstellung von 1939 (siehe S. 70 und 119) sowie die Golden Gate International Exposition des gleichen

Jahres in San Francisco bekannt geworden.

Unter der Leitung des Kritikers Åke Huldt wollte man 1955 den Geist von 1930 mit einer ähnlichen Schau – »Hälsinborg '55« – wiederbeleben. Diese war aber nicht so erfolgreich wie ihre Vorgängerin, was zum Teil auf die zunehmende Anzahl internationaler Messen zurückzuführen war. In den siebziger Jahren hat die Svenska Slöjdföreningen ihre Vorreiterrolle eingebüßt, sie gibt aber unter dem Namen »Föreningen Svensk Form« (Schwedische Handwerks- und Designgesellschaft), immer noch das einflußreiche Journal »Form« heraus und repräsentiert weiterhin schwedisches Design.

dem der Sozialdemokratie zu verknüpfen. Die 1917 in der Stockholmer Kunstgalerie Liljevalchs von der Svenska Slöjdföreningen ausgerichtete »Home Exhibition« war ein bewußter Versuch im Hinblick auf das politische Ziel. Die Ausstellung bestand aus dreiundzwanzig Inneneinrichtungen, die als Modellwohnungen für Schwedens Arbeiterklasse konzipiert waren. Wilhelm Kåge, Künstlerischer Direktor des Keramikherstellers Gustavsberg, stellte dort sein »Arbeiterservice« aus (siehe S. 66–69).

Der Kritiker Gregor Paulsson, der 1917 die Leitung der Gesellschaft übernahm, sorgte für eine Fort-

setzung des auf der Ausstellung Erreichten. Seine radikalen Ideen sozialer und gestalterischer Reform bildeten während Paulssons langjähriger Führung die Leitlinien der Svenska Slöjdföreningen.

Die dreißiger Jahre und die Nachkriegszeit

Zwar wurden in den zwanziger Jahren kaum Fortschritte erzielt, doch zeigte die höchst einflußreiche Stockholmer Ausstellung von 1930, an deren Organisation auch die Svenska Slöjdföreningen beteiligt war, daß schwedische Designer nicht nur einen Beitrag zur internationalen Moderne lei-

1909 richtete die Svenska Slöjdföreningen in Stockholm eine Ausstellung schwedischen Designs aus. Dabei wurden die Produkte von Künstlern, die mit der herstellenden Industrie zusammenarbeiteten, der Öffentlichkeit vorgestellt. Dieser Keramikteller (rechts), von Gunnar Wennerberg für die Firma Gustavsberg entworfen, zeigte Farben, Muster und Formen, wie sie in der Natur, beispielsweise bei Pilzen, vorkommen. Diese subtile Art von abstraktem Naturalismus war der spezifisch schwedische Beitrag zur internationalen Art nouveau.

Mit seinem Schaffen hatte der britische Möbeltischler und Designer Gordon Russell (1892–1980) nicht unwesentlich Anteil daran, daß die Ideale des britischen Arts and Crafts Movement des 19. Jahrhunderts – etwa »Materialtreue« und handwerkliche Kunstfertigkeit – in das 20. Jahrhundert hinübergerettet wurden. Russell besaß zwar keine formale gestalterische Ausbildung, doch durch seine Tätigkeit in den Cotswolds im Westen Englands kam er mit der kunsthandwerklichen Tradition in Kontakt. Dort hatten C. R. Ashbee und Ernest Gimson – beide sowohl Architekt als auch Designer – zur Förderung des Handwerks Zünfte nach dem Vorbild des Mittelalters sowie ländliche Gemeinden gebildet. Gleichzeitig war sich Russell darüber im klaren, daß der Designer im 20. Jahrhundert die mechanisierte Produktion nicht außer acht lassen durfte.

Gordon Russell

In seinen Möbelentwürfen und Schriften versuchte Gordon Russell, manuelle und maschinelle Produktionsverfahren in Einklang zu bringen sowie ein Gleichgewicht zwischen der Tradition des Arts and Crafts Movement und Innovation herzustellen.

Eßtisch aus Eiche (unten), 1923 von Gordon Russell entworfen und in Russells Werkstatt in Broadway in Worcestershire von G. Cooke handgefertigt. Die beinahe rustikale Schlichtheit ist typisch für die späten Arts-and-Crafts-Möbel dieser Zeit.

Ausbildung und frühe Arbeiten

Ab 1906 arbeitete Gordon Russell in der kleinen Antiquitätenwerkstatt seines Vaters in Broadway in den Cotswolds; 1910 begann er mit dem Entwerfen von Möbeln und richtete eine eigene Kunsthandwerkstatt ein. Beispiele seiner Arbeiten wurden 1922 auf einer Einzelausstellung in Cheltenham in Gloucestershire, 1924 auf der British Empire Exhibition in Wembley (London) und 1925 auf der Pariser Exposition Internationale des Arts Décoratifs et Industriells Modernes gezeigt. In Paris gewann er fünf Medaillen, wodurch er internationales Ansehen erlangte. 1927 gründete er in Broadway die Russell Workshop Limited – 1929 in Gordon Russell Limited umbenannt – und stellte einfache, vom Werk Gimsons inspirierte Holzmöbel her. Diese Stücke erinnerten an englische Möbel des 18. Jahrhunderts, wiesen aber innovative Züge auf. Die Werkstatt selbst war halb mechanisiert.

Spätere Möbel und Aufträge

In der zweiten Hälfte der zwanziger Jahre galt Russells Aufmerksamkeit zwei bedeutenden Projekten. Während er einerseits sein Unternehmen ausbaute und 1929 ein Geschäft in London eröffnete – mit dem Kunsthistoriker Nikolaus Pevsner als Geschäftsführer –, begann er andererseits mit der Ausstattung des Hauses, das er für seine Familie in Kingcombe in den Cotswolds gebaut hatte.

Die dreißiger Jahre waren eine wichtige Phase in Russells Laufbahn. Bei einem Besuch der Stockholmer Ausstellung Stockholmutstälining von 1930 hinterließen die kunsthandwerklichen Erzeugnisse von Designern wie Simon Gate, Wilhelm Kåge (siehe S. 66–69), Edvard Hald und Carl Malmsten, die Elemente des traditionellen Handwerks erfolgreich mit modernen Formen und Produktionsverfahren verbanden, bei ihm einen tiefen Eindruck. Gemeinsam mit seinem Bruder W. H. Russell und dem Handwerker Eden Minn stellte er weiterhin selbstentworfene Möbel her, die im Laufe des Jahrzehnts unter dem Einfluß der Moderne zunehmend schlichter wurden.

Einfluß in der Designwelt

Durch seine Mitgliedschaft in der Design and Industries Association – einer 1915 zur Förderung der Beziehungen zwischen Design und Industrie gegründeten Vereinigung – und seine Zugehörigkeit zur der Good Furniture Group (Verein für gutes Mobiliar) der späten dreißiger Jahre nahm Russell auch eine tragende Funktion als Befürworter von Reformen im Designbereich ein.

Ab 1939 engagierte er sich für das Projekt zur Möbel- und Textilversorgung im Krieg und setzte sich dabei für kostengünstige Produktgestaltung und -herstellung ein. Im Jahr darauf trat er als Haupt-geschäftsführer seiner Firma Gordon Russell Limited zurück. In seiner Funktion als Vorsitzender des Ausschusses für Industriedesign, einem 1944 als Teil des Handelsministeriums eingerichteten Regierungsorgan zur Steigerung britischer Exporte, war er von 1947 bis 1959 ein einflußreicher Verfechter von Designreformen. Nach Russells Vorstellung sollten – ähnlich wie es in Skandinavien geschehen war – die positiven Aspekte handwerklicher und maschineller Produktion verbunden werden. Damit sollte in Großbritannien ein ernstzunehmendes und konkurrenzfähiges modernes Design entstehen.

Schlafzimmergarnitur »Cirencester« (oben) aus englischem Walnußholz mit Intarsien aus Eiben- und Ebenholz, von Gordon Russell entworfen und in seiner Werkstatt in Broadway gefertigt. Diese Einrichtungsgegenstände sind beispielhaft für die Verschmelzung britischen Kunsthandwerks mit einer Schlichtheit, die auf die Ideale des Arts and Crafts Movement des vorigen Jahrhunderts zurückgeht.

Schrank aus feinem Walnuß- und Ulmenholz (links), 1929 von Gordon Russell gestaltet und von H. J. Holloway gefertigt. Das Sonnenmotiv und die Einlegearbeiten machen deutlich, wie stark der französische Art déco Russell Ende der zwanziger Jahre beeinflußte.

Bücherschrank und Vitrine mit Rosen- und Ebenholzintarsien (rechts), 1928 von Russell entworfen und von F. Shilton angefertigt. Obwohl die Sorgfalt bei der Verwendung der Holzfurniere und die gotischen Formen im oberen Teil der Glasfenster an englische Möbel aus dem 18. Jahrhundert denken lassen, ist die Schlichtheit der Gesamterscheinung doch kennzeichnend für Russells persönliche, konservative Auslegung der Moderne.

Den Finnen Alvar Aalto (1898 – 1976), einer der größten Architekten des 20. Jahrhunderts, kann man fraglos auch als eine der wichtigsten Persönlichkeiten des modernen Designs bezeichnen. Sein Ansatz war zwar rational, doch vermied er das rein Mechanische, und obwohl er sich die modernen Forderungen nach Funktionalität und Serienfertigung zu eigen machte, lag ihm mehr an der Kontinuität mit der Vergangenheit. Man hat Aalto einen »humanistischen Rationalisten« genannt; obwohl er dem technischen Fortschritt wohlwollend gegenüberstand, betrachtete er ihn nur dann als sinnvoll, wenn er zu mehr Komfort und Erleichterungen im Alltag führte. Außerdem bewahrte sich Aalto einen Respekt für natürliche Materialien und organische Formen. Es ging ihm nie darum, zur Avantgarde zu gehören. Er arbeitete experimentell, da er möglichst vielseitige Entwürfe kreieren wollte.

Alvar Aalto

Alvar Aalto war Finnlands bedeutendster Architekt und Designer der Moderne. Er vereinigte die Formbarkeit organischer Materialien mit einer Vorstellung von Design und Produktion, die eindeutig dem 20. Jahrhundert entstammte.

Ausbildung und frühe Arbeiten

Es ist nicht unerheblich, daß Aalto im ländlichen Teil Finnlands geboren wurde, in der Kleinstadt Kuortane in der Nähe von Jyväskylä, wo er seine ersten Gebäude entwarf. Der Einfluß der finnischen Landschaft mit ihrer rauhen und wilden Küste war immer wieder Gegenstand seines Schaffens, ebenso wie Finnlands unerschöpflichste natürliche

Der »Sessel 39« (1936–1937, unten), aus laminiertem Birkenholz, mit Stoffgurten bespannt; den Entwurf schuf Aalto speziell für den finnischen Pavillon auf der Pariser Ausstellung Exposition Internationale des Arts et Techniques dans la Vie Moderne von 1937.

Ressource: Holz. Der Weg zur visuellen Abstraktion verlief für Aalto über das Vorbild der natürlichen Umgebung und nicht über geometrische Darstellungen, die aus der mechanisierten Welt abgeleitet waren. Damit stand Aalto den organischen Entwürfen des amerikanischen Pioniers der Moderne, Frank Lloyd Wright, näher als der industriellen Ästhetik der europäischen Vertreter der Moderne, wie zum Beispiel Le Corbusier in Frankreich (siehe S. 94 – 97) und Walter Gropius in Deutschland (siehe S. 88 – 89).

Aalto studierte von 1916 bis 1921 in Helsinki Architektur, unter anderem bei den schwedischen Meistern Armas Lindgren und Lars Sonek, und unternahm nach dem Abschluß ausgedehnte Reisen durch Skandinavien, Mitteleuropa und Italien, welches ihn mit seiner antiken Tradition zu Beginn seiner Architekturlaufbahn am stärksten beeinflußte.

Weitere Einflüsse, die in seinen späteren Werken erkennbar wurden, waren die Schriften des britischen Arts-and-Crafts-Designers William Morris, der das Postulat der »Materialtreue« vertrat, und die biomorphen Entwürfe des belgischen Architekten und Designers Henry van de Velde (siehe S. 16/17). Von Beginn seiner Karriere an fühlte sich Aalto der internationalen Moderne zugehörig, obwohl er ironischerweise heute als der archetypische Finne gilt. Dies ist zum Teil darauf zurückzuführen, daß er während seiner Laufbahn ausschließlich in seiner Heimat arbeitete; er eröffnete 1922 ein Architekturbüro in Jyväskylä, zog 1927 nach Turku und 1933 dann nach Helsinki, wo er bis zu seinem Tod lebte.

Möbelentwürfe in den zwanziger und dreißiger Jahren

Aalto heiratete 1924 Aino Marsio, eine Architekturkollegin, und experimentierte mit ihr gemeinsam während der zwanziger Jahre mit den neuen Verfahren zur Schichtung und zum Biegen von Holz, um so weiche, organische Formen zu erhalten. Sein größter gestalterischer Durchbruch gelang ihm bei der Arbeit an Einrichtungsgegenständen für seine beiden wichtigsten Architekturprojekte der späten zwanziger Jahre – der Bibliothek in Viipuri (1927 be-

Eine Reihe von Lehnstühlen (links) aus gebogenem Schichtholz, von Aalto für das Sanatorium in Paimio entworfen (1931/1932). Die Art der Aufhängung der einteiligen Sitzfläche und Rückenlehne aus Schichtholz am Birkenrahmen gewährleistet zugleich einfache Produktion und Sitzkomfort.

Der Teewagen »900« (unten), von Aalto Mitte der dreißiger Jahre für Artek entworfen. Grundlage waren hier die für die »Paimio-Lehnstühle« entwickelten Schichtholzrahmen, die leicht modifiziert wurden. Hinzu kamen Räder, ein gekacheltes Tablett und ein Korb, was insgesamt ein nützliches und ansprechendes Kleinmöbel ergab.

gonnen) und dem Sanatorium in Paimio (Projektstart 1929). Die Sitzfläche und die Rückenlehne des »Paimio-Stuhls« (siehe oben), den Aalto 1929 für das Sanatorium entwarf, aber erst Anfang der dreißiger Jahre in endgültiger Form fertigstellte, bestanden aus einem einzelnen Stück gebogenen Birken-Schichtholzes, das an zwei als Stuhlrahmen und Armlehnen dienenden Seitenteilen gleichen Materials befestigt war. Der Stuhl wurde anfänglich von der Firma Huonekalu-ja Rakennustyotehdas aus Turku produziert und stellte einen höchst

einfallsreichen Entwurf dar, der keine direkten Vorläufer besaß. Allerdings war die elegante, minimalistische Bogenform eindeutig von den Stahlrohrexperimenten der deutschen und niederländischen Designer der Moderne, wie Marcel Breuer (siehe S. 108–111) und Mart Stam (siehe S. 112/113), beeinflußt. Der »Paimio-Stuhl« inspirierte Aalto ab 1930 zum Entwurf einer eindrucksvollen Palette an Stühlen, Hockern, Wagen und Tischen aus Schichtholz, von denen die meisten noch heute hergestellt werden. Das vielleicht bekannteste Möbel-

Die Glasvase »Savoy« (oben) entwarf Aalto ursprünglich 1937 für das Restaurant Savoy in Helsinki. Er übertrug die organischen Formen seiner Holzentwürfe auf Glas, und die Konturen sollen von Finnlands verschlungener Küstenlinie inspiriert worden sein. Die Vase wird immer noch von littala produziert.

stück, das so manche moderne Inneneinrichtung schmückte und oft nachgebildet wurde (wenn auch die Kopien meist von minderer Qualität waren), war sein Stapelhocker mit der Modellnummer 60. Von 1929 an wurden Aaltos Möbelentwürfe von Otto Korhonen, einem gelernten Schreiner aus Turku, verwirklicht. Anfang der dreißiger Jahre entwickelte Korhonen die L-, Y- und X-Verbindungen, die nachfolgend in Aaltos Möbelentwürfen Verwendung fanden. Aalto maß diesem technischen Durchbruch sehr große Bedeutung zu und verglich ihn mit der Entwicklung der Säule in der Architektur.

Arbeit für Artek

Die meisten von Aaltos Entwürfen für Möbel, Leuchten, Stoffe und Glas wurden als »Architekturzubehör« entwickelt, als integrale Bestandteile eines bestimmten Gebäudes. Sie wurden aber auch in Serie gefertigt, vor allem nach

Gründung der Firma Artek 1935 durch Alvar und Aino Aalto sowie Marie Gullishsen und ihren Ehemann, den Industriellen Harry Gullishsen. Ziel waren die Produktion und der Verkauf von preiswerten, schön geformten Möbeln aus finnischem Holz. Durch das Artek-Geschäft in Helsinki konnten die finnischen Verbraucher erstmals sämtliche Entwürfe Aaltos direkt käuflich erwerben. Zusätzlich zu den Holzmöbeln verkaufte Artek Versionen von Hängelampen, die Aalto ursprünglich für seine verschiedenen Architekturprojekte entworfen hatte. Sie dienten als Eßtisch- oder Leselampen und waren speziell auf die visuellen Bedürfnisse des Verbrauchers ausgerichtet.

Weiterhin wurden unter dem Namen Artek unter anderem Stoffe mit einem schlichten linearen Schwarzweißmuster (siehe S. 77 unten) und die »Savoy-Glasvasen« (siehe links) verkauft. Diese waren ursprünglich für das Restaurant Savoy in Helsinki entworfen worden. Die gewellten Formen dieser Objekte, die von den littala-Glaswerken in durchsichtigem Glas

gefertigt wurden, erinnerten an Aaltos Möbel aus gebogenem Schichtholz und an viele seiner Gebäude.

Aino Marsio-Aalto, auf deren kreativen Beitrag Aalto fraglos enorm angewiesen war, gestaltete relativ preisgünstige Becher und Wasserkrüge, die von Karhula Anfang der dreißiger Jahre aus geriffeltem Preßglas hergestellt und von Artek verkauft wurden. Sie wurden bis Ende der fünfziger Jahre produziert und gegen Ende der siebziger neu aufgelegt. In ähnlicher Weise arbeitete Aalto mit seiner zweiten Frau, Elissa Makiniemi, die er 1952 heiratete, bis zu seinem Tode an Architekturprojekten zusammen. 1954 bezog Artek größere Firmenräume im Zentrum Helsinkis, wo man nach wie vor Aaltos Entwürfe herstellt und verkauft. Dadurch untermauert man, ganz im Sinne des Gründers, weltweit die Bedeutung von Kunsthandwerk und Design.

Internationales Ansehen

In den dreißiger Jahren repräsentierte Aalto Finnland auf vielen internationalen Ausstellungen, womit er sein Land trotz der geo-

Kleine Tischlampe (links), von Aalto Anfang der dreißiger Jahre entworfen. Im Gegensatz zu den Leuchtkörpern des Bauhauses, bei denen das Material und die Herstellungsverfahren im Vordergrund standen, ging es Aalto in erster Linie um die Lichtqualität.

graphischen Randlage in Europa als wichtige Kraft innerhalb der Moderne des 20. Jahrhunderts etablierte. Im November 1933 wurde sein »Paimio-Stuhl« im Londoner Kaufhaus Fornum & Mason ausgestellt. Anlaß war eine von der progressiven Architekturzeitung »Architectural Review« veranstaltete Schau. Danach wurden in Großbritannien (Finmar, 1934/35) und den Vereinigten Staaten Firmen zum Import von Aaltos Möbeln gegründet. Er entwarf den finnischen Pavillon für die

Diese Stapelhocker (links), die aus Aaltos Experimenten mit gebogenem Holz entstanden, wurden ursprünglich für die Bibliothek in Viipuri entworfen (1927–1935). Die Schlichtheit und die Funktionalität dieses vielfach kopierten Entwurfs ist nach wie vor unübertroffen. Der Hocker wird noch heute von Artek hergestellt.

Exposition Internationale des Arts et Techniques dans la Vie Modernes 1937 in Paris und die New Yorker Weltausstellung im Jahr 1939, und 1938 widmete das New Yorker Museum of Modern Art ihm eine Einzelausstellung.
Bezeichnenderweise werden viele Entwürfe Aaltos noch heute hergestellt und genau so sehr geschätzt wie zum Zeitpunkt des Produktionsbeginns. In Kindergärten, Bibliotheken und Sozialeinrichtungen in Finnland beispielsweise sieht man immer noch viele seiner originalen Möbel, die genauso gut aussehen und funktionieren wie damals, als er sie konzipierte. Tatsächlich haben Aaltos Entwürfe etwas Zeitloses, das von seinem unbedingten Humanismus und der Fähigkeit herrührt, Traditionen mit den Anforderungen der modernen Welt in Einklang zu bringen.

Zimmer (oben) im Wohnheim Baker House (1949), von Aalto gestaltet für das Massachusetts Institute of Technology, Cambridge. Die Möbel stammen ebenfalls von seiner Hand. Aalto hatte sich hier zum Ziel gesetzt, eine praktische und einheitliche Inneneinrichtung zu schaffen.

Textilmuster (unten), ein weiteres Beispiel für das »Architekturzubehör«, das Aalto in den dreißiger Jahren für Artek entwarf und das noch heute hergestellt wird. In typischer Weise vereinen diese Stoffe Natürlichkeit und Komfort mit einem streng minimalistischen Muster.

Bugholz

Das moderne Design des 20. Jahrhunderts war nicht nur einfach das Ergebnis künstlerischer Innovationen visionärer einzelner, sondern hing auch mit den Fortschritten in der Materialverarbeitung zusammen. Dazu zählte die Entwicklung von gebogenen und laminierten Holzfurnieren und später des Schichtholzes. Diese technischen Neuerungen ermöglichten die Konstruktion von Möbeln aus weniger Einzelteilen, so daß die Entwürfe optisch einheitlicher und fließender wurden. Geschichtete Hölzer und Schichtholz waren leicht, dennoch stabil und boten Komfort bei einem Minimum an Masse. Die Designer erhielten durch diese technischen Fortschritte die Gelegenheit, überzeugende visuelle Symbole des modernen Maschinenzeitalters für öffentliche und private Räume zu schaffen.

Diese Einrichtung (rechts) war auf einer Ausstellung 1937 im Londoner Kaufhaus Bowman Brothers zu sehen. Die Möbel aus gebogenem Sperrholz und Schichtholz wurden von Alvar Aalto entworfen. Die Sitzflächen vereinten Leichtigkeit und Flexibilität mit Stabilität.

Anzeige des Londoner Möbelgeschäfts Heal & Sons für Schichtholzmöbel des Herstellers Isokon (unten). Die Leichtigkeit und Stabilität von Schichtholz werden in dem Text besonders hervorgehoben.

Stuhl aus gebogenem Birken- und Schichtholz (unten), 1907 von der Firma Thonet gefertigt. Verfahren zum Biegen von Holz wurden 1900 in den Vereinigten Staaten bereits vielfach angewandt, und Thonet nutzte sie zur Massenproduktion von preiswerten, einfachen Gebrauchsgegenständen.

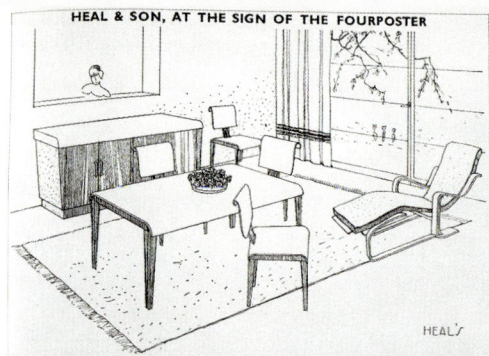

Dining Room, 'Isokon' Plywood Furniture in Walnut and Birch

Thonets erste Möbel aus gebogenem Holz

Die von Michael Thonet gegründete Wiener Möbelfirma war der wichtigste Neuerer auf dem Gebiet der Herstellung von Möbeln aus gebogenem Holz. Um 1830 entwickelte Thonet ein Verfahren, mit dem er unter Wärmeeinwirkung mehrere zusammengeklebte und laminierte Holzschichten bog, für das er 1841 das Patent bekam. Er verwendete dieses Material für Stuhlrückenlehnen sowie die Kopf- und Fußenden von Betten und Sofas. Später entwickelte er daraus Einzelteile für Stuhllehnen und -beine. Thonet wollte die Zahl der benötigten Teile auf ein Minimum reduzieren. Dieses Herstellungsverfahren war kostengünstiger und weniger arbeitsintensiv als das Schnitzen von Hand, und in der zweiten Hälfte des 19. Jahrhunderts hatte Thonet in seiner Firma ein arbeitsteiliges System eingeführt, bei dem Maschinen zum Biegen von Holz eingesetzt wurden.

Frühe Moderne

Thonet entwickelte ein Verfahren zum Biegen von massivem und laminiertem Holz, und seine Neuerungen wurden von progressiven Gestaltern aufgegriffen. Um die Jahrhundertwende waren Designer wie Josef Hoffmann (siehe S. 34–37), Otto Wagner (siehe S. 12/13) und Adolf Loos für Thonet und dessen Konkurrenten Kohn tätig. Auf der Pariser Exposition Internationale des Arts Décoratifs et Industriels Modernes von 1925 verwendete

Le Corbusier Thonet-Möbel in seinem »Pavillon de l'Esprit Nouveau« (siehe S. 95).

Finnische und britische Innovationen

Die Eigenschaften des gebogenen Holzes erlaubten es verschiedenen Designern, in den dreißiger Jahren von Grund auf neue Möbelformen zu entwickeln. Während diese Entwürfe dank der Verwendung von Holz eine natürliche Wirkung erzielten und an frühere Möbeltraditionen anknüpften, ermöglichten die Leichtigkeit, Stabilität und Flexibilität des Materials Entwürfe, die dem modernen Lebensstil entsprachen. Alvar Aalto (siehe S. 74 – 77) war einer der Gestalter, die daraus den größten Nutzen zogen. Sein »Paimio-Stuhl« (siehe S. 75)

Stapelbare Beistelltische (links), 1936 von Marcel Breuer für die britische Firma Isokon gestaltet. Der Entwurf macht sich die Biegungen im Schichtholz optisch zunutze. Platten und Beine haben eine fließende Form und sind aus einem Stück.

bestand aus laminierten Holzseitenteilen sowie einer Sitzfläche und Rückenlehne, die aus einem einzelnen Schichtholzstück gefertigt waren. Beim Schichtholz handelt es sich um eine Art weiterverarbeiteten Holzes, bei dem mehrere sehr dünne Holzschichten zusammengepreßt und -geklebt werden, wobei aus Stabilitäts- und Haltbarkeitsgründen die Maserung der abwechselnden Schichten kreuzweise verläuft. Das Ergebnis war der erste freitragende Schichtholzstuhl.

Im Jahr 1931 gründete der Ingenieur Jack Pritchard die Firma Isokon, die sich auf die Herstellung moderner Schichtholzmöbel spezialisierte. Zu deren wichtigsten Produktionen zählten unter anderem 1936 ein Liegesofa und der »Bücheresel«, ein Regal für Taschenbücher – beide Entwürfe stammten von Marcel Breuer (siehe S. 108 – 111). Walter Gropius (siehe S. 88 / 89) schuf ebenfalls einige Entwürfe für

Isokon. Nach 1945 allerdings wurde gebogenes Schichtholz durch neuere Technologien mit gepreßtem Schichtholz (siehe S. 152/153) und Kunststoffen verdrängt.

Der »DA Stuhl« (etwa 1948, unten), vom dänischen Handwerker und Designer Hans Wegner entworfen. Die starken Wölbungen der Sitzfläche und der Rückenlehne aus Schichtholz verleihen dem Stuhl ein modernes und zugleich organisches Aussehen.

Im Gegensatz zu vielen der in diesem Buch behandelten Designer, deren Ansehen zum Teil auf den großen Umfang ihres Werks zurückging, erlangte der schwedische Designer und Architekt Bruno Mathsson (1907–1988) mit einer geringen Zahl von Möbelentwürfen Bekanntheit, die zwischen 1930 und 1970 entstanden. Nichtsdestotrotz sind einige seiner originellen und zukunftsweisenden Möbel zu »Klassikern« des Designs des 20. Jahrhunderts geworden und werden nach wie vor hergestellt. Mathsson gehört zu der Generation von Designern, die vor dem Zweiten Weltkrieg die »schwedische Moderne« entwickelten, und für viele gelten seine Entwürfe als Inbegriff dieses Stils.

Bruno Mathsson

Bruno Mathsson ist bekannt für seine Entwürfe, in denen er seine Vorstellungen von Technik, Ästhetik und modernem Lebensstil zu vereinen verstand und damit den Stil verkörperte, der als »schwedisch modern« zu einem Begriff wurde.

Der »Miranda-Lehnstuhl« und die »Mifot-Fußbank« waren Variationen des »Eva-Stuhls« (1942, unten). Der Stuhl und die Fußbank werden heute von der schwedischen Firma DUX Möbel in verschiedenen Versionen hergestellt.

Frühe Arbeiten

Im schwedischen Värnamo geboren, wurde Mathsson dort von 1923 bis 1931 von seinem Vater zum Möbelschreiner und -gestalter ausgebildet. Dieser leitete die familieneigene Firma, die später die meisten von Brunos Entwürfen produzierte. Zwar lebte und arbeitete Mathsson weit entfernt von solchen Zentren des fortschrittlichen Designs wie dem Bauhaus in Deutschland, doch mit seinen Experimenten zum Biegen und Laminieren von Holz stand er dem Schaffen anderer europäischer Vertreter der Moderne wie Alvar Aalto (siehe S. 74–77) und Marcel Breuer (siehe S. 108–111) nahe. Diese innovative Ausrichtung war an seinen Arbeiten ablesbar, die 1930 auf der Stockholmer Ausstellung und 1936 im Rahmen einer Einzelschau auch in Göteborg zu sehen waren. Ähnlich wie dem dänischen Designer Kaare Klint (siehe S. 64/65) ging es Mathsson um eine Neudefinition des Stuhls in dessen ursprünglichster Funktion: als dem Menschen angepaßte Sitzgelegenheit. Im Gegensatz zu Klint und seinen schwedischen Mitstreitern Carl Malmsten und Josef Frank (siehe S. 56–59) orientierte sich Mathsson nicht an traditionellen Stilen, sondern suchte nach gänzlich neuen Lösungen für die Gestaltung moderner Möbel. Der berühmte, 1934 entworfene »Eva-Stuhl« war ein leichtgewichtiges Möbelstück schlichtesten Aufbaus, bestehend aus zwei einfachen gebogenen Birkenholzteilen, die zu einem Rahmen zusammengefügt wurden. Umspannt wurde dieser von stabilen und flexiblen Stoffgurten. Wie Mathsson erläuterte, stand für ihn bei diesem Entwurf

Eine Inneneinrichtung (links) in dem Sommerhaus, das Mathsson für sich selbst entwarf. Der Raum enthält einige seiner Möbelstücke, unter anderem eine Version des »Eva-Lehnstuhls« von 1934. Das Freundliche und Natürliche des Interieurs ist charakteristisch für den Stil der »schwedischen Moderne«, der das internationale Wohndesign in den vierziger und fünfziger Jahren beherrschte.

der Komfort im Vordergrund: »Komfortables Sitzen ist eine ›Kunst‹, sollte es aber nicht sein. Statt dessen sollte die Herstellung von Stühlen mit solch einer ›Kunst‹ erfolgen, daß das Sitzen keine ›Kunst‹ ist.« Die gewölbte, höchst organische Form des »Eva-Stuhls« ergab sich mehr aus dem Körper, den man sich darauf sitzend vorstellte, als aus den Eigenschaften der verwendeten Materialien.

Mathsson und die »schwedische Moderne«

Der »Eva-Stuhl« wurde in einer Reihen von Versionen hergestellt; Armlehnen und eine Fußbank kamen hinzu (siehe S. 80), die Rückenlehne wurde verlängert und verschiedene Stoffe für die Sitzfläche verwendet. Dahinter stand die Idee, einen komfortablen modernen Stuhl zu entwickeln, der sich an die verschiedenen Verbraucherwünsche anpassen ließe. Dieser Aspekt sowie das Weiche und Fließende des Entwurfs waren Markenzeichen der Möbel und Inneneinrichtungen der »schwedischen Moderne«. Bei diesem Stil – mehr am Menschen orientiert als jener der deutschen Moderne – gab man natürlichen Materialien wie Holz gegenüber dem Stahlrohr den Vorzug, was ihm nach dem Zweiten Weltkrieg zu äußerster Beliebtheit verhalf. Die Präsenz von Mathssons Stühlen in Paris 1937 bei der Exposition Internationale des Arts Décoratifs et Industriels Modernes, auf der Golden Gate Exhibition in San Francisco und der New Yorker Weltausstellung 1939 verstärkte international die Dominanz dieses Stils.

Spätphase der Karriere

Nach dem Zweiten Weltkrieg setzte Mathsson seine Laufbahn als Architekt und Designer fort. Zwischen 1945 und 1958 bildeten Architekturaufträge seinen Schwerpunkt, wobei er an einfachen Ferienhäusern aus Glas, Beton und Holz arbeitete. Allerdings brachte er 1946 auch einen bemerkenswerten Entwurf eines Tisches hervor. Ab 1958 entwickelte er gemeinsam mit dem dänischen Wissenschaftler Piet Hein neue Möbelformen; aus dieser Zusammenarbeit ging unter anderem der ovale Tisch »Superellipse« (1964) hervor. In Erinnerung bleibt er allerdings vor allem dank seines »Eva-Stuhls«. Für die häusliche Wohnumgebung ebenso geeignet wie für Empfangs- und Konferenzräume, ist er ein dauerhaftes Symbol des Idealismus, der dem schwedischen Design Mitte des 20. Jahrhunderts zugrunde lag.

Dem schlichten Aussehen dieses Holztisches (1935, rechts) entspricht die Leichtigkeit, mit der er sich zusammenklappen läßt. Das Unprätentiöse war kennzeichnend für das schwedische Design während der dreißiger und vierziger Jahre.

Die britische Designerin Enid Marx (geb. 1902) schuf eine Reihe von Alltagsgegenständen – Textilien, Bücherumschläge und -illustrationen, Teppiche, Briefmarken und Kunststofflaminate –, die auf subtile Art und Weise das Erscheinungsbild der modernen Umwelt beeinflußt haben. Während der langen Jahre ihres Schaffens behielt sie stets einen in sich schlüssigen designerischen Ansatz sowie einen unverkennbaren persönlichen Stil bei: die spielerische Verwendung von stilisierten, modernen Mustern. In ihrer Arbeit gelang es ihr, Stilelemente der volkstümlichen Kunst und der Moderne auf der Grundlage fundierter handwerklicher und designtechnischer Kenntnisse zu verbinden.

Enid Marx

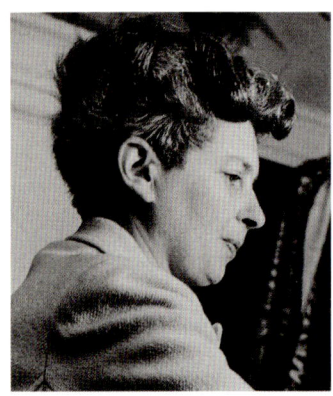

Enid Marx nahm durch ihre Arbeit im »Advisory Committee on Utility Furniture«, einem Gremium für im Krieg hergestellte einfache, aber zweckmäßige Möbel, für die Londoner Verkehrsbetriebe und das königliche Postunternehmen einen wichtigen Platz im britischen Design des zwanzigsten Jahrhunderts ein.

Entwurf für eine 1-Pence-Briefmarke (unten) anläßlich der Thronbesteigung Königin Elisabeths II. 1952. Unter Beachtung der Beschränkungen des Briefmarkendesigns entwarf und arrangierte Enid Marx die traditionellen Symbole Englands, Schottlands, Wales' und Nordirlands – Rose, Distel, Narzisse und Kleeblatt – auf lebendige, ungezwungene Art und Weise (Originalgröße 24,0 x 20,5 mm).

Erste Modelldrucke auf Stoff

Enid Marx studierte von 1922 – 1925 Kunst am Royal College of Art in London und entdeckte in dieser Zeit auch ihr Interesse an Holzdrucken. Nach Ende ihres Studiums gab sie die Malerei auf und beschäftigte sich mit Textilmodelldruck. Als Lehrling in der Werkstatt der Textildesignerinnen Phyllis Baron und Dorothy Larcher in London Hampstead entwarf sie Muster mit naturalistischen Motiven, baute dann aber 1927 ihre eigene Werkstatt in London auf und produzierte während der folgenden zwölf Jahre für eine Vielzahl von Kunden eine breite Palette von Stoffen. Sie wurde hauptsächlich durch die englische Volkskunst beeinflußt, ließ sich jedoch auch vom Maschinen-Stil der frühen Vertreter der englischen Moderne anregen.

Industriedesign

Die gleiche Verbindung von Tradition und Moderne kam auch in Enid Marx' Arbeitsmethoden zum Ausdruck. Während sie sich einerseits zur handwerklichen Tradition hingezogen fühlte, engagierte sie sich gleichzeitig für die industrielle Produktion und das Musterdesign für maschinell hergestellte Textilien. Als ein Beispiel für ihre Fähigkeit, Entwürfe für die industrielle Produktion zu erstellen, dient hier die Polsterserie aus dem Jahr 1937, die sie für die Londoner Linienbusse und Züge entwarf. Sie verwendete dafür stark strukturierte Stoffe, die sie mit sich wiederholenden geometrischen Mustern und kontrastreichen Farben versah. Ihr ging es dabei darum, ein optisch ansprechendes, verschleißfestes Produkt zu entwerfen, das auch aus modischer Sicht länger Bestand haben sollte. Weitere Aufträge aus der Industrie waren die Entwürfe für Kunststofflaminate der Firma ICI und, Mitte der dreißiger Jahre, Stoffauskleidungen für Koffer und Taschen.

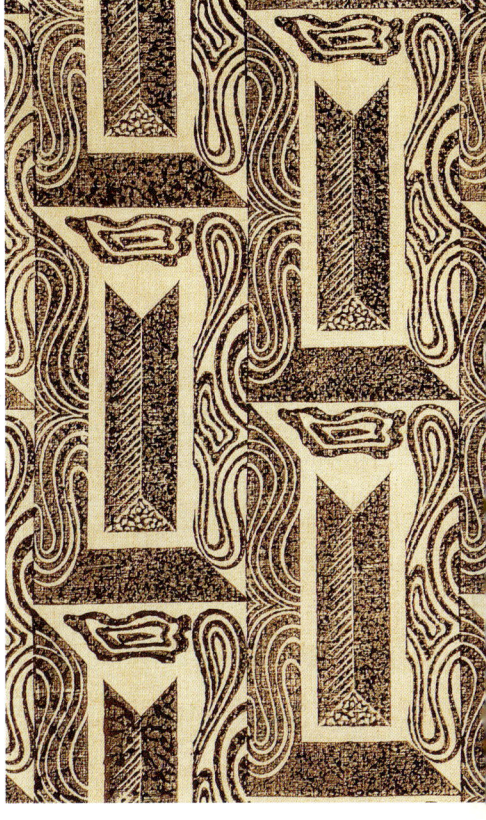

»Door«, Entwurf für ein faltbares Muster (1949, oben). Im Modelldruckverfahren hergestellt, beweist dieser Stoff das gestalterische Talent von Enid Marx für sich wiederholende, abstrakte Muster, verdeutlicht aber gleichzeitig die traditionelle, handwerkliche Dimension ihrer Arbeit.

Innenausstattung eines Londoner U-Bahnwagens (1949, links) mit von Enid Marx entworfenen Polsterstoffen. Beim Entwurf von »Shield« wurden gleichzeitig die Ansprüche an ein modernes Design, die Erfordernisse der industriellen Herstellung sowie einer starken Strapazierung berücksichtigt.

Ein ursprünglich in den dreißiger Jahren für Chatto & Windus entworfener Buchumschlag (links). Das Motiv der stilisierten Schwertlilie ist exemplarisch für Enid Marx' Talent für abstrakte Muster und ihre Fähigkeit, Zitate der Vergangenheit mit einem frischen, modernen Stil zu verbinden.

»Utility-Möbel« und Nachkriegsentwürfe

Zwischen 1944 und 1947 arbeitete Enid Marx für das »Utility Scheme«, ein vom britischen Handelsministerium ins Leben gerufenes Programm zur Förderung der Produktion von qualitativ hochstehenden, aber preiswerten Möbeln und Textilien während des Kriegs. Sie nahm die Maßgaben des Auftrags – den Entwurf einer mög-lichst vielfältigen Kollektion, die aus begrenzten Ressourcen hergestellt werden mußte – sehr ernst und entwarf eine Reihe von Stoffen mit kleinen, ansprechenden Mustern in Wiederholung.

1945 wurde Enid Marx für ihre besonderen Verdienste um das britische Design der Titel »Royal Designer for Industry« verliehen, die höchste Auszeichnung, die Designer in Großbritannien erhalten können. Die restlichen Jahre ihrer langen Karriere widmete Enid Marx größtenteils dem Grafikdesign und entwarf Buchumschläge, Briefmarken und Verpackungspapier.

Die große Vielfalt der von ihr entworfenen einfachen Alltagsgegenstände, machte Enid Marx auf ganz unspektakuläre Weise zu einer der zentralen Figuren des britischen Designs.

Progressiver Modernismus

Die vorherrschende Metapher für modernes Design in der ersten Hälfte des 20. Jahrhunderts war zweifellos die Maschine. Durch ihre Symbolkraft und durch ihre Bedeutung als Antrieb des Fortschritts, als Schrittmacher der Demokratie und als Mittel zur besseren Kontrolle der unberechenbaren Natur wahrgenommen, beflügelte die Maschine die Phantasie vieler Architekten und Designer in den Industrieländern. Sie alle verband ein drängendes Bedürfnis nach einer Erneuerung der Alltagsumgebung. Besonders deutlich wurde dies in den reformerischen Anstrengungen der ersten drei Jahrzehnte des 20. Jahrhunderts. Innerhalb des sich wandelnden kulturellen, politischen, wirtschaftlichen und technologischen Klimas dieser Zeit inspirierte die fortschreitende Mechanisierung experimentelle Arbeiten in noch nie dagewesener Art.

Nach dem Ersten Weltkrieg wurden die führenden europäischen Länder aktiv, angespornt von der Notwendigkeit, eine neue demokratische Landschaft zu schaffen, in der die materiellen Gegebenheiten des Alltags eine tragende Rolle spielen sollten. Viele Architekten und Designer sahen darin die Chance, ihre visualisierenden und intellektuellen Fähigkeiten dazu einzusetzen, eine neue, den Bedürfnissen der Massengesellschaft angepaßte Umgebung zu schaffen. Um dieses Ziel zu erreichen, kombinierten sie die Innovationen der Massenproduktion – bahnbrechend waren hier die amerikanischen Automobilhersteller wie Henry Ford –, mit einer stilistischen Erneuerung, basierend auf den Prinzipien der Vereinfachung und der geometrischen Abstraktion, an denen fortschrittliche Architekten und Designer seit Beginn des Jahrhunderts gearbeitet hatten. Zum ersten Mal miteinander kombiniert, ergaben diese Kräfte eine wirksame Formel für eine neue Richtung des Designs. Es handelte sich um eine zutiefst idealistische Bewegung, die auf der Notwendigkeit von Veränderung und Erneuerung gründete. Die Sowjetunion und die Niederlande versuchten als erste, diese Ideale zu verwirklichen. Die Sowjetunion war auf der Suche nach einer post-revolutionären Rolle für Architektur und Design, die Niederlande wollten eine neue Art der visuellen Kommunikation entwickeln, die Spiritualität und sozialen Idealismus verband. Die in der holländischen Zeitschrift De Stijl – erstmals erschienen 1917 – abgedruckten Arbeiten von Piet Mondrian, Theo van Doesburg, Bart van der Leck, Gerrit Rietveld (siehe S. 98–101) und anderen kombinierten vertikale und horizontale Linien mit einer einfachen Farbpalette, um einen reinen Stil zu erhalten, der, wie sie glaubten, bei Gebäuden, Möbeln und Bildern gleichermaßen angewandt werden konnte. In der Sowjetunion arbeiteten Künstler, Architekten und Designer in ähnlicher Weise – doch ihr Augenmerk lag weniger auf einer idealistischen Rekonstruktion als auf der Schaffung einer veränderten Alltagsumgebung mit neuen Materialien. Sie stellten Plakate, Arbeitskleidung, Gebäude und andere Werbemittel her, mit denen sie sowohl praktische als auch ideologische Absichten verfolgten. In der Folge fanden sich Künstler und Designer wie Kasimir Malewitsch, Wladimir Tatlin, El Lissitzky und Alexander Rodtschenko (siehe S. 102–105) in einer Bewegung zusammen, die sich durch innovative abstrakte Formen und Bilder (images) auszeichnete.

Es war jedoch das Bauhaus (siehe S. 90/91), das dieser als Funktionalismus bekannten Designtheorie am klarsten Ausdruck verlieh. Wieder einmal war es politischer und kultureller Idealismus, der diese 1919 gegründete experimentelle Schule für Architektur, Design und Kunsthandwerk dazu führte, eine universelle Formensprache zu entwickeln. In den zwanziger Jahren war dieses Ziel erreicht. Die Theorie des Funktionalismus, die auf den Prinzipien der Massenproduktion und der geometrischen Vereinfachung beruhte, beinhaltete, daß die äußere Erscheinung eines Objekts durch seine innere Struktur definiert sei. Die Lehrenden am Bauhaus entwickelten einen Ausbildungsweg, bei dem das Hauptgewicht auf die »Materialtreue« und funktionelle Bedeutung gelegt wurde.

Auch Frankreich entwickelte in den zwanziger Jahren eine eigene Variante des progressiven Modernismus. Die Arbeiten von Le Corbusier, Charlotte Perriand (siehe S. 94–97) und anderen orientierte sich ebenfalls am Maschinellen und an geometrischer Abstraktion. Das hochgesteckte kulturelle Ziel dieser Bewegung wurde gestärkt durch ihre enge Verbindung zur Kunst, insbesondere zur post-kubistischen Malerei und Bildhauerei. Diese Auffassung von Gestaltung wirkte sich aus auf die Architektur und die Gebrauchskunst – dazu gehörten vor allem Möbel, Keramik, Glas, Metall und Textilien – und führte schließlich zum Produktdesign. Ende der zwanziger Jahre war der Modernismus zum internationalen Ideal geworden, repräsentiert in zahlreichen Veranstaltungen und Projekten wie etwa der Weißenhofsiedlung (1927) und der Stockholmer Ausstellung Stockholmutstäliningen (1930). Die Bewegung war in ihren Zielsetzungen sehr idealistisch, weshalb die individuellen Anstrengungen der Hauptakteure keine großen Auswirkungen auf die Massenproduktion hatten. In einigen Bereichen zeigte sich der Einfluß dennoch deutlich, zum Beispiel in der weltweiten Präsenz von Stahlrohrstühlen in Schulen und Krankenhäusern. Wichtiger war der Einfluß des Modernismus auf theoretischer Ebene, wo er die internationalen Zeitschriften, Museumssammlungen und Ausbildungspläne dominierte.

Obwohl die größte Pionierarbeit in Europa geleistet wurde, blieben die Vereinigten Staaten nicht unberührt von den Auswirkungen des dort so genannten »Modern Movement« in Architektur und Design; 1932 fand im Museum of Modern Art in New York eine Ausstellung mit dem Titel »The International Style« statt. In den Vereinigten Staaten entstand auch ein eher kommerziell orientiertes Design, das in den Nachkriegsjahren großen internationalen Einfluß hatte. Während man sich in Europa hauptsächlich auf die Architektur und die Gebrauchskunst beschränkte, gestalteten die amerikanischen »Industriedesigner« die Welt der Kühlschränke, Registrierkassen, Kameras und nicht zuletzt der Automobile in dramatischer Weise um. Aus der Werbung und der Schaufenstergestaltung kommend, strebten diese Gestalter weder nach Höherem noch hatten sie ideologische Gründe wie ihre europäischen Kollegen. Ihre Mission war die Modernisierung der Massenkultur. Das Ziel von Norman Bel Geddes, Raymond Loewy (siehe S. 120–123), Walter Dorwin Teague (siehe S. 116/117), Henry Dreyfuss (siehe S. 130/131), Lurelle Guild und anderen war es, Konsumgüter mit neuer Attraktivität auszustatten, um sie wettbewerbsfähig zu machen. Sie verehrten Geschwindigkeit und Modernität, und dies wurde nirgends deutlicher als 1933 auf der Ausstellung »A Century of Progress« in Chicago und auf der spektakulären New Yorker Weltausstellung 1939 (siehe S. 118/119). Zu diesem Zeitpunkt dominierte die Maschine längst das moderne Leben, sowohl in den Fabriken als auch in den neuen arbeitssparenden Haushalten, und gerade die progressiven Designer haben diesen Traum zur Wirklichkeit werden lassen.

Ein grafisches Design von P. Keler und
W. Molnar, 1923 am Bauhaus entworfen.
Die abstrakte, geometrische Komposition
bezieht sich auf ein Gangsystem unter
einem Gebäude.

Der Architekt Walter Gropius (1883–1969) war als ausübender Künstler, als einflußreicher Lehrer und Theoretiker ein außerordentlich bedeutender Förderer des modernen Designs. Seine Entwürfe für die Massenproduktion wie Keramik, Tapeten und Möbel waren bestimmt von der Idee eines von der Architektur abgeleiteten einheitlichen funktionalen Stils, bei dem die Form der

Funktion dient. Die »Beherrschung des Raumes«, das heißt die Hervorhebung der Bedeutung von Raum für das Objekt – im Gegensatz zur Betonung seines dekorativen Wertes –, bestimmte den theoretischen Ansatz von Walter Gropius und anderer Modernisten und hatte weitreichenden Einfluß auf das internationale Design.

Walter Gropius

Frühe Architektur und Entwürfe für die Industrie

Von 1903 bis 1907 studierte Gropius Architektur in München und Berlin. 1908 begann er im Büro des Architekten und Designers Peter Behrens (siehe S. 30–33) zu arbeiten und wurde Chefassistent für eine Reihe wichtiger Projekte einschließlich der Bürogestaltung

und -ausstattung des Kölner Kaufhauses Lehmann. Zwei Jahre später gründete er zusammen mit Adolf Meyer sein eigenes Architekturbüro und machte sich rasch einen guten Ruf als innovativer und moderner Architekt durch seine Gestaltung der Fagus Schuhfabrik in Alfeld 1911. Die schlichte Würfelform, das Flachdach und die beispiellose Stahlglasfront der Fabrik zeigten, daß Gropius bereits mit seinen frühesten Entwürfen einen originellen Beitrag zur modernen Architektur zu leisten vermochte. 1913 begann er, Maschinen zu entwerfen, darunter eine Diesel-Lokomotive und eine Motorkutsche. Seine Gestaltung eines Zugschlafwagens wurde 1914 in Köln auf der Ausstellung des Deutschen Werkbundes gezeigt (siehe nächste Seite, rechts) neben seiner gemeinsam mit Meyer entwickelten

spektakulären Modellfabrik, für die sie industriell gefertigte Materialien wie Glas und Metall verwendet hatten. Zu dieser Zeit begann Gropius auch, Einrichtungsgegenstände zu entwerfen, darunter die Stahlmöbel (mit Meyer) für das Kriegsschiff »Von Hindenburg«.

Das Bauhaus

Für Gropius war ein Wendepunkt erreicht, als man ihm 1915 den Direktorposten der Kunstgewerbeschule in Weimar anbot. Wegen des Ersten Weltkriegs konnte er die Stelle zunächst nicht antreten, doch 1919 nahm er seine Tätigkeit auf und wurde auch Direktor der Weimarer Hochschule für Bildende Kunst. Er überzeugte den Stadtrat, die beide Schulen zusammenzulegen und die neue Institution zu schaffen, die als Staatliches Bauhaus Weimar oder schlicht als Das

Seit der Gründung der Bauhaus-Schule im Jahr 1919 vermittelte Gropius seinen Studenten die Synthese von Kunst und Kunsthandwerk. Durch die Lehrtätigkeit, seine Schriften und durch eigene Entwürfe verbreitete Gropius seine Ideen in Europa und den Vereinigten Staaten.

Eine Deckenlampe (1923, unten) im Haus am Horn, einem Ausstellungshaus, das von Bauhaus-Mitgliedern entworfen wurde. Die Lampe aus Glas und Metall ist streng geometrisch.

Das »TAC1-Teeservice« (links) entwarf Gropius für Rosenthal 1968, ein Jahr vor seinem Tod. Seine untypischen organischen Formen weichen sichtlich von dem streng geometrischen Stil ab, den er in den zwanziger Jahren mitentwickelt hatte und mit dem er meist identifiziert wird.

Gropius' Büro im Bauhaus (1926, siehe S. 89 unten). Als Zimmer des Direktors, war der Raum Ausstellungsort und Arbeitsbereich zugleich. Dort befanden sich viele Beispiele von Bauhaus-Entwürfen und -Produktionen, darunter Objekte aus den Web-, Holz- und Metallwerkstätten. Die Deckenlampe stammte von Gropius selbst und ist stilistisch von dem Niederländer Gerrit Rietveld (siehe S. 98–101) beeinflußt.

Bauhaus Berühmtheit erlangte (siehe S. 90/91).

Auf der Weiterentwicklung des Bauhauses lag das Hauptinteresse von Walter Gropius in den zwanziger Jahren. Als Direktor war er für die Festlegung der Lehrphilosophie verantwortlich. Er vertrat die Auffassung, daß die Grenzen zwischen der Architektur, den Bildenden Künsten und dem Kunsthandwerk fallen müßten und Künstler speziell für die Zusammenarbeit mit der Industrie ausgebildet werden sollten. Nebenher arbeitete er weiter an eigenen Designprojekten. 1922 schuf Gropius einen einfachen, geometrischen Türgriff und 1923 ein Deckenlicht für das Haus am Horn (siehe S. 88, rechts), das gemeinsam von Lehrkräften und

Studenten des Bauhauses als Ausstellungsgebäude entworfen und eingerichtet wurde. Als das Bauhaus 1925 von Weimar nach Dessau umzog, entwarf Gropius ein neues Haus im rationalistischen Baukastenprinzip für die Schule (siehe S. 90) und weitere Architekturobjekte für sich selbst und für Mitarbeiter. 1926 kreierte er die Innenausstattung seines eigenen Büros, die sich durch eine funktionalistische Deckenlampe aus Glas und Metall und einen würfelförmigen Sessel auszeichnete (siehe unten).

Die Zeit nach dem Bauhaus

1920 nahm Gropius die architektonische Zusammenarbeit mit Meyer wieder auf und widmete einen großen Teil seiner Energie

Ein Schlafwagenabteil von 1914 (oben). Die Betonung der Funktionalität, die klare Linienführung der Einrichtung und die abstrakte Musterung der Sitze zeigen, daß Gropius ein ebenso progressiver Gestalter wie Architekt war.

dem Entwurf von Modul-Möbeln für die Massenproduktion. 1928 verließ er das Bauhaus und beschäftigte sich erneut mit Verkehrsdesign, dieses Mal in Form von Autokarosserien für die Firma Adler. Seine progressiven Ideen in der Architektur und im Design mißfielen den Nationalsozialisten, weshalb Gropius 1934 nach London emigrierte. Dort arbeitete er mit Maxwell Fry zusammen und ent-

warf Möbel für die Firma Isokon (siehe S. 79). 1937 wanderte Gropius in die Vereinigten Staaten aus, wo er eine Professur für Architektur an der Harvard University annahm. Bis zu seinem Tode lebte und arbeitete Gropius in den Vereinigten Staaten, doch eines seiner letzten Projekte bestand in einem Design für den deutschen Keramikhersteller Rosenthal (siehe S. 88, unten).

Bauhaus

Obwohl es im 20. Jahrhundert viele verschiedene moderne Designstile gab, sind die Arbeiten des Bauhauses wohl am engsten mit der Idee des »Modernismus« verbunden. Das Bauhaus war eine deutsche Schule für Gestaltung, die von 1919 bis 1925 in Weimar, von 1925 bis 1932 in Dessau und danach kurze Zeit in Berlin ansässig war, bevor sie nach der Machtübernahme 1933 von den Nationalsozialisten geschlossen wurde. Seine enorme Bedeutung erhielt das Bauhaus durch seine einflußreichen Lehrkräfte und Studenten, zu denen viele der bekanntesten Designer des 20. Jahrhunderts zählten, durch seine funktionalen Designprodukte, die zum Teil heute noch hergestellt werden, und durch die dort entwickelte Theorie des Designs. Der Einfluß der Schule ist in den Arbeiten von Gestaltern wie dem Deutschen Dieter Rams (siehe S. 184 – 187) und dem Engländer Kenneth Grange (siehe S. 188 / 189) zu sehen.

1925 zog das Bauhaus von Weimar nach Dessau in ein eigens errichtetes Zentralgebäude (oben), das von Walter Gropius, dem Direktor der Schule, entworfen worden war. Mit seiner strengen Geometrie und den Glasfassaden wurde das Gebäude schnell zu einem herausragenden Beispiel des architektonischen Modernismus.

Eine elektrische Tischlampe (1924, rechts), von Wilhelm Wagenfeld am Weimarer Bauhaus entworfen und in der dortigen Metallwerkstatt hergestellt. Die Verwendung von spiegelndem Milchglas in Verbindung mit Metall und ihre geometrischen Einzelteile machten sie zu einem »Klassiker«, der noch heute hergestellt wird.

Lehrer, Studenten und die Entwicklung neuer Theorien

Das Bauhaus wurde 1919 von dem Architekten Walter Gropius (siehe S. 88 / 89) in Weimar gegründet, indem er die Kunstgewerbeschule und die Hochschule für Bildende Kunst zusammenlegte; Gropius war zu dieser Zeit Direktor beider Institutionen. Das Ziel war, die Künstler zu Industriedesignern auszubilden, obwohl die Schule mit ihren Werkstätten in den ersten Jahren eher einer mittelalterlichen Gilde glich. Durch den zukunftsweisenden Lehransatz konnten Avantgarde-Künstler wie Paul Klee, Wassily Kandinsky, Lyonel Feininger, Johannes Itten, László Moholy-Nagy und Josef Albers als Lehrer gewonnen werden, die die Studenten in Grundkursen im Umgang mit den Materialien unterrichteten und sie an das Studium der natürlichen Formen heranführten. Im Anschluß daran erlernten die Studenten verschiedene Handwerke in speziellen Werkstätten.

Unter den zahlreichen bekannten Gestaltern, die aus dem Bauhaus hervorgingen, sind Otto Lindig und Gerhard Marcks (Keramikdesign) zu nennen, Wilhelm Wagenfeld und Marianne Brandt (Metalldesign; siehe S. 106 / 107), Marcel Breuer (Möbeldesign; siehe S. 108 – 111), Anni Albers (Textildesign) und Oskar Schlemmer (Theater- und Kostümdesign). Nach dem Ausscheiden von Gropius 1928 wurde Hannes Meyer Direktor der Schule, 1930 gefolgt von Ludwig Mies van der Rohe (siehe S. 92 / 93). Veranlaßt durch das unsichere politische Klima im Europa der dreißiger Jahre, gingen viele Mitglieder in die Vereinigten Staaten, wodurch die Theorien des Bauhauses dort Verbreitung fanden.

Die Bedeutung des Bauhauses für das moderne Design wurzelte in dessen radikaler Philosophie, die, nach Gropius, die Ideen der führenden Köpfe des englischen Arts and Crafts Movement, John Ruskin und William Morris, auf das neue Zeitalter der maschinellen Produktion anwandte. Das neue Konzept bestand in der Verbindung von »Materialtreue« – die Form der Produkte sollte das Material widerspiegeln – mit der Regel »Funktion vor Form«, die bedeutet, daß die Konstruktion und Form eines Objekts oder Gebäudes dessen strukturelle Anforderungen widerspiegeln solle. Durch abstrakte Formen, die vom historischen Kontext und der mechanisierten Produktion unabhängig waren, zielten die Bauhaus-Designer darauf ab, standardisierte, funktionale Objekte mit universellem Anspruch zu schaffen.

Produktdesign

Das theoretische Konzept des Bauhauses, oft als »Funktionalismus« bezeichnet, untermauerte das Lehrprogramm, besonders nachdem die Schule 1925 an ihren neuen Standort in Dessau (links oben) umgezogen war. Zu dieser Zeit ersetzten die geometrischen Formen und die rationale Ästhetik des niederländischen De Stijl und des russischen Konstruktivismus den handwerklich orientierten Lehrplan. Das Material und die Massenproduktion wurden als bestimmende Faktoren für die Form betrachtet. Zu den Bauhaus-Produkten gehört eine große Zahl der »klassischen« Designs des 20. Jahrhunderts, darunter Marcel Breuers Stahlrohrstühle (siehe S. 108 – 113), Wilhelm Wagenfelds elektrische Tischlampe (1923; siehe S. 91 unten), Marianne Brandts halbrunde Teekanne (1924, siehe S. 107) und Anni Albers' geometrische Wandteppiche. Im Rückblick ist es einfach, einen stilistischen

Die Metallwerkstatt (rechts) am Weimarer Bauhaus im Jahr 1923, als László Moholy-Nagy »Formmeister« war. Zu dieser Zeit legte man an der Schule viel Wert auf traditionelle Produktion, wie man an den individuellen Formen der Holzwerkbänke und einer Reihe von Werkzeugen sieht.

Einband eines Werkkataloges von Mitgliedern und Studenten des Weimarer Bauhauses nach den ersten vier Jahren seiner Existenz (unten). Er wurde von Herbert Bayer entworfen, der einen einfachen Schrifttyp ohne Serifen verwendete. Die Veröffentlichung begleitete eine Ausstellung.

Ein Wandteppich (1926/1927, unten), von Gunta Stölzl in Dessau entworfen und in der Webwerkstatt hergestellt. Sein abstraktes Muster zeigt, wie der im Vorkurs gelehrte Umgang mit geometrischen Formen in der Zweidimensionalität angewendet wurde. Viele der Bauhaus-Studentinnen waren in der Webwerkstatt tätig.

Zusammenhang zwischen den Bauhaus-Ent- würfen zu erkennen, trotz der Tatsache, daß die Künstler damals glaubten, Objekte ohne einen durchgängigen Stil zu schaffen. Bauhaus-Gegenstände waren das Frgebnis einer disziplinierten Design-Ausbildung mit Programm, weshalb sie heute noch außerordentlich für ihre Nützlichkeit und Einfachheit bewundert werden und Designer nach wie vor beeinflussen.

Ludwig Mies van der Rohe (1886–1969) war eine der wichtigsten Persönlichkeiten der modernen Architektur und des Designs. Mit seinen Entwürfen für Hochhäuser aus Glas und Stahl prägte er das moderne Stadtbild entscheidend. Seine Stühle aus den zwanziger Jahren waren jedoch mindestens ebenso bedeutend: Mies van der Rohe schuf hier raffinierte Details und gewagte minimalistische Formen. Sein unbeirrbarer Sinn für Proportionen und visuelle

Harmonie, und besonders sein universell ansprechender Stil, gab seinen Arbeiten einen wichtigen Stellenwert innerhalb des Designs – damals wie heute. In vielerlei Hinsicht kann man seine Stühle als Miniaturarchitektur bezeichnen – Übungsstücke für die Nutzung von Raum und den Gebrauch neuer Materialien. Sie waren Teil des Raumkonzeptes, für das sie ursprünglich entworfen wurden.

Ludwig Mies van der Rohe

Obwohl seine wichtigsten Möbelentwürfe in den zwanziger Jahren entstanden, setzte sich Ludwig Mies van der Rohes Karriere in den Vereinigten Staaten bis in die fünfziger Jahre fort. Dort war er überwiegend als Architekt tätig.

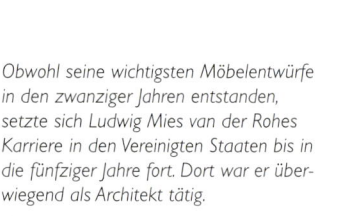

Der freitragende Stuhl »Brno« (1930) wurde ursprünglich sowohl aus Stahlrohr (im Bild) als auch aus flachem Stahl gefertigt. Wie viele andere von Mies van der Rohes Stuhldesigns wird er heute von der Firma Knoll hergestellt.

Die Anfänge als Architekt

Seine ganze Karriere über galt Mies van der Rohe weniger als Theoretiker denn als praktischer Designer, und er selbst beschrieb seine Arbeiten als »Thoughts in action«, als praktische Umsetzung von Gedanken. In Aachen geboren, arbeitete er in den Jahren 1900 bis 1902 als Steinmetz im Familienunternehmen. Er studierte Architektur in Berlin, wo ihn besonders die frühen klassizistischen Arbeiten von Karl Friedrich Schinkel beeindruckten. Die ersten Erfahrungen als Architekt sammelte Mies an der Rohe bei Bruno Paul (1905–1907) und – wie auch Le Corbusier (siehe S. 94–97) und Walter Gropius (siehe S. 88/89) – bei Peter Behrens (1908–1911, siehe S. 30–33). 1914 machte Mies van der Rohe sich in Berlin selbständig.

Die ersten Stahlrohrstühle

Von Anfang an entwarf Mies van der Rohe die Möbel für viele seiner Gebäude selbst, und 1920 entstand ein sehr schlichter Eßtisch mit Stühlen aus Rosenholz für seine Berliner Wohnung. Erst Mitte der zwanziger Jahre begann er, die Stühle zu entwerfen, die heute als geradezu »klassisch« für das 20. Jahrhundert gelten, obwohl sie ursprünglich für ganz spezielle

Einrichtungen gedacht waren. 1927 lernte Mies van der Rohe die Architektin und Designerin Lilly Reich kennen, eine ehemalige Bauhaus-Studentin, die 1920 als erste Frau Mitglied des Vorstandes des Deutschen Werkbunds wurde. Sie arbeitete mit Mies van der Rohe an dessen erstem freitragenden Stuhl mit Stahlrohrrahmen. Entgegen der etwas früher entstandenen geradlinigen Entwürfe von Mart Stam und Marcel Breuer (siehe S. 108–111), hatte Mies van der Rohes Stuhl einen gebogenen Rahmen. Dies betonte nicht nur sein Interesse für ästhetische Möglichkeiten, sondern auch die strukturelle Vielseitigkeit des neuen Materials. Der Stuhl wurde 1927 in der Weißenhofsiedlung in Stuttgart (siehe S. 112/113) gezeigt: einer von Mies van der Rohe initiierten Ausstellung von Modellwohnungen führender moderner Architekten.

Ein Blick ins Innere des Farnsworth-Hauses in Fox River, Illinois, das zwischen 1946 und 1950 gebaut wurde (links). Mies van der Rohe entwarf die minimalistische Ausstattung der Räume. Durch die Verwendung von natürlichen Materialien wie Holz und Marmor stellte er einen Bezug zur Umgebung des Hauses her – eine grüne Landschaft, die von jedem Standort im Inneren aus zu sehen war.

Innenansicht des Deutschen Ausstellungspavillons (unten), den Mies van der Rohe für die Exposición Internacional de Barcelona (1929/1930) entwarf. Hier fand auch sein berühmter Stuhl »Barcelona« erste internationale Beachtung.

Das Barcelona- und das Tugendhat-Projekt

Nur zwei Jahre später entwarf Mies van der Rohe mit Lilly Reich den nächsten bedeutenden Stuhl, und zwar für den von ihm gestalteten deutschen Pavillon auf der Ausstellung Exposición Internacional de Barcelona von 1929/1930. Das kleine Gebäude – die Form war äußerst einfach, aber die verwendeten Materialien wie Messing und Marmor waren wertvoll – diente auch als Empfangsraum für König Alfonso XIII. von Spanien. Der Stuhl, der als moderner Thron gedacht war, bestand aus einem einfachen gebogenen Metallrahmen in X-Form, mit schwarzem Lederpolster für Sitzfläche und Rückenlehne und war von historischen Möbeln inspiriert.

Ein kleiner Couchtisch bestehend aus einer Glasplatte auf einer x-förmigen Konstruktion aus flachem Stahl (1929, links). Originalität des Entwurfs, Verwendung neuer Materialien und kühne Modernität charakterisierten alle Möbeldesigns, die Mies van der Rohe gemeinsam mit Lilly Reich entwarf.

Wie alles, was Mies entwarf, waren auch der »Barcelona-Stuhl«, der zugehörige Hocker und der Tisch perfekt proportioniert und sahen nach Eleganz und Autorität aus (siehe rechts). Im Gegensatz zu anderen modernistischen Möbelstücken der Zeit war dieser Stuhl ursprünglich nicht für die Massenproduktion vorgesehen. Zwischen 1928 und 1930 arbeitete Mies van der Rohe am Tugendhat-Haus in Brno in Tschechien und entwarf – wieder zusammen mit Reich – zwei Stühle für dessen Einrichtung. Der »Tugendhat-Stuhl« (1929/1930) bestand aus einem skelettartigen Stahlrahmen, aus verschraubten und zusammengeschweißten Chromstangen und aus einem von Lederstreifen gehaltenen Lederpolster. Der »Brno-Stuhl« (siehe S. 92 links) zeigte ebenfalls ansprechende Formen aus Stahlrohr; es gab auch eine Variante aus soliden Stahlstangen.

Spätwerk in den Vereinigten Staaten

Nach 1930 hörte Mies van der Rohe auf, Stahlrohrstühle zu entwerfen, doch die Exemplare, die er in den vorangegangenen zehn Jahren geschaffen hatte, im Besonderen der »Barcelona-Stuhl«, wurden alle in den darauffolgenden Jahren zu Klassikern – noch heute werden sie von der amerikanischen Firma Knoll Associates hergestellt. Nach einer kurzen Periode als Direktor der Bauhaus-Schule an deren letztem Sitz in Berlin (1930–1932), zog Mies van der Rohe 1938 nach Chicago. Dort widmete er sich der Förderung der modernen Architektur in den Vereinigten Staaten. Das Ergebnis waren so berühmte und streng modernistische Bauwerke wie das Farnsworth-Haus (1946–1950, siehe oben) bei Chicago und das Seagram-Gebäude (1954–1958) in New York.

Le Corbusier (1887–1968) gehört zu den revolutionärsten und einflußreichsten Architekten des 20. Jahrhunderts. Wir verdanken ihm einige der radikalsten und am besten ausformulierten Ideen über die Architektur, die den Bedürfnissen und Bestrebungen einer modernen demokratischen, von der Maschine beherrschten Gesellschaft gerecht zu werden versuchte. Ausgehend von seinen konkreten Projekten, zu denen Stadtplanung sowie der Bau von

Wohnblocks und Villen gehörten, entwickelte Le Corbusier eine Architekturtheorie, die die Prinzipien Vernunft, Einfachheit und Ordnung postulierte. Le Corbusier stellte viele seiner berühmtesten und einflußreichsten Möbelentwürfe zusammen mit der Designerin Charlotte Perriand (geb. 1903) her – beide arbeiteten unabhängig in einem gemeinsamen Atelier – und mit seinem Cousin, dem Architekten Pierre Jeanneret.

Le Corbusier &
Charlotte Perriand

Das Bild von 1927 zeigt Le Corbusier und Charlotte Perriand in der »Bar Sous le Toit«, deren Einrichtung Perriand für den Salon d'Automne des gleichen Jahres entwarf.

Der Stuhl »B301« (1928 / 1929, unten) von Le Corbusier und Charlotte Perriand. Das Design war ursprünglich nicht für die Massenproduktion geeignet, da der Stahlrahmen geschnitten und geschweißt werden mußte.

Ausbildung und frühe
architektonische Entwürfe

Le Corbusier wurde als Charles-Edouard Jeanneret in der Schweizer Uhrenstadt La Chaux-de-Fonds geboren, änderte seinen Namen jedoch im Jahre 1920 nach seinem Umzug nach Paris. Von Beruf war er nicht etwa Architekt, sondern – wie sein Vater – Metallgraveur. 1902 gewann ein von ihm graviertes Uhrenetui einen Preis auf der Esposizione Internazionale d'Arte Decorativa Moderna in Turin. Le Corbusier machte eine Zusatzausbildung an der Kunstgewerbeschule in La Chaux-de-Fonds, die zwei wichtige Architekturpraktika beinhaltete: eines bei Auguste Perret in Paris (1907 / 1908), das zweite bei Peter Behrens in Berlin (1910 / 1911, siehe S. 30 – 33). Perret lehrte Le Corbusier den Gebrauch von Stahlbeton für den Bau, und Behrens vermittelte ihm industrielle Prozesse, das Konzept der Standardisierung und die enge Verbindung zwischen geometrischer Form und maschinellem Design. 1914 entwickelte Le Corbusier die erste seiner revolutionären Ideen in der Architektur: den Stahlbetonrahmen, der von Stahlträgern gestützt wird. Bei diesem Konstruktionstyp waren tragende Wände unnötig, wodurch der Innenraum uneingeschränkt nutzbar war. Seine nicht verwirklichten »Domino-Häuser« von 1915 waren nach diesem Prinzip konzipiert.

Architekturtheorien
und die »Ingenieursästhetik«

1917 zog Le Corbusier nach Paris und gehörte bald zur künstlerischen Avantgarde. Als er den Maler Amedée Ozenfant kennenlernte, begann er Bilder in einem als Purismus bezeichneten, postkubistischen Stil zu malen. Die beiden malten täglich, und zwar Massenprodukte wie Flaschen, die für sie eine reine, schlichte, »universelle« Ästhetik repräsentierten.

Le Corbusier bewunderte Objekte wie Autos – er war stolzer Besitzer eines Voisin-Modells –, Flugzeuge oder auch Objekte wie Türgriffe als »ultimative« Lösungen für praktische Probleme der Gestaltung. Ab 1920 widmete sich Le Corbusier jedoch der Architektur, und während der nächsten zehn Jahre konzentrierte er sich auf die Perfektionierung seiner radikal modernen Architekturtheorien. Er veröffentlichte sie in seinem einflußreichen Buch »Vers une architecture« (»Auf dem Weg zu einer Neuen Architektur«, 1923), in welchem er seine berühmte These »das Haus ist eine bewohnbare Maschine« darlegte. In seinen »Fünf Punkten zur neuen Architektur« stellte er 1926 seine Prinzipien des architektonischen Designs vor: die Nutzung einer »freien Fläche« ohne einschränkende Innenwände, eine Dachterrasse, breite Fensterfronten, eine glatte Fassade und »Pilotis« genannte Stützen, auf -

Ein Interieur in Le Corbusiers Ausstellungspavillon L'Esprit Nouveau, einem der innovativsten französischen Beiträge zur Pariser Exposition Internationale des Arts Décoratifs et Industriels Modernes 1925. Das Bild zeigt die Bemühung des Architekten, für solche Räume Möbel aus Serienproduktion zu verwenden, darunter die Thonet-Stühle (siehe S. 78/79) und der Clubsessel aus Leder.

Charlotte Perriand auf dem Stahlrohr-Liegestuhl »B306« (1928/1929, unten), an dem sie mit Le Corbusier und Pierre Jeanneret gearbeitet hatte. Die Liegeposition konnte an dem H-förmigen Stahlunterbau verstellt werden.

denen das Gebäude stehen sollte. Diese Theorie setzte er in seinen zahlreichen Entwürfen für minimalistische Wohnbauten um: Villen, darunter der Esprit-Nouveau-Pavillon (benannt nach der von ihm herausgegebenen progressiven Kunstzeitschrift), der 1925 auf der Pariser Ausstellung gezeigt wurde, die Villa Stein in Garches (1927) und die Villa Savoye in Poissy-sur-Seine (1929/1930). Alle waren im Geist der von ihm so genannten »Ingenieursästhetik« konzipiert – einer visuellen Sprache, die aus den rationellsten und effizientesten Designlösungen resultierte.

Erste Möbeldesigns

Le Corbusier konzentrierte seine Aufmerksamkeit auf die Innenräume, aber auch auf das Gebäude selbst. Seiner Meinung nach war das Innere eines Gebäudes wesentlich durch sein Äußeres bestimmt, und in Einklang mit seiner Idee der »freien Fläche« bestand das Innere bei ihm in der Regel aus einem einzigen offenen Raum, der mit Schiebewänden geteilt werden konnte. Das Mobiliar war entweder Teil der Struktur – zum Beispiel in der Form von freitragenden Beton-tischen – oder bestand aus fabrik-gefertigten Produkten wie Bugholz-Stühlen von Thonet oder teureren Leder-Clubsesseln vom Londoner Möbelhaus Maples. Vor 1920 hatte Le Corbusier für einige seiner Bauprojekte Möbel in einem eigenen kunsthandwerklichen Stil entworfen, doch Anfang der zwanziger Jahre verlangte die Umgestaltung der Innenräume

durch seinen radikalen neuen Architekturansatz auch neue Möbel, zum Beispiel die Stühle, die er mit Charlotte Perriand und seinem Cousin Pierre Jeanneret gemeinsam entwarf. Le Corbusier betrachtete Möbel als funktionale Teile der Einrichtung, eine Vorstellung, die er bei den standardisierten geometrischen Möbeln, die der Aufbewahrung dienen sollten, im Esprit Nouveau-Pavillon vorführte.

Charlotte Perriand

Entwürfe für Stahlrohr-Stühle folgten einige Jahre später, als Charlotte Perriand begann, in Le Corbusiers Atelier zu arbeiten. Sie hatte von 1920 bis 1925 Gebrauchskunst studiert, lehnte jedoch den luxuriösen Art-Deco-Stil ihrer Lehrer, der Designer Maurice Dufrène und Paul Foliot, ab. 1927 stellte sie auf dem Salon d'Automne eine radikal minimalistische Bar aus, bei der sie extensiven Gebrauch von Stahrohr und verchromtem Metall als dekorative Wandverkleidung machte. Von 1927 bis 1929 arbeitete sie mit Le Corbusier zusammen an den Stühlen, die zum Inbegriff modernen Designs wurden: der »Grand-Confort-Sessel« (siehe unten), eine überarbeitete Version des Clubsessels von Maples in London; der Drehstuhl (siehe rechts), nach dem Modell des Stuhls eines britischen Offiziers, und die »B306-Chaiselongue« (siehe S. 95 unten), eine überarbeitete Version des Schaukelstuhls von Thonet. Jedes dieser Stücke stellte, in Charlotte Perriands Worten, die »Konfrontation« von neuen Industriematerialien wie Stahlrohr und natürlichen Materialien wie Rindsleder dar.

Möbelherstellung

Diese Stühle waren technisch nicht in gleichem Maße innovativ wie die von Marcel Breuer (siehe S. 108–111) und Ludwig Mies van der Rohe (siehe S. 92/93), aber sie spiegelten die Suche nach einem

Ein Blick auf den Wohnbereich der Villa Savoye (1929/1930, oben) in Poissy bei Paris. Le Corbusiers Verwendung von festinstallierten Möbeln ist hier am Beispiel des Tisches im Vordergrund zu sehen. Er umgibt eine der tragenden Säulen und wird von einem einzigen Stahlrohrbein gestützt.

Die Zweisitzer-Version des Clubsessels »Grand Confort« (1928/1929, links) von Le Corbusier, Charlotte Perriand und Pierre Jeanneret. Die Idee, den Stahlrohrrahmen sichtbar nach außen zu verlegen, war revolutionär und machte aus einem traditionellen Sitzmöbel ein modernistisches Objekt. Heute wird der Sessel von Cassina (siehe S. 212/213) hergestellt.

Ein Küchenbereich (links) in der Unité d'Habitation in Marseille, die Le Corbusier zwischen 1947 und 1950 entwarf. An ähnlichen Schrankelementen, wie sie hier zu sehen sind, arbeitete er mit Charlotte Perriand bereits in den zwanziger Jahren.

neuen Erscheinungsbild. Die Entwürfe wurden von dem Fahrrad- und Autohersteller Peugeot abgelehnt und schließlich von Thonet-Mundus produziert. Diese Firma war für ihre Massenproduktion von niedrigpreisigen Objekten bekannt, doch es stellte sich heraus, daß Le Corbusiers und Charlotte Perriands Entwürfe nur schwer in großer Stückzahl gefertigt werden konnten. Sie wurden folglich in limitierter Anzahl produziert und blieben teuer. Im Salon d'Automne von 1929 zeigten Le Corbusier und Charlotte Perriand ihre Entwürfe. Das Projekt nannten sie »Ausstattung eines Lebens-Raumes«. Außer den neuen Stühlen umfaßte der Raum auch Schrank- bzw. Regalwände aus Chrom und Glas. An diesem Teil von Le Corbusiers Arbeiten war Charlotte Perriand wohl weniger beteiligt, da er Vergleichbares bereits vor ihrer Zusammenarbeit entworfen hatte.

Die dreißiger Jahre und spätere Arbeiten

1930 schufen Le Corbusier, Pierre Jeanneret und Charlotte Perriand einen Sperrholz-Raum für eine Ausstellung in London, der ihr neu erwachtes Interesse an Naturmaterialien widerspiegelte. Nach 1930 jedoch ließ Le Corbusiers Interesse an Möbeldesign immer mehr nach, und er konzentrierte sich zunehmend auf Architektur und Stadtplanung. In den fünfziger Jahren wurde sein strenger Vorkriegsstil organischer und plastischer.

Charlotte Perriand arbeitete bis 1937 in Le Corbusiers Atelier und wandte sich später ebenfalls mehr der Architektur zu. Einige Jahre verbrachte sie in Japan als Regierungsberaterin für Kunsthandwerk. 1946 entwarf sie die Möbel für eine Ferienanlage in Méribel-les-Allues in Frankreich und 1950 den Küchen-Prototyp für Le Corbusiers Wohnblock in Marseille, die Unité d'Habitation. In den fünfziger

und sechziger Jahren widmete sich Charlotte Perriand weiterhin der Inneneinrichtung und entwarf Möbel für das Büro der Air France in London (1957) und für Studentenzimmer in Le Corbusiers Universitätsstadt (Cité Universitaire) in Paris (1959).

Das Revival der sechziger Jahre

Die Möbel, die Le Corbusier und Charlotte Perriand in den späten zwanziger Jahren entworfen hatten, wurden in den sechziger Jahren von dem italienischen Fabrikanten Cassina wiederentdeckt. Der Kolonialstuhl von 1928/1929 (siehe S. 94) und die Chaiselongue (siehe S. 95) zum Beispiel gingen 1965 erneut in Produktion, der Drehstuhl (oben) etwas später. Die Reproduktionen waren wie die Originale in verschiedenen Versionen, das heißt mit unterschiedlichem Polstermaterial, erhältlich. In den achtziger Jahren wurde Charlotte Perriand Beraterin von Cassina und erklärte dem Hersteller die Produktionsweise der Originalstücke. Doch erst in jüngster Zeit wurde ihr die volle Anerkennung ihrer Leistung zuteil.

Der Drehstuhl aus Stahlrohr (1929, oben) von Le Corbusier und Charlotte Perriand. Er ist eine Abwandlung des von Thonet hergestellten Schichtholz-Modells »B9« und wurde zusammen mit anderen Stahlrohrstücken ebenfalls von Thonet produziert.

Ein verchromter Metalltisch (um 1930, unten) von Charlotte Perriand. Das einfache Design, das fast wie aus Pappe aussieht, zeigt ihre Beschäftigung mit den Möglichkeiten neuer Materialien und deren Verwendung im häuslichen Bereich.

Das Beispiel für modernes Design schlechthin ist wohl der kompromißlos abstrakte »Rot-Blau-Stuhl« (siehe S. 99 unten), der 1918 von dem Holländer Gerrit Rietveld (1888–1964) entworfen wurde. Man kennt ihn aus Design-büchern und Lifestyle-Magazinen, denn er wird häufig als Beweis dafür herangezogen, daß modernistisches Design und Bequemlichkeit wenig miteinander zu tun haben. Dieser Stuhl ist wahrscheinlich das bekannteste Werk eines der innovativsten Designer des 20. Jahrhunderts, dem die radikale Umformulierung der Möbel- und Einrichtungssprache gelang. Sein Interesse für die Bestimmung der Form durch die Struktur beeinflußte viele spätere Persönlichkeiten des modernen Designs.

Gerrit Rietveld

Ausbildung und frühes Werk

Rietveld wurde in Utrecht geboren und, abgesehen von einigen Reisen in andere europäische Städte und später in die Vereinigten Staaten, arbeitete er ausschließlich dort. Trotz seines großen Einflusses auf das moderne Design ist nur wenig darüber bekannt, auf welche Weise er seine radikalen Theorien entwickelte. Nach der Schulausbildung machte er bis 1912 eine Lehre bei seinem Vater, der Schränke baute und verkaufte. Seine Ausdrucksart waren seine Entwürfe und deren praktische Umsetzung – das Verfassen von Schriften und Manifesten lag ihm fern. Von all seinen Ideen

stellte er Prototypen aus Pappe oder Holz her.

Von 1906 bis 1908 besuchte er einen Abendkurs in Design, danach arbeitete er bis 1911 für den Juwelier Cornelius Begeer. In dieser Zeit erlernte er auch den Beruf des technischen Zeichners.

1911 eröffnete er in Utrecht sein eigenes Möbelgeschäft. Während der nächsten vier Jahre nahm er an einem weiterführenden Architekturkurs teil und stellte solide rustikale Holzmöbel her, im Stil seines Lehrers P. L. Klaarhamer oder des einflußreichen holländischen Architekten und Designers H. P. Berlage. Rietvelds erste Möbel spiegelten

auch Stilelemente der britischen Designer Charles Rennie Mackintosh (siehe S. 26–29) und E. W. Goodwin wider, deren Werke er in der Zeitschrift »The Studio« gesehen haben könnte, sowie von Frank Lloyd Wright (siehe S. 24/25). Rietveld lernte Wrights Arbeiten über einen befreundeten Künstler, Robert van't Hoff, kennen, welcher den Vorreiter der amerikanischen Architektur einmal getroffen hatte.

Der »Rot-Blau-Stuhl« und De Stijl

1917 entwarf Rietveld einen Stuhl, der keinerlei Vorläufer hatte

Für Rietveld bildeten die Gestaltung von Architektur, Innenraum und Mobiliar eine untrennbare Einheit. Sein Ziel, dem Betrachter die Grundstruktur eines Gegenstandes und seine Umgebung gleichermaßen bewußt zu machen, war innovativ und hatte großen Einfluß auf spätere modernistische Designer.

Dieses Sideboard aus Holz (1919, rechts) war eines der ersten experimentellen Möbelstücke Gerrit Rietvelds zwischen 1910 und 1920. Indem er ihm das gleiche Konstruktionsprinzip wie dem »Rot-Blau-Stuhl« zugrunde legte, hob er seine geometrische Struktur deutlich hervor. Das Bild zeigt ein Exemplar, das Gerald A. van de Groenekan 1983 herstellte.

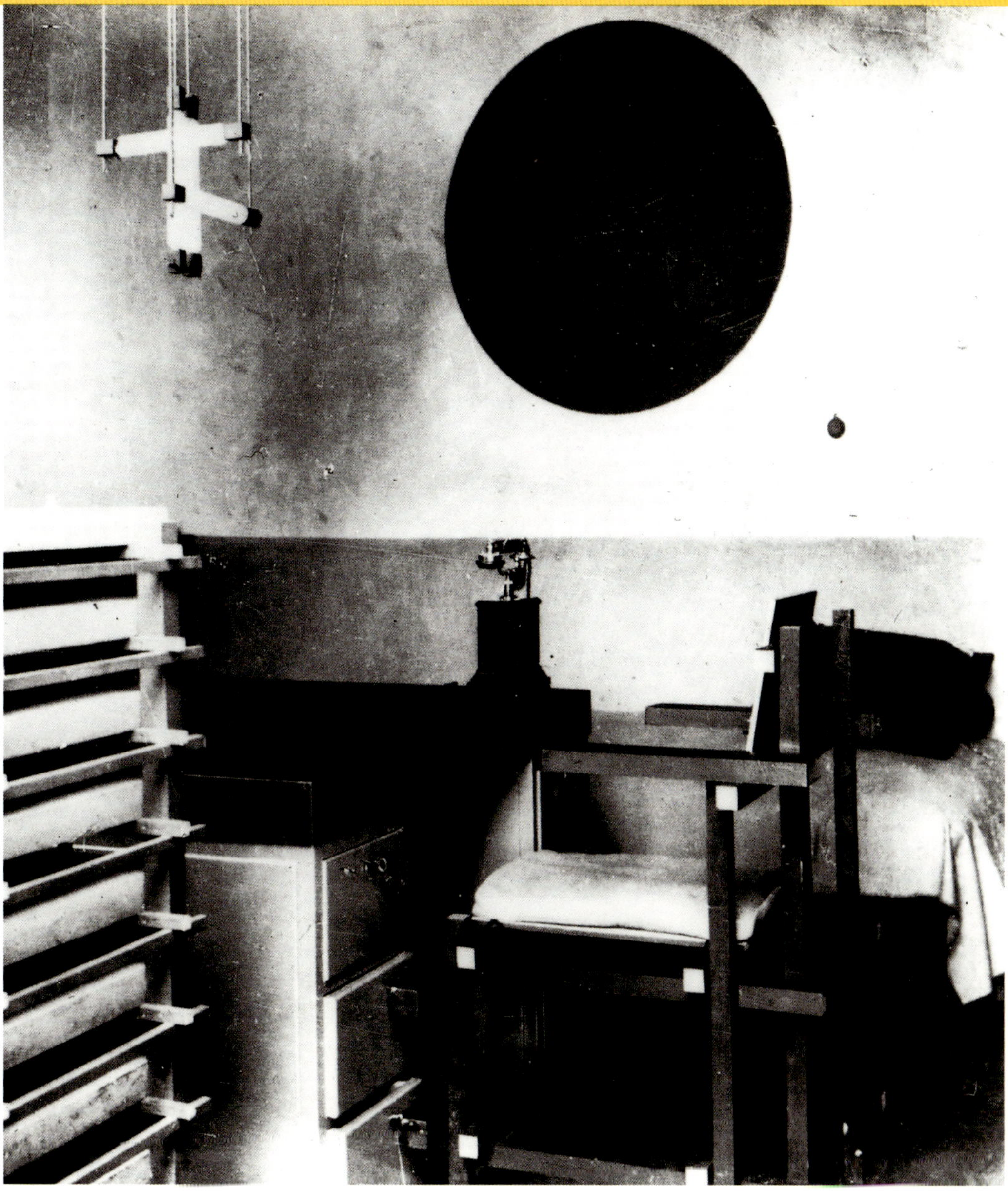

Eine Ecke des Büros (links), das Rietveld 1920 für Dr. Hartog in Maarssen entwarf. Der Stuhl ist eine Variante des drei Jahre vorher entstandenen »Rot-Blau-Stuhls«. Die Hängelampe, der Schreibtisch und der Schubladenschrank zeigen alle dieselbe Linienführung wodurch die ihnen zugrundeliegende Struktur sichtbar gemacht wurde.

Der »Rot-Blau-Stuhl« (1918, unten). Durch Form und Farbe betonte Rietveld die Verbindungsstellen der hölzernen Elemente, statt sie zu verbergen. Auf diese Weise verlieh er dem Stuhldesign eine neue Qualität und Wertigkeit.

(siehe rechts). Er bestand aus standardisierten geometrischen Holzelementen – rechtwinklige Flächen und Latten mit quadratischem Anschnitt –, die überlappend angeordnet waren, was die einfache Konstruktion des Stuhls noch betonte. Das Eichenholz war ursprünglich nicht gestrichen, doch im darauffolgenden Jahr veränderte Rietveld die Form ein wenig und nahm Farbe hinzu: Er verwendete schwarz für den Rahmen, gelb für die Leistenenden sowie rot und blau – daher der Name des Stuhls – für die Rückenlehne und die Sitzfläche. Der Ursprung dieses Entwurfs – den man als skelettierte Version eines traditionellen Sessels und als

Übung zum Umgang mit Raum betrachten kann – lag in Rietvelds Verbindung zu einer Gruppe von Künstlern, Designern und Architekten, die sich 1917 unter dem Banner der neuen Zeitschrift »De Stijl« zusammengefunden hatten. Das Ziel von »De Stijl« – wie auch der spätere Name der Gruppe lautete – war es, aufbauend auf dem Kubismus die Trennung zwischen den schönen Künsten und der Gebrauchskunst aufzuheben und eine neue, reine Kunst- und Architekturform zu schaffen. Piet Mondrian und Theo van Doesburg beispielsweise vollzogen diese Entwicklung in der Malerei durch die Reduktion ihrer Farbpalette auf die Primärfarben

Den »Zickzack-Stuhl« (unten) entwarf Rietveld 1934 für Metz & Co. Obwohl er aus mehreren Holzteilen besteht, ist er ein Meilenstein in der Entwicklung eines Stuhls aus einem Stück – das Ziel wurde erst mit den Plastikstühlen der sechziger Jahre erreicht.

Der aus Rottanne-Brettern konstruierte und von Metz & Co. hergestellte Sessel »Crate« (1935, unten) wurde ursprünglich als Bausatz zum Selbermachen verkauft. Er sieht roh aus, was bei frühen Arbeiten Rietvelds nicht vorkommt.

und einfache Abstufungen. Die Form entstand durch gerade horizontale und vertikale Linien, welche die Hand des Künstlers nicht verrieten.

De Stijl, Möbelentwürfe und das Schröder-Haus

Dieser strenge Malstil, der als Neoplastizismus bekannt ist, wurde durch die architektonischen Experimente von van Doesburg und J. J. P. Oud direkt in der Dreidimensionalität umgesetzt. Rietveld suchte während der folgenden sechs Jahre in seinen Möbelentwürfen nach einem Äquivalent. Es entstanden ein Buffet (siehe S. 98) und ein Stuhl mit hoher Rückenlehne (1919), eine Reihe von Kindermöbeln wie etwa ein Schubkarren (1923), eine Variation des »Rot-Blau-Stuhls« für eine Innenausstattung von van Doesburg und andere Dinge wie eine Hängelampe für Dr. Hartogs Klinik in Maarssen (1920, siehe S. 99). Bei all diesen beeindruckend innovativen Stücken verwendete er die gleiche minimalistische Sprache von sich überschneidenden Linien und Flächen wie beim »Rot-Blau-Stuhl«.

Mit seinem Kunden Truus Schröder-Schräder, mit dem er seit 1921 zusammenarbeitete, schuf Rietveld 1924 ein entsprechend radikales Bauwerk in Utrecht. Seine Beschäftigung mit Fragen der Komposition, der Struktur und des Raumes, mit denen Rietveld bereits in seinen Möbelentwürfen experimentiert hatte, bildete die Grundlage für den Entwurf des Schröder-Hauses. Das Äußere, die Innenräume und die Möbel ergänzten einander vollkommen durch ein begrenztes Farbschema und die Verwendung von geraden Linien und Flächen (siehe S. 101 unten). Die neuartige offene obere Ebene

des Hauses wurde durch Schiebewände in Arbeits-, Schlaf- und Wohnraum geteilt.

Spätwerk und Vermächtnis

Mit diesen großartigen Leistungen und immer noch jung an Jahren, wurde Rietveld auch international bekannt durch seine Rolle bei der Organisation des CIAM, eines internationalen Kongresses über moderne Architektur 1928 und durch die Wiener Werkbund-Ausstellung von 1931, wo alle wichtigen modernistischen Architekten ausstellten. Er entwarf weiterhin innovative Möbel, angefangen bei seinen Versuchen mit Stahlrohr und Bugholz im »Beugelstoel« von 1927, über seinen einfachen »Zickzack-Stuhl« von 1934 (siehe oben links), der mit seinen freitragenden Holzflächen an seine Verbindungen zu De Stijl erinnerte, bis hin zu seinen »Crate-Möbeln« aus demselben Jahr (links), ein niedrigpreisiges Massenprodukt zum Selbstzusammenbauen. Er experimentierte auch mit Aluminium und Schichtholz auf der Suche nach einem Stuhl aus einem Stück, und 1924 entwarf er einen, dessen Rücken und Sitz aus einer gebogenen Schichtholzplatte bestanden. Er kam also um fast 20 Jahre Charles Eames (siehe S. 148 – 151) zuvor, der nach dem Zweiten Weltkrieg den Durchbruch mit gepreßtem Schichtholz schaffte.

Nach 1945 wurde Rietveld stärker als Architekt beachtet, obwohl er das Möbeldesign nicht aufgab. Vor dem Krieg hatte er gegenüber vom Schröder-Haus an der Erasmuslaan Reihenhäuser (1930/1931) und das Vreeburg-Kino (1936) in Utrecht gebaut. Nach 1945 gehörten der niederländische Pavillon auf der Biennale in Venedig und der Skulpturenpavillon im

Sonsbeek Park in Amsterdam (beide 1954) zu seinen bedeutenden Werken. Er arbeitete am Institut für Angewandte Kunst in Amsterdam (1956–1967) und gestaltete gemeinsam mit dem Architekten van Tricht das dortige Van Gogh-Museum (1963–1974). Es besteht kaum Zweifel daran, daß Rietveld trotz seines Rufs und seiner Fähigkeiten als Architekt in erster Linie als der Schöpfer des »Rot-Blau-Stuhls« in Erinnerung bleiben wird. 1971 begann der italienische Möbelhersteller Cassina erneut mit der Produktion dieses bedeutenden Objekts des frühen Modernismus.

Eine schmiedeeiserne Wandgarderobe (1924, oben), die sowohl im Schröder-Haus als auch in einem holländischen Apartmenthaus verwendet wurde. Sie ist nur ein Beispiel dafür, wie sehr sich Rietveld auch für die kleinsten Details seiner Ausstattungsprojekte verantwortlich fühlte.

Ein Blick auf das obere Stockwerk des Schröder-Hauses (1924, unten) in Utrecht. Rietveld hatte sich hier zur Aufgabe gemacht, Architektur, Innenraum und Möbel als visuelle Einheit zu gestalten.

Der russische Künstler und Designer El Lissitzky (1890–1941) war ein wichtiges Bindeglied zwischen der Avantgarde seiner Heimat – wo radikale Ideen über die Funktion der Kunst nach der Revolution von 1917 entstanden – und Westeuropa. Durch seine Kontakte zu Mitgliedern der De-Stijl-Gruppe und des Bauhauses beispielsweise verbreiteten sich die

Prinzipien des russischen Konstruktivismus in Kunst, Architektur und Design, die nach 1917 die traditionellen Schönen Künste zugunsten einer der neuen sozialen und politischen Ordnung dienenden Kunst aufgaben in Europa. El Lissitzky arbeitete auf vielen Gebieten, darunter Fotografie, Inneneinrichtung, Ausstellungsbau, Typografie und Grafik.

El Lissitzky

El Lissitzky um 1919 in seinem Atelier in Witebsk. Er gehörte zu einer Gruppe von einflußreichen Persönlichkeiten, die dazu beitrugen, eine völlig neue visuelle Sprache für die Generation der russischen post-revolutionären Avantgardekünstler, -designer und -architekten zu entwickeln.

Der »Leipziger Stuhl« (1930, oben) aus geformtem Schichtholz zeigt eine zu dieser Zeit nirgends sonst vorkommende Rohheit.

Frühe Arbeiten und Lehrtätigkeit

Wie viele andere der Pioniere des modernen Designs in den ersten Jahrzehnten des 20. Jahrhunderts studierte El Lissitzky – geboren als Lazar Markovich Lissitzky in Polschinok – Architektur: 1909–1914 an der Technischen Hochschule in Darmstadt und 1915/1916 in Rußland. Er war auch wie viele seiner Zeitgenossen ein engagierter Lehrer: Ab 1917 gab er in einer ganzen Reihe von Fächern Unterricht, so wurde er 1918 von Marc Chagall an die Kunstschule von Witebsk eingeladen, wo er bis 1919 Grafikdesign unterrichtete, von 1925 bis 1926 lehrte er Möbel- und Einrichtungsdesign am Seminar für Metall- und Holzarbeiten der Vkhutemas, der neuen Kunst- und Designschule in Moskau.
1919 wurde der Avantgarde-Künstler Kasimir Malewitsch Direktor der Kunstschule in Witebsk und nannte sie um in »Unovis« (Hochschule der Neuen Kunst). Malewitsch entwickelte das Konzept des Suprematismus, eines abstrakten, durch geometrische, einfarbige Formen gekennzeichneten Malstils. Unter Malewitschs Einfluß gab El Lissitzky den traditionellen gegenständlichen jüdischen Stil seiner Kinderbuch-Illustrationen auf und entwickelte nach und nach eine moderne Typografie.
1920 entwarf er das berühmte Pla-

kat mit dem Titel »Der rote Keil bricht das Weiß« (siehe S. 103 Mitte), bei dem er die aus Malewitschs Kunst bekannte Asymmetrie und die diagonalen Linien verwendete.

»Proun-Studien« und Spätwerk

1919 hatte El Lissitzky sein »Proun-Konzept« veröffentlicht – wobei das Wort »Proun« »Projekt zur Bejahung des Neuen« bedeutet. Es war eine Installation, die der Künstler als eine Kombination von Malerei und Architektur beschrieb (siehe S. 103 oben). In seinen »Proun-Studien« (1919–1921) verband El Lissitzky wie auch auf vielen anderen Gebieten die Prinzipien des Suprematismus und des Konstruktivismus. Seine Haupttätigkeitsfelder waren Grafikdesign und Typografie, oft ergänzt durch Fotomontage. In den frühen zwanziger Jahren beschäftigte er sich mit der Gestaltung von Ausstellungen – zum Beispiel der Kölner Ausstellung im Jahre 1927 – und mit Architektur. Er arbeitete zusammen mit dem holländischen Architekten Mart Stam an einem unrealisierten Projekt für ein freitragendes Bürogebäude, »Cloud Props« (Wolkenstützen) genannt (1924/1925). Wie andere Künstler seiner Zeit engagierte sich El Lissitzky für das neue politische

Der »Proun Raum« (rechts), entworfen für die Große Berliner Ausstellung von 1923. El Lissitzky benutzte für dieses Projekt an der Wand befestigte geometrische Elemente und erzeugte so ein Gefühl von Bewegung und Dynamik.

El Lissitzkys berühmtestes suprematistisches Plakat (unten) »Der rote Keil bricht das Weiß« (1920).
Es zeigt die Fähigkeit des Künstlers, abstrakte Elemente und minimale Farbgebung in Verbindung mit Typografie zu verwenden, um eine ideologische Botschaft zu vermitteln – die Vernichtung der anti-revolutionären Weißen Armee durch die Rote Armee.

Ein gemeinsamer Entwurf von El Lissitzky und Hans Arp für den Bucheinband von »Die Kunstismen« (1925, unten). Er zeigt eine wirkungsstarke Typografie in den typischen Farben des Suprematismus – Schwarz, Rot und Grau.

Regime in Rußland; 1920 schuf er eine kranartige Redebühne aus Stahl für Lenin.
In den zwanziger Jahren besuchte El Lissitzky Deutschland, Frankreich, die Niederlande und die Schweiz und nahm Kontakt mit Gestaltern wie Theo van Doesburg und Ludwig Mies van der Rohe (siehe S. 92/93) auf. Seine Ideen waren am Bauhaus wohlbekannt, und die am Bauhaus entwickelte Theorie des Funktionalismus wirkte auch auf ihn zurück – sein einziger bekannter Stuhlentwurf von 1930 (siehe S. 102) belegt dies. In den dreißiger Jahren konzentrierte er sich auf Fotografie, doch 1941 entwarf er ein weiteres bedeutendes Plakat in abstraktem Stil mit dem Titel »Beschafft mehr Panzer«.

Die Ideen der russischen Avantgarde-Designer wie Alexander Rodtschenko (1891 – 1956) waren für die Entstehung des modernen Designs von großer Bedeutung. Rodtschenko war eines der jüngsten Mitglieder der neuen Generation von Künstlern und Designern, die mit dem Konstruktivismus in Verbindung standen, einer avantgardistischen Bewegung, die in Rußland nach der Revolution von 1917 entstand. Die Konstruktivisten versuchten die

Alltagsumgebung und die Kultur den Erfordernissen einer demokratischen Gesellschaft entsprechend umzubauen. In den Bereichen Gebrauchsgrafik und Design benutzten sie klare, geometrische Formen, die für sie das »Universelle« menschlicher Erfahrung repräsentierten. Viele Gestalter der westlichen Welt, vor allem die zum Bauhaus gehörenden, wurden von der konstruktivistischen Kunst stark beeinflußt.

Alexander Rodchenko

Frühe konstruktivistische Arbeiten und Lehrtätigkeit

Von 1911 bis 1916 studierte Alexander Rodtschenko Kunst, zuerst in seiner Heimatstadt Kazan und anschließend in Moskau, wo er für den Rest seines Lebens blieb. Im Jahre 1914 lernte er den radika-

Die Bandbreite von Alexander Rodtschenkos avantgardistischem Werk – es umfaßt Poster, Buchcover, Inneneinrichtungen und Bühnenausstattungen – machte ihn zu einem der einflußreichsten russischen Designer seiner Generation.

len Dichter Wladimir Majakowski kennen, der 1918 in seinem »Manifest der fliegenden Futuristenföderation« die Trennung von Kunst und Staat und die Selbstbestimmung der künstlerischen Institutionen propagierte. 1915 traf Rodtschenko einen weiteren Avantgarde-Künstler, Wladimir Tatlin, der in Paris kubistische Bilder gesehen hatte und ebenfalls mit dem Konstruktivismus verbunden war. Der Einfluß dieser zwei Künstler ist in Rodtschenkos frühen abstrakten Bildern und dreidimensionalen Konstruktionen deutlich erkennbar. Ab 1917 widmete sich Rodtschenko jedoch, zusammen mit seiner Frau und Kollegin Warwara Stepanowa, der Entwicklung einer neuen Art der Darstellung von Alltagsgegenständen. Während der nächsten zehn Jahre arbeitete er an einer Reihe von Projekten in den Berei-

chen Industrie- und Grafikdesign, Bühnen- und Theaterdesign, Kostüme, Mode und Architektur. Obwohl nur wenige seiner Arbeiten – mit Ausnahme der Grafik – jemals in großen Auflagen produziert wurden, beeinflußte seine radikale Herangehensweise international die Strömungen des Modernismus.

Eines seiner ersten Projekte war eine Serie abstrakt geformter Lampen für das Café Pittoresque in Moskau (1917), und im Jahr 1919 entwarf er einen kubistisch angehauchten Kiosk für Zeitungen und Propagandamaterial. Ebenfalls 1919 entstanden einige Bauskizzen, und im folgenden Jahr entwarf er ein Gebäude aus geometrischen Elementen mit einer gerüstartigen Dachkonstruktion, aber keiner dieser Entwürfe wurde realisiert. Rodtschenko hatte eine Schlüssel-

Die von Rodtschenko entworfene Inneneinrichtung (oben) des Arbeiterklubs. Sie wurde 1925 im sowjetischen Ausstellungspavillon auf der Pariser Exposition Internationale des Arts Décoratifs et Industriels Modernes gezeigt und erhielt viel Lob.

Die Kulissen und Kostüme für die sechste Szene von »Die Wanze« von Wladimir Majakowski (1929, rechts). Das Stück wurde im Moskauer Satiretheater aufgeführt, wo Rodtschenkos minimalistische konstruktivistische Kulissen sehr erfolgreich waren.

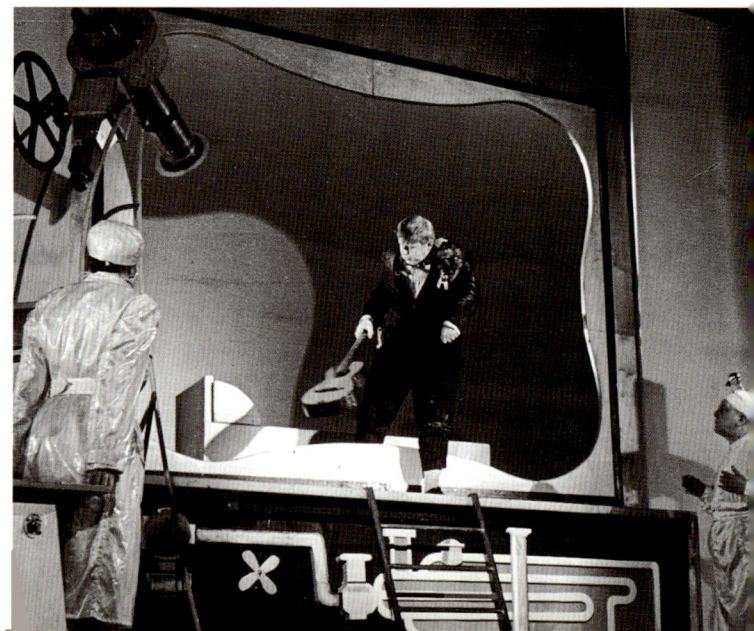

Eine Fotomontage für das Filmplakat von Sergej Eisensteins »Panzerkreuzer Potemkin« (1925). Rodtschenko entwarf auch das Titelblatt des Programmhefts. Für die Konstruktivisten waren Film und Theater wichtige Medien für ihre Propaganda-Kunst.

Titelblatt (1924, unten) der Romanserie »Mess mend oder die Yankees in Leningrad« von Jim Dollar (das Pseudonym von Marietta Schaginjan). Die Gestaltung ist typisch für die Art und Weise, wie Rodtschenko Grafik, Typografie mit großen Lettern und Fotomontagen verband.

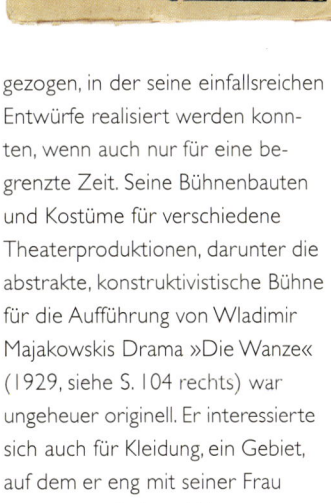

rolle in der postrevolutionären Kulturpolitik in Rußland inne: Er war von Anfang an bis 1923 aktives Mitglied des Inkhuk, des Instituts für künstlerische Kultur, das 1920 gegründet wurde, um die grundlegenden Fragen der Kunst zu untersuchen und lehrte 1920 bis 1930 Komposition an der Vkhutemas, der neuen Kunst- und Designschule in Moskau. Mit seinen Studenten arbeitete er an verschiedenen Entwürfen für Haushaltsgegenstände wie Lampen, Geschirr und Besteck. Obwohl diese nie über das Reißbrettstadium hinauskamen, waren es höchst originelle Kompositionen von abstrakten, geometrischen Elementen.

Die zwanziger Jahre

In den frühen zwanziger Jahren wandte sich Rodtschenko dem zweidimensionalen Design zu, das Textilien, Bucheinbände, Plakate, Firmensignets und Verpackungen umfaßte. Die Herausforderung der Grafikdesigner im postrevolutionären Rußland bestand darin, eine Ausdrucksform zu finden, die den Betrachter fesselte und leicht verständlich war für ein hauptsächlich aus Analphabeten bestehendes Publikum. Rodtschenkos Antwort auf diese Herausforderung zeigt seine Verwendung einfachster Gestaltungsmittel und Schrifttypen und die Verwendung von Fotomontagen. Abstrakte Vorstellungen illustrierte er mit geometrischen Grundformen oder Symbolen wie etwa Pfeilen. Seine zahlreichen Werbeplakate aus diesen Jahren – darunter ein berühmtes für Galoschen (1923), das in einfachen Farben gehalten war und einen realistisch aussehenden »Schuh-Schoner« aus Gummi zeigte – waren durch ein abstraktes, geometrisches Bildelement und eine moderne Typografie gekennzeichnet. Zum dreidimensionalen Design zurückkehrend, entwarf Rodtschenko die Einrichtung für einen Arbeiterclub mit einfachen Holzmöbeln wie Stühlen und Buchregalen, die auf der Pariser Ausstellung Exposition Internationale des Arts Décoratifs et Industriels Modernes von 1925 gezeigt wurde (siehe S. 104, links). Rodtschenko fühlte sich besonders von der Film und Theaterwelt an-

gezogen, in der seine einfallsreichen Entwürfe realisiert werden konnten, wenn auch nur für eine begrenzte Zeit. Seine Bühnenbauten und Kostüme für verschiedene Theaterproduktionen, darunter die abstrakte, konstruktivistische Bühne für die Aufführung von Wladimir Majakowskis Drama »Die Wanze« (1929, siehe S. 104 rechts) war ungeheuer originell. Er interessierte sich auch für Kleidung, ein Gebiet, auf dem er eng mit seiner Frau zusammenarbeitete. Warwara

Stepanowa entwarf für ihren Mann einen Overall, der seine Rolle als »Arbeiter« eines neuen sowjetischen Staates demonstrierte. Von 1927 bis 1930 war Rodtschenko Dekan der Fakultät für Metallarbeiten der Vkhutemas, doch er erkannte die Fotografie mehr und mehr als sein ideales Medium. Auf diesem Gebiet arbeitete er erneut mit Warwara Stepanowa zusammen und widmete ihm den Großteil seines restlichen Arbeitslebens.

Die Metallwerkstatt war künstlerisch und personell zugleich eine der produktivsten Abteilungen der Bauhaus-Schule. Hier arbeiteten unter anderen Wilhelm Wagenfeld, einer der damals führenden deutschen Produktdesigner, und Marianne Brandt (1893–1983). Marianne Brandt gehört zu den bedeutenden Persönlichkeiten in der Geschichte des modernen Designs, nicht nur weil sie einige der schönsten und zeitlosesten Metallprodukte entwarf, sondern weil ihr dies als Frau gelang. Später erzählte sie, wie schwierig es war, in die Männerdomäne des Metallhandwerks am Bauhaus einzudringen. Sie wurde schließlich zu einer der berühmtesten Gestalter aus dem Bauhaus und eine der ganz wenigen weiblichen Studenten, die nicht aus der Textilwerkstatt kamen. Ihre Entwürfe werden noch heute von dem italienischen Hersteller Alessi produziert.

Marianne Brandt

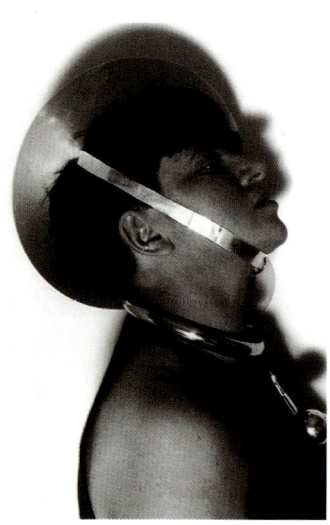

Die am Bauhaus ausgebildete Metalldesignerin Marianne Brandt. Auf diesem Foto – es handelt sich dabei um ein Selbstporträt – trägt sie selbstentworfenen Schmuck, den sie »Schmuck für ein Fest des Metalls« nannte.

Die ersten Jahre
am Bauhaus

Marianne Brandt wurde in Chemnitz geboren und studierte ab 1911 für kurze Zeit in Weimar Malerei und Bildhauerei. 1917 richtete sie sich ein eigenes Atelier ein, verbrachte die folgenden Jahre aber meist auf Reisen. 1919 heiratete sie in Norwegen und ging ein Jahr später für mehrere Monate zum Studium nach Paris. 1923 begann sie ihr Studium am Bauhaus mit dem »Vorkurs«. Ein Jahr zuvor hatte der Künstler László Moholy-Nagy die Stelle des »Formmeisters« in der Metallwerkstatt übernommen, und da er von der Arbeit der neuen Studentin beeindruckt war, ermutigte er sie, sich auf dieses Gebiet zu spezialisieren. Trotz der Vorbehalte, die ihr als Frau entgegenschlugen, entwarf Marianne Brandt zwischen 1923 und 1924 innovatives, aber funktionelles Geschirr – einschließlich eines Tee- und Kaffeeservices und eines Tee-Eis – aus Silber und Messing mit Elfenbeingriffen und -knöpfen (siehe S. 107 Mitte). Ihre klaren geometrischen Formen – Kreise, Halbkreise und Zylinder – waren von den ästhetischen Prinzipien des Konstruktivismus inspiriert, die Moholy-Nagy in der Werkstatt eingeführt hatte. Obwohl die Stücke ursprünglich alle von einem erfahrenen Kunsthandwerker in Handarbeit ausgeführt wurden, nahm Marianne Brandt die Bauhaus-Philosophie des industriellen Produktdesigns auf und schrieb später, daß »die Aufgabe darin bestand, die Gegenstände so zu formen, daß sie auch in größerer Stückzahl produziert alle ästhetischen und praktischen Kriterien erfüllen und trotzdem viel billiger als ein Einzelstück sind«.

Entwürfe
für Massenprodukte

Im Verlauf der nächsten Jahre entstand eine große Anzahl von Entwürfen für Haushaltsgegenstände aus Metall, darunter Schüsseln und Aschenbecher, auf Marianne Brandts Zeichenbrett. Ihre frühen, eher kunsthandwerklichen Ansätze wurden nach und nach durch die Konzentration auf die Probleme der Massenproduktion ersetzt. Ab 1927 etwa wandte sie sich dem Design von elektrischen Lampen und Leuchtkörpern zu, für das es einen stetig wachsenden Markt gab. Diese praktischen, ökonomischen und modernen Stücke aus einer Kombination von Chrom, Aluminium und Glas wurden unter Bauhaus-Lizenz von zwei Firmen hergestellt: Körting & Mathiesen und Leipzig Leutzch. Zu den bekanntesten Elementen gehört die »Kandem-Tischlampe« (1928, rechts) in Schwarz oder Weiß. Mit flexiblem Arm und massivem

Fuß war die Lampe einfach und funktionell, Eigenschaften, die sie zu einem »Designklassiker« gemacht haben.

Nach dem Bauhaus

Als Walter Gropius (siehe S. 88/89) und László Moholy-Nagy 1928 das Bauhaus verließen, wollte Marianne Brandt ebenfalls gehen, wurde aber überredet, für ein weiteres Jahr als Leiterin der Metallwerkstatt zu bleiben. 1929 arbeitete sie für kurze Zeit in Gropius' Büro in Berlin und verbrachte die nächsten drei Jahre in der Metallwarenfabrik Ruppelwerk in Gotha. Für den Rest ihres Arbeitslebens verband sie Malerei und Bildhauerei mit der Lehrtätigkeit an der Kunsthochschule in Dresden (1949–1951) und an der Hochschule für Angewandte Kunst in Berlin (1951–1954). An ihre früheren Erfolge als Gestalterin konnte sie nicht mehr anknüpfen, doch ihre Objekte aus den zwanziger Jahren inspirieren immer noch viele Designer.

Das Modell »702« oder »Kandem«, eine flexible Nachttischlampe (oben), entwarf Marianne Brandt 1928, als sie sich für die Idee der Massenproduktion zu interessieren begann. Die vernickelte und lackierte Metallampe entstand unter Mithilfe von Hin Bredendieck als ein Projekt in ihrer Bauhaus-Klasse. Erstmals hergestellt wurde sie von der Firma Körting & Mathiesen.

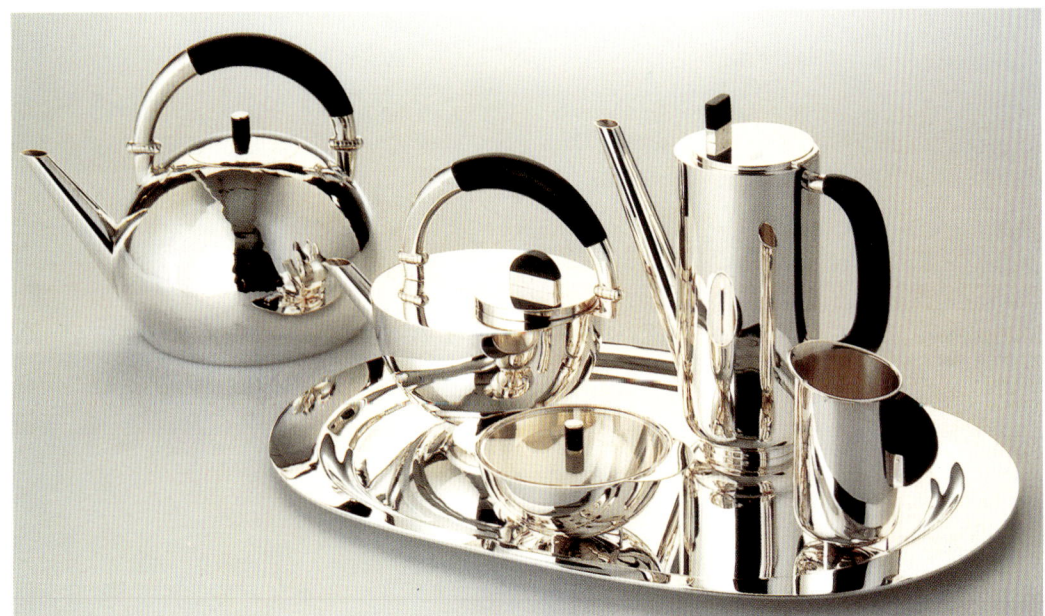

Ein Tee- und Kaffeeservice (links), das Marianne Brandt kurz nach ihrem Start am Bauhaus entwarf (1924). Die Kombination von Silber, Ebenholz und Plexiglas wirkt fast aggressiv modern, doch es bleibt eines ihrer elitärsten Designs. Die italienische Metallfirma Alessi legte das Service 1985 wieder auf.

Ein »Begleitset für Raucher« aus Metall und Plexiglas (Mitte der zwanziger Jahre, links). Brandts Entwürfe bezogen sowohl neue als auch traditionelle Materialien mit ein und waren alle für den täglichen Gebrauch gedacht.

Ein Aschenbecher aus Silber und Bronze (rechts), von Brandt entworfen (1923/1924) und in der Metallwerkstatt im Bauhaus hergestellt. Entsprechend Brandts Interesse an geometrischen Formen zu dieser Zeit, ist der Aschenbecher ein abstraktes Gebilde, das auf einer Halbkugel basiert und zugleich funktional ist.

Marcel Breuer (1902–1981) erfreute sich einer langen und erfolgreichen Karriere als Vorkämpfer der modernen Architektur und des Designs. Seine bekanntesten Werke entstanden jedoch am Bauhaus – damals hatte er noch nicht einmal das dreißigste Lebensjahr vollendet. In seiner Bedeutung für die Entwicklung des Designs rangiert er aus heutiger Sicht auf der gleichen Stufe wie seine einstigen Mentoren Walter Gropius und László Moholy-Nagy. In den dreißiger Jahren repräsentierten seine einfachen, leichten und funktionellen Möbelstücke, die eigentlich für die Massenproduktion gedacht waren, das Ideal des modernen Lebens, das neue Technologien einbezog und dessen inhaltliches Konzept mit den Schlagworten Vernunft, Funktion und Fortschritt umrissen wurde.

Marcel Breuer

Ausbildung und Bauhaus-Experimente

Im Gegensatz zu Gropius war Breuer kein Philosoph, sondern ein praktischer Designer, was sich an

Marcel Breuer als Bauhaus-Student. Zu dieser Zeit war er ein einflußreicher Möbeldesigner und schuf bahnbrechende Designs – besonders unter Verwendung neuer Materialien. Nach seiner Auswanderung 1937 wurde er einer der führenden modernen Architekten in den Vereinigten Staaten.

Eine Ausführung des Stuhls, den Breuer 1921 als Bauhaus-Student entwarf (unten). Sein Interesse an Struktur und sichtbar gemachter Konstruktion verrät den großen Einfluß, den Gerrit Rietvelds Designs auf diese frühe und entscheidende Phase von Breuers Karriere hatten.

seiner fruchtbaren Produktion zeigt. Er arbeitete ausgesprochen organisiert und war ehrgeizig. Breuer wurde im ungarischen Pecs geboren und verbrachte seine Jugend weit entfernt von der kosmopolitischen Welt der avantgardistischen Designer Deutschlands, Österreichs und Frankreichs. Als er jedoch die moderne Kunst durch Zeitschriften für sich entdeckte, war er fest entschlossen, Maler zu werden und ging zum Kunststudium nach Wien. Bald darauf hörte er vom neueröffneten Bauhaus in Weimar und schrieb sich 1920 als Student ein. Von Anfang an war für Gropius, zu der Zeit »Formmeister« der

Möbelwerkstatt, klar, daß Breuer ein Ausnahmestudent war, und er ermutigte ihn zum Möbeldesign. Breuers erste Entwürfe waren aus Holz mit einer fabrikgefertigten Polsterung. Seine Vorliebe für primitive Kunst manifestierte sich in seinem 1921 entworfenen »Afrika-Stuhl« mit abstrakten Holzschnitzereien. Dieses Interesse wurde jedoch bald durch Experimente mit geometrischen Formen, horizontalen und vertikalen Flächen ersetzt – deutlich beeinflußt von den Arbeiten der holländischen De-Stijl-Designer Gerrit Rietveld (siehe S. 98–101) und Theo van Doesburg.

Ein Schreibtisch von Breuer für das Dessauer Haus von Walter Gropius (1925/1926). Der Drehstuhl mit Metallrahmen – der »B7« – wurde von der *Firma Standard-Möbel hergestellt (1926). Breuer entwarf noch weitere Möbelstücke für dieses Haus, darunter ein Wohnzimmersofa.*

Ein Raum im Haus von Moholy-Nagy in Dessau (oben). Es enthält einige von Breuer entworfene Möbel, darunter sein berühmter Clubsessel und einen Beistelltisch aus Stahlrohr (1925) – der Sessel gilt als der erste Ausflug des Designers in die Arbeit mit diesem neuen Material.

Ein Kindertisch mit Stühlen (1923, rechts), deren Sitze und Rückenlehnen aus Schichtholz waren. Der Einfluß von Gerrit Rietveld und den Gestaltern des De Stijl ist hier immer noch zu bemerken. Der Teppich wurde von Benita Otte entworfen und in der Webwerkstatt im Bauhaus hergestellt.

Stahlrohrmöbel

Der Durchbruch kam 1925, als Breuer plötzlich die Holzstrukturen aufgab und sich – inspiriert von der Leichtigkeit und Stabilität des Rahmens seines neuen Fahrrads – der Konstruktion von Stahlrohrmöbeln zuwandte. Seine ersten Versuche mündeten in das revolutionäre Design eines modernen Clubsessels (oben): Mit seiner Würfelform und dem leichten, aber kräftigen skelettartigen Rahmen bildete er die Antithese zu den schweren, sperrigen traditionellen Möbelstücken und paßte zur neuen Architektur mit ihrer Betonung von Raum, Licht und Struktur. Die folgenden fünf Jahre waren äußerst produktiv, und Breuer entwarf weitere Stahlrohrstühle sowie Betten, Schreibtische, Eßtische und Hocker. Als das Bauhaus 1925 nach Dessau umzog, bat Gropius Breuer – der im selben Jahr zum Formmeister der Möbelwerkstatt ernannt wurde –, die Einrichtung für die neue Kantine, den Hauptsaal

Ein Stuhl aus geformtem Schichtholz (1935/1936, links), den Marcel Breuer für die britische Möbelfirma Isokon entwarf. Der Stuhl berücksichtigt die menschliche Gestalt in einer Weise, wie das bei Breuers früheren, sich mehr am Material ausrichtenden Bauhaus-Designs noch nicht vorkommt.

und das Lehrerhaus zu liefern. Um 1926 schuf Breuer sein zweitbekanntestes Design – den freitragenden »B32-Stuhl« (seit 1960 als »Cesca« bekannt, benannt nach seiner Tochter Francesca) – und unterschrieb einen Vertrag mit der Firma Standard-Möbel, die seine Entwürfe als Massenware produzierte. Diese Verbindung mißfiel Gropius, der Breuers Entwürfe alle unter Bauhaus-Lizenz pro-

duzieren wollte. Einige Jahre später löste sich das Problem, da Breuer einen neuen Vertrag mit Thonet (siehe S. 78/79) über die Produktion des »B32-Stuhls« und aller seiner folgenden Möbel abschloß.

Die Arbeit in Berlin

Um 1926 entstand bei Breuer der Wunsch nach Unabhängigkeit, und er begann sich vom Bauhaus zu lösen. Was einst die ideale Umgebung für seine Experimente gewe-

sen war, hatte sich zu einem konfliktreichen und negativen Umfeld entwickelt. Seine kurze Ehe mit einer Studentin namens Marta Erps, die er 1927 schloß, brachte ihm Abstand vom Campus, und im darauffolgenden Jahr gab er seine Stelle auf. Er folgte Gropius, der das Bauhaus im selben Jahr verlassen hatte, nach Berlin, um ein Architekturbüro zu eröffnen. Obwohl Breuer weiterhin Möbel entwarf, zog es ihn immer mehr in Richtung Innenarchitektur: Seine Einrichtungen für Häuser von Mart Stam und Walter Gropius wurden 1927 in der Weißenhofsiedlung in Stuttgart gezeigt.

Zwischen 1928 und 1931 definierte Breuer den Begriff der modernen Inneneinrichtung anhand konkreter Aufträge wie dem De-Francesco-Apartment (1929) und dem Leum-Haus, beide in Berlin, neu und formulierte die These, daß »wenige einfache Gegenstände genügen, wenn diese gut, multifunktional und veränderbar sind. So vermeiden wir die verschwenderische Verteilung unserer Bedürfnisse auf unzählige Einrichtungsstücke, die unser tägliches Leben komplizierter statt einfacher und leichter

machen.« Er entwarf auch den Werkbund-Beitrag zum Salon des Artistes Décorateurs 1930 in Paris. 1932 erhielt er von Harnismacher seinen ersten Architekturauftrag für ein Haus in Wiesbaden.

Die Arbeit in der Schweiz und in Großbritannien

In den frühen dreißiger Jahren war Breuer zu internationalem Ansehen gelangt und hatte bereits Karriere gemacht. Doch das damalige politische Klima in Deutschland mit dem stärker werdenden Faschismus beunruhigte ihn zutiefst, da seine Eltern beide Juden waren. Zwischen 1932 und 1935 reiste er durch Europa und blieb in Zürich. Dort gestaltete er die Räume des Kaufhauses Wohnbedarf um – eines der wenigen modernen Schweizer Einrichtungshäuser – und entwickelte Aluminiummöbel.

Er knüpfte an frühere Experimente mit Stahlrohr an, legte aber nun – beispielsweise bei seinem Liegestuhl von 1933 – mehr Wert auf Bequemlichkeit.

1935 folgte Breuer Gropius erneut, dieses Mal nach Großbritannien, wo er zwei Jahre blieb. Er arbeitete

Ein Liegestuhl aus Aluminium und Holz (links), den Breuer während seiner Zeit in der Schweiz entwarf. Er zeigt deutlich, daß er sich damals mit den Anforderungen des Materials und dem Zurücklehnen des menschlichen Körpers beschäftigte. Wie bei vielen seiner Entwürfe entwickelte er mehrere Versionen. Sie wurden von der Firma Embru produziert und im Kaufhaus Wohnbedarf vertrieben.

Der Tisch »B26« (1928, rechts), Teil einer ganzen Serie aus Glas und Stahlrohr, bei der Breuer mit verschiedenen Formen experimentierte. Viele der Stücke wurden am Ende der dreißiger Jahre von der Firma Thonet hergestellt.

*Breuer und seine Frau auf den Terrassen-
möbeln aus Holz, die er für sein Haus in
New Canaan, Connecticut, entwarf (1947,
oben). Trotz seiner früheren Experimente*

*mit neuen Materialien kehrte Breuer
bei späteren Bauwerken und Designs in
Amerika wieder zu Holz zurück.*

mit dem Architekten F. R. S. Yorke
an mehreren Bauprojekten im
Süden des Landes und spielte eine
bedeutende Rolle in der Entwicklung des modernen englischen
Designs durch den Entwurf geformter Schichtholzmöbel für Jack
Pritchards fortschrittliche Design-
firma Isokon. Die bekanntesten
waren ein Liegestuhl (1935/1936,
siehe S. 100 oben), der dem
früheren Typ aus Aluminium sehr
ähnlich war, und ein Satz Tische
von 1936, die sich stilistisch an die
Stahlhocker anlehnten, die er für
die Kantine des Bauhauses entwor-
worfen hatte.

Karriere in den
Vereinigten Staaten

Seine Erfolge in drei Ländern hinter sich lassend, ging Breuer 1937
in die Vereinigten Staaten und
folgte damit einmal mehr Gropius.
Die beiden Männer eröffneten ein
Architekturbüro in Cambridge,
Massachusetts, und unterrichteten
an der Harvard University.
Differenzen führten schließlich jedoch zu einem Ende ihrer Part-
nerschaft. Breuer machte sich 1941
selbständig und zog 1946 nach
New York, wo er sich mit seinem
Büro für die nächsten zwei Jahrzehnte niederließ.

1940 heiratete Breuer ein zweites
Mal und entwarf 1947 das erste
und 1951 das zweite Haus für sich
und seine Familie in New Canaan,
Connecticut (oben). Diese Häuser
und einige andere seiner amerikanischen Bauwerke und Inneneinn-
richtungen – einschließlich des
Glashauses in Pittsburgh (1945)
und des Hauses im Garten des
Museum of Modern Art in New
York (1949) – zeigten weichere
Formen. Als Ausgleich zu den ein-

fachen Holzmöbeln setzte er die
Beschaffenheit, Farbe und die
Struktur von Stein und Beton ein.
Breuers Beitrag zum modernen
Möbeldesign geriet in den sechziger Jahren erneut ins Blickfeld, als
die italienische Firma Gavina die
Produktion einiger seiner Entwürfe
aus den zwanziger Jahren wieder
aufnahm und damit ihre Popularität fast ein halbes Jahrhundert
nach ihrer Entstehung unter Beweis stellte.

Stahlrohr

Fortschritte in der Materialtechnologie spielten eine entscheidende Rolle bei vielen bedeutenden Innovationen des 20. Jahrhunderts im Designbereich. Die dramatischsten Veränderungen fanden wohl im Möbeldesign, besonders bei Stühlen, durch die Verwendung von Stahlrohr statt. Daraus wurden die tragenden Teile von Sitzmöbeln und von zugehörigem Mobiliar wie Eß- und Couchtischen oder Teewagen geformt, was ihnen ein radikal neues Profil verlieh und den Ton für moderne Einrichtungen angab. Stahlrohr veränderte die Erwartungen an die häusliche Umgebung völlig: Was zuvor durch einen sperrigen Komfort bestimmt war, zeigte nun Raum, Licht und Schlichtheit. Schwere Polster wurden durch die schlanken Silhouetten der neuen Metallformen ersetzt, die Ästhetik des Funktionalismus mit seinen klaren Linien hielt Einzug in die Wohnstätten.

Die Anfänge

Das 19. Jahrhundert war bereits Zeuge des enormen Einflusses, den die Entwicklung von Stahl auf die Alltagswelt hatte. Dieses geschmeidige und doch feste Metall erleichterte die Herstellung einer breiten Produktpalette, von Nähmaschinen bis zu Lokomotiven. Preßstahl und gewalzter Stahl folgten rasch nach. In Rohrform war das neue Metall extrem leicht und stark und wurde bald in der Fahrradherstellung verwendet.

Seit den dreißiger Jahren des 19. Jahrhunderts waren im Möbelbereich vor allem Eisenrohr, etwa für Bettgestelle, und Bugholz verwendet worden, letzteres wurde durch die international bekannte Firma Thonet ab Mitte des 19. Jahrhunderts populär. Gebogener Stahl tauchte in den ersten Jahrzehnten des 20. Jahrhunderts auf. Es war also eigentlich nur ein kleiner Schritt bis zur Verarbeitung von Stahrohr im Möbeldesign, doch die Verwendung im häuslichen Bereich war revolutionär.

Einführung und Entwicklung

Mitte der zwanziger Jahre begann der Designer Marcel Breuer (siehe S. 108–111) – vom Gestänge seines Adler-Fahrrades inspiriert – im Bauhaus eine radikal neue Version des traditionellen Clubsessels zu entwickeln. Er war komplett aus nahtlosen Stahlrohren zusammengeschweißt. Breuer weitete damit

Die britische Firma PEL (Practical Equipment Limited) spezialisierte sich in den zwanziger Jahren auf die Produktion von Stahlrohrmöbeln. Der Stuhl »Modell SP9B« aus Stahl und schwarzem Leder (oben) stammt aus dem PEL-Katalog von 1937.

Das »Modell B3« (später »Wassily« genannt) entwarf Marcel Breuer 1925, als er Lehrer am Bauhaus war. Das Foto (rechts) zeigt, wie der Sitzende aufgrund Breuers raffiniertem Design in einem Stahlwürfel zu hängen scheint. Das Modell hier trägt eine Maske des Malers und Bühnendesigners Oskar Schlemmer, der ebenfalls Lehrer am Bauhaus war. »Modell B3« ging 1927 in Produktion und wird heute von Knoll hergestellt.

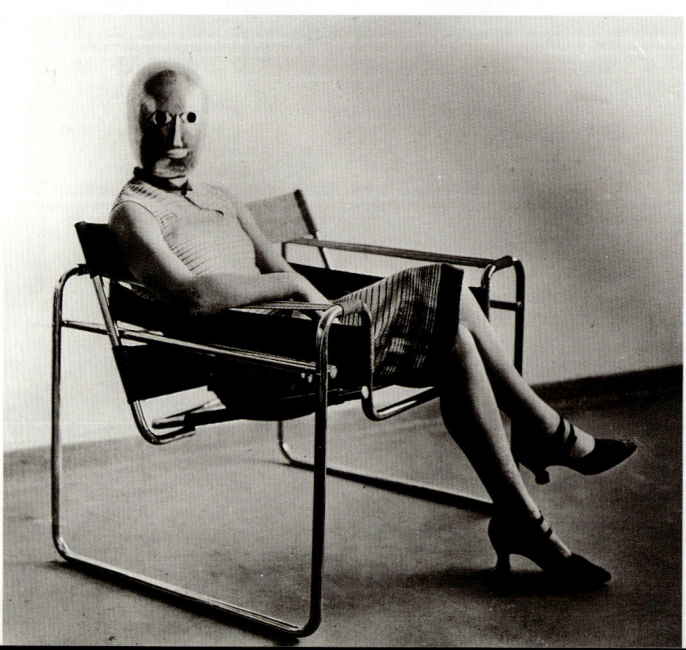

Die Einrichtung von Haus Nr. 16 (rechts) ist Teil der experimentellen Wohnsiedlung, die der Deutsche Werkbund für die Weißenhof-Ausstellung 1927 anlegte. Die Ausstellung, die unter anderem Werke von Marcel Breuer, Ludwig Mies van der Rohe und Le Corbusier (siehe S. 108–111, 92/93 und 94–97) zeigte, sollte für Massenprodukte im häuslichen Bereich werben.

Ludwig Mies van der Rohes »Stuhl Nr. MR20« (unten), zum ersten Mal 1927 in der Weißenhofsiedlung ausgestellt, war bei weitem die gewagteste und eleganteste aller Versionen des freitragenden Stahlrohrstuhls. Er war mit und ohne Armlehnen erhältlich.

Experimente mit Holzmöbeln aus, die er und die De-Stijl-Designer, darunter Gerrit Rietveld (siehe S. 98–101), unternommen hatten. Sein Stuhl wurde in den späten zwanziger Jahren noch verbessert. Um 1962 wurde er unter dem Namen »Wassily-Stuhl« (siehe S. 112) wieder hergestellt und in großem Stil vermarktet. Während Breuer gestalterisch den Weg zum ultimativen modernen Stuhl mit Hilfe des neuen Materials gewiesen hatte, war es der Holländer Mart Stam, der als

erster die Idee eines freitragenden Stahlstuhls entwickelte. Diese Lösung machte das Verschweißen mehrerer Stücke überflüssig und nutzte die natürliche Flexibilität des Materials. Der Stuhl, den Stam 1927 aus Gasrohren und Verbindungsstücken fertigte, hatte einen Komfort, der sich ohne sperrige Polster einstellte. Breuers freitragender Stahlrohrstuhl entstand ein Jahr später, Mies van der Rohes stilisiertere Version (siehe S. 92/93) 1927 (oben und links). Ende der zwanziger Jahre war Stahl-

rohr – vernickelt oder verchromt und kombiniert mit schwarzem Stoff oder Leder – zum Synonym für die Modernität geworden und wurde von allen führenden Designern verwendet, von Le Corbusier in Frankreich bis zu Giuseppe Terragni in Italien (siehe S. 114/115).

Internationaler Durchbruch

Die britische Firma PEL stellte Stahlrohrstühle für öffentliche Orte wie Kinos und Stadthallen her (siehe S. 112, oben), während die Designer Gilbert Rhode und Wolf-

gang Hoffmann in den Vereinigten Staaten viele verschiedene Modelle für öffentliche und private Räume entwarfen.

Für die breite Masse wurde diese Art von Stuhl jedoch erst nach dem Zweiten Weltkrieg produziert. Der Höhepunkt war in den sechziger und siebziger Jahren erreicht, als zum Beispiel das Kaufhaus Habitat in Großbritannien seine eigenen Versionen der modernen Klassiker und Sitzgruppen wie »OMK« und »Plush Kicker« herstellte und so die frühen Entwürfe einer neuen Klientel zuführte.

Ein Tisch mit verchromten Metallbeinen (1935, unten) von Eileen Gray (siehe S. 46–49). Obwohl Gray für ihre Möbeldesigns sehr viel Stahlrohr verwendete, kombinierte sie es mit organischen Ma-

terialien – hier mit naturbelassenem Kiefernholz –, um den harten, kalten Charakter des Metalls abzumildern.

Obwohl er in erster Linie Architekt war, hat der Italiener Giuseppe Terragni (1904–1943) häufig auch verschiedene Objekte – vor allem Möbel – für seine Gebäude entworfen. Wie viele andere Modernisten sah auch Terragni in der Gestaltung und Position der Möbel die Umsetzung der für die Architektur geltenden Prinzipien im Innenraum. Er war der Auffassung, daß ein Objekt, unabhängig davon, wie es gestaltet war und in welchem Umfeld es entwickelt

wurde – zum Beispiel die geformten Stahlrohrmöbel aus dem Bauhaus –, an eine andere Kultur und ein anderes politisches Klima angepaßt werden konnte. In der Umsetzung dieser These besteht sein originärer Beitrag zur Entwicklung des modernen Designs. Zeitgenossen beschrieben den frommen Katholiken Terragni als einen Besessenen, der sich seinem Beruf, der Religion und wohl auch dem Faschismus verschrieben hatte.

Giuseppe Terragni

Giuseppe Terragni gehörte zu den bekanntesten modernen Architekten Italiens in den zwanziger und dreißiger Jahren. Die gleiche Strenge, die seine Bauten charakterisierte, wandte er auch auf deren Einrichtung an.

1936 bekam Terragni den Auftrag für den Bau der Sant'Elia Schule in Como (unten). Sie wurde in einem radikal modernen Stil aus Beton und Glas errichtet. Terragni selbst entwarf auch die Möbel, ganz aus Holz und Stahlrohr.

Die zwanziger Jahre

Terragni war mit dem Rationalismus, wie in Italien der Modernismus in Architektur und Design genannt wurde, eng verbunden. Er war Gründungsmitglied der Gruppo Sette, einer Gruppe von sieben Architekten, die sich in den späten zwanziger Jahren bildete und dem Werk anderer Modernisten in Frankreich, Deutschland und den Niederlanden positiv gegenüberstand. Nach dem Studium an der Technischen Schule in Como und dem Polytechnikum in Mailand eröffnete Terragni 1927 ein Architekturbüro. Im selben Jahr erlangte er internationale Beachtung, als seine Entwürfe in der Stuttgarter Weißenhofsiedlung, einer vom Deutschen Werkbund initiierten Modellsiedlung, ausgestellt wurden.
Einer der ersten Bauaufträge Terragnis war ein fünfstöckiges Apartmenthaus, der »Novocomum«, in Como (1927–1929, siehe S. 115 unten). Die bemerkenswert minimalistische Konstruktion zog erhebliche Aufmerksamkeit auf sich, da sie zu den ersten Beispielen moderner Architektur in Italien gehörte. Während der dreißiger Jahre tendierte Guiseppe Terragni jedoch dazu, Stilelemente, die an den Klassizismus anknüpften, mit einem radikaleren Modernismus zu verbinden.

Terragni wählte zwar den Beruf des Architekten, doch bis weit in die dreißiger Jahre hinein malte er auch in einem moderneren gegenständlichen Stil. Außerdem interessierte er sich für Grafikdesign, zu sehen an der verchromten Beschriftung im Art-déco-Stil, die er 1930 für das Glas- und Porzellangeschäft Vitrum in Como entwarf.

Die Casa del Fascio

Das wahrscheinlich bekannteste Gebäude Terragnis ist das Haus der faschistischen Partei in Como, die Casa del Fascio (1932–1936), die heute Casa del Populo heißt. Wie Le Corbusier (siehe S. 94–97) und andere Designer in den zwanziger Jahren betrachtete Terragni die Innenausstattung und Möbel als ebenso wichtig wie das Äußere eines Gebäudes. Er beschäftigte sich daher auch mit neuen Materialien, zum Beispiel mit gebogenem Stahlrohr, das er für die Stühle in der Casa del Fascio mit schwarzem Leder kombinierte (rechts oben). Doch die Entwürfe Terragnis waren sinnlicher und verspielter als die aus dem gleichen Material von Marcel Breuer (siehe S. 108–111) und Ludwig Mies van der Rohe (siehe S. 92/93). Er spielte mit sanften Kurven in seinen Stahlrohrrahmen und veränderte die freitragende Form so, daß zwischen Sitz und

Rückenlehne ein Freiraum blieb. Dieses gewagte Detail findet sich auch bei seinem Stuhl »Larina« und dem Sessel »Benita« (1936). Terragni entwarf auch Tische und Lampen für die Einrichtung dieses Gebäudes.

Zu späteren Aufträgen gehörte die Sant'Elia-Schule (siehe S. 114), für die er auch kindgerechte Pulte aus gestrichenem Holz und Metall mit schwarzer Platte und Stahlrohrbeinen lieferte. Um 1938 jedoch wurden seine Aufträge seltener, und 1939 ging er in den Balkan, um Mussolinis Krieg zu unterstützen. Vier Jahre später starb Giuseppe Terragni nach einem Zusammenbruch des Nervensystems.

Der Konferenzraum der Casa del Fascio (1932–1936, oben), die das Hauptquartier der Faschistischen Partei Comos war. Terragni entwarf auch die Möbel für das Haus, einschließlich der Stahlrohrstühle mit dem neuartigen entgegengesetzten Ausleger, der ihnen eine besondere Flexibilität verlieh.

Der Eingang des Apartmenthauses »Novocomum« (1927–1929, rechts) in Como. Es bekam den Spitznamen »Transatlantik«, da es mit seinen abgerundeten Enden einem Ozeandampfer ähnelt. Terragni gefiel es, mit kontrastierenden geometrischen Formen zu spielen.

Von der Kundenakquisition und der Arbeit mit Architekten, Ingenieuren und Technischen Zeichnern über Marktanalyse und Materialsuche bis hin zum Modellbau und der Präsentation neuer Produktkonzepte waren die Aktivitäten des Industriedesigners in den Jahren zwischen den beiden Weltkriegen entscheidend für die Modernisierung der Vereinigten Staaten. Walter Dorwin Teague (1883–1960) *war der »dienstälteste« und erfahrenste einer Gruppe von amerikanischen Beratern, die sich auf das neue Feld des Industriedesigns vorwagten. Ihre Karriere hatten sie Ende der zwanziger Jahre als Freiberufler begonnen, und in den dreißiger Jahren waren sie fast jedem ein Begriff. Mehr als irgendein anderer war es Teague, der diesen neuen Beruf definierte.*

Walter Dorwin Teague

Walter Dorwin Teague, der zu seiner Zeit als »König des Industriedesigns« galt, stand an der Spitze einer ganzen Generation von amerikanischen Designberatern in den Jahren der Wirtschaftsdepression. Er war ein Wegbereiter für den ganzen Berufsstand und arbeitete mit vielen großen Firmen wie Kodak und Ford.

Im Gegensatz zu seinen Kollegen entwarf Teague neben Industrieobjekten auch Dekorationsgegenstände. Zu seinen Entwürfen für Steuben-Glas gehörten diese fein gravierten Stücke (unten). Das Muster trägt den ansprechenden Namen »St. Tropez« und stammt aus dem Jahr 1932.

Tätigkeit in der Werbung

In vielerlei Hinsicht präsentierte sich Teague mehr als Geschäftsmann denn als Künstler. Man sagte häufig über ihn, er sei eher praktisch als kreativ, doch seine Erfolge bei der Gestaltung neuer Produkte und Umgebungen – wie Laden- und Ausstellungsräume – waren beeindruckend. Teague wurde in Indiana geboren und ging 1903 nach New York, um an der Art Students League zu studieren, wo er sich auf Typografie und Lithografie spezialisierte. Von da aus ging er in die Werbung und war bis 1908 in der Kunstabteilung einer etablierten New Yorker Werbeagentur mit Namen Calkins & Holden angestellt. Dort zeichnete er sich durch seine Entwürfe für besonders schöne Zierrahmen aus, die für Werbeanzeigen benötigt wurden. Nach dem Verlassen der Agentur hatte er bald eine Reihe von festen Kunden, zu denen auch Phoenix Hosiery gehörte.

Dreidimensionale Designs

Mit der allgemeinen Zunahme der Werbung wuchsen auch Teagues Erfolge, und 1911 eröffnete er ein eigenes Büro an der Madison Avenue in New York. Seine Arbeiten waren zunächst von »grotesken« Verzierungen beherrscht, aber 1925 reiste er nach Paris, wo er sich die Ausstellung Exposition Internationale des Arts Décoratifs et Industriels Modernes sowie einige Bauwerke Le Corbusiers (siehe S. 94–97) ansah. Nach dieser intensiven Begegnung mit dem Modernismus beschloß Teague, seinen traditionellen Stil aufzugeben und sich dem Design von massenproduzierten, dem Maschinenzeitalter gemäßen Konsumgütern zuzuwenden. Als 1926 die Fotofirma Eastman Kodak an ihn herantrat, nutzte er die Chance und überarbeitete das Erscheinungsbild der Kamera »Box Brownie«, was seit mehreren Jahren nicht mehr geschehen war. Er entwickelte ein neuartiges Gehäuse aus Plastik mit abgerundeten Kanten, das der Kamera zum ersten Mal ein wirklich modernes Aussehen verlieh (siehe S. 117 unten links). Zu späteren Entwürfen aus Teagues Büro gehörten das »Marmon Auto« (1930), die »Baby-Brownie-Kamera« von Kodak, die 1933 auf den Markt kam, Radios für die Firma Sparton (1933–1936), Glaswaren für Steuben (links), feuerfeste Formen für Pyrex, ein Kugelschreiber für Scripto (1952, siehe S. 117 rechts) sowie Gasherde und -boiler.

Corporate Identitys und Spätwerk

Obwohl Konsumgüter bis zu seinem Tod zu Teagues wichtigsten Tätigkeitsfeldern zählten, arbeitete er sich auch ein in der Entwicklung von Corporate Identitys, etwa in

Die Vorstandslounge des Fordgebäudes (links) auf der Weltausstellung 1939 in New York. Teague lockerte die stromlinienförmige Einrichtung mit warmen Messinglampen, einem grünen Teppichboden und hellbraunen Wänden auf.

Eine Werbeanzeige für Kugelschreiber und Bleistifte von Scripto (1953, unten). Der Kugelschreiber rechts zeigt die Stromlinienform, die Teague diesen Schreibgeräten gab.

Diese ausklappbare Kamera mit Plastikgehäuse (unten) ist nur ein Beispiel für eine ganze Serie von Teagues Entwürfen für Eastman Kodak ab den dreißiger Jahren.

Form von Ladeneinrichtungen und Ausstellungsständen. Zum Beispiel für Eastman Kodak und die Ford Motor Company steckte er soviel Energie in deren Image und das Marketing der Produkte durch Logos und Verpackung wie in die Produkte selbst. Er entwarf außerdem Ausstattungen für öffentliche Transportmittel, darunter in den zwanziger Jahren für Pullman-Reisebusse der New Haven Railroad Company und nach 1946 für die Boeing 707 und 747.

Seine Position als Vorsitzender des Designausschusses für die Weltausstellung 1939 in New York (siehe S. 118/119) festigte Teagues zunehmenden Einfluß und seine führende Stellung in der Berufssparte

der Industriedesigner. Sein Gebäude für die Ford Motor Company auf der Ausstellung – alle Gebäude wurden hinterher wieder abgetragen – zeigte die Reife seines Stils und seine Vision von einer sauberen, modernen Umgebung, die jedoch weniger streng und dafür volksnäher war als ihr europäisches Gegenstück (siehe oben).

Nach dem Zweiten Weltkrieg expandierte Teague mit seinem Büro und setzte die Arbeit mit vielen seiner Stammkunden, darunter Kodak und Boeing, fort. Er selbst machte nur noch wenige Entwürfe, sondern leitete hauptsächlich die große und extrem erfolgreiche Designberatung, die noch heute existiert.

New York 1939

In der Zeit nach dem Erfolg der Great Exhibition im Londoner Hyde Park im Jahr 1851 fand der Gedanke, Ausstellungen könnten Designern als Podium für ihr Talent und ihre Arbeit dienen, immer mehr Anklang. Nachdem Europa den Anfang gemacht hatte, wurden auch in den Vereinigten Staaten eine Reihe bedeutender Ausstellungen organisiert, insbesondere die Centennial Exhibition in Philadelphia (1876) sowie die Columbia Exhibition (1893) und die Century of Progress Exhibition (1933), die beide in Chicago, der

Heimat der modernen Architektur, stattfanden. Im Jahr 1939 war die Reihe dann an New York. Die spektakuläre Schau im Flushing Meadows Park in Queens war Zeugnis der visionären Kraft einiger weniger – unter ihnen Walter Dorwin Teague (siehe S. 116/117), Norman Bel Geddes, Henry Dreyfuss (siehe S. 130/131) und Raymond Loewy (siehe S. 120–123). Ihre Erfolge in Bereich des noch jungen Industriedesigns in den dreißiger Jahren ermutigten sie, ihre Vision der Zukunft einem breiten Publikum vorzustellen.

Gelände und Aufteilung

Die New Yorker Ausstellung wurde am 30. April 1939 eröffnet und war in sieben Bereich aufgeteilt – Verkehrswesen, Telekommunikation, Ernährung, Regierung, Produktion, Gesundheit und Wissenschaft –, die sich im formalen Aufbau spiegelten. Ausgangspunkt der Boulevards, Alleen und Aussichten bildeten die beiden dominierenden Bauwerke: die kugelförmige Perisphere und der sechzig Meter hohe Trylon – beide wurden von dem Architek-

turbüro Harrison & Fouilhoux entworfen. Wie die meisten Bauten der Ausstellung bestanden diese beiden temporären Konstruktionen aus Gipskarton, Drahtverputz und Stuck. Ganz in Weiß gehalten, bildeten sie den Ausgangspunkt eines Farbverlaufs, der von hellem Rot, Gelb und Blau in der Mitte zu dunkleren Farbtönen an der Peripherie des einen halben Hektar umfassenden Geländes reichte.

Ausstellungen der Industriedesigner

Das Thema der Ausstellung lautete »Building the World of Tomorrow«; eine mit Hilfe des Industriedesigns menschlich gestaltete, hochmoderne Technologie nahm in der hier vorgestellten Zukunftsvision einen zentralen Platz ein. Die amerikanischen Industriedesigner waren zweifellos die Stars der Ausstellung: Walter Dorwin Teague (siehe S. 116/117), Vorsitzender der 1936 zum Zweck der Planung und Vorbereitung der Veranstaltung gegründeten Designkommission, entwarf die Inneneinrichtungen der »Ford Exposition«, die eine geschlängelte Halbmeilen-Versuchsstrecke, die »Road of Tomorrow«, beherbergte, auf der die Besucher die neuen Ford-Modelle testen konnten. Norman Bel Geddes kreierte den beliebten »Futurama-Stand«, der Teil des General-Motors-Gebäudes war.

Hier konnten die Besucher, hoch oben in einer Art fahrendem Karussell sitzend, den Panoramablick über eine maßstäblich verkleinerte »Welt des Jahres 1960« genießen, deren Hauptattraktionen Wolkenkratzer und siebenspurige Straßen mit einem Tempolimit von 160 km/h waren.

Henry Dreyfuss (siehe S. 130/131) zeichnete verantwortlich für die Gestaltung des AT&T-Gebäudes: Im sogenannten »Demonstration Calling Room« konnten ausgewählte Besucher einen kostenlosen Anruf zu einem beliebigen Punkt innerhalb der USA tätigen. Darüber hinaus schuf er »Democracity«, ein innerhalb der Perisphere gelegenes Modell der idealen Stadt von morgen. Raymond Loewys (siehe S. 120–123) wichtigste Beiträge waren ein Raketenschiffmodell, das Passagiere von New York nach London bringen sollte, und eine für die Pennsylvania Railroad Company entworfene Stromlinienlok.

Andere Ausstellungsstände

Neben den Gebäuden der großen Automobilkonzerne gab es noch zahlreiche andere Konstruktionen, die von den Firmen als dreidimensionale Werbeträger für ihre Produkte in Auftrag gegeben worden waren. Hier wurde deutlich, daß die Kommerzialisierung auch vor den Architekten nicht halt

Ein Werbeplakat des amerikanischen Grafikers Joseph Binder für die Weltausstellung 1939 in New York. Die beiden auffälligsten Gebäude – der Trylon und die Perisphere – dienten als Motiv für dieses moderne Bild und wurden zum Wahrzeichen der Ausstellung.

Das nächtliche Panorama der New Yorker Weltausstellung (oben) zeigt das ganz in Weiß gehaltene »Themecenter« (»Themenzentrum«) mit der Perisphere und dem Trylon in der Mitte. Davor dominiert die Kuppel des Gebäudes der United States Steel mit ihren beleuchteten Rippen.

Salon in einem Wochenendhaus, von Elias Svedborg und Astrid Sampe für den schwedischen Pavillon entworfen. Auf der New Yorker Ausstellung wurde der Begriff »schwedisch modern« geprägt. Er bezeichnet einen zurückhaltenden, modernen Einrichtungsstil, der wenig mit der utopischen, technologiebegeisterten Stromlinienästhetik der amerikanischen Beiträge gemein hatte.

machte. Die »Wonder Bakery« hatte beispielsweise Löcher in ihrer Fassade, damit der Eindruck eines aufgehenden Teigs entstand, und auf dem Dach des General-Electric-Gebäudes thronte ein großer stählerner Blitz. Obwohl auch viele andere Nationen auf der Messe ausstellten – es gab zum Beispiel einen türkischen Pavillon mit einer Synthese aus traditionellen und modernen Elementen, einen britischen mit einer Nachbildung der Kronjuwelen und einen schwedischen, in dem richtungsweisendes Wohndesign (oben) zu sehen war –, hinterließ die Stärke der amerikanischen Konzerne und ihre Nutzung des Designs als Instrument der Vermarktung den nachhaltigsten Eindruck.

Eines der unzähligen Souvenirs an die New Yorker Weltausstellung (links). Diese emaillierte Puderdose zeigt die beeindruckende Silhouette des Ausstellungsgeländes.

Zahlreiche Firmen verliehen ihren Ausstellungsgebäuden die Form übergroßer Repliken ihrer Produkte. So hatte das Haus der National Cash Register Company (rechts) die Form einer riesigen Kasse.

Unter den amerikanischen Industriedesignern der dreißiger Jahre war der in Frankreich geborene Raymond Loewy (1893–1986) zweifellos die eleganteste Erscheinung. Der stilbewußte, kosmopolitische Europäer wurde nach einem radikalen Bruch mit seiner Vergangenheit zu einem der wichtigsten Vorreiter des modernen amerikanischen »Styling«: Er machte die Produkte attraktiver und verlieh ihnen damit in den Augen der Konsumenten einen »zusätzlichen

Wert«. Loewys Erfolg ist geradezu legendär: Er stand in dem Ruf, Produkte, die im zunehmend rauhen ökonomischen Klima der Weltwirtschaftskrise als unverkäuflich galten, durch ein neues Design an den Mann zu bringen. Seine späteren Entwürfe für Produkte wie die Coca-Cola-Flasche, Musikboxen und Automobile wurden zum Inbegriff der Vitalität und des Wohlstands Amerikas in den fünfziger Jahren.

Raymond Loewy

Raymond Loewy – hier eine Aufnahme aus dem Jahr 1934 – war der mit Abstand eleganteste der beratenden Designer, die zwischen 1930 und 1960 in den Vereinigten Staaten für die Industrie tätig waren. In Frankreich geboren, arbeitete er seit dem Ende der zwanziger Jahre für große Unternehmen wie Gestetner, die Pennsylvania Railroad Company und Sears Roebuck in den Vereinigten Staaten.

Frühe Arbeiten

Ein Großteil des Mythos Loewys wurde von ihm selbst erschaffen; er beschrieb seine Anfänge in einer Autobiographie »Never leave well enough alone«, auf Deutsch unter dem Titel »Häßlichkeit verkauft sich schlecht«, die 1951 auf dem Höhepunkt seines Erfolges veröffentlicht wurde. In Paris geboren, strebte Loewy bereits in jungen Jahren eine Karriere als Designer an; so soll er 1909 ein Modell-

Loewys Entwurf für die Dampflokomotive »K4S« für die Pennsylvania Railroad Company (1936, unten). Die torpedoförmige, mit blitzenden Chromstreifen besetzte Zugmaschine sollte den Eindruck von Geschwindigkeit suggerieren. Diese als »Stromlinienform« bekannt gewordene Gestaltung wurde in den dreißiger Jahren sowohl bei bewegten als auch statischen Objekten angewandt.

flugzeug entworfen haben, für das er einen Preis erhielt. Seine frühes Interesse an Dampflokomotiven kam in den Entwürfen für die Pennsylvania Railroad Company in den dreißiger Jahren zum Ausdruck. Loewys Ausbildung zum Elektroingenieur wurde durch den Ersten Weltkrieg unterbrochen, in dem er für die französische Armee kämpfte und mit dem Croix de Guerre ausgezeichnet wurde. 1919 brach er dann in die Vereinigten Staaten auf und entschied sich bei seiner Ankunft in New York aufgrund einer für eine Auktion angefertigten Skizze, sein Glück zunächst als Werbe- und Modegrafiker zu versuchen. Seine Ankunft fiel mit dem Boom der amerikanischen Werbeindustrie Mitte der zwanziger Jahre zusammen.

Erster kommerzieller Erfolg

1929 beauftragte die von Sigmund Gestetner geleitete Gestetner Duplicating Company Loewy mit der Umgestaltung und Modernisierung des von dem Unternehmen vertriebenen Vervielfältigers. Loewy ersetzte dessen geschwungene Beine durch kleinere, schlichtere und kapselte die Mechanik in eine Kunststoffhülle ein. Das neue Modell sah hygienischer, eleganter, vor allen Dingen aber moderner aus als der in die Jahre gekommene Vorgänger und fand folglich auch beim Publikum einen größeren Anklang.

1934 wurde er gebeten, ein maßstabgerechtes Modell seines Design-Büros auf der jährlich im Metropolitan Museum of Art in New York veranstalteten Ausstellung für Industriedesign zu prä-

Der »Coldspot Super Six« (links), 1935 für Sears Roebuck entworfen, war das erste einer Serie von Kühlschrankmodellen, die Loewy für das Unternehmen kreierte. Die monolithische Wirkung des Kühlschranks wurde durch die Verwendung von großen, gewölbten Stahlblechen erreicht.

Bleistiftspitzer aus dem Jahr 1933 (rechts). Die Kombination von verchromter Oberfläche und »Tropfenform« macht deutlich, daß die Stromlinienform und die Anmutung von Geschwindigkeit gebräuchliche Stilelemente für bewegliche wie auch für statische Objekte war.

sentieren. Das kahle Interieur seines Büros – erschaffen mit modernen Materialien wie Chrom und Bakelit – war bis ins kleinste Detail gestyled, ebenso wie das äußere Erscheinungsbild seiner Person. Er präsentierte sich, den Designer, und seine Arbeit als abgerundetes stilistisches Paket,

das aus strategischen Gesichtspunkten mit dem Ziel entwickelt wurde, die Anziehungskraft der von ihm entworfenen Produkte zu vergrößern und das Image des Herstellers zu verbessern. Sein Name war auf jeder einzelnen Zeichnung zu finden, die sein Büro verließ, unabhängig davon, ob er diese

selbst angefertigt hatte oder nicht. In seiner Funktion als Geschäftsmann und Leiter eines großen Designbüros entwickelte Loewy einen ausgeklügelten Arbeitsprozeß vom Entwurf bis zur Kundenpräsentation. Seine Aktivitäten beschränkten sich nicht nur auf die Vereinigten Staaten, auch in Großbritannien und Frankreich wurden seine Fähigkeiten anerkannt. So unterhielt er von 1936–1952 ein Büro in London, eröffnete 1951 in Paris die Compagnie de l'Esthétique (CEI), eine unabhängige Firma für Industriedesign, und brachte eine Reihe von richtungsweisenden Entwürfen für Automobile und

Nähmaschinen sowie grafische Arbeiten hervor.

Fahrzeug- und Produktdesign

Ein weiterer wichtiger Kunde Loewys war in den dreißiger Jahren die Hupp Motor Company, für die er das »Hupmobile« entwarf, das 1934 auf den Markt kam. Um den Zuschlag für den Auftrag zu erhalten, finanzierte Loewy den Prototyp aus eigenen Mitteln. Glücklicherweise wurde der Entwurf ein großer Erfolg, der auf vielen internationalen Automobilausstellungen prämiert wurde. Obwohl das Auto sich in seinem einheitlichen, raffinierten Stil

Coca-Cola-Zapfgerät »Dole Deluxe« (1947). Wie bei den meisten seiner Auftragsarbeiten bestand Loewys Aufgabe auch hier in der Umgestaltung und Modernisierung eines existierenden Objekts. In diesem Fall schuf er eine sauber und klar strukturierte Oberfläche und fügte leichte Wölbungen hinzu.

Der Entwurf für die Jukebox »United UPA 100« (1957, rechts) ist beispielhaft für das gestalterische Konzept Loewys nach dem Zweiten Weltkrieg: Es dominieren exakte Kreisformen und gerade Linien, während die gerundeten, stromlinienförmigen Konturen aus früheren Jahren an Bedeutung verlieren.

elegant und modern gab, fehlte ihm doch die dramatische, kühne Linienführung, die in den Arbeiten anderer amerikanischer Industriedesigner, etwa eines Norman Bel Geddes, oder im futuristischen »Airflow-Modell« der Chrysler Company aus dem gleichen Jahr zu finden war.

Dies galt jedoch nicht für die beiden wichtigsten Projekte, mit denen sich Loewy Mitte bis Ende der dreißiger Jahre beschäftigte: »Coldspot«, ein 1935 für Sears Roebuck entworfener Kühlschrank, und die Dampflokomotiven für die Pennsylvania Railroad Company (1936). Der »Coldspot Super Six«

(S. 121, oben links), Inbegriff des bauchigen, gewölbten Kühlschranks der amerikanischen Küche der Jahrhundertmitte, wurde mit mehreren Modellwechseln pro Jahr ähnlich einem Automobil entworfen und konzipiert, um die Nachfrage zu stimulieren. Die Ähnlichkeiten fanden sich auch in der Produktion, da die gestanzten Metallteile von Fließbändern liefen, die denen der Automobilindustrie ähnelten und in einigen Fällen tatsächlich dort produziert wurde. Der versenkte Türgriff, der eine bündige Front ermöglichte, war ebenfalls direkt dem Automobildesign entlehnt. Die für die Pennsylvania Railroad Company entworfenen Lokomotiven stellen den Höhepunkt von Loewys Stromlinienästhetik dar; ihre geschwungenen, dynamischen Formen wurden durch horizontale, verchromte

Metallstreifen betont, die Dynamik und Geschwindigkeit suggerierten (siehe S. 120/121).

Zu den wohl berühmtesten Arbeiten Loewys gehören die von ihm für die Coca-Cola-Company und für die Zigarettenmarke Lucky Strike realisierten Projekte (1940–1942). Für Coca-Cola entwarf er die berühmte Flasche neu – er verlieh ihr feinere, geschwungene Konturen – und außerdem zugehörige Produkte für das Unternehmen, darunter das Coca-Cola-Zapfgerät »Dole Deluxe« aus dem Jahr 1947 (siehe oben links). Für Lucky Strike änderte er die Farbe der Packung, da die grüne Originalfarbe seit Kriegsbeginn aufgrund ihres hohen Metallanteils rationiert worden war. Loewy erhöhte die Signalwirkung der neuen weißen Packung – die seinem Empfinden nach ein Gefühl von Frische und Reinheit

Die Zigarettenpackung der Marke Lucky Strike (links) zählt zu Loewys bekanntesten Arbeiten der Jahrhundertmitte. In diesem Fall beschloß er, lediglich anstatt

einer grünen eine weiße Packung zu verwenden und das Kreismotiv und den Markennamen sowohl auf der Vorder- als auch der Rückseite abzubilden.

vermittelte –, indem er das Logo mit einem weiteren Ring versah und auf der Vorder- und Rückseite der Packung plazierte, damit es stets sichtbar war. Diese geringfügigen Veränderungen hatten einen bemerkenswerten Einfluß auf den Verkaufserfolg des Produktes; das Logo besitzt auch heute noch einen der höchsten Wiedererkennungswerte.

Nach dem Krieg

Loewys Firma, Raymond Loewy Associates, arbeitete nach dem Zweiten Weltkrieg an einer Reihe wichtiger Projekte. Im Zeitraum von 1947–1962 verwandt er einen Großteil seiner Energie auf Projekte der Studebaker Company, für die er einige Automobile entwarf, die stilistisch weitaus fortschrittlicher waren als andere amerikanische Modelle (siehe unten). Der »Champion« aus dem Jahr 1947 zeichnete sich durch seine einfache und elegante Linienführung aus, wohingegen sich die Modelle »Starline« (1953) und »Avanti« (1962) in ihrem maßvollen Design eher an europäische Vorbilder anlehnten. Dieser Einfluß kam auch in Loewys Arbeit für die Greyhound Company zum Tragen – die charakteristische Stromlinienform der Busse wurde in Amerika nach dem Zweiten Weltkrieg zu einem der weitverbreitetsten und bekanntesten Designs im Transportbereich.

Zur der Weltausstellung 1939 in New York (siehe S. 118/119) steuerte Loewy das Modell eines futuristischen Raketenschiffs bei, das in der Lage sein sollte, den Atlantik zu überqueren. Zwischen 1967 und 1972 war er dann an einem wirklichen Raumfahrtunternehmen beteiligt, als die NASA ihn bat, an der Inneneinrichtung für das Skylab mitzuarbeiten. Auf diese Weise sollte sichergestellt werden, daß die Weltraumkapsel, in der die Astronauten für einen langen Zeitraum leben und arbeiten sollten, so bewohnbar wie möglich würde. Loewy war der Auffassung, daß seine Arbeit für die NASA eine seiner bedeutendsten Leistungen war. Im Gegensatz zu seinen früheren Projekten weisen die minimalistischeren Entwürfe der sechziger und siebziger Jahre eine wiederentdeckte Eleganz auf, die Loewys Fähigkeit dokumentiert, den Wechsel der Mode mitzuvollziehen. Die Tatsache, daß es sich bei Raymond Loewy um eine der Schlüsselfiguren des Designs im 20. Jahrhundert handelt, fand spätestens seit den siebziger Jahren die volle internationale Anerkennung und wurde durch die 1976 in der Renwick Gallery in Washington D.C. veranstaltete Retrospektive seiner Arbeit nochmals bestätigt.

Der Studebaker »Commander« (1950, oben) war eine von Loewys einflußreichsten Nachkriegsarbeiten. Im Vergleich zu vielen seiner üppigen, chrombeladenen Zeitgenossen verkörperte der Studebaker eine Eleganz und Zurückhaltung europäischer Prägung.

Großbritannien spielte bei der Entwicklung der modernen Architektur und des Designs in den zwanziger und dreißiger Jahren insgesamt nur am Rande eine Rolle und erwies sich im Gegensatz zu Kontinentaleuropa gegenüber neuen Ideen als weitgehend resistent. Einige wenige progressive Architekten und Designer – viele von ihnen Immigranten –, darunter Raymond McGrath, F. R. S. Yorke, Berthold Lubetkin, Maxwell Fry, Serge Chermayeff und insbe-

sondere Wells Coates (1895–1958), setzten sich jedoch in einer stark durch Traditionen geprägten ästhetischen Umwelt für die Ziele des »Modern Movement« ein. Obwohl weniger produktiv als viele seiner Kollegen, ging von Coates durch die Vielfältigkeit seiner Arbeit – seine Aktivitäten umfaßten die Bereiche Architektur, Innenarchitektur, Möbel- und Produktdesign – ein starker Einfluß aus.

Wells Coates

Wells Coates gehörte in den Jahren zwischen den Weltkriegen zu den einflußreichsten Designern Großbritanniens. Er entwarf höchst originelle Gebäude, Interieurs und Objekte, die auch heute noch modern wirken.

Japanisches Erbe

Coates war zwar kanadischer Staatsbürger, wurde aber in Tokio geboren und verbrachte auch die ersten achtzehn Jahre seines Lebens in der Stadt, in der sein Vater als Missionar tätig war. Die Vorliebe der Japaner für das minimalistische Design und die formale Klarheit trugen zu der besonderen Strenge seines modernen Stils bei. Von 1913–1915 und 1919–1921 studierte er Maschinenbau an der Uni-

Das 1934 für E. K. Cole Ltd entworfene Radio »Ekco AD65« (unten). Die Betonung der Modernität durch das Gehäuse aus Bakelit gab diesem Radio eher das Aussehen eines technischen Ausrüstungsgegenstands als das eines Möbelstücks.

versity of British Columbia in Vancouver und promovierte 1922–1924 an der University of London.

Erste Inneneinrichtungen

Obwohl er nach seiner Promotion eigentlich auf die berufliche Laufbahn eines Architekten vorbereitet war, war Coates zunächst als Journalist tätig, gegen Mitte der zwanziger Jahre hauptsächlich in London für den »Daily Express«. 1925 arbeitete er dann in Paris und besuchte die Exposition Internationale des Arts Décoratifs et Industriels Modernes. Dort beeindruckten ihn besonders die Arbeiten von Le Corbusier, die im Pavillon de l'Esprit Nouveau gezeigt wurden (siehe S. 94–97) und in späteren Jahren einen enormen Einfluß auf ihn haben sollten.

1928 heiratete Coates Marion Grove und beschloß, sich in London niederzulassen und sich beruflich auf die Architektur beziehungsweise Innenarchitektur zu konzentrieren. Eine seiner ersten Auftragsarbeiten bestand in der Gestaltung der Schaufenster und Inneneinrichtungen für die Crysede Silks Company 1928 und für deren Tochterfirma Cresta Silks im Jahr darauf. Die von ihm gestalteten Geschäfte von Cresta Silks in London, Bournemouth und Brighton zeigten eine gewagt moderne, minimalistische Ästhetik, die durch die amerikanische Avantgarde und den franzö-

sischen Art-déco-Stil beeinflußt war. Die kühne Strenge der Schaufensterdekoration und die Beschriftung, die in ihrer Einfachheit und dem modernen Design betont neuartig waren, wurden teilweise von dem Grafiker Edward McKnight Kauffer entworfen (siehe S. 125 unten).

1931 wurde Coates und einige andere Vertreter der Moderne wie Raymond McGrath und Serge Chermayeff, mit dem Entwurf der Inneneinrichtungen für das »Broadcasting House«, den neuen Hauptsitz der BBC in London, betraut. Coates nahm die Herausforderung, ein Design speziell für ein neuartiges Kommunikationsmedium zu entwerfen, mit dem ihm eigenen Enthusiasmus an. Seine Rundfunk-Regieräume, Sendesäle und Studios (siehe S. 127) waren technisch auf hohem Niveau, aber minimalistisch im Design.

Architektur

In den dreißiger Jahren arbeitete Coates eine Reihe von richtungsweisenden modernen Architekturprojekten aus. Dazu zählten die Kleinwohnanlage Lawn Road im Londoner Stadtteil Hampstead, in die als einer der ersten Marcel Breuer (siehe S. 108–111) und Walter Gropius (siehe S. 88/89) einzogen. Diese Wohnungen wurden von dem Unternehmer

Jack Pritchard 1932 in Auftrag gegeben und 1934 fertiggestellt (oben). Zu weiteren Projekten gehörten das Apartmenthaus Embassy Court in Brighton (1935) sowie ein Wohngebäude im Londoner Stadtteil Kensington (1936). Coates betrachtete die Innen- und Außengestaltung der Gebäude hinsichtlich ihrer praktischen Funktion stets als Einheit. Die Konzeption der Kleinwohnanlage Lawn Road basierte beispielsweise auf der Idee des »minimalen Wohnens«, die aus den Vorstellungen Le Corbusiers und Coates' Erfahrungen mit der japanischen Kultur resultierten. Auf der 1933 in der Dornland Hall in London ausgerichteten Ausstellung British Industrial Art as Applied to the Home stellte Coates die »Minimalwohnung« vor, die lediglich mit dem für einen zivilisierten Lebensstil Allernotwendigsten ausgestattet war. Die Küche (oben) bestand aus funktionalen Einheiten, die Haushaltsgeräte und Stauraum kombinierten, um so das knapp bemessene Raumangebot möglichst effizient zu nutzen. Der kleine Wohn-/Eßbereich war mit den kahlen Wänden, Teppich, Sofa, Sessel, Bücherregal, einem kleinen Eßtisch und zwei Stahlrohrstühlen streng nach modernen Stilvorstellungen entworfen. Dieser Minimalismus war insbesondere für einen in England arbeitenden Designer progressiv, da hier die Strenge der modernen Innenarchitektur nur zögerlich angenommen wurde.

Möbel

Coates beschäftigte sich in den dreißiger Jahren nicht nur mit Architektur- beziehungsweise Innen-

Eine Innenansicht der Kleinwohnanlage Lawn Road in London (1943, oben links). Passend zur Außengestaltung des Gebäudes verwendete Coates den von Marcel Breuer für Isokon entworfenen Liegestuhl und den Beistelltisch aus Schichtholz (siehe S. 108–111) zusammen mit Einrichtungsgegenständen, die er selbst entworfen hatte.

Diese von Coates entwickelte »Minimalküche« (oben) wurde 1933 bei der Ausstellung British Industrial Art as Applied to the Home in der Londoner Dornland Hall gezeigt.

Eine für Cresta Silks Anfang der dreißiger Jahre entworfene Schaufensterfront (links). Coates verwendete von der Firma Crittall hergestellte, metallgerahmte Fenster, um die ausladenden Spiegelglasflächen zu ermöglichen, die ein Gefühl von »Offenheit« vermitteln sollten.

architektur, sondern entwickelte darüber hinaus grundlegend neue Ansätze für das Design von Serienmöbeln, für die er – angeregt durch die Arbeiten von Marcel Breuer und anderen – als bevorzugten Werkstoff gebogenes Schichtholz und Stahlrohr verwendete. In der Tat stellte das Möbeldesign für Coates und andere Vertreter der Moderne eine Art Erweiterung der Architektur dar. 1932 gründeten er und Jack Pritchard die Firma Isokon (Isometric Unit Construction), um moderne Möbel zu entwerfen und herzustellen, die Teile eines »minimalen Interieurs« (siehe S. 78/79) werden sollten. 1935 produzierte

Coates in Zusammenarbeit mit dem britischen Möbelhersteller PEL (Practical Equipment Limited) eine Möbelserie aus Stahlrohr, die stilistisch den Möbeln Breuers ähnelte und für das Apartmenthaus Embassy Court in Brighton bestimmt war.

Haushaltsgegenstände

Coates ging einen Schritt weiter als die meisten seiner europäischen Kollegen: vom Entwurf von Möbelstücken zur Konzeption einer neuen Haushaltstechnologie. Aufgrund seines ingenieurwissenschaftlichen Hintergrunds konzipierte Coates Radio- und Fernsehgeräte

entgegen der traditionellen Sichtweise weniger als Einrichtungsgegenstände, sondern eher als technische Ausrüstung. Seine Arbeit für den britischen Hersteller E.K. Cole aus dem Jahr 1932 war in dieser Hinsicht besonders richtungsweisend. Coates, Chermayeff und Misha Black arbeiteten alle an Entwürfen für die Ekco-Serie. Das Modell »AD65« (1934, siehe S. 124) – Ergebnis der erfolgreichen Teilnahme Coates' an einem von E. K. Cole veranstalteten Designwettbewerb – wurde zu einem Meilenstein des modernen Radiodesigns. Neben der Verwendung von innovativen Materialien wie Bakelit, einem damals neu entwickelten Kunststoff, zeigt der Entwurf, wie das funktionale Designprinzip, wonach die »Form der Funktion folgt«, auch auf Konsumgüter anwendbar war. Die kreisrunde Form des Gehäuses wurde durch die Form des dahinterliegenden Lautsprechers vorgegeben. Diese runde Form des Radios hatte den

Diesen Katamaran entwarf Coates als begeisterter Sportler für den eigenen Gebrauch (oben). Er liebte die Geschwindigkeit und sah in ihr einen wichtigen Aspekt des modernen Lebens.

Das »Telekinema« (rechts), 1951 für das Londoner Festival of Britain entworfen. Coates Interesse an den Medien ging auf seine Ingenieursausbildung, sowie seine Arbeit für den BBC Ende der dreißiger Jahre zurück.

Das für E.K. Cole 1948 entworfene Radiogerät »Princess-Handbag« (»Handtasche der Prinzessin«) (unten). Dieses zierliche Radio mit dem »femininen« Design – es war vor allem für einen weiblichen Käuferkreis gedacht – ist mit seinem farbenfrohen Gehäuse aus Zellulose-Acetat ein gutes Beispiel für innovatives britisches Nachkriegsdesign.

zusätzlichen Vorteil, daß zu seiner Herstellung weniger Material benötigt wurde und es deshalb in der Herstellung günstiger war als vergleichbare Geräte mit eckigen Formen. Der geringe Anschaffungspreis zusammen mit dem aufregenden Stromliniendesign bescherten dem »AD65« in Großbritannien einen außerordentlichen Verkaufserfolg.

Späte Arbeiten

Nach dem durchschlagenden Erfolg des »AD65« entwarf Coates gegen Ende der dreißiger Jahre ein weiteres Radiogerät für Ekco, das »AC76«, die »Thermovent-Serie« (1937), eine Modellfamilie von elektrischen Heizgeräten, deren Gehäuse ebenfalls aus Bakelit bestand, sowie ein Fernsehgerät mit einem hochklappbaren Deckel (1946). Die Gehäuse der letzten beiden Entwürfe wurden auf kleine Füße gesetzt und lehnten sich stärker an traditionelle Möbelformen an; dennoch blieben es minimalistische, monolithische Objekte ohne Verzierung der Oberfläche. Ein besonders progressives Design gelang gleich nach dem Krieg mit dem Radio »Princess-Handbag« (1948), das Coates ebenfalls für Ekco entwarf (siehe S. 126 rechts). Kompakt und tragbar durch einen durchsichtigen Plastikgriff und einen Schulterriemen, richtete es sich eindeutig an die Hausfrau, die während ihrer häuslichen Aufgaben nach Unterhaltung suchte.

In den vierziger und fünfziger Jahren arbeitete Coates als beratender Designer für eine Reihe von Firmen, unter anderem für den Flugzeughersteller De Havilland, die British Overseas Air Company (BOAC) und die Schallplattenfirma EMI. 1944 wurde er zu einem »Royal Designer for Industry« ernannt; der Titel wurde ihm für seine Pionierarbeit verliehen, die er auf dem neu geschaffenen Sektor des beratenden Industriedesigns geleistet hatte.

Ab 1951 – dem Jahr, in dem er das »Telekinema« (ein futuristisches Kino; siehe S. 116 links) anläßlich des Festival of Britain an der Londoner South Bank entwarf – nahm Coates' beruflicher Karriere eine neue Wendung. Coates ging in die Vereinigten Staaten und lehrte an der Harvard University. 1956 kehrte er nach Kanada zurück, wo er einem Herzanfall erlag.

Studio 6D (unten) wurde 1932 für den neuen Hauptsitz der BBC in der Great Portland Street in London entworfen.

Raymond McGrath und Serge Chermayeff waren ebenfalls beauftragt worden, doch Coates' Entwurf war am funktionalsten.

Im Gegensatz zu vielen seiner Designerkollegen, die sich zwischen den Weltkriegen intensiv mit der Konstruktion von Automobilen, Flugzeugen und anderen Maschinen beschäftigten, konzentrierte sich Russel Wright (1904–1967) in seiner Arbeit ausschließlich auf Gegenstände des Haushalts – insbesondere Möbel, Keramik und Metallwaren. Obwohl er sich auf ein Gebiet spezialisierte, das traditionell als »Kunsthandwerk« bezeichnet wurde, waren seine Entwürfe in ihrer Modernität geradezu aggressiv und zeigten einen Hang zu minimalistischen, organischen Formen, die die auf Nützlichkeit ausgerichteten Alltagsgegenstände in abstrakte Skulpturen verwandelten. Gleichzeitig war er aber im Grunde seines Herzens ein Mensch, der mit seinen Entwürfen die Lebensumstände jedes einzelnen verändern und modernisieren wollte.

Russel Wright

Russel Wright machte modernes Design für den amerikanischen Durchschnittshaushalt erschwinglich. Mit einem ausgeprägten Gespür für die Veränderungen der modernen Lebensgewohnheiten entwarf er Geschirr, Kochutensilien und Möbel, die den veränderten Ansprüchen des Massenmarkts gerecht wurden.

»Residential«, ein Tafelservice aus Melamin, wurde von der Bostoner Northern Industrial Chemical Company hergestellt und 1953 auf den Markt gebracht. Diese preisgünstigen, farbenfrohen Gedecke mit ihren unkonventionellen Formen waren als Erstausstattung für junge Ehepaare gedacht, die sich noch kein teures Keramikservice leisten konnten. Genau wie beim »American Modern« wurden die einzelnen Teile in einer großen Farbauswahl hergestellt und konnten frei miteinander kombiniert werden – ein Konzept, das Wrights Vorliebe für eine natürlichere häusliche Umgebung spiegelte.

Anfänge der Karriere

Wie Norman Bel Geddes und Henry Dreyfuss (siehe S. 130/131) begann Wright sein Karriere als Theaterdesigner. Er studierte zunächst Malerei in seiner Heimatstadt Cincinnati und danach an der Art Students' League in New York. Nach einem kurzen Intermezzo in Princeton, wo er sich auf Drängen seines Vaters, eines Quaker-Richters, in Jura einschrieb, wechselte er an die Columbia University, um Architektur zu studieren. Ab 1924 beschäftigte er sich mit Bühnendesign und arbeitete zusammen mit Bel Geddes auch an einigen Produktionen mit – darunter »The Miracle« und »King Lear«. Seine Karriere auf diesem Gebiet war jedoch nur von kurzer Dauer. Nach seiner Hochzeit ermutigte ihn seine Frau Mary, eine Reihe kleiner Haushaltsgegenstände für den Einzelhandel zu entwerfen. Der kommerzielle Erfolg von Artikeln wie Brötchenwärmer oder Eiskübel aus Aluminium veranlaßte ihn, 1930 eine eigene Werkstatt in New York zu eröffnen.

Entwürfe aus den dreißiger Jahren

Die dreißiger Jahre waren für Wright zugleich ein produktives und profitables Jahrzehnt. Zu seinen Entwürfen zählten Besteck und Geschirr (1930) und ein Tischradio für Wurlitzer (1932, siehe S. 129 oben). Im Jahr 1931 wurde er eingeladen, im Rahmen der »Industrial Art« im New Yorker Metropolitan Museum of Art auszustellen. Von 1933 bis 1934 entwarf er verschiedene verchromte Küchenutensilien für Chase Brass and Copper. Der spontane, leicht unstete Charakter von Wrights Aktivitäten änderte sich grundlegend, nachdem seine Möbelserie »Modern Living«, die einfach aber praktisch war, von Conant-Ball in Serie hergestellt und ab 1935 durch das Kaufhaus Macy's vertrieben wurde (siehe S. 129 unten).

Geschirr

»American Modern«, Wrights berühmtes Keramikservice, wurde 1937 entworfen, von der Steubenville Pottery hergestellt und zwei Jahre später auf den Markt gebracht. Es war dann in den vierziger und fünfziger Jahren in zahllosen amerikanischen Haushalten zu finden und wurde einer der beliebtesten Haushaltsartikel der damaligen Zeit, speziell bei jungen Ehepaaren. Die ungewöhnlichen, sich verjüngenden Konturen und die gewölbten Ränder erinnerten an pflanzliche Formen; die große Auswahl an dunklen, gedämpften Farbtönen ließ sich vielfältig kombinieren. Die Popularität von »American Modern« veranlaßte Wright, noch eine Reihe

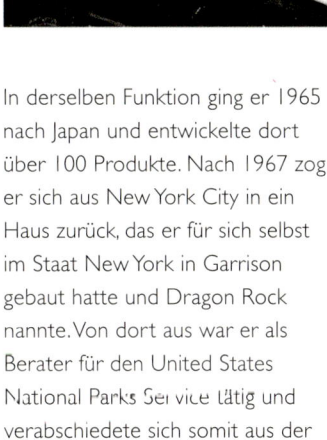

Mary Wright, Russells Frau und enge Mitarbeiterin, demonstriert, wie die von ihrem Ehemann entworfenen informellen Haushaltswaren der modernen Gastgeberin das Leben erleichtern.

1932 für Wurlitzer entworfenes und sinnigerweise »Lyric« genanntes Tischradio (rechts). Die Klarheit und Kompaktheit waren ein enormer Fortschritt gegenüber den früheren Konsolenradios, die beträchtlich sperriger waren.

Möbelstücke aus Wrights Serie »Modern Living« (1935, unten), einem ultramodernen Design aus massivem Ahorn, das entweder in einem rötlichen Farbton oder, wie auf der Abbildung, mit einem ungebeizten, »blonden« Finish erhältlich war. Die Garnitur war kommerziell äußerst erfolgreich.

stellten Serie »Casual China« (1946) sowie 1953 mit der preisgünstigen Melaminreihe »Residential« (siehe S. 128), einem frühen Beispiel eines Eßgeschirrs aus Kunststoff. Dieses Material war bis dato nur zur Lebensmittelaufbewahrung verwendet worden. Ab 1955 war er dann als Berater für Hersteller in Südostasien tätig, wo er unter anderem Ideen für Manufakturbetriebe entwickelte.

In derselben Funktion ging er 1965 nach Japan und entwickelte dort über 100 Produkte. Nach 1967 zog er sich aus New York City in ein Haus zurück, das er für sich selbst im Staat New York in Garrison gebaut hatte und Dragon Rock nannte. Von dort aus war er als Berater für den United States National Parks Service tätig und verabschiedete sich somit aus der Welt des Industriedesigns.

anderer Garnituren zu entwerfen, darunter Besteck, Gläser und Tischwäsche.

Der Erfolg von Wrights massenproduzierten Möbeln und Keramikservicen beruhte nicht nur auf der funktionalen Einfachheit und organischen Anmut der Entwürfe, sondern auch auf der Tatsache, daß sie dem schwindenden Formalismus im amerikanischen Mittelklassehaushalt entsprachen. Wright legt dieses Konzept der »informellen Gastfreundschaft« in »A Guide to Easier Living« (»Anleitung zur Erleichterung des Lebens«), einem 1951 in Zusammenarbeit mit seiner Frau Mary Wright verfaßten Buch, dar.

Spätphase

Wright konnte den unerwarteten und beispiellosen Erfolg von »American Modern« nicht wiederholen, und sein nächstes Projekt – die Möbelserie »American Way« – war aus kommerzieller Sicht derart erfolglos, daß die Produktion 1942 eingestellt wurde. Nach diesem Rückschlag und dem Tod seiner Frau ein Jahrzehnt später wurde es etwas stiller um Wright, obwohl er während der nächsten fünfzehn Jahre weiterhin am Design der gleichen Keramik- und Möbelgarnituren arbeitete. Kleinere Erfolge gelangen ihm mit seiner von Iroquois China herge-

Von der Generation der amerikanischen Industriedesigner, die in den zwanziger und dreißiger Jahren von sich reden machten, war Henry Dreyfuss (1904–1972) der am wenigsten bekannte. Und das, obwohl er durch sein kompromißloses Designverständnis, das stets die Lösung menschlicher Probleme in den Mittelpunkt stellte, mehr als jeder andere seiner Zeitgenossen

zum Ansehen seines Berufsstands beitrug. Für Dreyfuss mußte die Lösung eines Designauftrags stets alle sozialen, ethischen, ästhetischen und praktischen Aspekte der Problemstellung einbeziehen; eine Auffassung, die er als Autor und in seiner Funktion als Berater für eine Vielzahl großer amerikanischer Unternehmen vertrat und publik machte.

Henry Dreyfuss

Henry Dreyfuss, hier auf einer Abbildung aus dem Jahr 1951 (oben), gehörte zu einer Generation von amerikanischen Designern, die als Berater der Industrie fungierten und in den Jahren zwischen den Kriegen die Alltagswelt veränderten. Er stellte den »Menschen« in den Mittelpunkt seines Designkonzept und wollte verhindern, daß dieser von der raschen technischen Entwicklung überrollt würde.

Das Telefon »Model 300« (links) wurde ab 1937 von den Bell Telephone Laboratories hergestellt. Sein Bakelitgehäuse und die einfachen Formen waren das Ergebnis intensiver Materialforschung und ergonomischer Studien.

Erste Produktentwürfe

Trotz seines nüchternen, soliden Images begann Dreyfuss seine Karriere wie der Designer Norman Bel Geddes (mit dem zusammen er 1923 eine kurze Lehre durchlief) als Theaterdesigner. Zuvor hatte er an der Ethical Culture School in New York studiert und verkaufte eine Zeitlang Bühnenzubehör im Geschäft seines Großvaters. Die mageren Erlöse, die ihm seine Arbeit am Broadway einbrachten, reichten nicht aus, seine Familie zu ernähren. Deswegen verlegte er sich ab 1929 auf das kommerzielle Design und entwarf zunächst Verpackungen, arbeitete dann für Kaufhäuser, an Schaufensterauslagen und Produkten, um sich schließlich, nachdem Hersteller an ihn herangetreten waren, dem Produktdesign zuzuwenden. Einer seiner ersten Kunden waren ab 1930 die Bell Telephone Laboratories, für die er eines der frühesten modernen Telefone entwarf, das »300«, welches 1937 auf den Markt kam. Dieses Modell, bei dem Hör- und Sprechmuschel in einem einzelnen schwarzen Bakelitgehäuse vereint waren, wurde in aktualisierten Versionen über ein Jahrzehnt lang verkauft (links).

Während der dreißiger Jahre arbeitete Dreyfuss für eine ganze Reihe von Firmen, deren Aufträge er stets mit derselben eisernen Disziplin anging. Zu seinen wichtigsten langfristigen Kunden gehörten der Weckerfabrikant Big Ben (ab 1932), Sears Roebuck (ebenfalls ab 1932), für die er die Waschmaschine »Toperator« entwarf, General Electric (ab 1933), für die er den »Flat-Top-Kühlschrank« kreierte, Hoover (ab 1934) und Deere & Co. (ab 1937), deren Traktoren er umgestaltete. Seine Produkte

glichen denen anderer amerikanischer Industriedesigner hinsichtlich Form, Stil und Materialien, verrieten jedoch einen geringer ausgeprägten Hang zur Stromlinienform.

Design für den Benutzer

In den späten dreißiger Jahren entwarf Dreyfuss für die New York Central Railroad Company die »Mercury Locomotive«. Dieses Modell, das für die ab 1941 produzierte Eisenbahn »20th Century Limited« bestimmt war, stellte ein bis zu den Kaffeetassen des Speise-

Das Fertighaus der Consolidated Vultee Aircraft Company (1942, oben) entstand in Zusammenarbeit mit dem Architekten Edward Barnes. Neben einfachen Wohngebäuden entwarf Dreyfuss auch Innenausstattungen für Flugzeuge dieser Firma.

Die Polaroid-Kamera »Automatic 101 Land Camera« (1964, links). Vorgabe war es, eine Kamera zu schaffen, die preiswerter war als ihr Vorgängermodell und darüber hinaus kompakt und leicht. Sie ist in der Tat kaum größer als eine Zigarrenschachtel. Die Beschriftung der Bedienelemente macht die Handhabung einfach. Es handelt sich um ein weiteres Beispiel für Dreyfuss' Bemühungen, seine Entwürfe in den Dienst des Verbrauchers zu stellen.

wagens vereinheitlichtes Produkt dar. Das stromlinienförmige Äußere wurde im Innenraum durch eine neuartige Sitzgruppierung ergänzt. Nirgendwo wurde dieses Anliegen deutlicher als in dem 1955 veröffentlichten Buch »Designing for People«: »Wir sind uns der Tat-

sache bewußt, daß wir Dinge entwerfen, in denen man fährt und sitzt, die betrachtet werden, in die hineingesprochen wird, die eingeschaltet und bedient werden oder auf irgendeine andere Art von Menschen benutzt werden, sei es alleine oder en masse.« Diese Erkenntnis führte zur Erfindung von »Joe und Josephine« – zweier Modellverbraucher bzw. -benutzer – und machte die Beschäftigung mit den »Anthropometrics«, der Wissenschaft der menschlichen Proportionen, zum Ausgangspunkt des Designprozesses. Dieses Konzept tauchte zum ersten Mal überhaupt in Studien des dänischen Designers Kaare Klint (siehe S. 64/65) in den zwanziger Jahren auf und war durch die Flugzeugkonstruktion während des Krieges vorangetrieben worden. Dreyfuss trug dazu bei, »ergono-

mische« Daten zu einem integralen Bestandteil des Designs von Gebrauchsgegenständen zu machen.

Späte Arbeiten

Auch während der fünfziger Jahre arbeitete Dreyfuss mit neuen Auftraggebern und Stammkunden aus der Industrie zusammen. So

beauftragte ihn beispielsweise 1960 die Polaroid Corporation, die »Automatic 100 Land Camera« im Taschenformat zu entwerfen (eine spätere Version ist auf S. 130, rechts, zu sehen). Dreyfuss zog sich 1969 aus dem Berufsleben zurück, seine Firma, Henry Dreyfuss Associates, besteht jedoch weiterhin.

Diese wohlbekannte Thermoskanne wurde für die American Thermos Company entworfen (1936). Dreyfuss sagte, er habe sich durch einen antiken griechischen Krug inspirieren lassen, aber durch die weichen Linienführung und ihre Details aus Plastik und Chrom ist diese Thermoskanne ebenso ein hervorragendes Beispiel für amerikanisches Design im Stil des »Streamlining«.

Der Beruf eines beratenden Designers für die Industrie, der sich in den Vereinigten Staaten in den dreißiger Jahren entwickelt hatte, etablierte sich im Verlauf der vierziger Jahre nach und nach auch in Europa, besonders in Großbritannien, Frankreich und Italien. Damit trat dieses neue Berufsbild in Konkurrenz zum traditionellen europäischen Rollenverständnis, das den Designer als Architekt oder Handwerker sah. Erstaunlicherweise entsprang Sixten

Sason (1912–1969), ein außergewöhnlicher Industriedesigner, der handwerklich orientierten Designwelt Schwedens. Sason stammte aus einer Familie von Bildhauern und lebte in den zwanziger Jahren in einer Künstlerkolonie in Paris; wie viele Designer aus der handwerklichen Tradition genoß er zunächst eine künstlerische Ausbildung. Seinen eigentlichen Familiennamen, Andersson, änderte er aus künstlerischen Erwägungen in Sason.

Sixten Sason

Sixten Sason war die schwedische Variante dessen, was in Amerika die beratenden Industriedesigner waren. Seine Arbeit an stromlinienförmigen Autos für Saab und die Entwürfe für Hasselblad und Electrolux machen ihn zu einem der erfolgreichsten Gestalter seines Faches im 20. Jahrhundert.

Illustrationen

Wie andere Designer vor ihm, beispielsweise der Belgier Henry van de Velde (siehe S. 16/17) und der Schwede Wilhelm Kåge (siehe S. 66–69), bestritt Sason seinen Lebensunterhalt zunächst als Illustrator. Der Beginn seiner Karriere in den dreißiger Jahren fiel jedoch in eine Zeit, in der Europa eine nie dagewesene technische Entwicklung und Kommerzialisierung erlebte. Aufgrund seiner Skizzen von Motorrädern erhielt er zunächst eine Anstellung als Zeichner in der Konstruktionsabteilung von Husqvarna, einem Motorrad- und Waffenfabrikanten. Während des Zweiten Weltkriegs diente Sason als Pilot in der schwedischen Luftwaffe, wurde aber bei einem Absturz verletzt. Die vierjährige Rekonvaleszenz nutzte er für ein

Maschinenbaustudium im Fernkurs. Nach seiner Genesung arbeitete er – diesmal als freier Mitarbeiter – erneut für Husqvarna, nahm aber auch Zeichenaufträge für Anzeigen in Automagazinen, religiösen Publikationen und Liebesromanen an.

Produktdesigns

Unmittelbar nach dem Krieg machte sich Sason unter dem Namen Sason Design AB selbständig und galt bald darauf als der Pionier des schwedischen Industriedesigns: Er erhielt Aufträge von Firmen wie Electrolux, für die er einen Staubsauger entwarf, arbeitete außerdem weiterhin für Husqvarna an deren erweitertem Angebot, bestehend aus Waschmaschinen, Bügeleisen und Küchengeräten, und entwarf Busse sowie Züge für ASJ. 1955 erarbeitete er zusammen mit

Victor Hasselblad Entwürfe für eine neue Kamera. Aufgrund seiner Fähigkeiten in den Bereichen Zeichnung und Konstruktion entwarf Sason innovative, technisch hochstehende Produkte, die sich in ihrem offensiv »modernen« Erscheinungsbild aber gleichzeitig stark an das amerikanische Streamlining der dreißiger Jahre anlehnten.

Arbeiten für Saab

Man erinnert sich an Sason zuerst wegen seiner Automobilstudien für Saab – die schwedische Firma, die 1937 mit privatem Kapital auf eine Initiative der Regierung hin gegründet wurde, um die Produktion von Militärflugzeugen auszuweiten. Als sich die Firma am Ende des Zweiten Weltkriegs entschloß, in die Automobilproduktion einzu-

Der »Saab 92« (1947, links). Die integrierte Form, erreicht durch die stromlinienförmige Karosserie, machte den Saab zu einem der modernsten Wagen seiner Zeit. Die Anregungen hierzu kamen aus dem Flugzeugbau – einem Produktionsbereich, in dem die Firma Saab ebenso engagiert war –, und Sason gelang es, diese auf dem Neuland des Automobildesigns umzusetzen.

steigen, wurde Sason beauftragt, einen Entwurf einzureichen, der dann auch sofort angenommen wurde. Sasons Vision eines leichten und doch leistungsstarken, durch seine Stromlinienform betont futuristischen Wagens war der Grundstein für das Projekt »Saab 92« (siehe S. 132) in den späten vierziger Jahren, das von dem Ingenieur der Firma, Gunnar Ljungström, geleitet wurde. In seinen Entwürfen erschuf Sason eine Modernität, die sich genauso stark mit dem Lebensstil wie mit technischen Fragen beschäftigte. Die in Nylon gekleideten Frauen, die in seinen Zeichnungen immer wieder zu sehen waren, verkörperten ein neues Zeitalter, in dem Dynamik und Eleganz eine zentrale Bedeutung zukamen.

In Übereinstimmung mit der Praxis amerikanischer Industriedesigner war Sason an allen Phasen des Designprozesses beteiligt, von der ersten Entwurfsskizze zum Windkanalmodell. Deshalb sind seine ursprünglichen Ideen stets auch in den Produktionsmodellen deutlich erkennbar. Von dem Beginn seiner Arbeit am »Saab 92« bis zum 1969 vorgestellten »Saab 99« (unten links) war der enorme Erfolg, der der Firma nicht nur in Schweden, sondern auch international beschieden war, das Verdienst von Sason. Bedauerlicherweise starb er zu früh, um das Endergebnis seiner Anstrengungen in der Groß-produktion sehen zu können.

In der »Saab 1 A37 Viggen« kam das anhaltende Engagement des Unternehmens im Bereich Flugzeugbau sowie sein Bekenntnis zu einem betont modernen Produktimage zum Ausdruck.

Das Armaturenbrett des »Saab 99« (links). Das Automobil wurde basierend auf Sasons' Ideen von Gunnar Ljungström und Björn Envall entworfen und 1969 auf den Markt gebracht; sechs Monate nach dem Tod des Designers.

Das berühmte Modell »SLR« (rechts), das von dem schwedischen Familienunternehmen Hasselblad hergestellt wurde. Sason wurde in der Entwurfsphase von der Firma als Berater hinzugezogen. Das Aussehen der Kamera blieb nach ihrer Markteinführung gegen Ende der vierziger Jahre über mehrere Jahrzehnte hinweg unverändert.

Der neue Modernismus

Bis zum Ausbruch des Zweiten Weltkriegs im Jahr 1939 hatte sich das moderne Design in vielfältigen Manifestationen voll entwickelt, und sein Einfluß war, auf konkreter wie ideeller Ebene, international deutlich zu spüren. Die mit dieser Stilrichtung verbundenen Anschauungen waren voll ausformuliert und ihre Pioniere allgemein anerkannt. Die Designer konnten sich nach 1945 mit einer Tradition der Moderne auseinandersetzen und hatten Leitfiguren, denen sie nacheifern oder die sie ablehnen konnten. Am raffiniertesten entwickelte sich das Nachkriegsdesign als Darstellungsort nationaler Identitäten. Viele Länder, die nach dem Zweiten Weltkrieg an den Wiederaufbau herangingen, wollten international mit einem neuen Image auftreten, und dazu bot sich das Design geradezu an.

In Europa wurde dies in den skandinavischen Ländern, in Italien, Deutschland und Großbritannien am deutlichsten sichtbar. Außerhalb Europas nutzten die Vereinigten Staaten und Japan ebenfalls das moderne Design als Aushängeschild für ihre fortschrittliche Wirtschaft und Kultur. Die Vereinigten Staaten präsentierten sich mit stromlinienförmigen Produkten, die sie weltweit in viele Länder exportierten. Zahlreiche Länder besannen sich in dem Bemühen, sich von den anderen abzusetzen, daraufhin auf ihre jeweiligen Traditionen. Schweden und Dänemark beispielsweise gelangten bei der Suche nach eigenständigen kreativen Schöpfungen zu einem neuen, auf die geforderte Modernität ausgerichteten Verständnis ihrer handwerklichen Traditionen, während Italien für ein vermarktbares Image auf seinen angestammten Ruf als Land des guten Geschmacks mit hohem Qualitätsbewußtsein zurückgriff.

All diese Länder suchten in jener Zeit ihre eigenen Vorstellungen von gutem Design mit den unterschiedlichsten Strategien zu propagieren. Eine ganze Reihe von Verbänden und Organisationen – einige neugeschaffene wie etwa der 1944 ins Leben gerufene englische Council of Industrial Design und der 1951 gegründete Rat für Formgebung in Deutschland sowie andere, noch aus der Vorkriegszeit stammende, wie der dänische Den Permanente und Svenska Slöjdföreningen in Schweden – riefen Hersteller und Öffentlichkeit dazu auf, ihre Vorstellungen von gutem Geschmack der modernen Zeit anzupassen. Besonders aktiv in diesem Zusammenhang war das Museum of Modern Art in New York; es organisierte international populäre Wettbewerbe zum Thema gutes Design. Wieder wurden Ausstellungen zur Präsentation genutzt; in den fünfziger Jahren waren in dieser Hinsicht die Triennalen von Mailand besonders wichtig, wo die innovativsten Entwürfe des internationalen Designs ausgestellt wurden. Die bei diesem Ereignis vergebenen Preise waren begehrt und gaben den Anstoß für so manche Karriere. Viele führende Designer steuerten auch zum Festival of Britain im Jahr 1951 wichtige Beiträge bei.

Das moderne Design der Nachkriegszeit stand für die verschiedenen Formen der Demokratie, wie sie nach 1945 formuliert wurden. Die Vorkriegsmoderne hatte den Ton vorgegeben, und nach 1945 gingen modernes Design und das Ideal zugleich ästhetischer und funktionaler Güter für jedermann noch immer Hand in Hand. Die Länder reagierten jedoch unterschiedlich auf ihre jeweilige Vergangenheit: Italien zum Beispiel lehnte einige architektonische Stile aus der Zeit vor dem Krieg wegen deren Verbindung zum Faschismus ab, wohingegen Deutschland sein modernisti-

sches Design wieder aufleben ließ, da die Bauhaus-Schule von der Nationalsozialistischen Partei 1933 geschlossen worden war und deren Entwicklung als nicht abgeschlossen betrachtet wurde.

Das italienische Nachkriegsdesign erkor organische Formen zur alternativen modernen Ästhetik und brachte einen sehr verfeinerten modernen Stil hervor, der an Möbeln, Keramik und Glas sichtbar wurde. Die expressiven italienischen Beleuchtungsobjekte dieser Zeit wurden in internationalen Magazinen gezeigt und wurden rasch zu Symbolen für einen neuen, mit Wohlstand und Kultiviertheit verknüpften Lebensstil.

Im Gegensatz dazu machte sich Deutschland 1945 daran, sein Vorkriegsdesign wiederzubeleben. Die Standardisierung des Maschinenstils wurde durch den technischen Fortschritt noch verstärkt. Designer und Hersteller favorisierten gleichermaßen ein systematisches Vorgehen, und so wurde das deutsche Design bald mit dem Begriff Neofunktionalismus verbunden, einer Designrichtung, die sich in den technisch fortschrittlichen und in ihrem äußeren Erscheinungsbild minimalistischen Elektrogeräten der Deutschen manifestierte.

Die fünfziger Jahre waren in ganz Europa und in den Vereinigten Staaten vom Konsumboom geprägt. In gleichem Maße wuchs das Interesse für Waren aus modernen Materialien, die als Zeichen für einen neuen luxuriösen Lebensstil galten. Zunehmend suchten die Verbraucher rund um den Globus ihre persönlichen Ambitionen durch ihre häusliche Raumausstattung zu repräsentieren. Dieses so noch nie dagewesene Interesse an modernen Stilvarianten, die auf dem Markt zu haben waren, bewog die Designer, dem Verbraucher eine immer breitere Auswahl an Formen anzubieten, und die Hersteller, eine größere Bandbreite an Produkten zu fabrizieren. In Großbritannien zum Beispiel war der »Contemporary Style« von Möbeln, Innenarchitektur und Produktdesign durch Oberflächenmuster und expressive Farbgebung charakterisiert. Er war ein Beleg dafür, daß die modernen Designer gelernt hatten, auf die Anforderungen des Markts zu reagieren.

Wie in den Vorkriegsjahren hatte auch im ersten Jahrzehnt nach 1945 eine Reihe von Pionieren international Erfolg. Die beiden vorherrschenden Stilrichtungen – der von Charles Eames in den Vereinigten Staaten, Arne Jacobsen in Dänemark, Robin Day in Großbritannien und Marcello Nizzoli in Italien (siehe S. 148–151, 142–145 und 168–172) formulierte organische Modernismus und der strengere Neofunktionalismus von Dieter Rams in Deutschland sowie Kenneth Grange in Großbritannien (siehe S. 184–189) – fanden über die Ländergrenzen hinaus Verbreitung. Die neuartigen Materialien, vor allem das gebogene Schichtholz, vermittelten den Objekten eine neue Expressivität, während die Haushaltsgeräte aufgrund der Fortschritte in der Elektronik stilistisch genauso raffiniert wurden wie ihre Gegenparts aus der angewandten Kunst.

Auf der einen Seite bewegte sich das Design für die dekorative Raumausstattung stärker zum Organischen sowie zu abstrakten Formen hin, die vom menschlichen Körper und aus der Natur abgeleitet waren, lehnte nunmehr also maschinenhafte Präzision ab; auf der anderen Seite wurden elektrische Geräte von Herstellern wie der deutschen Firma Braun und des neu gegründeten japanischen Unternehmens SONY (siehe S. 180/181) zunehmend als technisch virtuose Einrichtungsgegenstände konzipiert.

*Interieur des amerikanischen Designers
George Nelson mit dessen originellem
»Marshmallow-Sofa« aus dem Jahr 1956.
Der moderne Stil der Inneneinrichtung
der fünfziger Jahre war weitaus farben-
freudiger und ganz allgemein expressiver
als jener der Vorkriegszeit.*

Der Architekt und Designer Gio Ponti (1891–1979) war zwar nie überzeugter Anhänger einer bestimmten Ideologie oder Bewegung, ließ sich allerdings sein Leben lang von einem Gedanken leiten, den er 1925 im Katalog der Pariser Exposition International des Arts Décoratifs et Industriels Modernes so formulierte: »Der Stil des 20. Jahrhunderts ist die Industrie, ihre Art, Dinge zu kreieren.« Ponti meinte damit nicht einen dogmatischen Bezug auf eine »Maschinenästhetik«, sondern vielmehr die Selbstverpflichtung, beim Design die Implikationen der Massenproduktion zu berücksichtigen. Er verband Tradition mit Modernität, arbeitete mit Handwerkern wie industriellen Herstellern und beschäftigte sich mit allen Gebieten des Designs, von der Stadtplanung über Architektur und Inneneinrichtung bis hin zu Möbeln, Haushaltsgeräten und Zierat.

Gio Ponti

Gio Ponti hatte einen starken Einfluß auf das italienische Design von den zwanziger bis in die fünfziger Jahre. Seine Arbeiten auf den Gebieten Architektur und Gebrauchskunst setzten Maßstäbe, und seine Schriften gaben dem Design in seinem Heimatland einen theoretischen Unterbau.

Architektur

Ponti studierte 1918–1921 am Polytechnikum von Mailand Architektur. Im Lauf seiner Karriere übernahm er mehrere bedeutende Architekturaufträge und arbeitete von seinem Mailänder Studio aus mit Architekten wie Emilio Lancia und später Antonio Fornaroli, Eugenio Soncini und Alberto Rosselli zusammen. Für seinen ersten Entwurf, das Verwaltungsgebäude der Firma Montecatini in Mailand (1936), schuf Ponti auch das gesamte Interieur von den Türklinken bis zu den Stahlrohrstühlen; dieses eindeutig moderne Design – das auf einem Gitter mit vorgefertigten Elementen ohne jedes Dekor basiert – machte ihn mit einem Schlag zu einem der bedeutendsten Architekten der Zeit. Ein weiterer Markstein in seiner Karriere war der Pirelli-Turm in Mailand, der 1958 als einer der ersten Wolkenkratzer in Europa fertiggestellt wurde. Die bewußt nicht schachtelförmig facettierte Form des Turms bestätigte Pontis Behauptung, er habe sich bei diesem Gebäude nicht von der Architektur der New Yorker Hochhäuser, sondern vielmehr von den ungewöhnlichen brasilianischen Wolkenkratzern und ihren eleganten Formen inspirieren lassen.

Erste Gebrauchskunst

Neben seinen architektonischen Arbeiten widmete sich Ponti unermüdlich der angewandten Kunst, insbesondere Keramik, Glas, Metallarbeiten und Möbeln. Sein erster Auftraggeber auf diesem Gebiet war das Keramikunternehmen Richard Ginori mit Sitz in Doccia, für das er zwischen 1923 und 1930 zahlreiche Objekte schuf. Diese höchst dekorativen Stücke, bei denen Ponti klassische Motive (etwa die mythologische Bilderwelt auf Friesen und Töpferwaren) in frischem modernem Geist radikal überarbeitete, gewannen bei der Pariser Exposition International des Arts Décoratifs et Industriels Modernes von 1925 (siehe S. 52/53) einen Preis. Obwohl er für die Firma »künstlerische« Einzelstücke entwarf, reorganisierte er aber auch deren Produktionssysteme, um die Großserienproduktion effizienter zu gestalten.

1930 wurde Ponti von dem Lampenhersteller Fontana Arte beschäftigt. Da er nun für eine Firma aus einem erst jüngst entstandenen Technikbereich – dem der Elektrizität – tätig war, entschied er sich für einen anderen Stil und entwarf eine Reihe ultramoderner Leuchten aus Metall und Glas. Doch Ponti verzichtete keineswegs auf die Herstellung von Luxusgegenständen; für die vierte Triennale im Jahr 1930 kreierte er für Fontana Arte einen großen Tisch mit einer Platte aus schwarzem Kristall und geschliffenen Kristallbeinen. Bei der sechsten Triennale von 1936 reproduzierte er das Interieur seines eigenen Hauses und beschrieb es als »Musterwohnung«, an der man sehen könne, wie die verschiedenen Aspekte seiner Arbeit gut miteinander zu kombinieren seien (siehe links unten).

Entwürfe der Nachkriegszeit

In der ersten Zeit nach dem Zweiten Weltkrieg blieb Ponti der produktive Designer, der er schon in der Vorkriegszeit gewesen war. In

1936 rekonstruierte Ponti für die Mailänder Triennale das Interieur seines eigenen Hauses (unten). Es beinhaltete viele eigene Arbeiten, darunter Möbel – von traditionell bis modern – sowie Keramik- und Glasobjekte von aktueller Gestaltung.

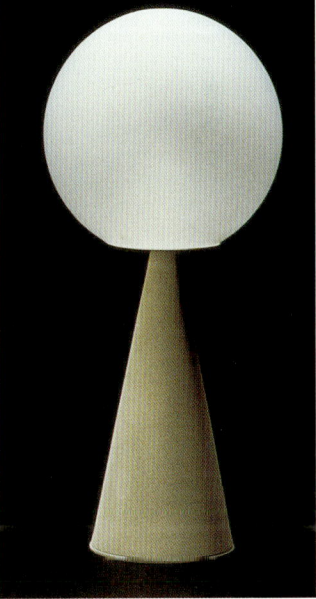

Die Tischlampe »Bilia« (1931, oben), hergestellt aus laminiertem Holz und
opalisierendem Glas von Fontana Arte.
Die geometrischen Formen dieses
schlichten Entwurfs belegen Pontis Fähigkeit, sich losgelöst von Althergebrachtem
nüchtern mit den Problemen von Form,
Funktion und Material auseinanderzusetzen.

Treppe und Halle von Pontis eigenem
Apartment in der Mailänder Via Brin,
1935 aufgenommen (links). Die kahlen
Wände, das offene Geländer und das
Einbauregal belegen seine Beschäftigung
mit funktionalen und räumlichen Fragen
im Sinne der europäischen Moderne,
während die Verwendung von Holz und
die Einbeziehung von Blumen als Dekor
auf eine weichere Linie verweisen.

Skizze für ein Stoffdesign (oben) aus den Fünfzigern für die Firma JSA in Como. Viele von Pontis Entwürfen für Textilien waren abstrakt, doch dieser zeigt sein

Können in der figürlichen Darstellung. Die Farbpalette ist reduziert, und das Muster erfordert einem komplizierten Rapport.

den fünfziger Jahren gewann er zunehmend an Einfluß im Industriedesign und in der angewandten Kunst. Sein Interesse für letztere wurde an seinen Entwürfen für Möbel deutlich, die Piero Fornasetti, einer seiner Protegés, reich verzierte; dazu gehörten Stücke, die mit Motiven von Spielkarten verziert und für das Interieur des

Casinos im italienischen San Remo bestimmt waren. Ponti entwarf auch neoklassische Zierobjekte aus Bronze wie Töpfe und Kerzenhalter für De Poli, einen Metallwarenfabrikanten. Repräsentativ für sein Interesse am Industriedesign waren seine verblüffend moderne Kaffeemaschine für La Pavoni und der innovative »Super-

leggera-Stuhl« (1956) für Cassina: Eindeutig im modernistischen Möbelstil der fünfziger Jahre gehalten, nahm dieser Stuhl mit seinem Rohrgeflecht, den eleganten, konischen Beinen und der offenen Form auch Bezug auf die traditionellen italienischen Bauernmöbel. Er war tatsächlich von einem einheimischen Stuhltyp aus dem Fischerdorf Chiavari inspiriert, hatte jedoch einen leichtgewichtigen Rahmen (daher sein Name, der »superleicht« bedeutet). Wegen seiner Leichtigkeit und Schlichtheit war dieser Stuhl lange Zeit sehr populär, und er wird auch heute noch von Cassina hergestellt. Vor allem ist es jedoch Pontis kompromißlose Sanitärausstattung für Ideal Standard aus dem Jahr 1953, die zu seinen progressivsten Entwürfen gehört. Sein Konzept des Modernismus erlaubte Ponti unterschiedliche Herangehensweisen bei verschiedenen Objekten. Während Möbel zusammen mit Keramik und Glas zur Tradition der ornamentalen Kunst gehören, war die Sanitärausstattung in erster Linie gebrauchsorientiert und mußte

wider, sondern kamen auch bewußt den Bedürfnissen der Benutzer entgegen — beispielsweise versah Ponti einige Waschbecken mit breiten Rändern und geraden Oberflächen zum Abstellen von Kosmetika oder anderen Gegenständen.

Ausstellung bei Triennalen

Neben seiner praktischen Tätigkeit als Architekt und Designer spielte Ponti auch eine bedeutende Rolle als Sprachrohr für italienisches Design, vor allem in den dreißiger Jahren, als er die ersten Triennalen in Monza und Mailand organisierte. In dieser Funktion lehnte er es ab, einseitig Position zu beziehen, weder für die rationalistischen Architekten und Designer, die sich eng mit den progressiven Modernisten in Deutschland und Frankreich zusammenschlossen, noch für die italienischen Architekten und dekorativen Künstler des »Novecento«, die einen simplifizierten neoklassischen Stil bevorzugten — dekorativer und nationalistischer als der strengere Stil der Rationalisten. So stellte Ponti auf der vierten Triennale 1930 in Monza (sie zog 1933 nach Mailand um; siehe S. 166/167) das höchst rationale »Electric House« von Luigi Figini und Gino Pollini aus, während er selbst das neoklassische »Vacation House« zeigte, das er zusammen mit Emilio Lancia entworfen hatte. Auch nahm er Haushaltsartikel in die Ausstellung auf, etwa ein minimalistisches Besteck aus rostfreiem Stahl, das er für Krupp Italien entworfen hatte und bei der sechsten Triennale im Jahr 1936 zeigte (abgebildet auf S. 167). Nach dem Zweiten Weltkrieg erlangte Ponti breitere Anerkennung, als er sich aktiv für die Schaffung

Ein Teetisch mit Glasplatte und ausgestellten vergoldeten Bronzebeinen (oben), in den fünfziger Jahren von Fontana Arte hergestellt und Gio Ponti zugeschrieben. Mit seinen modernen Materialien wirkt der Tisch, der in der Mitte zur Aufnahme eines Blumentopfs vertieft ist, sehr modern.

insofern funktionell sein. Die skulpturalen Formen der Toiletten und Waschbecken spiegelten nicht nur die durch die Installation auferlegten Vorgaben

Der 1960 von Ponti entworfene Speisesaal (links) des Hotels Parco dei Principi am Golf von Sorrent am Stadtrand gelegen. Das weiche Muster des Mosaikbodens und der Kacheln an den Wänden steht in deutlichem Kontrast zu den konischen Beinen und den freitragenden Armlehnen der modernen Stühle.

Ein von Ponti in den fünfziger Jahren entworfener, schwarz gebeizter Stuhl mit Sprossenlehne (unten). Zusammen mit mehreren seiner Entwürfe aus diesem Jahrzehnt ist er die modernisierte Version eines in der Region gebräuchlichen Stuhls. Sein Holzrahmen und die Sitzfläche aus Rohr sind traditionell, doch die leicht gewinkelte Rückenlehne und die konischen Beine sind Pontis ästhetische Antwort auf die gestalterischen Fragen seiner Zeit.

des Designpreises Compasso d'Oro und die Gründung der Associazione per il Disegno Industriale, des Berufsverbands der italienischen Designer, einsetzte und Italien bei zahlreichen Ausstellungen im Ausland repräsentierte.

Das Magazin »Domus«

Ponti dokumentierte und bestimmte das Design auch als Begründer und Herausgeber der in Italien führenden Architektur- und Designzeitschrift »Domus«. Er gründete das Magazin im Jahr 1928 und gab es bis 1940 heraus, dem Jahr, in dem er mit »Stile« eine neue Zeitschrift aus der Taufe hob; als allgemeine Zeitschrift für Kunst und Kultur gedacht, wurden in ihr auch Artikel über Design veröffentlicht. 1947 übernahm Ponti die Herausgeberschaft von »Domus« erneut von Ernesto N. Rogers, der eine radikale Position vertreten und sich für den Stil des Rationalismus stark gemacht hatte. Nach Pontis Rückkehr stellte das Magazin jedoch die Bedeutung des »guten Lebens« – der sozialen und ökonomischen Stabilität im Nachkriegsitalien – in den Vordergrund. Seine im Kern mittelständischen Wertvorstellungen und sein Eintreten für handwerkliche Methoden beim Design spielten eine bedeutende Rolle für die Richtung, die das italienische Design in den fünfziger und frühen sechziger Jahren einschlug – weg von einer politisch radikalen Position und hin zur Akzeptanz der Bedeutung des Luxus im Alltagsleben. Er folgte seinen eigenen Prinzipien etwa bei dem Entwurf zur Innenausstattung des Hotels Parco dei Principi bei Sorrent (siehe oben), bei dem er so dekorative Elemente wie das farbenprächtige Mosaik mit schlichten modernen Möbelstücken kombinierte. Ponti war weder ein politischer Ideologe noch ein stilistischer Dogmatiker. Statt dessen fühlte er sich einem Humanismus verpflichtet, der in der kulturellen Tradition Italiens verwurzelt ist und seinen Aufstieg zum tonangebenden Designer begründete.

In den Jahren nach dem Zweiten Weltkrieg spielte Dänemark in der internationalen Entwicklung des modernen Designs eine wichtige Rolle. Die handwerklichen Traditionen der vielen Branchen des Landes – unter anderem Keramik, Glas, Metallverarbeitung und Möbelherstellung – wurden durch die innovativen Beiträge von einzelnen wie den begabten Metallbearbeitern Georg Jensen und Kay Bojesen und den Möbeldesignern Kaare Klint (siehe S. 64/65), Hans Wegner (siehe S. 160/161), Børge Mogensen und Finn Juhl aufgegriffen und weiterentwickelt. Sie schufen ein Umfeld, in dem ein Wandel möglich wurde. Der essentielle Humanismus und die sanfteren modernen Formen der dänischen Objekte hatten in den unmittelbaren Nachkriegsjahren eine ungeheure Anziehungskraft. Vor diesem Hintergrund ist der Wert des Architekten und Designers Arne Jacobsen (1902–1971) zu sehen.

Arne Jacobsen

Arne Jacobsen verhalf dem dänischen Nachkriegsdesign zu internationaler Anerkennung, indem er es stärker mit der modernen Architektur als mit dem Kunsthandwerk verknüpfte.

Ausbildung und erste Arbeiten

In Kopenhagen geboren, studierte Jacobsen zuerst als Steinmetz an der Technischen Schule Tekniske Selskabs Skoler in Kopenhagen und anschließend, in den zwanziger Jahren, Architektur an der Königlich Dänischen Akademie der Künste Det Kongelige Danske Kunstakademi in derselben Stadt. Hier arbeitete er unter der Anleitung von Kay Fisker, einem Architekten und Designer, der Tradition mit Modernität verband und für seine Silberobjekte berühmt war, die er Mitte der zwanziger Jahre für die dänische Firma A. Michelsen kreierte. Jacobsen machte 1927 seinen Abschluß. In den nächsten drei Jahren arbeitete er im Architekturbüro von Paul Holsoe, und 1930 eröffnete er sein eigenes Architekturbüro in Hellerup, das er bis zu seinem Tod leitete.

Von den Arbeiten der Modernisten wie Le Corbusier (siehe S. 94–97), Ludwig Mies van der Rohe (siehe S. 92/93) und des Schweden Gunnar Asplund beein-

flußt, war Jacobsens architektonisches Werk vom ersten Entwurf an funktional orientiert: Das heißt, er war ein Verfechter der Vorstellung, daß das Aussehen eines Gebäudes – und dessen Innenausstattung – durch eine Analyse seiner Struktur und seiner beabsichtigten Nutzung bestimmt werden sollte. In der Praxis bedeutete dies, daß das Design eines Objekts von den Materialien, den industriellen Fertigungsprozessen und auch von seiner beabsichtigten Nutzung vorgegeben wurde und nicht von den als unnötig erachteten dekorativen Details. Jacobsen führte diese Prinzipien in seinem ersten großen Architekturprojekt vor, dem Bellavista-Wohnblock, der 1930–1934 in Kopenhagen entstand.

Der Stuhl »Schwan« (links), für Fritz Hansen entworfen und 1958 produziert, war mit Latexschaum gepolstert und ruhte auf einer Basis aus Aluminiumguß. Er ist ein Beleg für das Interesse des Designers an der Verwendung neuer Materialien.

Der berühmte dreibeinige Stuhl »Ameise« (rechts), so genannt wegen seiner Ähnlichkeit mit dem Körper des Insekts, wurde zwischen 1951 und 1952 entworfen und von Fritz Hansen hergestellt. Seit dieser Zeit ist er ein Bestseller und bei vielen modernen Architekten beliebt; er ist heute in zahlreichen kräftigen Farben erhältlich.

Jacobsens Besteck aus rostfreiem Stahl (1957), ursprünglich für A. Michelsen entworfen, hatte mit vielen seiner Entwürfe in den fünfziger Jahren die schnittige Eleganz gemein. Das Besteck wird heute unter dem Namen des Designers von der dänischen Metallwarenfirma Georg Jensen hergestellt.

Das »Ei« (rechts) wurde zusammen mit dem »Schwan« 1958 entworfen und wird ebenfalls von Fritz Hansen hergestellt. Jacobsen kreierte den Stuhl für das SAS-Hotel in Kopenhagen, für dessen Architektur er ebenfalls verantwortlich zeichnete. Wie beim »Schwan« bestand die Polsterung des »Eis« aus einer geformten Glasfaserschale.

Möbelentwürfe und die Arbeit für Hansen

1950 traf Jacobsen die Entscheidung, gezielt Möbel für die Serienproduktion zu entwickeln, und so begann er mit dem dänischen Möbelhersteller Fritz Hansen zusammenzuarbeiten. Jacobsen hatte Hansen bereits in den dreißiger Jahren kennengelernt. Doch erst nach dem Krieg stand ihm die Technik zur Verfügung, mit der er sein Möbeldesign zu revolutionieren vermochte. Aus der Zusammenarbeit dieser beiden Männer ging ein Trio von Stühlen hervor, die Dänemark internationale Aufmerksamkeit sicherten: der Stuhl namens »Ameise« (1951–1952, S. 142 unten) und die ausladenderen Sitzmöbel mit den Bezeichnungen »Schwan« und »Ei« (1958, S. 142 links unten und S. 143 oben). Daneben gab es andere, weniger erfolgreiche, aber genauso bedeutende Projekte – darunter 1955 die »Serie 7-Gruppe« von Stühlen, die Sitzflächen aus geformtem Schichtholz hatten und auf Stahlrohrbeinen ruhten –, doch es waren vor allem die drei erstgenannten Stühle, die Jacobsen internationale Reputation verschafften

Die Verwendung von neuen Techniken im Möbeldesign – die Umformung von Schichtholz und Glasfaser zur Schaffung einteiliger Sitzschalen – sowie die organische Ästhetik der Möbel erinnern an Objekte des amerikanischen Designers Charles Eames und seine Arbeit mit der Firma Herman Miller in den ersten Nachkriegsjahren (siehe S. 148–151). Doch Jacobsen gab diesen Techniken und dieser Ästhetik ein eigenes Profil. Seine Stühle besaßen eine verfeinerte skulpturale Eleganz, die sie sofort als Produkte skandinavischer Provenienz erkennbar machte. Der »Ameisenstuhl« zum Beispiel – einer der ersten aus einer Serie von Stühlen, die aus einer geformten Schichtholzschale auf drei Beinen aus verchromtem Stahlrohr bestanden – war verblüffend originell. Die neuartige Form der Sitzschale aus geformtem Schichtholz mit ihrer abgerundeten oberen Hälfte und den »Hüften«,

Die Büroversion (unten) des »Oxford-Stuhls« basierte auf einem Original, das für das St. Catherine's College in Oxford entworfen und von Fritz Hansen produziert wurde. Dieses lederbezogene Exemplar ist für den Bürogebrauch bestimmt und hat Rollen und Armlehnen.

Eine Tischlampe aus Metall (1956, rechts), entworfen für den Kopenhagener Leuchtenhersteller Louis Paulsen. Die minimalistische Eleganz und skulpturale Form der Lampe sind für die Arbeit des Designers in diesem besonders produktiven Jahrzehnt charakteristisch.

Das Sofa »3300« (1956, unten). Sein Stahlrohrrahmen, seine ausgestellten Beine sowie die Schaumpolsterung entsprachen dem Stil jenes Jahrzehnts, wohingegen sein Minimalismus früherem modernistischem Denken entstammte.

die sich in der Mitte zu einer schmalen »Taille« verjüngen – Merkmale, denen der Stuhl seinen Namen verdankt –, vermittelten ihm eine Individualität, die ihn zu mehr als nur einer technischen Errungenschaft machte. Der »Ameisenstuhl« wurde 1957 auf der Triennale in Mailand mit dem Großen Preis ausgezeichnet (siehe S. 166/167) – eine Auszeichnung, die Jacobsens Status als Designer von internationalem Ruf weiter stärkte. Obwohl das Original nur in Teak, dem am stärksten mit dänischen Möbeln in den fünfziger Jahren assoziierten Holz, zu kaufen war, wurde der Stuhl später in einer Vielzahl kräftiger Farben, unter anderem in Rot, verschiedenen Orangetönen, Gelb, Limettengrün, mehreren Blautönen und in Schwarz hergestellt. Er ist nach wie vor ein vertrautes Element zeitgemäßer öffentlicher wie privater Innenausstattung. Der »Bürostuhl 3107« aus den fünfziger Jahren, den gleichfalls Fritz Hansen produzierte, war eine Adaption dieses Designs, verfügte jedoch über Rollen und Armlehnen.

Neue Materialien für neue Formen

Der »Schwanenstuhl« und der »Eistuhl« – die erstmals in Jacobsens verglastem SAS-Hotel in Kopenhagen aufgestellt wurden – waren komplexer als der »Ameisenstuhl« und in vielerlei Hinsicht auch raffiniertere Objekte. Die eiförmige, bauchige Form der beiden Stühle wurde durch eine gespritzte Glasfaserschale erzielt, die auf einem Gestell aus Aluminiumguß ruhte, während der Komfort der Polsterung auf Latexschaum in Kombination mit Leder, Vinyl oder Stoff – je

nach Wunsch des Kunden – gründete. Das organische Aussehen der Stühle bot einen idealen Kontrast zu den klaren Linien der Räume, für die sie entworfen waren, was zu ihrer Beliebtheit beitrug. Trotz ihrer freien, modernen Formgebung boten sie einen hohen Grad an Komfort in ansonsten häufig reichlich kargen Umgebungen und wurden deshalb mit Vorliebe von progressiven Architekten für ihre Interieurs ausgewählt.

Ein ganzheitlicher Entwurf

Jacobsens Ideal war der Entwurf eines Gebäudes, seines Interieurs und der darin aufgestellten Dinge als einheitliches Ganzes. Dieses Konzept lag seinem Design für das St. Catherine's College in Oxford (1960–1964, S. 145 oben) zugrunde, für das er nicht nur das Gebäude, sondern auch die Möbel, die Leuchten, die Stoffe und die Bestecke entwarf. Das Bauwerk wurde als eine Abfolge von geometrischen Ebenen konzipiert, mit geraden Linien, die die organischen, gebogenen Formen seiner Inneneinrichtung betonen sollten. Jacobsens »Oxford-Stühle« waren – wie der frühere »Ameisenstuhl« – aus geformtem Schichtholz, doch

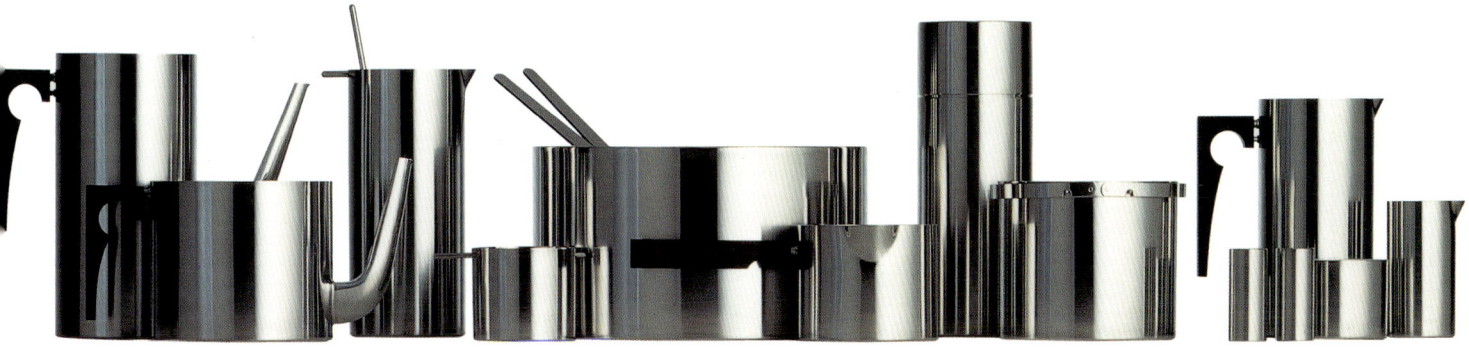

diesmal gab er ihnen passend zu den hohen Decken des Speisesaals im College übertrieben hohe Rückenlehnen.

Obwohl Möbel in Jacobsens Werk eine herausragende Rolle spielten, stellten sie doch nur einen Teil der »architektonischen Accessoires« (um einen Begriff von Alvar Aalto zu verwenden; siehe S. 74–77) dar, denen er seine Aufmerksamkeit schenkte. Seine Lampen für die Firma Louis Poulsen (S. 144 rechts),

seine Badezimmerausstattung für I. P. Lunds, seine Stoffe für C. Olesen, seine Bestecke für A. Michelsen und seine Metalltöpfe für Stelton (unten) sind jeweils individuelle Designs mit den typischen Merkmalen einer Serie; gleichzeitig sind sie durchgehend charakterisiert durch ihre doppelte Verpflichtung gegenüber der abstrakten organischen Form sowie der klaren Linienführung des Modernismus.

Arne Jacobsens Entwürfe waren zukunftsweisend: Im Jahre 1969 verwendete Stanley Kubrick in seinem Science-fiction-Film »2001 – Odyssee im Weltraum« Jacobsens Besteck, das dieser 1957 für A. Michelsen entworfen hatte und das heute von Georg Jensen hergestellt wird (siehe S. 143 oben links). Damit stand außer Zweifel, daß Jacobsens Gestaltung zu einem Teil der populären Zukunftsvision geworden war.

Leseraum und zugleich Speisesaal im St. Catherine's College, Oxford (1960–1964, oben). Jacobsen entwarf die gesamte Inneneinrichtung inklusive der Tische, Bänke sowie die verschiedenen Leuchtkörpertypen für die indirekte wie die direkte Beleuchtung.

Die »Cylinda-Serie« von Behältnissen aus rostfreiem Stahl – darunter ein Krug, ein Teekessel, eine Zuckerdose, Eiswürfelbehälter und Aschenbecher (unten) – entwarf Jacobsen 1966 für Stelton. Mit ihrer strengen Geometrie ist sie ein Beispiel für die »Neomoderne« der sechziger Jahre.

Kaum einer der einflußreichen Designer des 20. Jahrhunderts war so rätsel-haft und individualistisch wie der Italiener Carlo Mollino (1905–1973). Er ist vor allem bekannt für seine Möbel und Inneneinrichtungen für Klienten in seiner Heimatstadt Turin und in anderen Städten Italiens in den vierziger Jahren, doch er beschäftigte sich auch mit zahlreichen anderen Bereichen wie dem Modedesign, Filmkulissen, Autokarosserien und Ladeneinrichtungen sowie mit Fotografie. Besessen von Geschwindigkeit, besaß er Fachkenntnisse in Luftfahrt, Autorennen und Abfahrtslauf, obgleich seine Arbeiten auch ein deutliches Interesse an völlig anderen Themen verraten wie beispielsweise dem Okkulten und der Erotik. Seine Vorliebe für gebogene, wellenartige Formen und luxuriöse, hellfarbige Materialien setzte ihn von vielen seiner italienischen modernistischen Zeitgenossen ab.

Carlo Mollino

Mollino zählte zu den innovativsten und exzentrischsten Designern Italiens. Seine expressiven, organisch gebogenen Möbel – die mit den Fortschritten in der Technik der Holzverarbeitung möglich wurden – sind Ausdruck seiner persönlichen Über-legungen. Mollinos Entwürfe erlebten jüngst eine neue Welle der Popularität.

Reputation

Erst in den achtziger Jahren lernte man Mollinos Beitrag zum moder-nen Design und seine einzigartige Sensibilität zu schätzen. Er stand zeit seines Lebens am Rand der italienischen Designwelt, denn sein Werk war weit von dem gut doku-mentierten und gefeierten neo-modernen italienischen Design entfernt, das in den fünfziger und sechziger Jahren in Mailand auf-kam. Obgleich diese Designer stark vom Rationalismus – der italieni-schen Version des Modernismus – der Vorkriegszeit beeinflußt waren, wurde Mollino dennoch von den früheren Bewegungen des italie-nischen Futurismus und des Art nouveau inspiriert. Der organische Stil, den er in den vierziger Jahren entwickelte, war sinnlicher und ex-zentrischer als der seiner Mailänder Kollegen, und deshalb erzielte er in jener Zeit eine weniger große Breitenwirkung.

Bautätigkeit und Inneneinrichtung vor 1939

Mollino studierte an der Universi-tät Turin zu Anfang Ingenieur-wesen, stieg dann aber auf Archi-tektur um und machte 1931 Examen. In den nächsten rund fünf Jahren arbeitete er im Architektur-büro seines Vaters Eugenio Mollino in Turin, doch 1937 war er bereits unabhängig und entwarf sein erstes wichtiges Gebäude: das Reitzentrum Ippica in Turin. Im folgenden Jahr kreierte Mollino das Interieur für das Miller-Haus (ebenfalls in Turin; siehe S. 147 links), für das er unter anderem einen kleinen Teetisch mit drei ge-drechselten Holzbeinen und einer organisch geformten Glasplatte ent-warf. Seine Vorkriegsarbeiten waren gekennzeichnet von üppig geschwungenen Formen und einem bewußten Miteinander von Objek-ten in einem Stil, der als »Strom-linienförmiger Surrealismus« oder »Turiner Barock« bezeichnet wurde; der Begriff »Surrealismus« wurde dabei wegen der biomor-phen oder »lebendigen« Qualität der Objekte gewählt. Der überlegte Einsatz von Licht, drapiertem Stoff und sinnlichen Materialien – er ver-wendete häufig Samt für die Polste-rung – steigerte die befremdliche, fast dekadente Atmosphäre vieler seiner Interieurs, die zum Ausleben von Phantasien entworfen zu sein schienen – und nicht als »Maschi-nendesign« in der Tradition der Modernisten.

Designs der vierziger Jahre

Während des Zweiten Weltkriegs und unmittelbar danach erhielt Mollino noch zahlreiche weitere Aufträge für Interieurs und Möbel. Seine Stühle und Tische waren von natürlichen Formen inspiriert, etwa von Skeletten, Ästen und Hirsch-geweihen, und erinnerten an Mo-delle des Art-nouveau-Architekten Antoní Gaudí. Viele der Stücke waren Unikate und wurden in der Mailänder Möbelschreinerei Apelli & Varesio gefertigt. Entwürfe für das Haus von Ada und Cesare

Ein Schreibtisch (oben), den Mollino für die Büros der Società Reale Mutua di Assicurazioni in Turin entwarf (1946). Er ist ein schlichtes Gebilde, das auf y-förmi-gen Stützen ruht, mit einer einzelnen Schublade in der Mitte und einer Platte aus poliertem, natürlichem Fibrosil.

Minola von 1944 waren unter anderem ein Radio-Grammophon und ein Tisch, kombiniert mit einem Zeitschriftenregal, beides mit den vertrauten geschwungenen Silhouetten, während er für sein eigenes Apartment, das 1946 eingerichtet wurde, einen Tisch mit Schreibplatte und dramatisch geschwungenem Rolladen kreierte.

Spätere Karriere

In den späten vierziger und frühen fünfziger Jahren arbeitete Mollino vermehrt an Einzelstücken. Zu den wichtigen Exemplaren gehörten ein Tisch mit Glasplatte und einem Unterbau aus geformtem Schichtholz für die Ausstellung »Italy at Work«, die 1950/1951 durch die Vereinigten Staaten wanderte; ein anderer Tisch, der berühmte Entwurf »Arabeske« für das Geschäft von Singer in Turin (rechts), mit einem sinnlich geschwungenen Schichtholzpart, auf dem eine zugeschnittene Glasplatte lag, sowie eine Vielzahl von Objekten wie Schreibtische und Stühle mit flexiblem Schichtholzsitz, bestehend aus zwei Elementen, die sich unabhängig voneinander bewegten, für die Büros von Underwood, ebenfalls in Turin. Nach dem Tod seines Vaters im Jahr 1954 unterbrach Mollinio für nahezu ein Jahrzehnt seine Tätigkeit als Designer und widmete sich anderen Interessen.

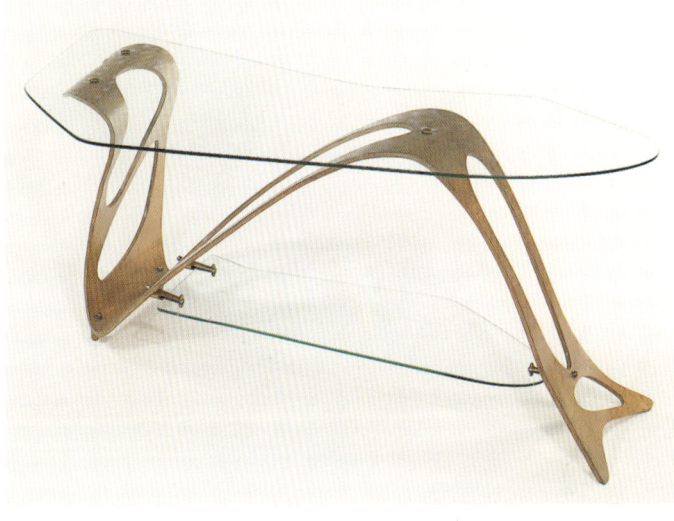

Der Tisch »Arabeske« (1950, unten), entworfen für die Einrichtung des Singer-Verkaufsraums in Turin. Er bestand aus geformtem und perforiertem Schichtholz mit zwei Glasplatten und Messing-Abstandshaltern. Der linke Teil der Fußkonstruktion war zugleich als Zeitungsständer gedacht.

Zum Interieur des Miller-Hauses (1938, links) gehörten viele Mollino-Entwürfe, darunter eine Lampe mit eigener geschwungener Führungsschiene, eine Glasvitrine auf einem asymmetrischen Metalldreifuß und mit topasfarbigem Samt bezogene Sessel.

Stuhl (rechts), 1945 in der Werkstatt von Apelli & Varesio gefertigt. Er war für die Verwaltung der Società Reale Mutua di Assicurazioni in Turin entworfen worden, die im darauffolgenden Jahr fertiggestellt wurde, und besteht aus geformtem Schichtholz mit Verbindungsstücken und Abstandshaltern aus Messing.

»Offiziell bin ich Architekt. Ich kann nicht anders, ich verstehe die Probleme um uns herum als Strukturprobleme – und Struktur ist Architektur.« Trotz dieser Selbstbeschreibung ist der Amerikaner Charles Eames (1907–1978) vor allem als einer der einflußreichsten Möbeldesigner des 20. Jahrhunderts in Erinnerung geblieben. Er gehörte zu einer Gruppe progressiver Möbeldesigner und -hersteller, die als erste dem Rest der Welt die Tatsache nahebrachten,

daß die Vereinigten Staaten – wo so viele radikale europäische Designer sich niedergelassen hatten und wo Massenproduktion und Massenmedien am ausgereiftesten waren – in den fünfziger Jahren Europa im Hinblick auf innovatives Design den Rang abgelaufen hatten. Eames' bahnbrechende und höchst einflußreiche Kreationen machten sich den technischen Durchbruch in der Verarbeitung von Holz, Kunststoff und Metall zunutze.

Charles & Ray Eames

Ray und Charles Eames präsentierten eine neue Nachkriegsvision moderner Möbel und Interieurs, die bald internationale Wirkung entfaltete. Der Einsatz neuer Materialien und das Konzept des offenen Wohnraums gab Alltagsleben eine neue Bedeutung für das Design.

Ein Paar Stühle aus geformtem und gebogenem Birken-Schichtholz (1946, unten), entworfen für Evans Wood Products, und ein Schirm aus geformtem Eschen-Schichtholz mit Canvasverbindungen, im gleichen Jahr von Herman Miller gefertigt. Diese Stücke verdanken viel den fortgeschrittenen amerikanischen Techniken der Holzverarbeitung.

Die Cranbrook Academy of Art in Michigan

Charles Eames absolvierte in seiner Heimatstadt St. Louis, Missouri, 1924–1926 eine Ausbildung zum Architekten, machte sich 1930 selbständig und wandte sich 1936 wieder der Architektenausbildung als Fellow an der Cranbrook Academy of Art in Michigan zu. An der Akademie, an der ihm der finnische Architekt und Designer

Eliel Saarinen 1937–1940 die Leitung der Abteilung für experimentelles Design übertrug, traf Eames zwei Personen, die für sein Leben und seine Karriere sehr wichtig werden sollten. Die erste war Eero Saarinen (siehe S. 156/157), der Sohn von Eliel, der Eames zur Zusammenarbeit an einer Reihe von Design- und Architekturprojekten aufforderte, und die andere war Ray Kaiser (1912–1988), eine Frau, die an der Akademie Weben studierte. Sie hatte mit dem Maler Hans Hofmann zwischen 1933 und 1939 in New York gearbeitet und war 1936 Gründungsmitglied der Gruppe »American Abstract Artists« geworden. 1941 heirateten Charles und Ray und zogen nach Kalifornien; 1944 eröffneten sie ein Büro, das bis zu Charles' Tod bestehenblieb. Obwohl erst jetzt bekannt wird, welche Rolle Ray bei seiner Arbeit spielte, ist klar, daß ihr Beitrag nicht unterschätzt werden sollte. Allem Anschein nach arbeiteten sie an zahlreichen Projekten gemeinsam, und Ray war an allen dekorativen Aspekten ihrer Koproduktionen beteiligt.

Zusammenarbeit mit Saarinen

Bevor Charles und Ray Kalifornien verließen, produzierten Eames und Eero Saarinen allerdings eine ganze Reihe an Möbeln aus geformtem Schichtholz. 1940 lobte Eliot Noyes (siehe S. 174/175), der

Kurator für Design am Museum of Modern Art in New York, einen Wettbewerb unter dem Motto »Organic Design in Home Furnishings« aus. Die Arbeiten von Eames und Saarinen erhielten den ersten Preis in der »Kategorie Aufbewahrung«, und wurde im darauffolgenden Jahr im Museum ausgestellt. Die Stücke nutzten die technischen Fortschritte im Formen von Schichtholz zum Modellieren von Sitzschalen sowie einen neuen, »Cycle-welding« genannten Prozeß, den die Chrysler Corporation für eine dauerhafte Verbindung von Holz mit Gummi, Glas oder Metall entwickelt hatte. Durch die Anwendung neuer Techniken zur Schaffung neuer Strukturen für Möbel, knüpfte Eames in direkter Linie an frühere Experimente von Mart Stam und Marcel Breuer mit Stahlrohr an (siehe S. 108–111). Doch die Möbel von 1941, darunter Klubsessel, Eßtischstühle, Tische verschiedener Größe und Einrichtungsgegenstände für die Aufbewahrung – letztere ein Thema, auf das sich Eames in den nächsten drei Jahrzehnten konzentrierte – konnten nicht so produziert werden, wie sie geplant waren, und schließlich wurden die Stücke vollkommen aus Holz gefertigt.

Ausgereifte Designs

In Kalifornien experimentierte Eames weiter mit geformtem Schichtholz. 1942 beauftragte ihn

Das Eames-Haus in Pacific Palisades, Kalifornien, (links) aus dem Jahr 1949. Das schlichte, vorgefertigte Exterieur war geometrisch und minimalistisch, doch das offene Interieur, das Ray arrangierte, enthielt zahlreiche Zierelemente und Zimmerpflanzen, die die Räume wohnlicher machten.

Ein Wohnraum mit mehreren Entwürfen von Eames (oben), darunter ein elliptischer Tisch aus den späten vierziger Jahren, ein Sofa auf Stahlrahmen, Anfang der fünfziger Jahre entworfen, ein kleiner Klapptisch mit Metallbeinen und eine Wand aus geformtem Schichtholz als Raumteiler.

Eine Schrank-Regal-Kombination (unten), entworfen 1949–1950 von Charles und Ray Eames. Das Möbelstück basiert auf einer schlichten Gitterkonstruktion und besteht aus Metall sowie Holz. Geschlossene Schränke und Schubladen wurden mit offenen Elementen zum Aufstellen von Zierobjekten kombiniert.

die United States Navy gemeinsam mit Saarinen, den Einsatz dieses neuen Materials für Ausrüstungsgegenstände wie Beinschienen (siehe dazu Abbildung S. 153) zu erforschen. Die folgenden zwei Jahre, während derer er an Objekten für das Militär arbeitete, erlaubten Eames, neue strukturelle und ästhetische Möglichkeiten zu entwickeln, Fortschritte, die er nutzen konnte, als er sich 1944 wieder dem Möbeldesign zuwandte. Im gleichen Jahr gründete er in Kalifornien eine Firma – Evans Manufacturing, einen Ableger der Evans Products Company – für die Herstellung seiner neuen Entwürfe, doch 1946 wurde er mit der in Michigan ansässigen Möbelfirma Herman Miller durch George Nelson (siehe S. 154/155) bekannt gemacht. Miller fungierte als Schirmherr für Eames' Werk, und so nahm eine Beziehung ihren Anfang, die in der zweiten Hälfte

des 20. Jahrhunderts die modernen Möbel gänzlich transformieren sollte.

1946 wurde Eames auch um eine Ausstellung seiner Arbeiten im New Yorker Museum of Modern Art gebeten, für die er Möbel mit Stahlbeinen, die an einem geformten Schichtholzrahmen befestigt waren, kreierte. Gummidämpfer an den Verbindungsteilen sorgten für Flexibilität. In der Ausstellung wurden mehrere experimentelle Stühle gezeigt, darunter auch einer mit einem einzigen Vorder- oder Hinterbein, der allerdings wegen mangelnder Stabilität nicht in Produktion ging. Die erfolgreichsten Stücke der Ausstellung waren einige Side Chairs oder Eßtischstühle mit Rundstahlrahmen, ein Teetisch, eine Wand aus gebogenem Schichtholz und Vollholzstühle sowie Aufbewahrungsmöbel. Innerhalb kurzer Zeit erschienen diese Objekte in zahlreichen De-

Die Schaukelversion von Eames' niedrigem Lehnstuhl (1950, oben) mit einer Sitzfläche aus gespritztem Polyester über einem Gestell aus Stahldraht. Seine Versuche mit Kunststoff bestärkten Eames in seiner Entscheidung, Schalensitze und Gestelle als unabhängige Komponenten aus unterschiedlichen Materialien zu schaffen.

Der »Lounge Chair« mit Hocker (1956, unten) aus drei geformten Rosenholzschalen mit Lederpolsterung und einem Gestell aus Aluminiumguß. Durch den Komfort und die Kultiviertheit, die der Stuhl ausstrahlt, ist er ein Designklassiker des 20. Jahrhunderts geworden.

signzeitschriften; in Italien etwa hatten sie nach ihrer Veröffentlichung in der Zeitschrift »Domus« auf die Designer des Landes im folgenden Jahrzehnt enormen Einfluß – so etwa auf Marco Zanuso (siehe S. 196 / 197).

Möbel für Herman Miller

Nach der Ausstellung in New York nahm Herman Miller eine Reihe von Stücken in die Produktion, die sich sehr gut verkauften. In den nächsten beiden Jahrzehnten kamen von Eames eine Serie genauso innovativer Stücke, unter anderem einen Stuhl mit Glasfaserschale (1948), aus dem eine Reihe verwandter Versionen hervorgingen (links), und er nahm mehrere spätere Kreationen anderer Designer aus Kunststoff vorweg. Eames' berühmter »Lounge Chair«, ein Klubsessel mit Hocker, den er 1956 als Einzelstück entwarf und dem Filmregisseur Billy Wilder zum Geburtstag schenkte, war aus drei geformten Schalen aus Rosenholz mit schwarzer Lederpolsterung zusammengesetzt (später wurde er auch in Gelbbraun und Weiß hergestellt) und wurde zur Ikone modernen Lebens (unten). Seine Stühle mit Aluminiumrahmen und

gepolstertem schwarzem Leder, die 1958 produziert wurden, hielten ebenfalls Einzug in vielen modernen Büros. Anfang der sechziger Jahre transformierte Eames die Ausstattung von Flughäfen ähnlich radikal mit minimalistischen Stühlen (unter Verwendung von leichtgewichtigen, aber tragfähigen Materialien wie Aluminium und Vinyl), die er für den O'Hare Airport in Chicago und den John Wayne Airport in Orange County (siehe S. 151 oben), Kalifornien, entwarf. Solche Stühle sind mittlerweile weltweit für Flughäfen zum Standard geworden. Heute hat die deutsche Firma Vitra die Rechte, alle Möbel von Eames herzustellen.

Architektur

Obgleich Eames für seine architektonischen Leistungen nicht so berühmt ist wie für seine Möbel, schuf er doch 1949 ein bemerkenswertes Gebäude: sein eigenes Haus in Pacific Palisades, Kalifornien. Das Haus ist vermutlich das bekannteste Produkt des progressiven »Case-Study-House-Programms«, das John Entenza, der Herausgeber des in Kalifornien publizierten Magazins »Arts and Architecture«, initiierte. Die Mitarbeiter des Projekts, unter anderem Eames und Eero Saarinen, versuchten, den Wohnungsnotstand in den Vereinigten Staaten nach dem Krieg mit preisgünstigen Häusern zu beheben, die aus in Massenfertigung im Raum Los Angeles hergestellten Fertigteilen gebaut wurden. Das Eames-Haus mit seinen vorfabrizierten Platten

stellte ein Beispiel für fortgeschrittene Designtechniken dar und half, Eames' Ruf als technisch progressiver Designer zu festigen.
Das Haus wirkte trotz seiner Bauweise offen und anheimelnd. Im Innern üppig dekoriert mit Kunstobjekten aus Mexiko, Afrika

und anderswo, stand die Raumausstattung in starkem Kontrast zur äußeren Struktur des Gebaudes (siehe S. 149). Das Ehepaar Eames drehte über sein Haus und dessen Einrichtung sogar einen Dokumentarfilm mit dem Titel »House«.

John Wayne Airport in Orange County, Kalifornien (oben) mit aneinandergereihten Slingsitzen, entworfen 1962. Die siebensitzigen Einheiten bestehen aus poliertem Aluminium mit Vinylpolstern und haben die Gestaltung öffentlicher Räume sehr stark beeinflußt.

Diese Walnußhocker (rechts) wurden als Thema mit Variationen von Ray Eames Ende der vierziger Jahre entworfen und von Herman Miller hergestellt. Ihre Ähnlichkeit mit traditionellen, nichtwestlichen Sitzgelegenheiten und ihr dekoratives Erscheinungsbild stehen in krassem Kontrast zu Charles Eames' deutlich technikorientierten Arbeiten. Der Erfolg des Paares lag gerade in seiner Fähigkeit, sich wechselseitig kreativ zu inspirieren.

Geformtes Schichtholz

Mitte des 19. Jahrhunderts war es dem österreichischen Möbelhersteller Thonet gelungen, laminiertes Holz zu biegen; in den zwanziger und dreißiger Jahren entwarfen Alvar Aalto (siehe S. 74–77) und Marcel Breuer (siehe S. 108–111) Stühle aus gebogenem Schichtholz, und auch danach hatten progressive Designer und Hersteller nach Verarbeitungsmethoden gesucht, durch die Holz leichter würde, sich in Großserie bearbeiten und besser den Formen des menschlichen Körpers anpassen ließ. Vor dem Zweiten Weltkrieg hatte Aalto einige weitreichende Fortschritte erzielt und es geschafft, Holz nicht nur in zwei, sondern in drei Dimensionen zu biegen; diese technischen Entwicklungen wurden 1933 patentiert und seit dieser Zeit beispielsweise bei der Herstellung seines stapelbaren Stuhls eingesetzt. Doch noch immer waren zum Biegen von Holz Dampf und harte Handarbeit nötig. Der entscheidende technische Durchbruch beim Biegen und Umformen von Holz gelang während des Zweiten Weltkriegs bei Experimenten in der Luftfahrtindustrie. Zum Verbinden der Schichten nahm man nun neue synthetische Harze, wodurch das Material stabiler wurde, während das Holz jetzt mit elektrisch betriebenen Maschinen gebogen wurde. Infolgedessen ließ sich Schichtholz leichter, besser und vor allem kostengünstiger in organische und skulpturale Formen bringen, die dem menschlichen Körper mehr entgegenkamen.

Amerikanische Erfindungen

Im Kern ging es Charles Eames bei seinen Experimenten darum, Bugholz der Form des menschlichen Körpers anzupassen, als er Anfang der vierziger Jahre für die amerikanische Navy neue Ausrüstungsgegenstände (siehe S. 148–151) entwarf. Die Möbel, die er 1940 mit Eero Saarinen (siehe S. 156/157) für die Ausstellung »Organic Design in Home Furnishings« des Museum of Modern Art in New York schuf, bestanden aus geformten »Schichtholz-Schalen«, waren damals in der Herstellung aber noch zu teuer. Eames experimentierte lange und intensiv mit der Schichtung und Umformung dünner Holzschichten und beschäftigte sich mit der Frage, wie die Stücke kostengünstig und in Großserie mit Präzisionsmaschinen gefertigt werden könnten. Seine Entwicklungen wurden erstmals bei Beinschienen praktisch umgesetzt, die während des Zweiten Weltkriegs in großen Mengen benötigt wurden. Dann ging Eames dazu über, Profile für Schulungsflugzeuge und Militärgleiter herzustellen. Ab 1946 produzierte die Moulded Plywood Division von Evans Manufacturing seine Möbelkollektion mit massengefertigten geformten Schichtholzschalen.

Der dänische Designer Arne Jacobsen schuf Sitz und Lehne seines Stuhls »3107« (1955, links) aus einer einteiligen gebogenen Schichtholzschale und entwickelte damit eine Idee des Amerikaners Charles Eames weiter; dieser hatte etwas Ähnliches bereits 1940 versucht, doch seine Holzstühle bestanden aus zwei oder mehr Teilen. Jacobsen hatte sich seit Anfang der fünfziger Jahre auf die Arbeit mit einer einteiligen Schichtholzschale konzentriert und sie optisch bis zur Mitte jenes Jahrzehnts bereits auf eine höchst fortschrittliche Stufe gebracht.

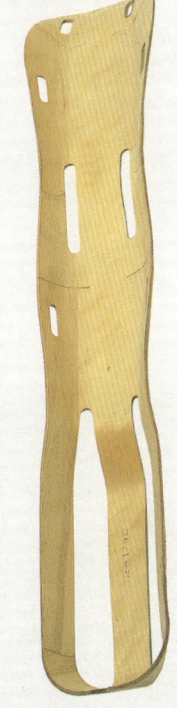

Ernest Race kam durch seine Tätigkeit in der britischen Luftfahrtindustrie während des Krieges zum Formen von Schichtholz, das er später für den Sitz des Stuhls »Antilope« (oben) verwendete, den er 1951 für das Festival of Britain entwarf.

Carlo Mollino experimentierte intensiv mit gebogenem und geformtem Schichtholz, wobei er Elemente auf komplizierte Weise zu ungewöhnlichen Formen kombinierte – wie an dem laminierten zehnschichtigen Eschenstuhl zu sehen ist (unten).

Europäische Designer

Der Durchbruch von Eames fiel zeitlich mit ähnlichen Entwicklungen jenseits des Atlantiks zusammen. Der britische Designer Ernest Race (siehe S. 162/163) etwa wandte die Techniken, die er während des Kriegs in der Luftfahrtindustrie kennengelernt hatte, auf die Möbelherstellung an. Seine Stühle mit den klangvollen Namen »Antilope« (oben) und »Springbock« hatten geformte Schichtholzsitze.

Andere europäische Designer und Hersteller, die die revolutionäre Ästhetik sowie die ökonomischen und ergonomischen Möglichkeiten von geformtem Schichtholz nutzten – für Stühle, die wie jene von Eames Schichtholzschalensitze und Stahlbeine hatten –, waren die Firmen Arflex, Cassina (siehe S. 212/213) und Gavina sowie Carlo Mollino (siehe S. 146/147), Carlo di Carli und Roberto Mango in Italien. Von Eames beeinflußt, dessen Arbeiten Mitte der vierziger Jahre in der italienischen Zeitschrift »Domus« gezeigt wurden, fertigten di Carli und Mango Stühle mit geschwungenen und geformten Schichtholzsitzen und -lehnen, die vielfach im Stil jener Zeit auf Stahlbeine montiert waren.

Kunststoff

Seit Gerrit Rietveld (siehe S. 98–101) 1927 bei seinem Lehnstuhl »Birza« versucht hatte, einen Stuhl aus einer einzigen geformten Schichtholzplatte herzustellen, wurde dieser Ansatz von zahlreichen Designern aufgegriffen. 1952 gelang es dem dänischen Architekten-Designer Arne Jacobsen, die Idee mit seinem »Ameisenstuhl« zu verwirklichen. Doch als in den fünfziger und sechziger Jahren die Umformung von Glasfaser und anderen Kunststoffen möglich wurde, verdrängten aufregende Entwürfe mit diesen neueren Materialien schnell den Vorläufer aus Schichtholz.

1942 nutzten Eero Saarinen und Charles Eames die erzielten Fortschritte in der Technik des Holzformens zur Herstellung konturierter Beinschienen (oben) für verwundete Soldaten.

Der britische Designer Robin Day kreierte den »Hillestak-Stuhl« für Hille (1950, rechts) als Schichtholzsitz und -lehne aus einem Stück auf einem Stahlrohrgestell. Dieser schlichte Stuhl ließ sich einfach stapeln und tragen und tauchte bald überall im Land in öffentlichen Räumen auf.

Der Amerikaner George Nelson (1908–1986) baute trotz seiner Ausbildung als Architekt nur wenig, war jedoch mit seinen Entwürfen sowie der Dokumentation und Propagierung der Moderne überaus einflußreich. Nelson studierte Architektur an der Yale University (1924–1931) und an der American Academy in Rom (1932–1934). In Europa stieß er auf den Modernismus, und nach seiner Rückkehr veröffentlichte er eine Artikelserie über Architekten wie Le Corbusier, Ludwig Mies van der Rohe und Walter Gropius (siehe S. 94–97, 92/93 und 88–90) in der Zeitschrift »Pencil Points«. Neben der Ausstellung International Style im New Yorker Museum of Modern Art, die den europäischen Modernismus in Amerika bekannt machte, waren es Nelsons Schriften, die diese Richtung in den dreißiger Jahren in der Architektur und im Design Amerikas durchsetzten.

George Nelson

Der amerikanische Architekt und Designer George Nelson beeinflußte um die Mitte des 20. Jahrhunderts stark das amerikanische Design und verhalf einer neuen modernen Gestaltung von öffentlichen wie privaten Räumen zum Durchbruch.

Frühe Schriften und Architektur

Von »Pencil Points« wechselte Nelson zu »Architectural Forum« – 1935–1943 zunächst als Associate Editor und dann 1944–1949 als Consultant Editor – und propagierte in seinen Artikeln modernistische Architekten und Designer. Er praktizierte aber auch weiter als Architekt, trat 1937 in die Firma Fordyce & Hamby ein und arbeitete später zusammen mit William Hamby am Entwurf des Fairchild-Hauses (1941), einem der wenigen modernistischen Wohnhäuser in New York City.

Neue Ideen für das Wohndesign

Als Hamby & Nelson 1942 zumachte, widmete sich Nelson vor allem dem Schreiben; 1945 veröffentlichte er ein Buch – zusammen mit dem Designer Henry Wright, der ebenfalls für »Architectural Forum« tätig war – mit dem Titel »Tomorrow's House«. Hier wurde beschrieben, wie modernistische Designideen – etwa durch eine offene Bauweise – an amerikanischen Häusern praktisch umgesetzt werden könnten. Im gleichen Jahr entwickelte Nelson eines seiner wichtigsten Designkonzepte, die »Storagewall« oder Regalwand, die auf der Idee beruhte, daß die leere Fläche von Wandrücksprüngen besser zu Aufbewahrungszwecken zu nutzen wäre. Diese neuartige Idee, Architektur mit Möbeln zu kombinieren, inspirierte D. J. De Prée, den Präsidenten des Möbelherstellers Herman Miller, zur Produktion der »Storagewall« und zur Aufnahme Nelsons als Design Director in die Firma (wo er an die Stelle des 1944 verstorbenen Gilbert Rohdes trat). Nelsons erste wichtige Leistung in der Firma bestand darin, daß er De Prée dazu brachte, die Entwürfe des jungen Charles Eames (siehe

Der Entwurf des Bürostuhls »Swag-legged Chair« (1958, rechts). Wie das Foto demonstriert, bietet die außerordentliche Flexibilität, die durch die Art, wie Lehne und Sitz verbunden sind, erzielt wurde, dem Benutzer mehr Bewegungsfreiheit.

Nelsons verblüffend originelle »Ball Clock« von 1950 (oben). Durch die Anspielung auf molekulare Strukturen verwies sie auf das damals starke *Interesse an Modellen der Atomphysik. Die Uhr sprach dadurch populäre Vorstellungen an und wurde ein Designklassiker des 20. Jahrhunderts.*

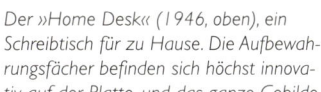

Der »Home Desk« (1946, oben), ein Schreibtisch für zu Hause. Die Aufbewahrungsfächer befinden sich höchst innovativ auf der Platte, und das ganze Gebilde *ruht auf Stahlbeinen. Ein klappbarer Schreibmaschinentisch sowie ein herausziehbares Aktenschränkchen sind angebaut.*

S. 148–151) aus dem Jahr 1946 zu produzieren.

Nach dem Krieg

Nelson war nach dem Krieg weiter für Herman Miller tätig, arbeitete daneben aber auch als freier Designer. 1947 eröffnete er in New York ein Büro, in dem eine Reihe einflußreicher Entwürfe, viele davon für Herman Miller, geschaffen wurden, so etwa die »Ball Clock« (1950, oben rechts), die »Bubble Lamp« (1952), das »Marshmallow-Sofa« (1956, rechts) und das »Sling-Sofa« (1963). In den Fünfzigern und Sechzigern arbeiteten Nelson und sein Team bei Herman Miller auch an Ausstellungen – etwa 1959 mit Charles Eames an der Ausstellung der Vereinigten Staaten in Moskau und 1964 an

den Pavillons von Chrysler und Irland auf der New Yorker Weltausstellung –, an Interieurs (unter anderem entwarf er die Ausstellungsräume in Chicago (1948), in New York (1953 und 1956) sowie in Washington (1964)), und er engagierte sich in der Stadtplanung. Seine Rolle als führender Repräsentant und Sprecher der amerikanischen modernistischen Designer konnte ihm bis zu seinem Tod niemand streitig machen.

Das »Marshmallow-Sofa« (1956, rechts) war einer der populärsten Entwürfe Nelsons. Von den runden, mehrfarbigen Kissen, die an Marshmallows aus Zuckerschaum erinnern, leitet sich der Name des Sofas her. Der Entwurf ist funktionell und entspricht dem Modernismus der fünfziger Jahre.

Der aus Finnland stammende Eero Saarinen (1910–1961) gehörte zur Generation von Architekten und Designern, durch die die Vereinigten Staaten nach dem Zweiten Weltkrieg zum Zentrum moderner Gestaltung wurden. Mit Designern wie Charles Eames (siehe S. 148–151), George Nelson (siehe S. 154/155), Harry Bertoia und Isamu Noguchi verhalf Saarinen einer neuen

Form des Modernismus zum Leben, die nicht mehr die strengen eckigen Konturen der traditionellen Moderne, sondern organische, körperfreundliche Formen in den Mittelpunkt stellte. Darüber hinaus erforderten seine Entwürfe keine handwerkliche Einzelanfertigung, sondern waren für die maschinelle Produktion geeignet.

Eero Saarinen

Als Sohn des finnischen national-romantischen Architekten Eliel Saarinen lebte Eero als bedeutender Nachkriegsarchitekt und -designer in den Vereinigten Staaten. Von seiner anfänglichen Zusammenarbeit mit Charles Eames bis zur Tätigkeit für Knoll schuf er einige der bedeutendsten Möbelstücke des Jahrhunderts.

Jugend und Beginn seiner Karriere

Obwohl er in den Vereinigten Staaten zu Berühmtheit gelangte, hatte Saarinen seine Wurzeln in Europa. Er lebte mit seinem Vater Eliel Saarinen, einem Architekten, und seiner Mutter Loja in Finnland, bis die Familie 1923 in die Vereinigten Staaten übersiedelte – sein Vater hatte nach Frank Lloyd Wright den zweiten Preis für seinen Wolkenkratzer-Entwurf beim Hochhauswettbewerb der »Chicago Tribune« gewonnen und lehrte an der University of Michigan in Ann Arbor Architektur. Eero blieb seinem Vater bis zu dessen Tod 1950 nahe und betrachtete sich stets nur als Architekt. Für ihn war die Architektur eng mit den schönen Künsten und insbesondere mit der Plastik verwandt. Er bezeichnete sich nicht als Architekt, sondern als »Formgeber«, und all seine Entwürfe besaßen eine stark skulpturale Qualität. Bevor er an die Ya-

le University ging, wo er 1930–1934 Architektur studierte, verbrachte er ein Jahr in Paris mit dem Studium der schönen Künste.

Zusammenarbeit mit Charles Eames

Erste Designerfahrungen machte Saarinen bei seinen Eltern, denen er 1929 bei der Entwicklung von Holzmöbeln für die Kingswood-Mädchenschule außerhalb New Yorks half, 1934 arbeitete er kurze Zeit an einem Möbelprojekt mit dem Designer Norman Bel Geddes zusammen. Von 1934 bis 1935 bereiste er Europa, und nach seiner Rückkehr in die Staaten lehrte er für kurze Zeit an der Cranbrook Academy of Art bei Detroit, Michigan. Cranbrook, ursprünglich eine utopistische, handwerklich orientierte Einrichtung, wurde von dem Verleger George C. Booth und Eliel Saarinen 1927 gegründet. 1932 wurde Eliel Saarinen dort Direktor. Zu den Absolventen gehörten zwei Personen, die für Eeros Karriere große Bedeutung bekommen sollten: Charles Eames und Florence Schust (spätere Knoll). 1937 gab Eero die Lehrtätigkeit auf und eröffnete mit seinem Vater in Ann Arbor ein Architekturbüro, im gleichen Jahr lernte er in Cranbrook Charles Eames kennen. Saarinen und Eames arbeiteten zusammen an mehreren Projekten, deren wichtigstes die Möbel waren, die ihnen bei der Ausstellung Organic Design

»Womb-Stuhl« mit Hocker (1946–1948, rechts), hergestellt von Knoll. Der Stuhl besteht aus einer gepolsterten Glasfaserschale auf einem Stahlrohrgestell mit Kissen aus Latexschaum, und ist so entworfen, daß der Benutzer sich bequem in seine einladende Form kuscheln konnte.

Der klassische Stuhl »Tulpe« (1955–1957, links), von Saarinen entworfen und von Knoll gefertigt. Der Stuhl – Tulpe genannt, da er an diese Blume erinnert – war ein Meisterwerk optischer Täuschung. Er scheint aus einem Stück zu bestehen, doch seine Säulenbasis ist aus Aluminium und die Sitzschale aus Glasfaser; das durchgehende Weiß vermittelt die Illusion, er sei einteilig.

Menschen im Wartesaal des TWA-Gebäudes (1962, rechts) am Idlewood (heute John F. Kennedy) Airport, New York. Saarinens Entwurf für das Gebäude beruhte auf organischen Formen, die das Bild eines Vogels oder eines Flugzeugs in der Luft hervorrufen sollten.

in Home Furnishings des Museum of Modern Art in New York 1940 den ersten Preis einbrachten. 1941–1947 war Saarinen weiter als Architekt zusammen mit seinem Vater und J. Robert Swanson tätig und experimentierte in dieser Zeit mit Eames am Einsatz geformten Schichtholzes für die amerikanische Navy. Obwohl Saarinen und Eames enge Freunde blieben, bewegten sie sich nach 1946 künstlerisch doch in verschiedene Richtungen. Eames fertigte Entwürfe für Herman Miller, Saarinen arbeitete für die neue Firma Knoll Associates, die Florence Schust

und ihr Mann Hans Knoll gegründet hatten.

Stühle für Knoll

Saarinen entwarf eine Reihe von Stühlen für Knoll, die in der Geschichte der Möbel des 20. Jahrhunderts Marksteine werden sollten. Der erste, 1946 entworfen, war der gepolsterte Klubsessel »Grasshopper« (»Grashüpfer«), der zwar interessant, aber weniger radikal war als der heute berühmte »Womb-Stuhl« (1946–1948, siehe S. 156), der aus einer einzigen Glasfaserplatte gefertigt wurde; die Sitzschale war mit Latexschaum ge-

polstert und saß auf einem gebogenen Stahlrohrgestell. Zusammen mit einem gepolsterten Hocker war er als bequeme einhüllende Skulptur gedacht, woraus sich sein Name ableitete.

Zwischen 1948 und 1956 schuf Saarinen für Knoll eine Reihe von Bürostühlen. Diese hatten Schalensitze und Säulenfüße und waren für das General Motors Technical Center bestimmt, ein von Saarinen

entworfenes Gebäude (links). Sein zweiter »klassischer« Stuhl, die »Tulpe« (oben links), wurde als Teil einer Serie von Stühlen mit Säulenfüßen zwischen 1955 und 1957 für Knoll produziert. Dem Design lag die Suche nach einer »einteiligen, aus einheitlichem Material bestehenden« Form zugrunde. Den Säulenfuß entwickelte Saarinen, weil er dieses »Gewirr von Beinen«, wie er sich ausdrückte, vermeiden wollte.

Das Gebäude der Styling Division, Teil des General Motors Technical Center in Warren, Michigan (1951–1957, links).

Saarinens häufige Verwendung von Glaswänden in diesem Bau zeigt sein Interesse an fortschrittlichster Technik.

Bis auf die bemerkenswerte Ausnahme von Alvar Aalto stammt der Beitrag Finnlands zum modernen Design überwiegend von Leuten, die für Firmen aus dem Bereich angewandte Kunst, vor allem für Glas- und Keramikhersteller, arbeiteten. Der entscheidende Schritt hin zu einer Designsprache für das 20. Jahrhundert vollzog sich in den Jahren nach dem Krieg. Hierbei kam Kaj Franck (1911–1989) eine Schlüsselrolle zu. Da er für die großen Keramik-

und Glasunternehmen tätig war, beeinflußte er in nie dagewesenem Maße das finnische Tafelgeschirr der fünfziger und sechziger Jahre. Als bescheidener, zurückhaltender Mensch mochte er die Vorstellung des »signierten Objekts« nicht, bildete aber dennoch zusammen mit Tapio Wirkkala und Timo Sarpeneva den Kern des finnischen Nachkriegs-Modernismus. Er erklärte: »Die Aufgabe des Designs war es, den Menschen dienliche Produkte zu kreieren.«

Kaj Franck

Kaj Franck war seit Ende der vierziger Jahre einer der führenden Designer Finnlands für Gebrauchskunst. Bei der damaligen Umorientierung Finnlands in den Bereichen Keramik und Glaswaren spielte er eine wichtige Rolle und erwarb sich dadurch internationale Anerkennung.

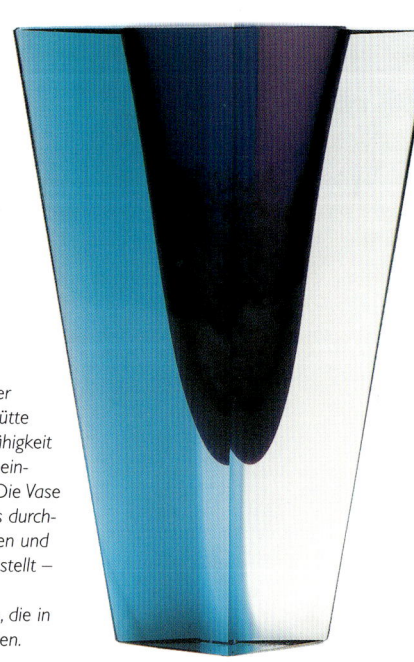

Francks Glasvase, in den fünfziger Jahren von der Nuutajärvi-Glashütte produziert (rechts), belegt die Fähigkeit des Designers, schlichte, aber beeindruckende Formen zu kreieren. Die Vase ist ein Einzelstück; sie wurde aus durchsichtigem und Rauchglas geblasen und gegossen und von Hand fertiggestellt – im Gegensatz zu den anderen Schöpfungen Francks jener Jahre, die in größeren Serien produziert wurden.

Nachkriegsdesign in Finnland

Nach dem Zweiten Weltkrieg wurde im modernen Design eine neue Energie spürbar. Der karge Modernismus, der die Arbeit vieler Architekten-Designer in den Zwischenkriegsjahren charakterisiert hatte, wurde von einer weicheren, lyrischeren Sensibilität verdrängt, die ein »Zeichen der Zeit« war. Der starke Einfluß der Deutschen am Anfang des Modernismus wurde durch andere nationale Auffassungen gemildert. So gab Skandinavien dem internationalen Markt wichtige Impulse. Vor allem Finnland erlebte einen neuen Aufschwung im Designbereich durch Entwürfe, die rasch auch international Aufsehen erregten.

Ausbildung und Tätigkeit für Firmen

Franck studierte 1929–1932 Möbeldesign an der Schule für angewandte Kunst Taideteollinen Kkorkeakoula in Helsinki, wo er in den Sechzigern auch lehrte. In seinen ersten Berufsjahren entwarf er als freier Designer Leuchten und Textilien. Es war tatsächlich sein Renommee als Textildesigner, aufgrund dessen ihn 1945 der Porzellanhersteller Arabia ansprach und bat, die Leitung seines Design-Studios zu übernehmen. 1950 wurde er in der Nachfolge von Kurt Ekholm, der diese Position seit 1931 innehatte, Künstlerischer Direktor dieses Unternehmens.

Die Arbeit für Ittala

1946 erhielt Franck auch ein Angebot von der Firma Ittala, die neben Nuutajärvi und Riihimaki einer der erfolgreichsten Glashersteller Finnlands war. Franck erwarb sich seine große Erfahrung in der Glasherstellung durch die Arbeit für diese Unternehmen. Mit jeweils einem Fuß in diesen beiden Bereichen der angewandten Kunst fing er schon bald an, Eigenständiges zum neuen finnischen Design beizusteuern, das mit den Mailänder Triennalen von 1951 und 1954 seinen Höhepunkt erlebte, wo die finnischen Exponate als eine der bedeutendsten Manifestationen zeitgenössischen Designs gelobt wurden. Während das von Tapio Wirkkala (siehe S. 164/165) und Sarpaneva Anfang der fünfziger Jahre in Mailand repräsentierte finnische Design vom Wesen her expressiv und skulptural war, ging Franck praktischer und verhaltener vor. Ein erster großer Erfolg gelang ihm mit dem sehr preisgünstigen Keramikgeschirr »Kilta«, an dem er 1948 mitten in den Mangeljahren nach dem Krieg zu arbeiten begann. »Kilta« war für Neuvermählte gedacht und bildete einen »Farben- und Formen-Mix« von Geschirrteilen aus gebrannter Fayence, von denen einige Stücke multifunktional waren. Das Service (siehe S. 159) gab es in mehreren Farben – weiß, schwarz, blau, grün und gelb – und konnte nach Belieben zusammengestellt werden. Franck wollte

Zwei Exemplare aus der Serie von Doppelkaraffen mit dem Namen »Kremlin Bells«, die Franck für Nuutajärvi entwarf (1958, links). Sie gehören zu seinen dekorativsten Stücken jener Zeit und sind aus durchsichtigem und Rauchglas geblasen und gegossen, wobei ihre farbenprächtigen Formen bereits Entwicklungen des finnischen Glasdesigns des nächsten Jahrzehnts vorwegnahmen.

»Plattfisch« (rechts), eine Serie dekorativer Kunstobjekte aus Glas, die Franck entwarf und Nuutajärvi in den fünfziger Jahren produzierte. Neben schlichten Gebrauchsgegenständen kreierte Franck gerne Zierobjekte. An ihnen konnte er die Ausdrucksmöglichkeiten verschiedener Materialien und abstrakter Formen erforschen, die ihren Ursprung in der Natur hatten.

damit von der Idee des festgelegten Tafelgeschirrs wegkommen und ein größeres Maß an Flexibilität und Freiheit in die Tischkultur bringen. Er war stark von Russel Wrights (siehe S. 128/129) Ideen über die Verbindungen zwischen modernem Leben und modernem Design inspiriert, doch seine eigenen Entwürfe wirkten viel klarer als die seines Vorbilds und kamen in unauffälligeren Farben daher. Das »Kilta-Service« war so populär, daß es bis 1974 hergestellt wurde.

Spätere Arbeiten
1950 wechselte Franck von Ittala zu Nuutajärvi. Hier setzte er schnell eine Designpolitik durch, nach deren Zielsetzung schlichte Alltagsservice guter Qualität in großer Stückzahl produziert werden konnten. Zu Beginn dieses Jahrhunderts entstanden mehrere klassische Designs, von denen einige ausgesprochen gebrauchsorientiert waren und an Laborgläser erinnerten. Francks kreative Persönlichkeit hatte aber auch eine dekorative skulpturale Seite, wie man an seinen kleinen stilisierten Glasskulpturen von Vögeln und Fischen sieht (oben). Neben den Alltagsgeschirren lag ihm das ornamentale Objekt am Herzen, wie die Serie zweiteiliger Flaschen (1958, oben links), die er in Anspielung an ihre Form »Kremlglocken« nannte, zeigt.

Das Service »Kilta« (links) brachte Arabia 1952 auf den Markt. Dieses frei kombinierbare Geschirr aus glasiertem Ton war in mehreren Farben und Formen erhältlich und spiegelte somit die zwanglosen Eßgewohnheiten der Nachkriegsgeneration wider.

Dänemarks Beitrag zum modernen Design – insbesondere von Möbeln – in diesem Jahrhundert ist beträchtlich gewesen, vor allem im Bereich der angewandten Kunst. Kaare Klints Vermächtnis aus der Zeit vor dem Krieg (siehe S. 64/65), das traditionelle Werte mit einem ausgeprägten Sinn für die Bedürfnisse des 20. Jahrhunderts in sich vereinte, war in den Jahren nach 1945 stark zu spüren und beeinflußte die drei damals führenden Möbel-

designer Dänemarks – Børge Mogensen, Finn Juhl und Hans Wegner (geb. 1914). Diese drei spielten bei der Herausbildung der »Dänischen Moderne« eine bedeutende Rolle, doch Hans Wegner ragt als Designer einer Vielzahl von Stühlen heraus, die heute für eine Periode stehen, in der handwerkliche Arbeit, traditionelle Werte und modernes Leben harmonisch zusammenwirkten. Er entwarf insgesamt 500 Stühle, von denen einige Klassiker wurden.

Hans Wegner

Der Kunsttischler Hans Wegner war an der Entstehung der »Dänischen Moderne« beteiligt, die die internationalen Diskussionen über das Design von Interieurs der fünfziger Jahre dominierte.

Ein Liegestuhl aus Stahlrohr und Seilen (1950, unten). Der Stuhl gehörte zu Wegners experimentelleren Entwürfen, bei denen er vorübergehend vom Holz auf innovativere Materialien umstieg.

Ausbildung und erste Tätigkeit

1931 begann Wegner eine Lehre bei einem Kunsttischler in Jütland und erwarb hier ein Wissen, von dem er in seiner ganzen langen Karriere zehren konnte. Anschließend ging er zum Studium an die Architekturakademie Akademiets Arkitektskole in Kopenhagen (1936–1938) und schloß seine Studien mit dem Besuch der Schu-

le für angewandte Kunst Kunsthåndværkerskolen ab. Von Anfang an kombinierte er folglich seine Kenntnisse in der Möbelherstellung mit architektonischem Verständnis.

Wegner vollendete seine Designausbildung mit der fünf Jahre währenden Tätigkeit (1938–1943) als Assistent des Architekten Arne Jacobsen (siehe S. 142–145) und dessen Mitarbeiter Eric Møller zu einer Zeit, als sie an der Stadthalle von Århus arbeiteten. Jacobsens kompromißloser Modernismus bestätigte Wegner zweifellos in seiner Entscheidung, sich diesem Stil zuzuwenden. 1943 eröffnete Wegner sein eigenes Büro in Gentofte. Heute führt es seine Tochter.

Die Arbeit fur Hansen

Um 1940 kam Wegner in Kontakt mit der Kunsttischlerei Johannes Hansen, die Wegners erste Entwürfe fertigte. Im Jahrzehnt nach

dem Zweiten Weltkrieg produzierte Wegner eine Anzahl von Stühlen, die Dänemark internationale Reputation einbrachten. 1951 erhielt er den Lunning-Preis, der für skandinavisches Design vergeben wird und den er mit dem Finnen Tapio Wirkkala (siehe S. 164/165) teilte; im Jahr 1957 wurde er auf der Mailänder Triennale (siehe S. 166/167) mit einer Silbermedaille ausgezeichnet.

Wegner entwarf seinen ersten bedeutenden Stuhl 1944. Der »China-Stuhl« (siehe S. 161, rechts) wurde von Johannes Hansen produziert und wirkte modern-elegant und minimalistisch, erinnerte aber auch – durch das Material und seine Struktur – an traditionelle Stuhltypen. Die Qualität seines Finishs und seiner Konstruktion, die auf kunsttischlerischen Prinzipien beruhte, sollte in den folgenden Jahrzehnten das Markenzeichen für Wegners Stühle werden. Sein 1947 entworfener Stuhl namens »Pfau« war eine dramatische moderne Version des traditionellen Windsorstuhls, eines neben dem genialen »Stick-back-Stuhl« in Skandinavien beliebten Möbeltyps. Obwohl sich Wegner selbst in der Tradition verankert sah, war er doch genauso stark dem modernen Lebensstil verhaftet, dem einzelne leichte, aber komfortable Möbel mehr entsprachen als die konventionellen schweren »Garnituren«. Es war diese Kombination von Leichtigkeit

Zwei aus einer Gruppe von sechs Stapel-stühlen aus Buche und Schichtholz sowie der dazugehörige runde Tisch (1949, links), entworfen von Wegner für Fritz Hansen. Die gebogenen Rückenlehnen, die konischen Beine und die biomorphe Form der Sitze kennzeichnen sie eindeutig als modern, obwohl sie in traditionellem Material ausgeführt sind.

Wegners »China-Stuhl« (unten) – ursprünglich 1944 von PP Møbler produziert und dann 1945 von Fritz Hansen hergestellt – war eine geschickte Verschmelzung von Tradition und Moderne. Seine schlichte Vollholzform in Buche oder Teak erinnert an ländliches Mobiliar, doch er zeigt eine neue Art von Raffinesse und Sinn für Komfort in der Subtilität seiner Bögen und durch die ledernen Sitzkissen, die in der abgebildeten Version von Hansen die geflochtenen Sitze älterer Modelle ersetzten.

und Komfort, die seinem 1949 entworfenen Stuhl den schlichten Namen »The Chair« einbrachte. Wegner war erst fünfunddreißig Jahre alt, als er diesen heute als für das Jahrhundert klassisch erachteten Stuhl entwarf. Mit seiner Rückenlehne, die subtil in einem Bogen in den Armlehnen ausläuft, und seinem Sitz aus Rohrgeflecht atmete der Stuhl den Geist des organischen Modernismus.

Spätere Stühle

Ab 1949 beschäftigte Wegner sich mit einer Vielzahl von Stuhlformen, bei denen er sich zumeist auf Holz in vielfältiger Gestalt – auch wenn er in späteren Jahren auf Stahlrohr umstieg – und den Rahmen konzentrierte. Bis in die siebziger Jahre arbeitete er mit einer ganzen Reihe von Firmen – etwa Fritz Hansen, PP Møbler, Carl Hansen und Planmobel – zusammen und produzierte Stücke wie den »Schalen-Stuhl« (1949), den »Y-Stuhl« (1950), »Silent Valet« (eine Klappgarderobe, 1953), 1955 einen Bürostuhl und 1960 den Stuhl »Bull«. Er entwarf auch Silberwaren, Leuchten und Tapeten. Vor allem jedoch bleibt Wegner mit seinen frühen Stühlen in Erinnerung, die heute noch hergestellt werden.

Der Stuhl »Flag line« für Fritz Hansen (1950, links). Der traditionellen Form eines Liegestuhls ähnlich, ist dieser höchst skulpturale Vollholzstuhl mit seinen konischen Beinen, freitragenden Armlehnen und der dünn gepolsterten Sitz- und Rückenfläche dennoch modern.

Ernest Race (1913–1964) spielte bei der Entstehung des modernen Möbeldesigns in Großbritannien nach dem Krieg eine entscheidende Rolle. In den zehn Jahren nach 1945 wirkte er mit an der Formulierung des »Contemporary Style« – ein Begriff, mit dem diese leichteren, organischeren und verspielteren Möbel und Einrichtungen von denen ihres kargeren Vorläuferstils, des

Vorkriegs-Modernismus, unterschieden wurden. Der Stil war nicht weniger radikal in seiner Betonung neuer Materialien oder der Funktionalität, orientierte sich allerdings in erster Linie an den Bedürfnissen der Kunden. Es war ein demokratischer Stil, der moderne Objekte hoher Qualität einem breiteren Kreis von Menschen zugänglich zu machen suchte.

Ernest Race

Ernest Race nutzte die technischen Fortschritte des Zweiten Weltkriegs zur Schaffung eines neuen Möbelstils, der dem Zeitgeist entsprach. Einige seiner Entwürfe aus der Jahrhundertmitte sind Klassiker geworden.

Der Liegestuhl »Neptun« (unten), 1953 entworfen für die Reederei P&O. Der schlichte Schichtholzrahmen des leicht gepolsterten Klappstuhls war äußerst praktisch und mit seinen sanft geschwungenen Linien auch gefällig für das Auge.

Ausbildung und erste Arbeit

Race war, vor allem in bezug auf die Anwendung neuer Materialien bei der Möbelherstellung, einer der stärksten Neuerer der damaligen Zeit. 1933–1935 studierte er an der Bartlett School of Architecture. Doch bevor er seinen Weg in die Welt der Möbel fand, gönnte er sich für kurze Zeit eine interessante Abwechslung. 1937 reiste er nach Indien, um eine Tante zu besuchen, die in Madras eine Weberei betrieb. Er war sehr beeindruckt von den wunderschönen Textilien, die er dort sah, und eröffnete nach seiner Rückkehr in London einen Laden – Race Fabrics –, in dem er Stoffe aus Indien verkaufte. Er nahm auch eine Designausbildung auf, arbeitete zunächst als Modellmacher und dann als Zeichner für den Lampenhersteller Troughton & Young.

Kriegs- und Nachkriegsjahre

Die Kriegsjahre waren für Race, wie für viele andere Designer seiner Generation, etwa den Amerikaner Charles Eames (siehe S. 148–151), eine entscheidende Zeit. Race war während des Kriegs bei einem Flugzeugbauer beschäftigt und bekam mit, welche Fortschritte in der Materialtechnik erzielt wurden. Nach dem Krieg tat er sich mit einem Ingenieur namens J. W. Noel Jordan zusammen und gründete Race Furniture, ein Unternehmen, das in jener Zeit allgemeiner Knappheit Wege zu finden suchte, wie sich Abfallmaterial aus der Rüstungsproduktion für die Herstellung von Möbeln nutzen ließ.

Holz war besonders knapp, deshalb konzentrierten Race und Jordan sich auf Metall, vor allem auf Aluminium. Das Ergebnis war Races höchst innovativer »BA-Eßtischstuhl« (siehe S. 163, oben), der aus sandgestrahltem Aluminiumschrott bestand und durch seine feinen konischen Beine, die elegant geschwungene Lehne und die dünne Polsterung auf Sitz und Rückenlehne Kraft mit Leichtigkeit und optischem Minimalismus verband. Der Stuhl war der Star auf der Ausstellung Britain Can Make It, die 1946 im Victoria & Albert Museum in London von dem neugegründeten Council of Industrial Design organisiert wurde, und wurde auch 1951 bei der Mailänder Triennale (siehe S. 166/167) mit der Goldmedaille ausgezeichnet.

Designs für die South Bank und spätere Arbeiten

Race wiederholte den Erfolg seines »BA-Stuhls« noch mit zwei weiteren Entwürfen, die für die Außen-

Ein Interieur von 1952 (oben) mit Entwürfen von Race, unter anderem. Abgebildet sind – entgegen dem Uhrzeigersinn von der Mitte aus – sein »Damen-Stuhl«, ein Ohrensessel, ein Sessel mit normalhoher Lehne, ein Beistelltisch, ein Sofa und ein Eßtisch mit »BA-Stühlen« (rechts hinten).

Der Ohrensessel (rechts) vom Ende der vierziger Jahre im Querschnitt. Zu sehen sind der Stahlrohrrahmen, der dem Stuhl seine organische Form verlieh, und die traditionellen Polstertechniken für eine bequeme Sitzfläche.

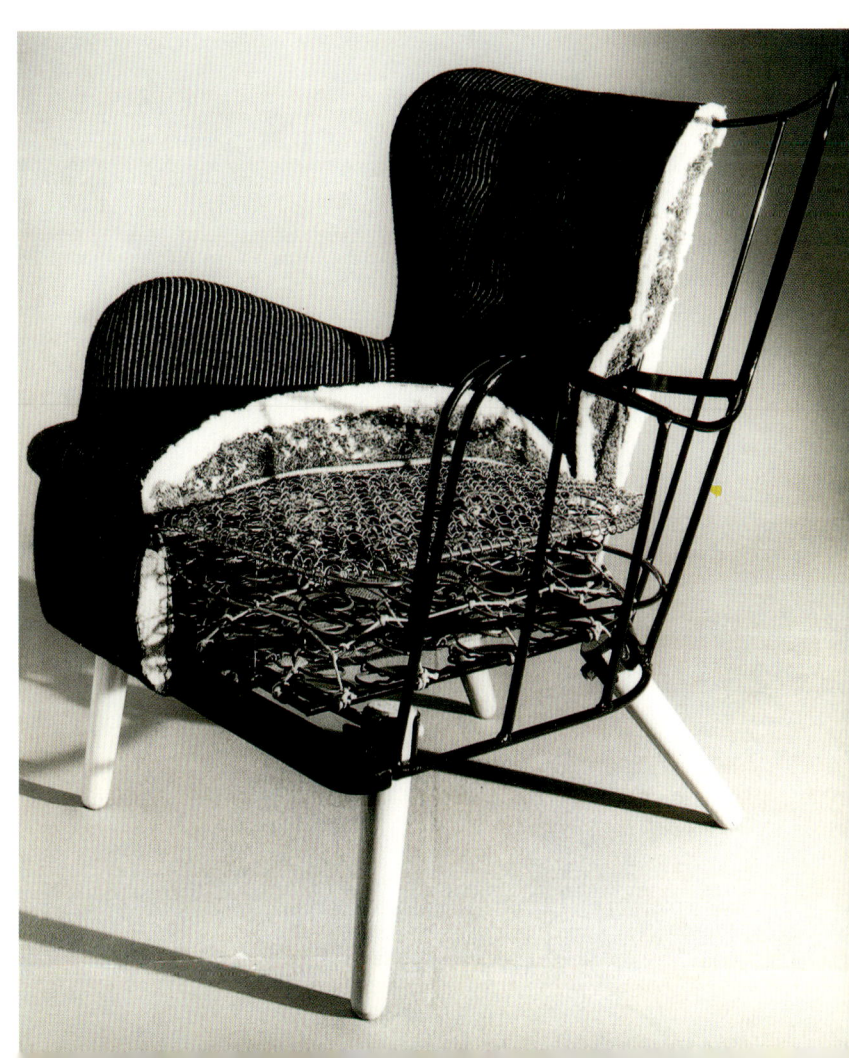

anlagen des Festival of Britain bestimmt waren, das 1951 an der South Bank in London stattfand. Die Stühle namens »Antilope« (siehe S. 153) und »Springbock« waren Beispiele für die Nutzung von Stahlrohr. Durch ihre Allgegenwart bei der Veranstaltung wurden sie in vielfacher Hinsicht zu deren Symbol und erregten mit Sicherheit auf drastische Weise die Aufmerksamkeit der Öffentlichkeit. Die Stahlrohrbeine mit den Kugelfüßen blieben nicht ohne Einfluß auf den populären »Contemporary Style« und inspirierten zu einer Vielzahl von Objekten von Garderoben bis zu Teetischen. Die Atom-Symbolik der Kugelfüße war wichtig, doch die Form der Füße hatte auch praktische Gründe, verhinderte sie doch, daß der Stuhl sich in den Teppich oder den Parkettboden eindrückte. 1951 stand Race auf dem Höhepunkt seines Erfolgs, doch er schuf noch mehr moderne Ikonen, etwa den »Flamingo-Stuhl« (1959) und das »Sheppey-Sofa« (1963). Er blieb bei Race Furniture – die Firma produziert nach wie vor seine Entwürfe – bis 1954 und arbeitete anschließend bis zu seinem Tod zehn Jahre später als freier Designer.

Vielleicht mehr als jeder andere praktisch tätige Designer repräsentierte Tapio Wirkkala (1915–1985) international das innovative Design, das nach dem Zweiten Weltkrieg in Finnland entstand. Allein schon sein Aussehen — ein zerklüftetes Gesicht mit ungebändigtem Haar und Vollbart — zeigte symbolhaft, daß das finnische Design jener Jahre bei seiner Suche nach einem neuen organischen Modernismus von der Natur und den Elementen inspiriert war. Tatsächlich verbrachte Wirkkala einen Teil des Jahres in Nordlappland, und seine kühnen, fast abstrakten Entwürfe — ob für Glas, Möbel, Schmuck, Tischbesteck, Banknoten oder Briefmarken — spiegelten die wilde Landschaft sowie den Geist und die Traditionen der Kultur der Lappen wider.

Tapio Wirkkala

Tapio Wirkkala gehörte zu einer Handvoll Gestaltern, die dem finnischen Design nach dem Zweiten Weltkrieg international zu Ansehen verhalfen. Mit seiner skulpturalen Expressivität und Vielseitigkeit transformierte er weite Bereiche des finnischen Designs. Glas war sein bevorzugter Werkstoff.

Glasentwürfe

Obwohl er in Helsinki 1933–1936 Bildhauerei studierte, wurde Wirkkala vornehmlich als Glaskünstler und -designer bekannt. Berühmtheit erreichte er als Gewinner eines Wettbewerbs für Glaskunst, den 1951 der finnische Glashersteller Ittala ausrichtete. Seit jenem Jahr entwarf Wirkkala bis zu seinem Tod Objekte für diese Firma. Wirkkala hatte zwar einen Intensivkurs zur Glasherstellung absolviert, ging an dieses Medium

Die »Kantarelli-Vase« (unten), 1946 für die Glashütte Iittala aus geblasenem Kristallglas mit in die Oberfläche eingeschnittenen Rillen entworfen. Sie gehörte zu Wirkkalas ersten Entwürfen für diesen Hersteller und wurde 1951 auf der Mailänder Triennale mit dem Großen Preis ausgezeichnet.

aber als bildender Künstler heran. Er machte die Formen, in die das Glas geblasen oder gegossen wurde, selbst und preßte dann zur Erzielung von Maserungen und Mustern natürliche Objekte wie Holz und Blätter auf das Glas; seine unregelmäßigen, höchst strukturierten Stücke ähnelten exakt den natürlichen Vorlagen. Zu Wirkkalas ersten bemerkenswerten und weithin publizierten Stücken gehörte seine Kollektion von »Kantarelli-Vasen« (1946, unten), deren fließende Formen er einem Pfifferling nachmodellierte und die er mit feinen Linien profilierte. Da die Handwerker bei Jittala anfangs Schwierigkeiten damit hatten, seine fein profilierten Entwürfe in Großserie herzustellen, arbeitete Wirkkala so lange mit ihnen zusammen, bis die technischen Probleme gemeistert waren. Seine »Blatt-Schüsseln« und »Flechten-Schüsseln« (1951) zeigen, wie stark er für neue optische Lösungen auf traditionelle Glastechniken zurückgriff. Die opake Oberfläche der »Flechten-Schüssel« wurde durch Ätzritzen erzielt. Von 1959 bis zu seinem Tod stellte auch die italienische Glashütte Venini seine Entwürfe her.

Die Mailänder Triennalen

Wirkkala machte sich mit seiner Arbeit für die Mailänder Triennale von 1951 (siehe S. 166/167) international einen Namen. Mit seiner

Frau, der Grafikerin Rut Bryk, die in den sechziger Jahren für die Kunstabteilung des Porzellanherstellers Arabia tätig war, entwarf und organisierte er den finnischen Ausstellungsbeitrag. In den aufsehenerregenden Ausstellungsräumen — mit einem gemalten Hintergrund, der eine finnische Landschaft zeigte — wurden in großer Zahl Keramik- und Glasentwürfe präsentiert, darunter dreißig seiner eigenen Stücke, auch die »Kantarelli-Vasen« und die »Flechten-Schüssel«. Die finnischen Teilnehmer wurden mit sechs Großen Preisen ausgezeichnet, von denen allein drei an Wirkkala gingen. Er war auch für die genauso erfolgreiche Repräsentation Finnlands bei der Mailänder Triennale von 1954 verantwortlich, womit er dazu beitrug, daß die skandinavischen Länder bei den Triennalen der fünfziger Jahre zu dominieren vermochten.

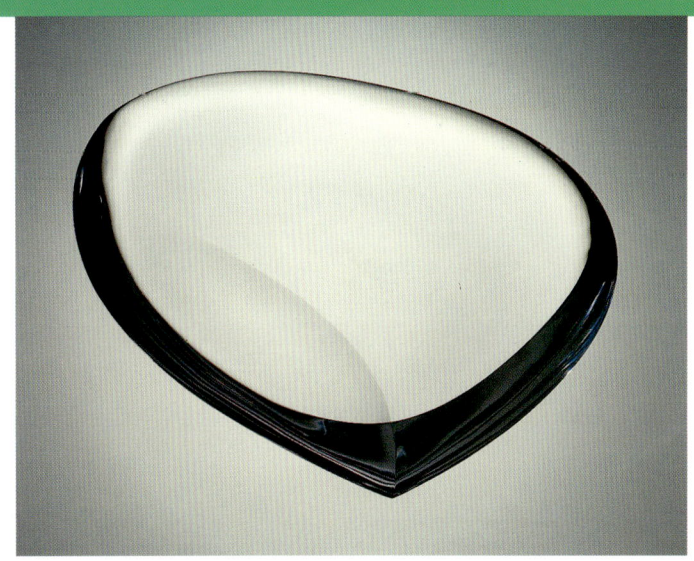

Andere Medien

Wenngleich Glas in Wirkkalas Schaffen eine große Rolle spielte, so war er doch in vielen anderen Medien ebenfalls ein vielseitiger und kreativer Designer. In den sechziger Jahren zog es ihn weg von den künstlerischen Einzelstücken und hin zum Industriedesign. Zwischen 1956 und 1985 ziger Jahre für die Metallwarenfabrik Hackman entwarf. Außerdem arbeitete er an einer Reihe von Besteckkollektionen und schuf eine Stehlampe aus Metall (1960).

Die spätere Karriere

In den siebziger Jahren wandte sich Wirkkala von neuem der Plastik zu und fertigte Bronzevögel. Bei ande-

Eine schlichte, asymmetrische Platte aus gegossenem und poliertem Vollglas (1952, oben), entworfen für Iittala. Wirkkalas Erfahrung als Bildhauer ermöglichte ihm, diese organische, reduzierte Form zu kreieren, deren dicker Außenrand gestalterisch überzeugt. Der Entwurf wurde 1954 auf der Mailänder Triennale gezeigt und brachte dem finnischen Glasdesign internationales Ansehen.

Die Gläserserie »Tapio« (links), die Wirkkala für Iittala entwarf (1954–1956). Die Gläser mit massivem Fuß – darin als typisches Merkmal eine einzelne Luftblase – und elegant geschwungener Silhouette bestanden aus geblasenem Glas.

entwarf er eine Vielzahl von Objekten für die deutsche Porzellanmanufaktur Rosenthal, unter anderem eine schwarze Teekanne aus Porzellan (1968) und das denkwürdige »Century-Service« (1979). Er schuf auch skulpturale Stücke, etwa Schüsseln, aus laminiertem Holz und entwarf Möbel, zum Beispiel einen Tisch für den finnischen Möbelhersteller Asko (1958). Eines seiner denkwürdigsten Projekte war eine moderne, konische Version des traditionellen finnischen »Puuko-Messers« mit Scheide, das er Anfang der sech- ren Entwürfen hielt er sich an finnische Traditionen, setzte sie jedoch mit Erfolg auf radikal moderne Art um. Ein Beispiel hierfür sind drei Schubladencontainer von 1981 – einer für seine Frau, einer für seinen Sohn und der dritte für seine Tochter –, die in traditioneller Technik mit Holznägeln gefertigt wurden.

Eine Anfang der sechziger Jahre für Iittala entworfene Vase (siehe S. 164). Die Kombination der stark geometrischen Form mit dem gegossenen Oberflächendekor und der kräftigen Farbe ist charakteristisch für Wirkkalas schlichte, aber überzeugende Glasentwürfe.

Tisch (oben) aus laminiertem Birkenholz und Metall, den Wirkkala in den vierziger Jahren entwarf und der seinen Sinn für Harmonie und Eleganz in einem anderen Medium als Glas unter Beweis stellt. Seine bildhauerische Ausbildung vermittelte ihm die Fähigkeit, mit verschiedenen Materialien zu arbeiten.

Die Mailänder Triennalen

Dekor und Beleuchtung des Eingangs zum Kongreßsaal der elften Triennale im Jahr 1957 entwarfen Achille und Pier Giacomo Castiglioni, die in den fünfziger Jahren Bedeutendes zu den Triennalen beitrugen.

Der »Damen-Sessel« (1951, unten) von Marco Zanuso (siehe S. 196 – 197) gewann bei der Triennale von 1951 einen Großen Preis. Zanuso wurde auch bei den Triennalen von 1954 und 1957 ausgezeichnet.

In den Jahren nach dem Zweiten Weltkrieg waren die Triennalen von Mailand das Forum schlechthin für Neuentwicklungen im modernen Design. Die Designer fielen scharenweise in der Stadt ein, begierig, alle innovativen Arbeiten aus den europäischen Ländern wie Finnland, Schweden, Deutschland und Italien in einer einzigen Ausstellung anschauen zu können. Weltweit berichteten die Fachzeitschriften über das Ereignis und wurden Gestalter praktisch über Nacht berühmt.

Die Entstehung der Triennalen

1923 beabsichtigte der Kritiker Guido Marangani eine Biennale, die Biennale internazionale dell' Arte di Decorativa in Monza einzurichten und dort lokale kunsthandwerkliche Arbeiten zu zeigen. 1930 jedoch hatte sich die Ausstellung bereits zur Internationalen Triennale moderner dekorativer und industrieller Kunst und zur Plattform für die europäische Avantgarde entwickelt.

1933 fand die Triennale erstmals in Mailand in dem eigens dafür erstellten Palast der Kunst statt, einem neoklassischen Gebäude, das Giovanni Muzio entworfen hatte. Die fünfte und sechste Triennale (1936 und 1940) standen eindeutig unter dem Einfluß des faschistischen Regimes. Bei der fünften Triennale entwarf Marcello Nizzoli (siehe S. 172/173) – mit den Architekten Giancarlo Palanti und Edoardo Persico sowie dem Bildhauer Lucio Fontana – einen »Siegessalon«, der mit den Porträts römischer Herrscher dekoriert war.

Die Nachkriegs-Triennalen

Nach der Niederschlagung des Faschismus wurde die Triennale wiederbelebt und repräsentierte die Idee des italienischen »Wiederaufbaus«: der wirtschaftlichen, politischen und kulturellen »Wiedergeburt«, die mit der Neuen Republik zum Leben erwachte. Die achte Triennale von 1947 war beherrscht vom Wohnungsnotstand, und viele junge Architekten und Designer – auch Ettore Sottsass (siehe S. 216 – 219) und Vico Magistretti (Siehe S. 216/217 und 198 – 201) – stellten Einrichtungsgegenstände aus, die sie angesichts dieser schwierigen Situation entworfen hatten.

1951 war die Renaissance des Designs, die sich als Teil der Anstrengungen, Handel und Kultur der Vorkriegszeit wiederzubeleben, in vielen europäischen Zentren vollzogen hatte, bei der neunten Triennale in Mailand klar erkennbar. Italien wies mit der erstaunlichen Produktschau »Die Form des Nützlichen« den Weg, und fortschrittliche italienische Unternehmen wie Olivetti und Piaggio stellten Objekte vor, die die neuen Industriedesigner jener Zeit, unter anderem die Brüder Castiglioni (siehe S. 194/195), Marcello Nizzoli und Gino Valle, entwickelt hatten. Italien war nicht das einzige Land, das 1951 von sich reden machte; im gleichen Jahr schuf Tapio Wirkkala (siehe S. 164/165) den finnischen Ausstellungsbeitrag, der mit seiner Glas- und Keramikkunst zahlreiche Preise gewann. Auch Deutschland zeigte die neue radikale Richtung des »Neofunktionalismus« der Nachkriegsjahre, in dem auch Bauhaus-Ideen wiederauflebten, und bewies damit, daß es international eine einflußreiche Kraft war.

Die vierzehnte Triennale im Jahr 1968 wurde wegen gewalttätiger Studentendemonstrationen im Park vor dem Palast der Kunst vorzeitig geschlossen. Hier (rechts) zu sehen ist der von Joe Colombo (siehe S. 208/209) entworfene Erholungs- und Erfrischungsbereich einer Ausstellung mit dem Titel »Italienischer Ausdruck und Produktion«, mit Kopfhörern, einem Aschenbecher und einem Glashalter für jeden Benutzer.

Achille und Pier Giacomo Castiglioni entwarfen den Kongreßsaal der elften Triennale im Jahr 1957 (unten links). Die Beleuchtung – inklusive der minimalistischen »Neonröhre«, die auf einer industriellen 1000-Watt-Röhre basierte und von Leuci hergestellt wurde – war ganz besonders innovativ und gehörte zu einer Arbeit, die die Brüder bereits für die neunte Triennale 1951 begonnen hatten.

Der italienische Architekt und Designer Gio Ponti beeinflußte das Konzept der Triennalen in den zwanziger und dreißiger Jahren. Er entwarf dieses Besteck aus rostfreiem Stahl (unten rechts) 1936 für Krupp Italia. Es wurde bei der sechsten Triennale in Mailand – der zweiten Veranstaltung, die im eigens dafür errichteten Palast der Kunst stattfand – ausgestellt.

Die nächste Triennale im Jahr 1954 hatte die gleiche Schubkraft wie die elfte Triennale des Jahres 1957, bei der Hans Wegner (siehe S. 160/161) mit dem Großen Preis ausgezeichnet wurde. Zu diesem Zeitpunkt war nicht mehr zu übersehen, daß das Konzept des Industriedesigns stark in der europäischen Kultur wurzelte und daß die führenden Länder alle hart an eigenständigen Manifestationen arbeiteten, doch 1964 vollzog sich eine Umorientierung. Das »System der Stars« – das Designer wie »Helden« und Repräsentanten einer Hochkultur darstellte, das im vorherigen Jahrzehnt dominiert und am Ende jener Zeit seinen Höhepunkt erreicht hatte – war langweilig geworden, deshalb beschlossen die Organisatoren der zwölften Triennale, sich nicht so sehr auf die Designer und dafür stärker auf die Verbraucher zu konzentrieren, weshalb sie für die Ausstellung das Thema »Freizeit« wählten.

Die gesellschaftlichen Unruhen von 1968 führten zum Niedergang der Triennale. Die Ausstellung jenes Jahres wurde vorzeitig wegen demonstrierender Studenten auf den Zugangswegen geschlossen. Obwohl in den siebziger und achtziger Jahren noch Ausstellungen stattfanden, erlangte die Triennale die bestimmende Bedeutung, die sie in dem optimistischen Jahrzehnt nach dem Zweiten Weltkrieg innegehabt hatte, nie wieder.

Robin und Lucienne Day (geb. 1915 bzw. 1917) zählten in den fünfziger Jahren zu den führenden Designern Großbritanniens. Mit ihrer Jugend, ihrem Talent und ihrem Optimismus wurden sie zu Symbolen der neuen Nachkriegszeit und entwarfen – gemeinsam oder auch alleine – einige herausragende Möbel und Stoffe, mit denen sie ihr Heimatland international für sein modernes Design bekannt machten. Eine Zeitlang standen die Days im Rampenlicht der Öffentlichkeit und wurden von den Medien als »Vorreiter des guten Stils« gelobt. Sie galten als Hauptrepräsentanten des neuen Lebensstils, der an der Inneneinrichtung ihres Zuhauses in Chelsea (das in einer Ausgabe von »House and Garden« 1952 vorgestellt wurde) abzulesen sei; dieser Artikel sowie ihr Auftritt in einer Anzeige für Smirnoff-Wodka (links) drei Jahre später zementierte ihren Status als gefeierte Berühmtheiten.

Robin & Lucienne Day

Robin und Lucienne Day prägten in den fünfziger und sechziger Jahren die zeitgenössische Ästhetik der britischen Inneneinrichtung entscheidend mit.

Ein Zimmer im Pavillon von »Homes and Gardens« beim Festival of Britain in London (1951, unten). Die Regalwand, der Eßtisch, die Stühle und die dazu passende Anrichte entwarf Robin Day. Die freundliche offene Atmosphäre signalisierte eine neue Sensibilität in der Inneneinrichtung.

Ausbildung und erste Tätigkeit

Robin wie Lucienne Day besuchten das Royal College of Art in London: Robin in den Jahren 1934–1938, nachdem er zuvor (1930–1933) am Polytechnikum in High Wycombe, Buckinghamshire, die Herstellung von Möbeln erlernt hatte; und Lucienne 1937–1940 nach einem Studium an der Croydon School of Art. Das Paar heiratete 1942 und arbeitete seitdem eng zusammen.

Robin Day

Bis 1948 hatte Robin Day sich seinen Lebensunterhalt als Grafiker und Messegestalter verdient, da er kaum Gelegenheit erhielt, an Möbeln zu arbeiten. 1949 gelang ihm der Durchbruch mit einem Entwurf, den er, zusammen mit dem Möbeldesigner Clive Latimer, bei einem Wettbewerb für kostengünstige Möbel einreichte, den das Museum of Modern Art in New York ausgeschrieben hatte.

Die Regalmodule aus geformtem Schichtholz mit Aluminiumrahmen gewannen wegen ihres innovativen Designs unter Verwendung neuer Materialien den ersten Preis in der Kategorie Aufbewahrung. Zu dem Wettbewerb waren insgesamt dreitausend Einsendungen eingegangen (den Preis für Sitzmöbel gewann Charles Eames; siehe S. 148–151), deshalb war diese Auszeichnung für Day und Latimer eine starke Leistung.

Durch diesen Erfolg wurden Lesley und Rosamund Julius – die Eigentümer des britischen Möbelherstellers Hille – auf Robin Day aufmerksam. Sie befanden sich auf einer Reise in die Staaten und wollten gerne mit modernen Designern zusammenarbeiten. Sie beauftragten Robin Day und Latimer, für die britische Industrieausstellung des Jahres 1949 Möbel zu entwerfen, und Robin Day kreierte für sie eine Eß-

zimmereinrichtung aus Holz.

Ab 1950 arbeitete Robin Day als Design Director für Hille; er entwickelte für das Unternehmen eine Corporate Identity und, weitaus wichtiger, schuf in den nächsten zwei Jahrzehnten zahlreiche Stühle und andere Möbelstücke – etwa Büroschränke und Schreibtische. Seine praktische Erfahrung in der Möbelherstellung sollte Hille sehr zugute kommen, weil Robin Day sich mit dem ganzen Herstellungsprozeß, vom Design über die Herstellung von Prototypen bis hin zur Serienfertigung, auskannte.

1950 wurde der »Hillestak-Stuhl« vorgestellt, ein überaus modern wirkender kleiner Eßtischstuhl aus vorgeformtem laminiertem Schichtholz. 1951 stattete Robin Day zwei Räume – darunter ein Eßzimmer (links) – für den Pavillon »Homes and Gardens« des Festival of Britain aus und schuf das Mobiliar für das Auditorium, das Restaurant und das Foyer der Festival Hall in London. Im selben Jahr entwarf er eine als »Contemporary« bezeichnete Inneneinrichtung für die Mailänder Triennale (siehe S. 166/167), zu der auch ein Textildessin von Lucienne Day gehörte; die Days gewannen für diese Arbeiten Goldmedaillen – eine weitere bemerkenswerte Leistung für britische Designer.

Robin Days Bedeutung für die Gestaltung öffentlicher Räume belegt seine Innenausstattung für eine BOAC Super VC10 (1963, links). Day entwarf die Polster, Wandverkleidungen und Teppiche und arbeitete auch am Design der Sitze sowie der gastronomischen Ausstattung mit.

Der Propylen-Stuhl für Hille (unten), 1963 auf den Markt gekommen, zählt zu Robin Days bedeutendsten Entwürfen. Seine vorausgegangenen Experimente mit geformtem Schichtholz führten ihn wie selbstverständlich zum Design eines Stuhls aus in einem Stück gefertigter Sitzfläche und Rückenlehne auf Stahlrohrbeinen. Der Stuhl war preisgünstig und einfach zu fertigen, leicht, farbig und stapelbar. Er war ein Riesenerfolg und schnell in öffentlichen Räumen allgegenwärtig.

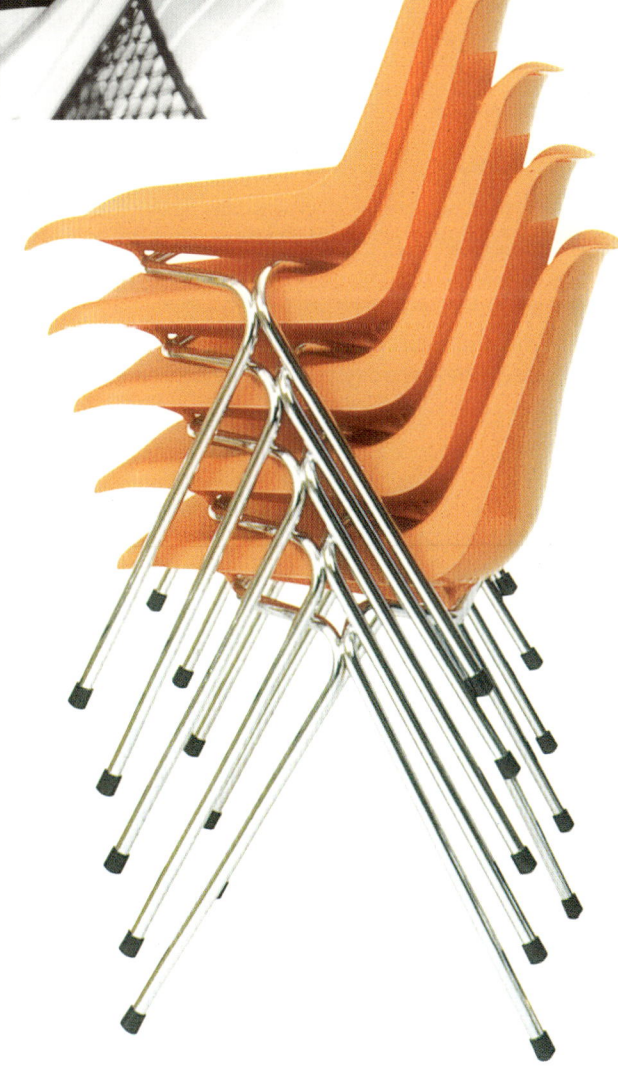

1963 erzielten Day und Hille gemeinsam den Durchbruch, als ihr preisgünstiger Stuhl mit einer einteiligen Schale aus dem neuen Kunststoff Polypropylen auf den Markt kam. Der Stuhl war auf Anhieb ein Erfolg – nicht zuletzt

wegen Hilles kluger Marketingentscheidung, 600 Exemplare kostenlos an Architekten, Designer und Journalisten zu verschicken. Das »Architect's Journal« sagte richtig voraus, daß dieser Stuhl sich »als seit dem Krieg wichtigste

Metallstühle (unten), die 1995 nach Robin Days Entwurf von Hille produziert wurden. Sie wurden für öffentliche Warteräume,

etwa auf Bahnhöfen und Flugplätzen, entworfen und sind beispielsweise in Londoner U-Bahnstationen aufgestellt worden.

Lucienne Days zurückhaltendes, doch sehr modernes Design von 1958/1959 (links) für das Porzellanservice »Regent Street« von Rosenthal. Lucienne Day war 1957–1968 für diese deutsche Firma tätig und entwarf für sie eine Vielzahl von Dekors.

Alistair Morton von Edinburgh Weavers sie bat, für das Unternehmen zwei Sorten Chintz zu entwerfen. Durch diese verblüffenden Dessins wurde die Heals Wholesale and Export Ltd. auf Lucienne aufmerksam.

1951 arbeiteten Lucienne und Robin Day an zwei Installationen zusammen. Sie entwarf »Calyx« – ihr erfolgreichstes und berühmtestes Design – für das Festival of Britain und gewann damit den ersten Preis des amerikanischen Institute of Decorators; außerdem wurde sie bei der Mailänder Triennale 1951 für den Entwurf mit einer Goldmedaille ausgezeichnet. Bei der Triennale des Jahres 1954 erhielt sie für die vier Dessins »Graphica«, »Tickertape«, »Spectators« (siehe S. 169 rechts) und »Linear« den prestigeträchtigen Großen Preis.

Im Anschluß an den Erfolg von »Calyx« schuf Lucienne Day für Heals das Dessin »Flotilla« (siehe S. 169 links), das von marinen

Entwicklung des britischen Designs für die Massenfertigung« erweisen würde.

Robin Day entwarf auch Haushaltsgeräte – unter anderem Radios und Fernseher für die britische Firma Pye – und schuf noch zahlreiche andere Objekte für öffentliche wie private Interieurs. Sein Arbeitsgebiet erstreckte sich von der Büroeinrichtung über Teppiche bis zur Innenausstattung von Passagiermaschinen für BOAC (siehe S. 169).

Lucienne Day

1947 reisten Lucienne und Robin Day nach Skandinavien und kehrten, vom Gesehenen beeindruckt, mit dem Entschluß zurück, an der Entwicklung eines eigenständig britischen modernen Designs mitzuarbeiten. Seit dieser Zeit kam Lucienne Days Textilien bei der Verfolgung dieses Zieles eine wichtige Rolle zu. Obwohl sie bereits mehrere Aufträge für Firmen ausgeführt und auch Arbeiten ausgestellt hatte, fiel ihr erster wichtiger Auftrag ins Jahr 1948, als

»Zu viele Köche« (links), entworfen von Lucienne Day Ende der fünfziger Jahre für das Belfaster Textilunternehmen Thomas Somerset. Die Frische des leichten, figürlichen Musters – in dem bäuerlicher Stil und moderne Sensibilität verschmelzen – brachte Lucienne eine Auszeichnung des Design Council ein.

Den Stoff namens »Trio« gestaltete Lucienne Day 1954 für den Hersteller Heals. Sie setzte von Hand gezeichnete, abstrakte Bildelemente auf einen gestreiften Hintergrund.

»Flotilla« (1952, oben), einer der erfolgreichsten Entwürfe Lucienne Days für Heals, nahm die marine Metaphorik wieder auf, die im Jahr zuvor beim Festival of Britain populär geworden war. Das attraktive, abstrakte Muster entsprach dem Zeitgeschmack.

»Spectators« (rechts), 1954 für Heals entworfen. Mit seinen halb abstrakten Formen und seinen wenigen, aber kräftigen Farben war dieses Muster ein Erfolg. Es tauchte in vielen Interieurs im »Contemporary Style« auf und erhielt bei der Mailänder Triennale von 1954 einen Großen Preis.

Motiven inspiriert war und einen kleineren Rapport hatte; dieses Muster wurde im »People's House« bei der Ideal Home Exhibition 1952 in London verwendet. Weitere populäre Dessins wie »Small Hours« und »Strata« schlossen sich bald daran an.

Von 1954 bis 1974 schuf Lucienne Day ungefähr ein halbes Dutzend Dessins im Jahr für Heals. Diese Arbeiten waren originell, frisch und besaßen eine starke Vision von Modernität. Sie waren stark beeinflußt von der abstrakten Kunst der Zeit – vor allem von den Arbeiten des spanischen Malers Joan Miró –, gewannen jedoch bei der Übertragung in ein anderes Medium ganz neues Leben und eine andere Qualität.

In den fünfziger und sechziger Jahren weitete Lucienne ihren Schaffensbereich auf Tapeten,

Keramik und Teppiche aus und bewies damit ihre Vielseitigkeit.

Sie schuf Tapetenmuster für Crown (1954–1964), arbeitete für Rosenthal (1957–1969, siehe S. 170 oben links) und entwarf für mehrere Firmen Teppiche.

Doch ab Mitte der siebziger Jahre arbeitete Lucienne Day nicht mehr für Firmen im Sektor der Massenfertigung, sondern begann mit, wie sie es nannte, »Seidenmosaiken«, großen Wandbehängen für Interieurs. Ein eindrucksvolles Exemplar hängt im John-Louis-Geschäft in Kingston, Surrey, und ein weiteres im Foyer des Queen Elizabeth II Conference Centre in London. Museen in Schweden, den Vereinigten Staaten und Kanada sowie das Victoria & Albert Museum in London und die Whitworth Art Gallery in Manchester besitzen ebenfalls Wandteppiche von Lucienne Day.

Marcello Nizzoli (1887–1969) hat mit seinem Werk das moderne italienische wie das internationale Produktdesign nachhaltig beeinflußt. Er fing erst im Alter von 53 Jahren an, sich auf diesem Gebiet zu betätigen, als er bereits auf eine lange und erfolgreiche Karriere in den Bereichen Textildesign, Grafik und Ausstellungsgestaltung zurückblicken konnte. Doch mit diesem

gediegenen und vielseitigen Hintergrund konnte er – als es denn soweit war – ausgereifte und einzigartige Objekte zur Welt des Produktdesigns beisteuern. Am bekanntesten wurde er mit seinen innovativen Entwürfen für den Büromaschinenhersteller Olivetti, für den er in den vierziger und fünfziger Jahren einige klassisch gewordene Geräte entwarf.

Marcello Nizzoli

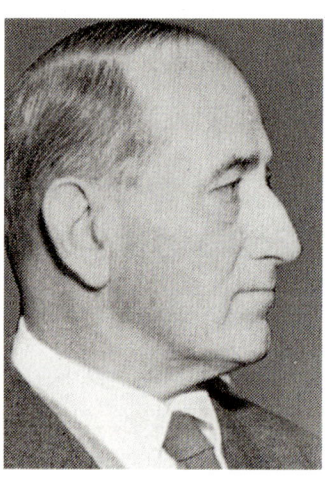

Nachdem er sich bereits erfolgreich als Grafiker und Ausstellungsmacher betätigt hatte, ging Marcello Nizzoli in den vierziger und frühen fünfziger Jahren daran, für Olivetti bahnbrechende Büromaschinen zu gestalten. Damit wurde er ein bedeutender Industriedesigner und beeinflußte viele, die nach ihm kamen.

Ausbildung und erste Tätigkeit

Nach dem Abschluß eines Studiums der Architektur, Werkstoffe und Grafik an der Scuola di Belle Arti in Palermo im Jahr 1910 besaß Nizzoli eine Bandbreite an Wissen und Interessen, die ihn in seiner ganzen beruflichen Laufbahn begleiten sollten. Sein Biograph Germano Celant beschrieb ihn als einen »praktischen Mann«, und fraglos belegt die Vielfalt der von ihm kreierten Objekte, daß Nizzoli

Nizzolis tragbare Schreibmaschine »Lettera 22« (unten), die er 1950 für Olivetti entwarf. Damit legte er den Grundstein für die Konzentration des Unternehmens nach dem Krieg auf modernes Design. Die schlichte Metallschale als Korpus und die neutrale Farbe ließen die Maschine funktionell und modern wirken, so daß sie rasch international zu einem Bestseller wurde.

sich stets durch praktische Erfahrungen weiterentwickelte. In den zwanziger Jahren schuf er zunächst Textildessins und Illustrationen für Werbeanzeigen und Modezeitschriften in Mailand; da er mit abstrakt-geometrischen Formen arbeitete, war an seinen Designs ein starker stilistischer Einfluß durch die Wiener Werkstätten und die italienischen Futuristen nicht zu verkennen. Mit Nizzolis Entwürfen bestickte Schals wurden auf der ersten Ausstellung zur angewandten Kunst im italienischen Monza (1923) ausgestellt, und bei den nächsten zwei Veranstaltungen 1925 und 1927 zeigte er Plakate, die sein wachsendes Interesse für die neoklassische Strömung des 19. Jahrhunderts verrieten. Davon abweichend gestaltete er 1925/1926 zwei überwältigende Plakate für Campari, die seine tiefe Faszination durch den Kubismus belegten.

Ab 1930 interessierte sich Nizzoli für den italienischen Rationalismus – eine vom deutschen und französischen Modernismus beeinflußte Strömung in Architektur und Design – und kam dadurch in Kontakt mit den zwei wichtigsten Förderern dieser Richtung: Giuseppe Terragni (siehe S. 114/115) und Edoardo Persico. 1934 schloß sich Nizzoli mit Persico zusammen, und gemeinsam schufen sie in Mailand eine Reihe von Designs, darunter minimalistische Interieurs für zwei

Geschäfte des Schreibgeräteherstellers Parker (1934 und 1935), eine Stahlrohrkonstruktion für die Halle der Goldmedaillen auf der Luftfahrtausstellung (1934) und den Siegessalon auf der Mailänder Triennale von 1936 (siehe auch S. 166/167).

Die Arbeit für Olivetti

1938 beauftragte Adriano Olivetti vom gleichnamigen Büromaschinenhersteller Nizzoli damit, ein Geschäft in Venedig zu gestalten. Nizzolis erste Begegnung mit diesem progressiven Industriellen sollte sich als entscheidend erweisen, denn 1940 wurde Nizzoli von der Firma angestellt mit der Aufgabe, das Aussehen ihrer Maschinen zu überarbeiten. Er hatte auch das »corporate image« des Unternehmens auf das Design der Produkte zu übertragen, und Nizzoli war dafür genau der Richtige.

Die Nachkriegszeit

Vor dem Ausbruch des Zweiten Weltkrieges erzielte Nizzoli einige Resultate – zum Beispiel die Rechenmaschine »Summa 40«, die auch einen neuen Schalenkorpus hatte – doch die eigentliche Umstellung bei Olivetti vollzog sich erst nach 1945 mit der neuen Schreibmaschine »Lexicon 80«. Diese frisch wirkende, innovative Maschine besaß einen schlichten, organischen zweiteiligen Korpus.

Ab den fünfziger Jahren schuf Nizzoli zahlreiche neuartige Designs für Olivetti, etwa die tragbare Schreibmaschine »Lettera 22« (1950, siehe S.172), und für den Hersteller Necchi Nähmaschinen, die völlig neue Formen hatten und auf einer neuen Definition des Produkts basierten. Die Nähmaschinen »Supernova«

In Zusammenarbeit mit dem Bildhauer Lucio Fontana und den Architekten Giancarlo Palanti und Edoardo Persico arbeitete Nizzoli an der grafischen Gestaltung des »Siegessalons« (unten) für die Mailänder Triennale von 1936. Mit dem Raum sollten die Leistungen des italienischen Militärs gewürdigt werden.

und »Mirella« für Necchi (1956; unten) waren neben anderem bedeutende Erfolge. 1960 entwarf Nizzoli eine neue Zapfsäule für Agip, womit er ein weiteres Mal seine Vielseitigkeit als Industriedesigner unter Beweis stellte. Nizzoli arbeitete in der neuen Ära des Produktdesigns weiter an derartigen Entwicklungen, verfolgte

Nizzoli begann seine Karriere als Grafiker. Zu seinen unzähligen Arbeiten gehört auch dieses Plakat aus dem Jahr 1930 für Campari (rechts), das eindeutig durch die avantgardistische Kunst, besonders der Kubisten, beeinflußt ist.

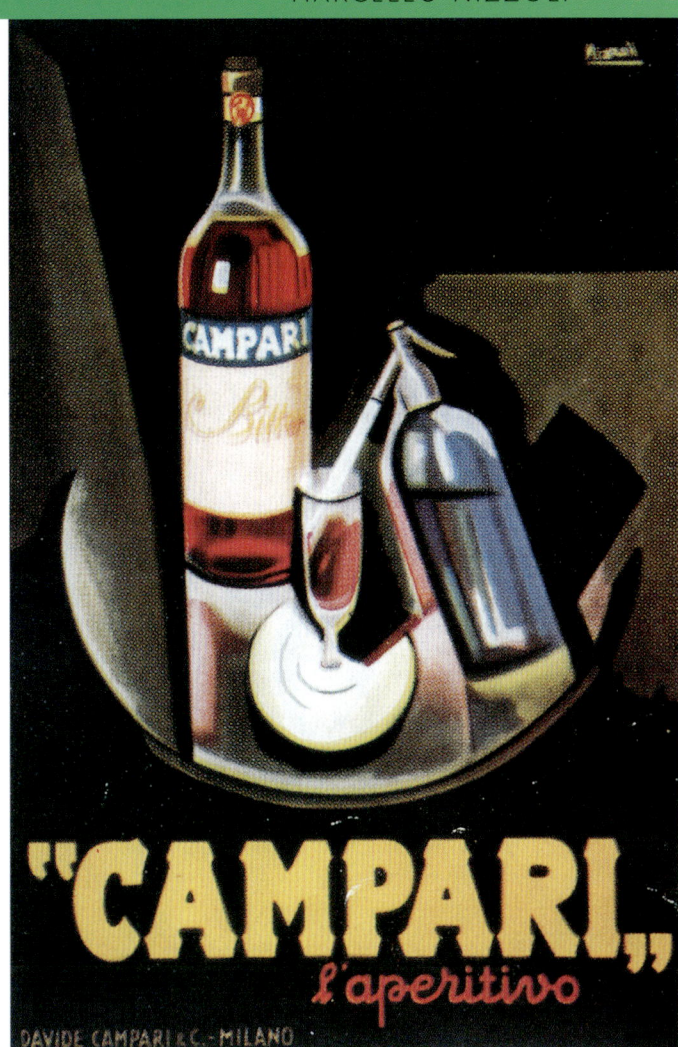

aber auch seine Interessen an anderen Medien wie Messegestaltung und Architektur. Tatsächlich schuf er als einen seiner letzten Entwürfe (der nie umgesetzt wurde) ein ganzes Dorf – ein passendes Projekt für einen Designer, der auf das allgemeine Lebensumfeld im 20. Jahrhundert so tiefgreifenden Einfluß hatte.

Nizzolis Entwurf für die Nähmaschine »Mirella« von Necchi (1956, unten) gehörte zu den besten Industriedesigns Italiens in den fünfziger Jahren. Der stromlinienförmige Schalenkorpus war viele Jahre lang das Leitbild für zukunftsorientiertes italienisches Design.

In den fünfziger Jahren erschien in den Vereinigten Staaten eine zweite Generation von Industriedesignern auf der Bildfläche. Mehrere Mitglieder der ersten Generation, etwa Walter Dorwin Teague und Raymond Loewy, waren nach wie vor erfolgreich, doch auf einmal gingen einige neue Designer an die Arbeit für Unternehmen völlig anders heran. Der Amerikaner Eliot Noyes

(1910–1977) zum Beispiel lehnte das »Styling« ab und weigerte sich, eine »Prostituierte der Industrie« zu sein. Stärker von den Werten des europäischen Modernismus als von denen des amerikanischen Wirtschaftslebens inspiriert, verstand er sich selbst als »Brückenkopf zwischen großen Firmen und künstlerischer Sensibilität«.

Eliot Noyes

Der Industriedesigner Eliot Noyes hatte durch sein Wirken als Kurator des Museum of Modern Art in New York sowie durch seine Entwürfe für IBM großen Einfluß. Er trug dazu bei, daß das amerikanische Design nicht mehr länger allein unter dem Primat der Ökonomie stand, sondern zunehmend ein kulturelles Phänomen wurde.

Ein Vorschlag von Noyes – zusammen mit Ingenieuren von General Electric – für ein »All-Electric House« (1954, unten). Seine besonderen Merkmale waren unter anderem Glaswände, zentrale Klimaanlage, Vakuum-Reinigungssysteme und Fernsehüberwachung im Inneren. Daran wird Noyes' Orientierung auf die Alltagskultur der Zukunft hin deutlich.

Ausbildung und erste Tätigkeit

Noyes studierte 1928–1932 an der Harvard University im Hauptfach Architektur, belegte aber auch das Fach Altphilologie. Aufgrund dieser akademischen Ausbildung ging er in seinem späteren Leben an alles mit Strenge und Rationalität heran. 1932–1935 und 1937–1938 studierte er weiter Architektur an der Graduate School of Design in Harvard. Hier unterrichteten ihn Walter Gropius (siehe S. 88/89) und Marcel Breuer (siehe S. 108–111), eine Erfahrung, die Noyes die Richtung wies, die er künftig verfolgen sollte.

Nach seinem Abschluß im Jahr 1938 arbeitete Noyes für ein ortsansässiges Architekturbüro, bis er ein Jahr später das Angebot erhielt, für Gropius und Breuer in Cambridge, Massachusetts, tätig zu werden. Von dort wechselte er 1940 für zwei Jahre als Kurator für Industriedesign ans Museum of Modern Art in New York. 1932 hatte hier die wichtige Ausstellung »International Style« stattgefunden, doch bis 1940 hatte man sich nicht mehr weiter bemüht, Design als von der Architektur getrennte Disziplin zu propagieren.

Eine von Noyes' ersten Taten war die Teilnahme an dem Wettbewerb und der Ausstellung »Organic Design in Home Furnishings«, mit der Charles Eames (siehe S. 148–151) und Eero Saarinen (siehe S. 156/157) ihren ersten öffentlichen Auftritt hatten; auch konnte Noyes nun herausarbeiten, was für ihn selbst gutes Design bedeutete. Er glaubte fest, daß es so etwas geben müsse, und rührte dafür die Trommel mit der Behauptung: »Die Öffentlichkeit würde gutes Design kaufen, wenn sie dazu die Möglichkeit hätte.«

Arbeiten für IBM und andere

1948 fragte Norman Bel Geddes bei Noyes an, ob dieser nicht in seinem Büro Design Director werden wolle. Die beiden Männer vertraten ganz unterschiedliche Philosophien, doch durch diesen Schritt gelangte Noyes zur Firma IBM (International Business Machines), wo er das Design der elektrischen Schreibmaschine »Model A« übernahm – einer Maschine, die weitaus einfacher und doch ausgereifter war als die anderen amerikanischen Modelle. 1947 eröffnete er dann ein eigenes Büro – Eliot Noyes & Associates – und nahm lokale Architekturaufträge an, verfolgte aber auch von seiner Heimatstadt New Canaan, Connecticut, aus die Karriere eines Architekten überregional weiter. Noyes entwarf für IBM auch zahlreiche Verwaltungsgebäude.

1956 bat IBM Noyes, die Position des Design Director zu übernehmen, die er dann bis zu seinem Tod innehatte. Für einen jungen Industriedesigner war diese Aufgabe bei IBM beneidenswert; er holte den Amerikaner Paul Rand, einen Modernisten, für die Grafik, ein Gebiet, auf dem Rand bereits renommiert war. Er überredete darüber hinaus das Unternehmen, seinen Freund Charles Eames damit zu beauftragen, Firmenfilme zu entwickeln und Ausstellungen zu

Der Ausstellungsbeitrag von IBM 1964 bei der New Yorker Weltausstellung (rechts). Unter dem Motto »IBM-Tag auf der Ausstellung« präsentierte der Konzern in dem riesigen Kuppelbau sich und seine Leistungen, darunter auch die Büromaschinen von Noyes.

Ein Modell der nüchternen Tankstelle, die Noyes Mitte der sechziger Jahre für Mobil entwarf. Er war für die Firma als Berater tätig und gestaltete deren ganzes Erscheinungsbild um – von der Grafik bis hin zu den Zapfsäulen und der Architektur der Tankstellen.

ständig. In den Jahren 1964–1977 arbeitete er auch als Berater für Mobil und entwarf eine revolutionär abgerundete Zapfsäule, die weltweit aufgestellt wurde. Daneben beriet er 1969–1972 die Fluggesellschaft PanAm in ihrer Design-Politik und leitete anschließend fünf Jahre lang als Präsident das Massachusetts Institute of Technology (MIT).
Noyes war weitaus mehr als ein Produktdesigner: er war Architekt, Industriedesigner und Berater in

einem. Seine IBM-Pavillons bei den Weltausstellungen in Brüssel und in San Antonio in den fünfziger Jahren wurden hoch gelobt, und 1954 erhielt er für sein eigenes Haus den Preis der Zeitschrift »Progressive Architecture«. Außerdem schrieb er für »Consumer Reports« (1947–1954) Artikel über Design und war Präsident der jährlich stattfindenden International Design Conference in Aspen, Colorado.

gestalten, und entwarf selbst zahlreiche Geräte, auch elektrische Schreibmaschinen. Noyes war außerdem beratend für den »corporate character« von IBM tätig und definierte diese weitgefaßt als eine Firma, die »den Menschen hilft, ihre Umgebung besser zu beherrschen«.
Noyes ging bei seinen Entwürfen überaus skulptural vor, er hatte holzgeschnitzte Schreibmaschinen-Prototypen, die er dem Board präsentierte, und arbeitete mit paßgenauen Arbeitsmodellen.
Seine frühen Maschinen – etwa die »Executive« (1959) und die

»Selectric« (1961, rechts) – hatten organische Formen; bei seinen Entwürfen handelte es sich nicht einfach nur um Überarbeitungen des Stylings, sondern es waren entschiedene Versuche, auf alle unnötigen Details zu verzichten. Er lehnte den alljährlichen Modellwechsel ab und setzte sich für ein langlebigeres Design ein, das die Rolle von Großunternehmen in der Gesellschaft berücksichtigte.

Spätere Arbeiten

1960–1976 war Noyes als Berater für das übergreifende Corporate Design von Westinghouse zu-

Die Kugelkopf-Schreibmaschine »Selectric« (rechts), die Noyes 1961 für IBM entwarf. Das elegante, dekorlose skulpturale Gehäuse der Maschine zeigt Noyes' Vorliebe für das europäische Design und seine Abneigung gegen die oberflächliche amerikanische Stromlinienform.

Trotz seiner kurzen Lebenszeit hat Hans Gugelot (1920–1965) doch sehr viel zur Durchsetzung des »neofunktionalistischen« Stils im Produktdesign der Nachkriegszeit beigetragen. Dieser legte Wert auf geometrische Schlichtheit und die Vermeidung unnötiger Details und war Anfang der achziger Jahre als Status quo des Produktdesigns international anerkannt. Mit ungeheurer

intellektueller und praktischer Strenge und Schärfe legte er ein solides Fundament für eine Strömung, die sich zu einer Bewegung, die nicht mehr auf künstlerischen Prinzipien, sondern auf dem wissenschaftlichen Rationalismus beruhte, auswachsen sollte. Seit den sechziger Jahren brachte sie einen neuen optischen Minimalismus hervor, der sich bei Konsumgeräten allgemein durchsetzte.

Hans Gugelot

Hans Gugelot war nach dem Krieg Deutschlands Garant für eine führende Rolle innerhalb des systematischen Designs, das aus der fortgeschrittenen Technik entstand. Er war eng verbunden mit dem radikalen

Ausbildungsexperiment an der Hochschule für Gestaltung in Ulm Anfang der fünfziger Jahre bis Ende der sechziger Jahre und schuf in jener Zeit eine Reihe minimalistischer, neofunktionalistischer Entwürfe.

Ausbildung und erste Tätigkeit

Gugelot war ein in Indonesien geborener Niederländer und in der Schweiz ausgebildet worden, doch seine größten Erfolge hatte er ohne Zweifel in Deutschland. Er besuchte zunächst 1940–1942 eine Ingenieurschule in Lausanne und studierte danach 1942–1946 an der Eidgenössischen Technischen Hochschule in Zürich Architektur. Gugelot blieb nach seiner Ausbildung dort und arbeitete im Büro von Max Bill, dem früheren Bauhaus-Architekten, wo er auch zu seinem eigenen Stil fand. Gugelot konzentrierte sich in

jener Zeit außerdem auf Möbeldesign; einige seiner schlichten Holzstühle produzierte die Firma Horgen-Glarus.

Die Hochschule für Gestaltung und die Tätigkeit für Braun

Anfang der fünfziger Jahre wurde Max Bill als Leiter der neugegründeten Hochschule für Gestaltung in Ulm (siehe S. 178/179) nach Deutschland berufen. Durch Bill wurde Gugelot dort Leiter der Abteilung für Produktdesign und ging deshalb 1954 ebenfalls nach Deutschland.

In den nächsten zehn Jahren widmete Gugelot einen Großteil seiner Energie der Entwicklung seines Curriculums und der Lehre an einer Einrichtung, die das wissenschaftlich-technische Modell des Designs bevorzugte, wenn auch mit stark theoretischem Akzent und unter Einbeziehung der Gesellschaftswissenschaften.

Zum Produktdesign kam Gugelot über seine durch die Schule aufgebauten Beziehungen zu den Besitzern des Elektrounternehmens Braun. Die Brüder Erwin und Artur Braun hatten die Firma nach dem Krieg in Frankfurt am Main gegründet und wollten eine vollkommen neue Vorgehensweise beim Design ihrer Produkte entwickeln. Deshalb fragten sie 1955 Gugelot, ob er nicht für sie als Berater tätig werden wolle.

Zusammen mit Otl Aicher (dem Leiter der Abteilung Visuelle Kommunikation in Ulm) schuf Gugelot eine Serie von Radios für Braun, die noch im gleichen Jahr auf der Rundfunkausstellung in Düsseldorf präsentiert wurden. Die Entwürfe waren gekennzeichnet von einer Klarheit der Linienführung, die die effiziente Funktion der Geräte eher noch betonte denn verbarg oder untermalte. Nachdem Dieter Rams (siehe S. 184–187) 1955 ebenfalls zu Braun gestoßen war, entwickelten die beiden ein Jahr später gemeinsam die Musiktruhe mit Rundfunkgerät und Plattenspieler »SK4«, die als »Schneewittchensarg« bekannt wurde (links).

Spätere Tätigkeit für Braun und andere Firmen

Gugelot schuf in den sechziger Jahren eine Reihe von wichtigen Designs für Braun, darunter den schlichten Stand der Firma bei der elften Mailänder Triennale 1957 (siehe S. 166/167) und den Elektrorasierer »Sixtant« (1962). Auch andere Auftraggeber konnten von seiner Vision profitieren, und 1959 begann er mit mehreren Studenten aus Ulm das Design der Hamburger U-Bahn zu erarbeiten (siehe S. 177 links). Das Team lieferte unter der Leitung von Gugelot eine Komplettgestaltung mit einheitlichem minimalistischem Design – vom Äußeren des Zuges

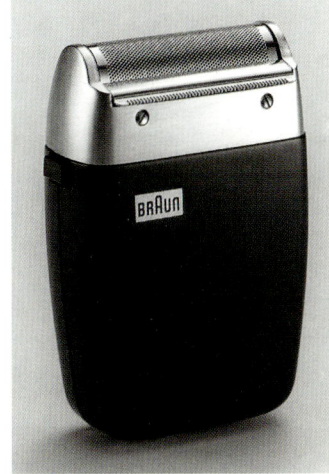

Elektrischer Rasierapparat (oben), den Gugelot mit Dieter Rams und Gerd Alfred Müller 1962 für Braun entwarf. Die schlichte, ergonomische Form verhalf dem Apparat zu internationaler Bekanntheit als Pionierleistung einer neuen rationalistischen Methode beim Design von Gebrauchsartikeln.

Das Bürosystem »M125« (1957, unten) der Firma Bofinger. Die Büromöbel dieses minimalistischen Interieurs waren zerlegbar. Sie waren nach dem Modulprinzip konstruiert und verdeutlichten Gugelots in jener Zeit höchst praktische und systematische Herangehensweise.

bis hin zu den kleinsten Details der Innenausstattung – völlig ohne funktionslose Verzierungen. Gugelots ganzem Schaffen lag das Konzept des »Systems« zugrunde – mit anderen Worten die Vorstellung, daß nichts für sich allein existiert, sondern stets Teil eines größeren Ganzen ist.

Zu Gugelots langlebigsten und bekanntesten Entwürfen zählte der Diaprojektor »Carousel S« von Kodak (1963) mit seinem nach wie vor unübertroffenen, radikal neuen Konzept zum Halten und Vorführen von Farbdias. Tatsächlich waren viele von Gugelots Entwürfen so universal, daß sie heute noch genauso aktuell wirken wie an dem Tag, als er sie kreierte.

Waggon für die Hamburger U-Bahn (oben), 1962 von mehreren mit der Hochschule für Gestaltung verbundenen Personen, unter anderem Hans Gugelot, Herbert Lindinger und Helmut Muller-Kuhn, entworfen. Indem die Designer sich mit diesem und anderen »lebensnahen« Projekten beschäftigten, erreichte ihr minimalistischer Stil ein breitere Veränderung des Lebensumfelds.

Gugelot gestaltete zusammen mit Dieter Rams 1956 eine Radio-Plattenspieler-Anlage – den »SK4« – für Braun (siehe S. 176 links unten). Die Anlage bestand aus einem u-förmigen Metallschränkchen mit Holzplatten an den Seiten. Das Gerät erhielt wegen des transparenten Deckels den Spitznamen »Schneewittchensarg« und wurde schnell zur Ikone des deutschen neofunktionalistischen Designs.

Hochschule für Gestaltung Ulm

Zwei der berühmtesten Bildungseinrichtungen, die im 20. Jahrhundert großen Einfluß auf den Fortschritt des modernen Designs ausübten, waren in Deutschland beheimatet. Die eine wurde 1919 in Weimar unter der Leitung von Walter Gropius (siehe S. 88–91) eröffnet, von den Nazis jedoch 1933 wieder geschlossen, da sie angeblich eine Bedrohung für den Nationalsozialismus darstellte. In den Jahren nach dem Krieg, als in Deutschland die Demokratie wiedererrichtet wurde und der Wiederaufbau in Gang gekommen war, wurde das vorzeitige Ende dieses Programms für fortschrittliches Design sehr bedauert. Tatsächlich bildete das moderne Design ein so mächtiges Symbol der Freiheit, daß eine Frau namens Inge Scholl beschloß, die Wiederbelebung des Programms wäre ein geeigneter Tribut an ihre Geschwister Hans und Sophie Scholl, die von den Nazis aus politischen Gründen hingerichtet worden waren.

Die Anfangszeit der Hochschule

Ab 1947 initiierte Inge Scholl eine Finanzierungskampagne für eine neue Hochschule; offiziell ins Leben gerufen wurde das Projekt 1951. Scholl heiratete den Grafiker Otl Aicher, der bereits sehr früh an dem Projekt mitarbeitete. Er war 1954–1966 Leiter des Bereichs Visuelle Kommunikation.
Er entwickelte und propagierte unter anderem typografische Innovationen wie sehr einfache Schriftarten ohne Serifen.
Der in Zürich lebende ehemalige Bauhaus-Architekt, -Designer und -Bildhauer Max Bill wurde gebeten, ein Gebäude für die neue Hochschule zu entwerfen (1953–1955, unten) und die Einrichtung als

Rektor zu leiten. Gleichzeitig wurde Hans Gugelot (siehe S. 176/177) 1954 Leiter der Abteilung Produktdesign.

Design als Wissenschaft

Die Hochschule für Gestaltung wurde offiziell 1955 eröffnet. Zu Anfang war beabsichtigt, das Bauhaus-Programm fortzuführen, doch nach wenigen Jahren war nicht mehr zu übersehen, daß die künstlerische Seite immer stärker an Bedeutung verlor und daß zunehmend ein systematischeres, aus Wissenschaft und Technik hergeleitetes Modell angebracht erschien. Die Spannung zwischen diesen beiden Methoden sollte schließlich die Schule spalten und mit zu deren Schließung im Jahr

1968 beitragen. In den dreizehn Jahren ihres Bestehens gelang es jedoch, die Bedeutung von Design radikal neu zu definieren. Auch leistete sie zahlreiche Beiträge zu bedeutenden alltagsnahen Projekten, darunter die Hamburger

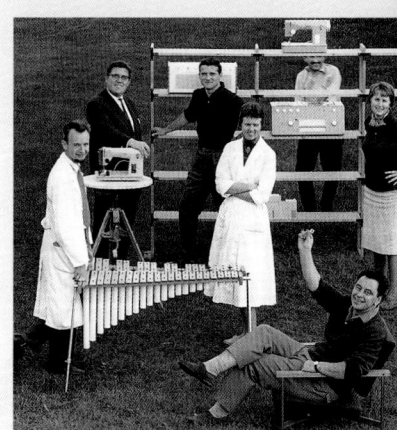

Lehrende für Produktdesign in Ulm (oben) mit einigen ihrer Produkte; vorne sitzend Hans Gugelot. Die Schule gestaltete zahlreiche »lebensnahe« Projekte und erzielte dabei Ergebnisse, die ein breites Publikum ansprachen.

Die Hochschule für Gestaltung (links) wurde nach dem Krieg in Deutschland als Fortführung des drei Jahrzehnte zuvor vom Bauhaus initiierten Programms gegründet. Ihr zutiefst rationalistischer Ansatz definierte Design als einen systematischen Prozeß, wenn es auch in der kurzen Geschichte der Schule darüber zu Meinungsverschiedenheiten kam.

Vom Jahrgang 1962/1963 waren einige Lehrende der Hochschule an der Überarbeitung des Corporate Image der deutschen Fluggesellschaft Lufthansa beteiligt (links). Sie befaßten sich in diesem Zusammenhang mit vielfältigen Aufgaben von der Grafik – unter der Leitung Otl Aichers – bis zu den Kunststoffboxen für die Mahlzeiten auf Inlandsflügen. Hans Roericht leitete das Projekt im Hinblick auf das Produktdesign.

Ein Studentenprojekt von 1967/1968 unter der Leitung von Herbert Lindinger und Claude Schnaidt für eine Bushaltestelle in Hannover (unten). Die schlichten Formen in Verbindung mit der klaren grafischen Gestaltung spiegelten die rationalistische Methode der »Problemlösung« im Sinne des Ulmer Designs wider.

U-Bahn oder Produkte für Braun (siehe S. 177) sowie Service aus schlichtem weißem Porzellan für Rosenthal, die geometrische Formen aufwiesen und stapelbar waren. Aus der Hochschule ging eine Generation von Produktdesignern hervor, von denen viele – etwa der Tscheche Hans Klier, dem ab 1969 die Corporate Identity von Olivetti oblag, und der Deutsche Hans Roericht – großen Einfluß erlangten.

Max Bill holte den argentinischen Designtheoretiker Tomas Maldonado nach Ulm, der später auch die Leitung der Hochschule übernahm. Von Anfang an stand die Verbindung von Theorie und Praxis im Lehrkonzept hoch im Kurs und wurden sozialwissenschaftliche Fächer – zum Beispiel Psychologie und Soziologie – unterrichtet. Doch durch Maldonado und seine Theorie des »wissenschaftlichen Operationalismus« nahm die Hochschule eine andere als die von Bill ursprünglich eingeschlagene Richtung.

Diese Verlagerung war Anfang der sechziger Jahre deutlich zu spüren, als Bruce Archer und andere – unter ihnen auch Charles Eames (siehe S. 148–151) – die Hochschule besuchten. Archer war ein britischer Verfechter der sogenannten »Design-Methoden«, nach deren Konzept es möglich wäre, einen systematischen und fast vollkommen rationalistischen Designprozeß zu entwickeln. Die anhaltende Debatte, das fortgesetzte

Problem der Finanzierung sowie das Unbehagen der örtlichen Behörden über die Radikalität der Einrichtung führten im Oktober 1968 zur Schließung der Hochschule für Gestaltung.

Modell eines Stadtbusses für Hamburg (unten), als Teil eines Projekts zum städtischen Nahverkehr, das Herbert Lindinger zusammen mit Michael Conrad und Pio Manzu durchführte. Sie schlugen ein sehr schlichtes funktionales Design ohne überflüssige Details vor.

In den Nachkriegsjahren spielte das japanische Produktdesign international eine bedeutsame Rolle. Der Beitrag von Einzelpersonen ist jedoch im allgemeinen schwer zu ermessen, da das Produktdesign – von Kenji Ekuan einmal abgesehen, der 1957 die Designberatungsfirma GK Design gründete – größtenteils innerhalb der großen Unternehmen anonym entwickelt wurde. Der Konzern SONY – der 1946 als Tokyo Telecommunications Engineering Corporation gegründet und 1958 auf seinen heutigen Namen umbenannt wurde – war in dieser Hinsicht ganz besonders innovativ und einflußreich. In der Anfangszeit entlehnte SONY unvermeidlich die Grundideen für das Design von in Japan bislang unbekannten Produkten wie etwa Tonbandgeräten, tragbaren Radios und Fernsehapparaten im Ausland, doch später kreierte das Unternehmen selbst eine Vielzahl höchst innovativer Objekte.

SONY

Akio Morita, Chairman und Executive Officer des japanischen Elektronikkonzerns SONY, den er mit Masaru Ibuka nach dem Zweiten Weltkrieg gründete. Seine Begeisterung und seine Erfahrung waren für den internationalen Erfolg der Firma von entscheidender Bedeutung, vor allem seine Konzentration auf »modernes Design«. Er wurde als erster japanischer Geschäftsmann auf dem Titelblatt der »Time« abgebildet.

Der Taschenfernseher »Watchman Voyager« von SONY (1982, rechts). Dieses kompakte High-Tech-Gerät ist typisch für das seit Ende der fünfziger Jahre bestehende Interesse der Firma an der Entwicklung von Miniaturprodukten, ermöglicht durch die Fortschritte in der modernen Elektronik und kulturell bestimmt durch die traditionelle japanische Warenkultur.

Die Ursprünge des Unternehmens

1946 gründete Masaru Ibuka, der während des Kriegs Eigentümer der Firma Japanische Präzisionswerkzeuge gewesen war, mit dem Geschäftsmann Akio Morita ein Unternehmen, aus dem der SONY-Konzern hervorgehen sollte. Sie wagten sich in die neue Ära der Tonbandgeräte vor – noch ohne einen Gedanken an Design zu verschwenden, konzentrierten sie sich ausschließlich auf die Technik – und brachten 1950 das erste Modell in Japan auf den Markt. 1954 erhielten sie die Lizenz, in Japan Transistoren zu produzieren, und ein Jahr später fertigten sie bereits ihr erstes Transistorradio »TR-55«, das unverkennbar am Reißbrett konzipiert worden und dessen Design unstreitig dem amerikanischen Styling nachempfunden war. Als die Firma drei Jahre später ein Transistorradio im Taschenformat auf den Markt brachte – diesmal mit zitronengelbem Kunststoffgehäuse –, war immer noch nicht zu übersehen, daß dessen Designer sich nach wie vor stark am amerikanischen Design orientierten.

Eine neue Design-Ethik

Trotz der Übernahme des ausländischen Stylings begann SONY Design neu zu definieren: als Zusammenspiel von fortschrittlicher Technik und Marketing. Die Firma suchte dafür einen entsprechenden Präsentationsstil und fand ihn im Laufe der sechziger Jahre im optischen und physikalischen Minimalismus – in einer Kombination aus japanischem Minimalismus und deutschem Funktionalismus. Zum Beispiel sah der 1958 entwickelte, überaus erfolgreiche Fernsehapparat »TV8-301«, eines der ersten Transistorfernsehgeräte mit einem Miniaturbildschirm von 20 Zentimetern, funktional aus; er hatte keinerlei überflüssige Zierelemente und ein Stahlgehäuse in zweierlei Grautönen. Von diesem Punkt an ließ sich SONY bei der Produktgestaltung maßgeblich von der Technik und der Leistung seiner Produkte leiten. Gemäß dieser Forderung verwendeten die Firmendesigner viel Zeit auf die Entscheidung, wie die Produkte ein hohes Niveau an technischer Virtuosität, Effizienz, Rationalität, Schönheit, Originalität und Modernität optisch vermitteln könnten, und erreichten dies, indem sie die Gesetze des ästhetischen Minimalismus befolgten und auch noch den kleinsten Details Aufmerksamkeit schenkten.

In den sechziger und siebziger Jahren entwickelte SONY weiterhin nach diesen Kriterien eine große Zahl von Elektrogeräten, die auch technologisch gesehen innovativ waren; das reichte vom ersten Videorekorder für zu Hause (1964) über den Trinitron-Farbfernseher (1968) und den äußerst erfolgreichen Walkman für Kassetten (Ende der siebziger Jahre auf den Markt gebracht; siehe S.181 rechts) bis zur filmlosen Kamera Mavica Anfang der achtziger Jahre und zum Profeel-Fernseher 1987.

Eine Anzeige (links) vom Ende der fünfziger Jahre für das kleine Transistorradio »TR610« von SONY (1958). Die Firma verwandelte einen in Amerika erzielten technischen Fortschritt mit Hilfe von attraktiven Farben und Designdetails sowie Zeichnungen, die die Traumwelt des amerikanischen Produktstylings heraufbeschworen, in ein begehrenswertes Konsumprodukt.

Der Stereo-Kassettenrekorder »Stowaway« (rechts), wie der »Walkman« von SONY zunächst in Großbritannien hieß. Er wurde 1979 auf den Markt gebracht und soll der Legende nach auf Wunsch von Akio Morita entwickelt worden sein, der auch auf seinen Flugreisen gute Musik hören wollte. Der Walkman wurde schnell international ein Riesenerfolg.

Für das Ende der fünfziger Jahre produzierte tragbare Transistorradio »810« warb SONY in einer Anzeige (unten) als »Lifestyle-Produkt«. Seine rationalistische geometrische Form geht durch die starke Betonung der verchromten Knöpfe optisch eine Verbindung mit dem Bild einer Welt fortschrittlicher Technik ein, wie sie die Armaturenbretter zeitgenössischer Automobile wachriefen.

Internationaler Einfluß

1978 richtete die Firma ein »Zentrum für Produktplanung« ein: eine zentrale Entwurfsabteilung, die den Prozeß sehr eng – und stärker strategisch – an das »Lifestyle-Marketing« band. Der Walkman war das erste Produkt dieser Initiative, und mit seiner Verzahnung von Produktinnovation, Technik, Design und Marketing führte er exemplarisch SONYs neue Politik vor. Diese rückte das Design so stark in den Mittelpunkt des unternehmerischen Denkens, daß die beiden Bereiche nicht mehr voneinander zu trennen waren, und stellte eine Leistung dar, von der westliche Unternehmen auch heute noch einiges lernen können.

SONYs Beitrag zum Produktdesign der Nachkriegszeit lag im wesentlichen in der Art, wie das Unternehmen neue Technologien zur Schaffung neuer Produkttypen einsetzte, wobei das Schwergewicht (zumindest in der Anfangszeit) auf Miniaturisierung und Tragbarkeit lag. Die »Ästhetik des Sparsamen« mit ihren Wurzeln in der minimalistischen japanischen Inneneinrichtung fand ihren Weg in die Gestaltung der High-Tech-Konsumgüter und vermittelte auf diese Weise dem modernen Produktdesign eine neue Methodik.

Douglas Scott (1913–1990) war einer der ersten professionellen Industriedesigner Großbritanniens, doch war sein Name kaum einem breiteren Kreis
bekannt – trotz der Allgegenwart und Langlebigkeit vieler seiner Entwürfe,
die vom Aga-Ofen (1938) bis zum Londoner »Routemaster-Bus« (1953) und
zur Gestaltung der britischen Telefonzellen (Anfang der sechziger Jahre)

reichten. Seine Entwürfe waren nicht protzig – Scott lag stets vorrangig daran,
daß seine Produkte leicht herzustellen, leistungsstark und praktisch waren –,
doch sie waren dennoch stets optisch ansprechend. In seinem Kurs über
Industriedesign, den Scott an der Central School of Arts and Crafts 1945 in
London abhielt, bildete er auch viele später erfolgreiche Designer aus.

Douglas Scott

*Die britischen Industriedesigner der
Nachkriegszeit wurden in den Medien
nicht so gefeiert wie ihre amerikanischen
Kollegen, doch der Produktdesigner
Douglas Scott war genauso erfolgreich
wie Raymond Loewy und Walter Dorwin
Teague (siehe S. 116/117). Er schuf
eine Vielzahl von Entwürfen, die nach dem
Krieg in Großbritannien schnell zu
vertrauten Objekten wurden.*

*Die Farbfernsehkamera »Mark VII«,
die Scott 1967 für Marconi entwickelte.
Die schlichte Form und funktionale
Anonymität dieses Geräts waren ein
Kennzeichen von Scotts Arbeit.*

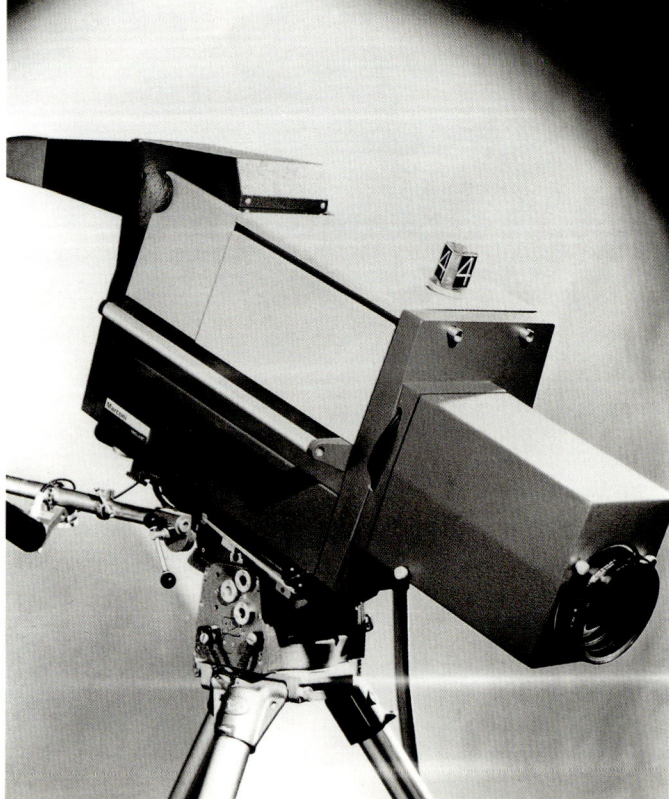

Ausbildung
und erste Tätigkeit

In der Tradition des britischen Arts
and Crafts Movement ließ sich
Scott zunächst 1926–1929 an der
Central School zum Silberschmied
ausbilden. Dies sollte ihm in
seiner ganzen späteren Karriere
sehr zugute kommen. 1929–1936
war er bei zwei Firmen, die
Lampen herstellten – eine
in Birmingham und die andere in
London –, beschäftigt.
1936 veränderte sich Scotts Leben
dramatisch. Er bewarb sich um eine
Anstellung im Londoner Büro des
amerikanischen »Star-Designers«
Raymond Loewy (siehe
S. 120–123) und wurde engagiert.
Dadurch lernte er auf einmal
eine völlig andere Welt des Designs
kennen – die des modernen
Lebensstils. In den drei Jahren in
Loewys Büro hatte Scott mit einer
Vielzahl von Firmen zu tun, die
Konsumgüter und Elektrogeräte
herstellten, darunter GEC und
Electrolux. Er versuchte sich sogar
als Autodesigner und fertigte
Entwürfe für den Sunbeam von
Talbot und den Hillman Minx, die
zwar einflußreich waren, aber nicht
direkt umgesetzt wurden.

Neue Richtungen

Als Loewys Büro beim Ausbruch
des Zweiten Weltkriegs dicht-
machte, orientierte sich Scott neu
und ließ sich in den Werken von

De Havilland anstellen, wo er sich
völlig neue, aber gleichermaßen
nützliche Kenntnisse erwarb. Nach
Kriegsende verfolgte er zwei
Richtungen, die bis zu seinem Tod
für ihn vorrangige Bedeutung
haben sollten. Einerseits wandte
er sich der Designausbildung zu,
wobei er 1945 anfangs als Dozent
Abendkurse gab, bis er 1946 fest
an der Central School of Art and
Design in London angestellt
wurde; und gleichzeitig machte
er sich als Industriedesigner
selbständig.
1946 fand die Ausstellung »Britain
Can Make It« statt, die der neu-
gegründete Council of Industrial
Design (später Design Council)
ausrichtete, im Victoria & Albert
Museum in London statt.
Scott war auf der Ausstellung
durch seinen Kühlschrank für
Electrolux mit seinem vorgefertigten Gehäuse vertreten und
leistete so einen Beitrag zu dem
neuen Optimismus, der diese Zeit
der ansonsten grauen ersten
Nachkriegsjahre charakterisierte.

London Transport und
spätere Arbeiten

Scott arbeitete erstmals 1948 mit
London Transport an den
Waggons »RTC Green Line« und
»RF« zusammen. Er ging an diese
neue Aufgabe mit Begeisterung
heran und verband Praktikabilität
mit minimalistischem Styling.

1967 entwarf Scott einen neuen Raupenbagger – den »HY-MAC« – für Peter Hamilton Engineering Ltd. (rechts). Der Bagger wurde zu einem der größten Exportschlager Großbritanniens und ein Symbol für die Leistungsfähigkeit des Landes; im Jahr seiner erstmaligen Herstellung gewann er einen Preis des Design Council. Die Konstruktion war so typisch, daß der Bagger heute für viele Menschen zu einem vertrauten Anblick geworden ist.

Ausstattung des Oberdecks des Londoner Busses »Routemaster« (links), der 1959 auf den Markt kam und bis in die frühen sechziger Jahre weithin eingesetzt wurde. Es war die überarbeitete Version des Vorkriegsmodells, das das firmeneigene Team entwickelt hatte, doch der nüchterne Tartanboden und die Farbstellung – »Burgundrot, Chinesisch-Grün und Sung-Gelb« – stammte von Scott.

Der »Routemaster-Bus« von außen (unten), von Scott gemeinsam mit den firmeneigenen Designern und Ingenieuren entwickelt. Sie hatten die Vorgabe, einen neuen Bus zu entwerfen, der mehr Fahrgäste noch bequemer aufnehmen könnte. Scott war zuständig für das Styling der Karosserie, was bedeutete, daß er die Ecken abrundete und die Horizontale des Busses betonte.

Der Doppeldecker »Routemaster« (links oben und rechts) war seine größte Leistung: Der heute noch eingesetzte Bus war weitaus mehr als nur ein praktisches Design und wurde in London zu einem allseits vertrauten Anblick.

In den sechziger und siebziger Jahren unterrichtete und entwarf Scott weiter – darunter solche Klassiker wie das Waschbecken »Roma« von Ideal Standard –, hielt sich mit seinem Namen aber weiterhin im Hintergrund. Mitte der siebziger Jahre lehrte er Design am College of Art and Design in Mexiko City, kehrte jedoch 1979 wieder nach England zurück.

In den fünfziger und sechziger Jahre hatte Deutschland den Weg für eine Philosophie und einen Stil des Produktdesigns gewiesen, die ihre Wurzeln im rationalistischen Bauhaus-Stil der Vorkriegsjahre hatten. Anstatt an Zierobjekten wie Teetassen und Wandbehängen arbeiteten die Produktdesigner der Fünfziger, die sich zum »Neo-Funktionalismus« in Deutschland rechneten, an Produkten, die bis dahin den Ingenieuren vorbehalten gewesen waren,

und verwandelten diese in optische Symbole des »Zweiten Maschinenzeitalters«. Die Entwicklungen jener Jahre in Deutschland inspirierten wiederum ein wesentlich breiteres internationales Produktdesign, das in den siebziger und achtziger Jahren auch bis nach Japan und Singapur vorgedrungen und zur vorherrschenden Produktästhetik des späten 20. Jahrhunderts geworden war.

Dieter Rams

Von allen Designern, die im ersten Jahrzehnt nach dem Krieg arbeiteten, verwendete Dieter Rams am stärksten die rationalistische Ästhetik bei seinen High-Tech-Produkten. Für das Elektrounternehmen Braun und für den Möbelhersteller Vitsoe entwickelte er Entwürfe, die den deutschen Neofunktionalismus am entschiedensten umsetzten.

Der Plattenspieler »TP1« von Braun (1959, siehe S. 185 oben) für 17-Zentimeter-Schallplatten ist hier zusammen mit dem Taschenreceiver »T3« abgebildet; beides Entwürfe von Rams. Sie besitzen die für den Designer charakteristischen dekorlosen geometrischen Formen und stecken in funktionellen grauen Gehäuseschalen aus Kunststoff.

Das unten abgebildete Radio »Transistor 1« war einer der ersten Entwürfe von Rams für die Audiogeräteproduktion von Braun. Das bis dahin übliche Holzgehäuse ersetzte er durch Kunststoff, und die Form zeigte einen geometrischen Minimalismus, der an einem derartigen Produkt damals etwas völlig Neues war.

Der Braun-Receiver »Atelier 1« mit Frontknöpfen (1957, siehe S. 185 unten) über dem »L1«-Lautsprecher aus demselben Jahr. Diese schlichten geometrischen Hifi-Einheiten tragen nur ein Minimum an optischen Details. Die Bedienungsknöpfe etwa sind nicht verziert, auch wurde kein Chrom verwendet.

Konzentration auf die Technik

Durch seine Tätigkeit für die Firma Braun leistete Dieter Rams (geb. 1932) einen enormen Beitrag zu einem in den fünfziger Jahren einzigartigen deutschen Phänomen. Während die amerikanischen Designer das »Detroit-Styling« bevorzugten und die Konsumgeräte mit Unmengen von Chrom und zusätzlichen Details ausstatteten und die Italiener sich bei ihren neuen Schreibmaschinen und Staubsaugern von der abstrakten organischen Plastik inspirieren ließen, gingen die Deutschen wesentlich puristischer vor. Das hatte zweifelsohne damit zu tun, daß die Nazis (siehe S. 90/91) das Bauhaus geschlossen hatten, und mit dem damit verbundenen Empfinden, daß diese Stilrichtung noch nicht abgeschlossen sei. Außerdem spiegelte sich im Purismus das starke deutsche Image als Land technischer Virtuosität und verwies auf das Ziel der Deutschen, dieses Image in den Jahren nach dem Zweiten Weltkrieg auch auf dem Weltmarkt zu präsentieren.

Mit seinen Entwürfen spielte Rams bei der Übersetzung dieses breiten Einflusses in eine Produktphilosophie mit universeller Anziehungskraft eine wichtige Rolle. Das hatte auch mit seiner Persönlichkeit zu tun. Viele seiner Kollegen haben Rams als einen Mann beschrieben, der ein genaues

Gespür für Chaos und Ordnung besitze – vor allem ein Mitstreiter verglich ihn mit jemandem, »der einen sehr feinen Gehörsinn besitzt, jedoch gezwungen ist, in einer Welt schriller Dissonanzen zu leben«. Seine hohe Sensibilität und sein angeborener »Ordnungswille« brachten ihn dazu, den Designprozeß als Aufräumarbeit zu verstehen, bei der das Chaos gemindert und übersichtlich gemacht wird. Und mit dieser Fähigkeit stand er für eine ganze Gesellschaft, die mit einer verwirrenden Welt, in der materielle Güter und Massenkommunikations-Systeme das Leben zunehmend komplizierter machten, zurechtzukommen versuchte.

Designphilosophie

Rams' Produktphilosophie war gleichfalls hoch entwickelt. Für ihn hatten die Maschinen in der häuslichen Umgebung »stille Helfer« zu sein, unsichtbare dienstbare Geister, und das Leben einfach leichter zu machen. Sie mußten so unauffällig wie möglich sein und Raum lassen für die Schönheit beispielsweise eines Blumenstraußes; Rams bevorzugte dafür weiße Tulpen, die er häufig in ansonsten kargen Räumen aufstellte. Folglich war es keinesfalls so, daß die ästhetische Dimension des Lebens unwichtig war, vielmehr war nach Rams' Ansicht gerade Ästhetik eine

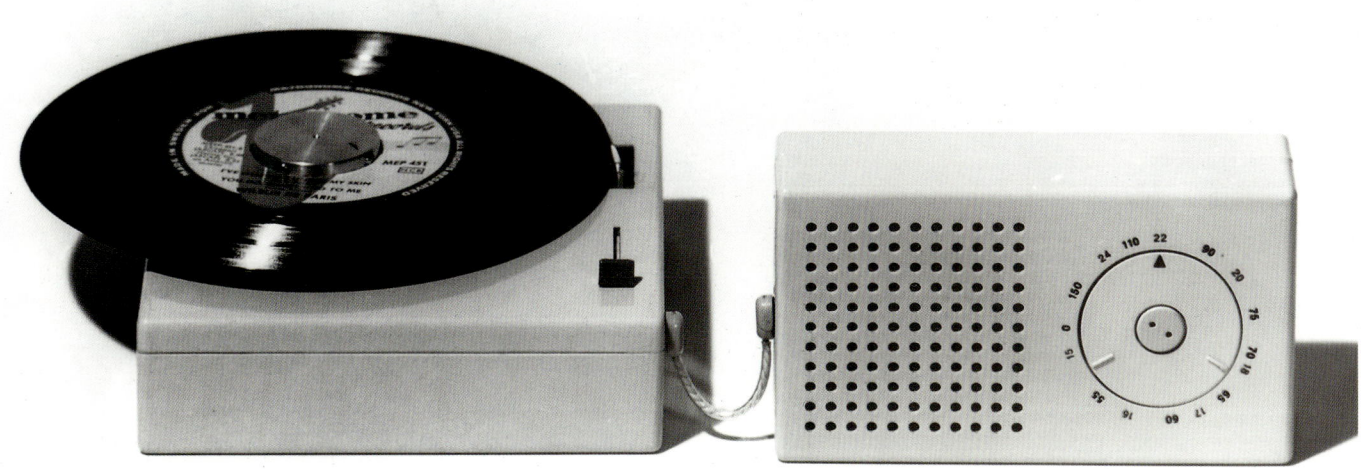

Aufgabe von Haushaltsgeräten. In diesem Sinn ging Rams – zumindest in der Theorie – eine Allianz mit dem Ingenieur ein, obwohl er über diese Rolle in Wirklichkeit weit hinauswuchs.

Ausbildung und erste Tätigkeit

Rams wurde in Wiesbaden geboren, und da er während seiner Kindheit sehr viel Zeit bei seinem Großvater in dessen Tischlerei verbrachte, lernte er dort die Materialien und Herstellungsprozesse kennen. 1947 begann er an der Kunstakademie seiner Heimatstadt Architektur und Innenarchitektur zu studieren; 1948–1951 unterbrach er sein Studium für eine Lehre als Tischler und machte dann 1953 sein Examen an der Akademie. In den nächsten zwei Jahren arbeitete er bei Otto Apel in Frankfurt am Main, wo er mit dem amerikanischen Architekturbüro Skidmore, Owings & Merrill in Kontakt kam, dessen Architekten mit dem Bau amerikanischer Konsulate in Westdeutschland beauftragt waren. Deren Arbeit eröffnete Rams zweifellos den Zugang zum Purismus Ludwig

Mies van der Rohes (siehe S. 92/93), den er später bei seinen eigenen Produktentwürfen bevorzugen sollte.

Arbeit für Braun

1955, das Jahr, in dem Rams zu Braun ging, markiert einen Wendepunkt im Leben des Designers. Die 1921 von Max Braun gegründete Firma wurde 1951 von seinen Söhnen Erwin und Artur übernommen, die ihre elektrischen Geräte auf neue Art und mit passendem Image zu vermarkten suchten. Deshalb entschieden sie sich für zwei Designer, Otl Aicher und Hans Gugelot von der Hochschule für Gestaltung in Ulm (siehe S. 176–179), mit denen sie bereits anläßlich eines Messeauftritts in Düsseldorf zusammengearbeitet hatten. Die beiden Designer waren weiterhin als Berater für Braun tätig, doch als Vollzeitdesigner beschäftigte die Firma Dieter Rams. Bei seinem Vorstellungsgespräch wurde er aufgefordert, einen Firmenraum so umzugestalten, daß er Brauns Konzept »guten Designs« widerspiegelte. Rams beschränkte sich auf minimale Eingriffe und überzeugte so Erwin und Artur, daß er

der richtige Mann für sie wäre. Es dauerte nicht lange, und Rams arbeitete an Produkten der Firma. 1956 entwickelte er gemeinsam mit Hans Gugelot die Anlage »SK4«, bestehend aus Radio und Plattenspieler, die eine radikale

Abkehr vom herkömmlichen Produktdesign darstellte. Das reinweiße Metallgehäuse, die klare Linienführung, die unverhüllte Funktion und die praktischen Bedienungsknöpfe schufen ein völlig anderes Bild des Produkts als sein

maschine von Gerd Alfred Müller, deren schlichtes Gehäuse mit den parallel umlaufenden Trennfugen und starken Kurven in auffallendem Kontrast zu den überzogenen wulstigen Formen älterer stromlinienförmiger Modelle aus Amerika stand. Auch andere Haushaltsgeräte waren ihrer Zeit weit voraus. Dazu zählen beispielsweise der zylinderförmige Tischventilator »HL1« (1961) und der rechteckige Toaster »HT2« (1963) – beide von Reinhold Weiss entworfen. Der britische Künstler Richard Hamilton war von der Novität der Produkte der Firma Braun so begeistert, daß er Mitte der sechziger Jahre einige auf mehreren Gemälden abbildete.

Spätere Arbeit

In späteren Jahren entstanden unter der Leitung Rams eine Vielzahl heutzutage sehr bekannter Objekte, darunter der kleine quadratische schwarze Wecker (siehe S. 187, Mitte) und eine Serie von Elektrorasierern (ein Beispiel von Roland Ullmann siehe unten). Sie wurden zu vertrauten Begleitern der häuslichen Umgebung am Ende des 20. Jahrhunderts, wobei ihre schlichten, funktionellen Formen gleichermaßen unaufdringlich wie auch

gefällig sind. Obwohl die Technik in Rams' Arbeit stets dominiert, ist sein angeborener Sinn für Balance und Proportionen doch so hoch entwickelt, daß seine Objekte nie in der einen oder anderen Weise die Sinne beleidigen. Rams war zwar bei Braun fest angestellt, hatte aber die Genehmigung, Möbel für eine andere Firma in Eschborn zu entwerfen, die anfangs Otto Zapf hieß und später unter dem Namen Vitsoe bekannt wurde. Alle Designs, die Rams für diese Firma entwickelte, zeichnen sich durch Strenge und Konzentration aufs Detail aus und sind schlichte geometrische Stücke aus Holz und Metall für die Massenfertigung; Rams war für diesen Möbelhersteller ab 1957 tätig. Seine Designs für Vitsoe sehen alle minimalistisch aus und verwenden zumeist Metall und schwarzes Leder. Seine Regalsysteme, deren Bretter aus Holz sind, sehen im Büro genausogut aus wie zu Hause und verwischen die Grenzen zwischen diesen beiden Lebensbereichen. Auch diese Ramsschen Entwürfe sind so neutral, daß sie sich in jeden Kontext einfügen. So wirken seine Möbel im Büro neben Ablagesystemen und Telefonen am richtigen Platz, kommen aber genausogut in einem Wohnzimmer neben anderen Objekten in einem weicheren, dekorativeren Rahmen zur Geltung. Interessanterweise ist Rams bei Möbeln genau nach der Methode vorgegangen, die er für Hausgeräte entwickelt hatte, und nicht umgekehrt, wie es zumeist der Fall ist. Vor allem strahlen seine Produkte Qualität aus, ihre Schlichtheit und ihr Minimalismus verlangen, daß jedes Detail im Designprozeß genau durchdacht wird, denn jeder Ausrutscher würde sofort auffallen. Rams hat immer intensive Teamarbeit bevorzugt und behauptet,

Vorgängermodell aus der Vorkriegszeit (siehe die Abbildung S. 176). Letzteres hatte in einem geschwungenen Holzgehäuse gesteckt und ähnelte weitaus stärker einem Möbelstück, während die neue Anlage dieses Image abgelegt hatte und eindeutig ein funktionelles Elektrogerät geworden war.

Neue Aufgaben

Rams' Karriere startete durch. In den fünfziger und sechziger Jahren entwarf er zahlreiche, stets aufs neue innovative Audiogeräte für

Braun – von seinem Hifi-System »Atelier 1« (siehe S. 185 unten) bis zu kleinen Transistorradios mit sauber ausgestanzten Lautsprecherschlitzen und einem tragbaren Fernsehgerät. Gleichzeitig arbeitete er an Fotoausrüstung, Haushaltsgeräten und, ab Mitte der sechziger Jahre, an Produkten wie kleinen Haartrocknern. 1961 übernahm Dieter Rams die Leitung der Abteilung für Produktgestaltung. In der Designabteilung entstanden in den folgenden Jahren Entwürfe für Haushaltsgeräte, deren Formen radikal neu waren: so die Küchen-

Anonymität und Kooperation seien aus dem Designprozeß nicht wegzudenken. Obwohl er nicht auf Berühmtheit aus war, ist er dennoch durch die Integrität und Kontinuität seiner Arbeiten zum Vorreiter des deutschen Designs nach dem Zweiten Weltkrieg geworden. Er selbst spielt seine Rolle jedoch herunter und sieht das Design nach wie vor als einen im wesentlichen kooperativen Prozeß.

Obwohl sein Name in der Firmenwerbung in gewissem Maß eingesetzt wird, hält er noch immer an seiner Forderung nach Anonymität fest, die für ihn ein grundlegendes

Merkmal des Objektdesigns ist. Rams steht repräsentativ für eine Generation von Designern, die mit uneingeschränktem Optimismus in die Zukunft blicken, einem Optimismus, der während ihrer Jugend nach dem Krieg in Deutschland vorherrschte und auf der Überzeugung beruhte, daß festes Vertrauen auf die Technik die Welt wieder aufbauen werde. Seine Entwürfe sind Symbole für diese Zuversicht und selbst im wesentlich ambivalenteren Klima der neunziger Jahre stark genug, diese Botschaft ins nächste Jahrtausend hinüberzuretten.

Ein Taschenrechner von Braun (links), Ende der siebziger Jahre entworfen. Obwohl er mit dem schwarzen Kunststoffgehäuse noch ziemlich nüchtern wirkt, setzte Rams bei diesem Objekt auf eine innovative Farbgebung zur Unterscheidung der Knöpfe und brachte dadurch auch eine völlig neue Ausdruckskraft ins Design. Diese Tendenz war in jenem Jahrzehnt an zahlreichen Arbeiten von Rams abzulesen.

Zwei Wecker des Modells »Phase 4« (1979, links), die Rams mit Dietrich Lubs für Braun entwarf. Diese einfachen Zeitmesser mit ihrem klar strukturierten Äußeren und Wecksystem waren in schlichtem Schwarz oder Weiß erhältlich. In den achtziger Jahren wurden sie allgegenwärtig und somit ein Beweis dafür, daß der deutsche Neofunktionalismus bis zu diesem Jahrzehnt universelle Attraktivität erreicht hatte.

Der digitale Wecker »Phase 1« (1971, unten), von Rams ebenfalls mit Dietrich Lubs entworfen. Das einfache schwarzweiße Design mit den gut leserlichen Ziffern war einer der ersten derartigen Entwürfe, die in der Öffentlichkeit breite Zustimmung fanden. Seine Schlichtheit stand in deutlichem Gegensatz zu den Tendenzen des japanischen Designs; dort war man in den siebziger Jahren der Ansicht, Elektrogeräte sollten als Zeichen technischer Virtuosität so kompliziert wie möglich aussehen.

Die Kaffeemaschine »Aromaster« von Braun, Modell »KF 20« (1972, siehe S. 186 oben). Ende der sechziger und Anfang der siebziger Jahre begann Rams' Büro mit Entwürfen in kräftigen Farben für vormals graue Gehäuse. Daran ist zu erkennen, daß die Popkultur selbst diesen funktionalistischsten aller Designer nicht unbeeindruckt ließ.

Dieter Rams begann Mitte der fünfziger Jahre elektrische Rasierapparate für die Firma Braun zu gestalten. Dieses Modell vom Ende der siebziger Jahre – der »Micron Plus« (siehe S. 186 unten), den er zusammen mit Roland Ullmann entwarf – hat eine abgerundete Form mit glänzendem Metallkopf und war auf eine einfache Handhabung hin konzipiert. Diese Merkmale besaßen fast alle Rasierapparate von Rams.

Das moderne Produktdesign gelangte verglichen mit den Vereinigten Staaten, Deutschland und Italien erst spät nach Großbritannien. Von den fortschrittlichen Arbeiten Wells Coates' (siehe S. 124–127), des russischen Architekten und Designers Serge Chermayeff und einer Handvoll anderer in den Zwischenkriegsjahren einmal abgesehen, setzte sich die Moderne in den vierziger und fünfziger Jahren nur langsam und zumeist anonym durch. Ein großer Verdienst von Kenneth Grange (geb. 1929) war der Aufbau eines neuen Berufsbildes. Diese Auffassung von Profession wurde in der Folgezeit stärker, wenn auch das britische Produktdesign sich im Gegensatz zur Situation in Deutschland und Italien nie ein selbstbewußtes Image mit gefeierten Designern erwarb. Die britischen Designer hielten sich vielmehr stets stark im Hintergrund.

Kenneth Grange

Bei seiner Tätigkeit für Firmen wie Kenwood, Kodak und British Rail verfolgte Kenneth Grange stets das Ziel, den Designstandard von Produkten zu verbessern, die zu unserem Alltag gehören.

Die Serie der Kodak Instamatic Kameras »33«, »133« und »233« (unten) kam 1968 auf den Markt. Granges Aufgabe bestand darin, eine Kamera für den europäischen Markt zu kreieren, die mit dem neuen Kassettenfilm von Kodak arbeitete. Das Ergebnis war schlicht und kompakt und verkaufte sich über zwanzigmillionenmal.

Ausbildung und erste Tätigkeit

Wie es für Großbritannien in den vierziger Jahren typisch war, absolvierte Grange keine Ausbildung als Industriedesigner, sondern als bildender Künstler und Illustrator, der seine Zukunft in der Welt der damals so genannten »kommerziellen Kunst« sah. An der Willesden School of Art, wo er 1944–1947 studierte, lernte er zeichnen – eine Fertigkeit, die für seine Karriere von unschätzbarem Wert war. Zu Anfang, 1948, arbeitete Grange als Assistenzarchitekt für die Firma Arcon und nach der Militärzeit bei den Royal Engineers, während der er – von 1949–1950 – nebenbei auch einen Job als technischer Zeichner für Bronek Katz hatte. Für dessen Firma, bei der er gleichfalls als Assistenzarchitekt angestellt war, hatte er viel mit Gewerbeausstellungen zu tun, einem in der damaligen Zeit für Designer fruchtbaren Gebiet. Danach arbeitete Grange 1950–1952 für den Architekten Gordon Bowyer und war danach bis 1958 im Büro von Jack Howe angestellt, dem früheren Mitinhaber von Granges erstem Arbeitgeber Arcon. Howe hatte die denkwürdige Außengestaltung für das Festival of Britain entworfen, das 1951 am Südufer der Themse stattfand, und war selbst von großer Bedeutung für das britischen Industriedesign.

In den sechs Jahren bei Howe erhielt Grange eigene Aufträge für die Gestaltung von Ausstellungen, und 1958 bat Howe ihn, mit ihm zusammen am Pavillon für Kodak zur Weltausstellung in Brüssel zusammenzuarbeiten. Aufgrund dieses Projekts wurde Grange aufgefordert, die altmodische Boxkamera von Kodak zu überarbeiten – dieser Auftrag war sein erstes Produktdesign. Das Ergebnis, das »Modell 44a«, wurde schnell ein Riesenerfolg.

Designphilosophie

Granges Entwürfe basierten, wie die vieler seiner deutschen Kollegen, auf dem Konzept der Vereinfachung. Er suchte Klarheit und Prägnanz zu erzielen und hat dies seit 1959 auch in seinen zahlreichen Entwürfen für unzählige Firmen in Großbritannien und Japan umsetzen können. Granges Designphilosophie konzentriert sich darauf, das Konzept vollständig in den Produktionsprozeß zu integrieren, obwohl er sich dem »guten Design« als einer Grundbedingung des modernen Lebens verschrieben hat und es auch für eine effektive Überlebensstrategie der Industrie hält.

Wie viele andere Designer beklagt Grange das Denken in kurzen

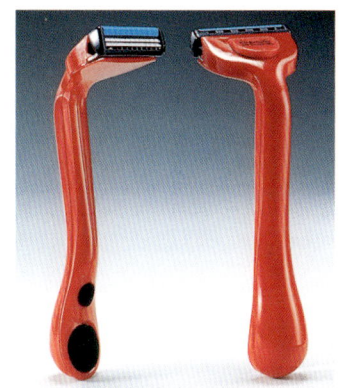

Nähmaschine der Serie »800« (links), Mitte der sechziger Jahre für Maruzen entworfen. Grange nahm am bestehenden Modell mehrere Verbesserungen vor – er vergrößerte beispielsweise den Freiraum vor der Nadel – und gab ihm ein elegantes Gehäuse, das den europäischen Geschmack traf.

Der Naßrasierer »Protector« (rechts), entworfen von Grange für Wilkinson Sword und 1992 auf den Markt gebracht. Die Grundkonstruktion und die weichen Konturen machen den Rasierer sicherer als seine Vorgänger, und die helle Farbe betont sein robustes Design.

Zeiträumen, das er bei vielen britischen Firmen zu erkennen glaubt. Doch er hat es immer geschafft, in seiner Karriere genug gute britische Unternehmen für eine Zusammenarbeit zu gewinnen. Er entwarf Produkte unter anderem für die Firma Venner (Parkuhren), Kenwood (vermutlich Granges stärkster Förderer in den sechziger Jahren), Wilkinson Sword (unter anderem das Design für den »Protector-Rasierer«, oben rechts), Milward Courier, British Rail (darunter den »125-Zug«, unten)

und Morphy Richards. Viele seiner Entwürfe – von Parkuhren über Rasierer und Bügeleisen bis zur berühmten Küchenmaschine »Chef« von Kenwood – werden noch immer hergestellt und beweisen damit ihre Zeitlosigkeit.

Pentagram
1972 schloß sich Grange mit einer Gruppe von Architekten und Grafikern – Theo Crosby, Alan Fletcher, Colin Forbes und Mervyn Kurlansky – zu Pentagram, Großbritanniens führendem Beratungs-

büro für Design, zusammen, das unter anderem für Penguin Books, Olivetti und IBM tätig war. Seit den siebziger Jahren hatte Grange eine Reihe japanischer Klienten, darunter Maruzen, für den er Nähmaschinen entwarf (unter dem Handelsnamen Frister Rossman; siehe oben links), Shiseido (für die er Behältnisse für Herren-Toilettenartikel kreierte) sowie den Badezimmerausstatter Inax. Er ist bei den japanischen Unternehmen ausgesprochen populär, was zeigt, daß britisches Design gefragt ist.

Granges Arbeit am Äußeren des Hochgeschwindigkeitszuges »125« von British Rail (unten), der 1976 in Betrieb genommen wurde, verhalf dem Unternehmen zu einem sehr modernen Image. Grange testete die Form, die er für die Zugfront geschaffen hatte, zunächst im Windkanal. Die futuristisch anmutende stromlinienförmige Kontur des Zuges wird durch den Verzicht auf Puffer noch betont.

Aktion und Reaktion

Um 1960 war das demokratische Streben der frühen Vertreter der Moderne, Massenproduktion dazu einzusetzen, Sachgüter für alle zugänglich zu machen, der Erkenntnis gewichen, daß das Design ein wichtiges Symbol der Moderne ist und – gesellschaftlich gesehen – ein Zeichen von geistigem Bewußtsein und kulturellem Anspruch. In der Folge trugen die Designer eine größere Verantwortung dafür, den symbolischen Anforderungen zu entsprechen und die Produkte zu kreieren, die diese Rolle erfüllen konnten.

Nirgends zeigte sich das deutlicher als im Italien der sechziger Jahre. Die Entwicklungen des vorangegangenen Jahrzehnts hatten zu einem modernen italienischen Design geführt, das auf einen internationalen Markt mit gehobenen Ansprüchen abzielte. In Gestaltungen der Brüder Castiglioni, Vico Magistrettis, Marco Zanusos, Joe Colombos (siehe S. 194–201 und 208/209) und anderer gewann selbst ein so alltägliches Material wie Kunststoff eine neue Bedeutung. Ihre eleganten neo-modernistischen Entwürfe für Möbel, Beleuchtungskörper, Büromaschinen und Elektro-Artikel wurden zu Symbolen sowohl eines neuen Italien als auch eines neuen internationalen Strebens nach höherer Lebensqualität. Diese erneute Renaissance wurde bei den Triennalen von 1957 und 1964 deutlich sichtbar. Die italienischen Design-Magazine – darunter »Domus«, »Abitare«, »Stile Industria« und »Casa Vogue« – verbreiteten Italiens außerordentliche Leistung über die ganze Welt, und seine Design-Objekte standen für ein neues Weltbürgertum.

Finnlands Design-Kultur erreichte zu dieser Zeit ebenfalls ein neues Niveau und konnte sich einer kleinen Anzahl progressiver Designer rühmen, die auf internationaler Ebene Einfluß ausübten. Wie die Italiener benutzten auch einige von ihnen neue Materialien, vor allem Kunststoffe, und die Arbeit von Gestaltern wie Esko Pajamies, Eero Aarnio und Yryo Kukkapuro wurde schnell von der internationalen Design-Presse aufgegriffen. Ihre Produkte in leuchtenden Farben waren ein Zeichen für ein neues Selbstvertrauen, Wohlstand und Optimismus in diesem kleinen Land. Der gleiche Trend wurde sichtbar in Frankreich, wo Pierre Paulin, Olivier Mourgue und andere innovative Einrichtungsgegenstände entwarfen. Mourgues Entwürfe waren so innovativ, daß der Regisseur Stanley Kubrick dessen Möbel als futuristische Ausstattung in seinem Film »2001 – Odyssee im Weltraum« benutzte.

Der Optimismus, den diese und andere Länder in den sechziger Jahren durch ihr designerisches Werk an den Tag legten, spiegelte den Höhepunkt des Verbraucher-Booms der Nachkriegszeit wider. Design-Ideale, die vor dem Zweiten Weltkrieg begründet worden waren, wurden wiederbelebt und neu formuliert, um den sich verändernden sozialen und psychologischen Bedürfnissen eines neuen Publikums gerecht zu werden, das modernes Design als Mittel betrachtete, sich mit der Gegenwart und – noch wichtiger – mit der Zukunft identifizieren zu können. Es ist jedoch unwahrscheinlich, daß die frühen Modernisten mit ihrem leidenschaftlichen ideologischen Engagement sich mit dem glatten und exklusiven Stil vieler Entwürfe der Sechziger identifiziert hätten, die mehr und mehr für das hohe Niveau des Konsums aus Prestigegründen standen, das jene Jahre kennzeichnete. Während viele Designer innovative Artikel verfaßten und damit die Zeitschriften füllten, bekamen allmählich andere den Eindruck, das Design habe seine eigenen Ideale verraten.

Der Wechsel, der Mitte der sechziger Jahre recht plötzlich stattfand, wurde durch eine Reihe von Faktoren ausgelöst. Das Auftauchen einer jugendlichen Zielgruppe von Verbrauchern und der damit einhergehende Schwerpunkt auf Vergnügen und Verbrauch spielten eine Schlüsselrolle beim Unterminieren des Wertesystems, das auf den Ideen von Rationalität und Universalität aufbaute und das die Bewegung der Moderne in Architektur und Design untermauert hatte. Die neue »Pop-Ästhetik« gab dem Wegwerfen und damit der Vergänglichkeit Vorrang und verpönte das Bleibende. Diese Veränderung der Wertvorstellungen im Konsumverhalten hatte eine enorme Auswirkung auf das Design, und Mitte der sechziger Jahre tauchte ein neuer Radikalismus auf, beispielsweise in Großbritannien in der Arbeit von Peter Murdoch und von Archigram, einer Gruppe von Architekten (siehe S. 220–223), wie auch bei Ettore Sottsass (siehe S. 216–219) in Italien.

Jetzt ließ sich die Welt des Designs ganz offen von der populären Kultur leiten. Das geschah nicht zum erstenmal, aber es stellte für die Werte der Moderne, die bisher die Design-Ideale in diesem Jahrhundert dominiert hatten, eine echte Herausforderung dar. In den dreißiger Jahren hatten in Amerika Designer, die beratend für die Industrie tätig waren, schon einmal versucht, das Design in den Dienst kollektiver Wünsche und Sehnsüchte zu stellen, und die Stromlinien-Ästhetik hatte wenig mit hohen kulturellen Standards zu tun gehabt. Dies hatte auf natürliche Weise zu der Arbeit der amerikanischen Automobil-Designer der frühen Nachkriegsjahre geführt, die ihre Visualisierungen gänzlich auf populäre Vorstellungen und die Wünsche des Massenmarkts gegründet hatten. Harley Earl (siehe S. 214/215) bei General Motors und seine Pendants bei Chrysler und Ford waren an den hohen Idealen der Moderne wenig interessiert gewesen.

Eine grundlegende Spaltung des Designs hatte es bereits seit Anfang des Jahrhunderts gegeben, als durch die maschinelle Massenproduktion gestalterische Ideale den Konsumentenwünschen (consumer stylistic choices) geopfert wurden, und in den sechziger Jahren wurde dies erneut sichtbar, als die Designer offen die Relevanz der Moderne in bezug auf einen Massenmarkt in Frage stellten. Mitte der Sechziger postulierte die Welt des Designs explizit eine Krise der Moderne. Der technologische Fortschritt verschärfte die Situation: elektronische Entwicklungen machten die Komponenten der Produkte so klein, daß ihre Gehäuse die Abläufe im Inneren nicht mehr zu spiegeln brauchten. In den Händen der Designer wurden die Produkte mehr und mehr zu Lifestyle-Artikeln – aus den nützlichen wurden eher modische Objekte – und infolgedessen wurde der funktionalistische Ansatz überholt. Allerdings vollzogen nicht viele Designer diesen Wechsel über Nacht. Die meisten von ihnen hatten eine Ausbildung auf der Basis der Moderne und zögerten, deren überzeugende und tröstliche Anschauungen aufzugeben. Die Bindung an Wert, Qualität und an die Herrschaft der Funktion machten es schwierig, ja für manche nicht einmal wünschenswert, sich dem anzuschließen, was allmählich wie eine neue Ära von »Postmoderne« im Design aussah. Doch für eine jüngere Generation von Designern stand fest: Die Idee, daß ein einziges Wertesystem die ganze Welt des Designs tragen könne, war für immer dahin.

Ein Interieur, das der dänische Architekt
und Designer Verner Panton in den späten
sechziger Jahren schuf. Es umfaßt Möbel
und beeindruckende Hängelampen, die
den expressiven, neomodernen Stil dieses
vom Raumzeitalter geprägten Jahrzehnts
repräsentieren.

Die Brüder Castiglioni waren eine treibende Kraft des modernen italienischen Designs nach dem Zweiten Weltkrieg. Daß ihr Erfolg geradezu zu einem Mythos wurde, ist das Ergebnis ihres kompromißlosen Zugangs zum Design: Sie setzten sich für jedes einzelne Projekt auseinander mit Funktion, Form und Art der Produktion. Sorgfältige Details, eleganter Stil und hervorragende

Qualität charakterisieren die breite Palette ihrer Produkte, die sich von Möbeln über Beleuchtungskörper bis hin zu Haushaltswaren erstreckt. Einen bedeutenden Beitrag zum italienischen Design haben sie auch durch ihr Engagement bei den Triennalen in Mailand und bei der Bildung der ADI (Associazione per il Disegno Industriale) im Jahre 1954 geleistet.

Pier Giacomo & Achille Castiglioni

Pier Giacomo und Achille Castiglioni waren führende Persönlichkeiten im italienischen Design der Nachkriegszeit. Ihre Originalität in den Bereichen Konzeption und Visualisierung brachte ihnen eine riesige Anhängerschaft ein, und ihre Arbeit hob die Bedeutung des Designs für die Kultur hervor.

»Mezzadro« (rechts), der Hocker in Form eines Traktorsitzes, wurde bereits 1957 entworfen; allerdings wurde die Produktion durch die Firma Zanotta bis 1971 hinausgezögert. Als eines der bekanntesten Stücke der Brüder demonstriert es ihr Interesse am standardisierten Gebrauchsobjekt als Quelle neuer Entwürfe.

Ausbildung und frühes Werk

Livio Castiglioni (1911–1979) und Pier Giacomo Castiglioni (1913–1968), die 1936 beziehungsweise 1937 am Polytechnikum in Mailand ihren Abschluß in Architektur gemacht hatten, eröffneten 1938 zusammen mit Luigi Caccia Dominioni ein Design-Studio in Mailand. Ihr erstes erfolgreiches Projekt war das Radio »Model 547«, das sie für die Firma Phonola entwarfen. Es wurde bei der Triennale 1940 in Mailand gezeigt und war ein innovativer Entwurf, der für ein neues Produkt auch eine neue Form schuf. Das Radio bekam ein völlig neues Gesicht, indem es in eine Bakelit-Schale gekleidet wurde, die die Gestalt des vertrauteren Telefons nachahmte. Livio und Pier Giacomo schlossen 1940 ihr Studio und eröffneten es 1944 wieder, als ihr jüngerer Bruder Achille (geb. 1918) sich ihnen anschloß, der gerade – wie die beiden vor ihm – seinen Abschluß in Architektur am Polytechnikum in Mailand gemacht hatte. Die drei Brüder konzentrierten sich auf Ausstellungsbau und Beleuchtung und kreierten zusammen eine Anzahl radikal neuer Lampen, von denen eine namens »Tubino« aus einem gebogenen Rohr mit einem ganz kleinen Lampenschirm bestand. Sie wurde bei der Mailänder Triennale von 1951 ausgestellt. Einfachheit und Vielseitigkeit sind Merkmale von »Tubino«, die bei den nachfolgenden Experimenten zum Gestaltungsprinzip erhoben wurden.

Die fünfziger Jahre

1952 verließ Livio den Familienbetrieb, um eigenständig zu arbeiten; Pier Giacomo und Achille arbeiteten weiterhin zusammen bei einer Reihe von Projekten, die ihre neuartige Ästhetik und ihre funktionalen Lösungen widerspiegelten. Ihr Beleuchtungssystem für die Abteilung Industriedesign auf der zehnten Triennale 1954 in Mailand zum Beispiel kombinierte bildhauerische Form mit Nützlichkeit – das gilt auch für den Staubsauger »Spalter« (1956), der von Rem aus hellrotem Kunststoff hergestellt wurde. Die runden Formen des Staubsaugers waren optisch ansprechend und zugleich praktisch, da sie es ermöglichten, daß das Gerät mittels eines Lederriemens eng am Körper des Benutzers getragen werden konnte. Andere originale Entwürfe für Sitzmöbel und Beleuchtung folgten: der Leuchter »Luminator« (1955) und die Lampe »Bulb« (»Glühbirne«) – beide ohne Abdeckung der Glühbirne –, die 1957 bei der Mailänder Triennale gezeigt wurden (siehe S. 166/167), und zwei experimentelle Sitzmöbel für Zanotta – »Mezzadro« und »Sella« (beide 1957), deren Vorbild ein Traktorsitz beziehungsweise ein

Autoscheinwerfer entwickelt worden war, hingen an ihren Leitungen frei von der Decke des Gebäudes. Ebenfalls in Mailand wurde die Lampe »Arco« (1962, links) für Flos gezeigt, die eine für die Castiglionis typische Kombination aus qualitativ wertvollen, traditionellen Materialien – einem Marmorsockel – und moderner Technologie in Form eines dünnen Bogens und eines Reflektors aus Aluminium darstellte. Auch eine Hi-Fi-Anlage für Brionvega, die man auf schwenkbaren Laufrollen bewegen konnte, wurde hier dem Publikum vorgestellt. Nach Pier Giacomos Tod im Jahr 1968 fuhr Achille mit radikalen und innovativen Entwürfen für Firmen wie Flos, Ideal Standard, Zanotta und Alessi fort. Darunter befanden sich Lampen (»Gibigiana«, 1980), Besteck, Trinkgläser (»Par«, 1983), Stühle (»Rosacamuna«, 1983) und Tische (der Gartentisch »Cumano« aus Metall, den man zur Aufbewahrung flach zusammenklappen konnte, ab 1979 von Zanotta produziert).

Die Tischlampe »Snoopy« (oben) wurde 1967 von Flos hergestellt. Sie bestand aus Metall, Glas und Marmor, einer für die Castiglionis typischen Materialkombination, und war durch den Cartoon-Hund gleichen Namens inspiriert worden. Der Marmor verleiht der Lampe eine Stabilität, die man von einer so kopflastigen Konstruktion nicht erwarten würde.

Fahrradsattel waren. Solche Entwürfe demonstrierten den Einfluß der »Ready-mades« von Marcel Duchamp – die künstlerische Verwendung industriell gefertigter Objekte. In vielen ihrer Entwürfe verwirklichten die Castiglionis das Gestaltungsprinzip des minimalen Eingriffs, so beispielsweise beim Hocker »Mezzadro«, der einfach aus einem metallenen, farbig lackierten Traktorsitz bestand, der auf einen Stahlträger geschraubt war (siehe S. 196).

Die sechziger Jahre und später

Während der sechziger Jahre gestalteten Pier Giacomo und Achille weiterhin Interieurs und Produkte. Für die Mailänder Messe von 1962 entwarfen sie den Montecatini-Pavillon, den sie mit spektakulären, kegelförmigen Lampen erleuchteten. Diese Beleuchtungskörper namens »Taccia« und »Toio« – beide 1962 und von Flos hergestellt –, von denen der letztere aus einem ausrangierten

Die Lampe »Arco« (oben), von den Brüdern entworfen und 1962 von Flos hergestellt, ist ein zentrales Werk des ausgehenden Modernismus. Mit ihrem Marmorsockel und dem spannungsreichen

Stahlbogen dominierte sie viele elegante Interieurs der sechziger Jahre. Sie beleuchtete den ganzen Raum, ohne daß sie dazu an Wänden oder der Decke angebracht werden mußte.

Der Lehnstuhl »Sanluca«(1960, oben), von Achille gestaltet und von Gavina hergestellt. Seine Form war von den organischen Rundungen des Neo Liberty Style in Italien inspiriert; er besteht aus einem Gerüst aus geformtem Schichtholz, das mit einer dünnen Schicht Polsterung bedeckt ist.

Marco Zanuso (geb. 1916) ist einer der großen Männer des modernen Designs im Italien der Nachkriegsjahre. Der ernsthafte und hochintelligente Mann hat in einer langen und bemerkenswerten Karriere viele zeitlose Klassiker geschaffen. Auch in der Infrastruktur des italienischen Designs hat er eine wichtige Rolle gespielt: Er war Professor für Architektur, Design und Städteplanung am Polytechnikum in Mailand (1945–1986), wo er in den dreißiger Jahren als Architekturstudent seine Laufbahn begonnen hatte, war an der Gründung der ADI (Associazione per il Disegno Industriale) 1954 in Mailand beteiligt und half dabei, die Triennalen der Nachkriegszeit in Mailand zu organisieren.

Marco Zanuso

Ausbildung und frühes Werk

Zanuso absolvierte in seiner Geburtsstadt Mailand ein Architekturstudium am Polytechnikum (1935–1939). Nach seinem Dienst in der italienischen Armee machte er sich 1945 in Mailand selbständig. 1948 nahm er an dem Wettbewerb für Niedrigpreismöbel am Museum of Modern Art in New York teil mit dem Entwurf für einen geschwungenen Stuhl mit Metallrahmen, der einen neuen Mechanismus für die Verbindung zwischen Rahmen und Textilsitz integrierte. Ähnliche technische Innovationen spielten bei seinem zweiten Erfolg eine Rolle – dem viel beachteten Lehnstuhl »Lady« (1951), den Arflex herstellte – einem der ersten Sitzmöbel mit Schaumgummipolsterung. Die Linienführung dieses höchst eigenwilligen Stuhls, die charakteristisch ist für Zanusos Arbeit, wurde großteils von den Herstellungs-Beschränkungen der Kunststoffe, die er so gerne einsetzte, verursacht. Seine Bettcouch (1955), ebenfalls für die Produktionsfirma Arflex, war mit einem neuen Mechanismus konstruiert, der es erlaubte, das Sofa in ein Bett zu verwandeln.

Zusammenarbeit mit Richard Sapper

Zanuso erfreute sich einer langen und fruchtbaren Zusammenarbeit mit dem deutschen Designer Richard Sapper (siehe S. 230–233); die beiden arbeiteten an einer Reihe von Produkten, die ihnen einen Platz unter den begabtesten Industriedesignern der Nachkriegszeit sicherten. Ihr erstes gemeinsames Projekt – ein stapelbarer Kinderstuhl, den sie für Kartell entwickelten (siehe S. 231) –, war ein bahnbrechendes Beispiel für den Gebrauch von Polyäthylen in Spritzgußtechnik und wurde nicht vor

Marco Zanuso förderte die Entwicklung eines neomodernistischen Designs nach 1945 in Italien. Durch seine Arbeit mit führenden Herstellern einschließlich Arflex, Brionvega und Kartell steuerte er in den fünfziger und sechziger Jahren wichtige Objekte bei. Er beeinflußte maßgeblich die internationale Rezeption des italienischen Designs.

Der Stuhl »Maggiolina« (1949, rechts) war das Resultat intensiver Forschung im Bereich der Herstellung von Möbeln, die ein Minimum an Struktur mit einem Maximum an Komfort verbinden sollten. In diesem Fall wurde Stahlrohr als Stütze verwendet, während der Sitz am Rahmen aufgehängt war. Dieser Entwurf bekam bei der neunten Mailänder Triennale 1951 einen Preis und wurde in den siebziger Jahren von der Firma Zanotta wieder aufgelegt.

Der Tisch »Marcuso« (sechziger Jahre, links). Die Einfachheit dieses Couchtischs – erreicht durch die Kombination der stabilen verchromten Beine mit der Glasplatte – gibt ihm ein eindeutig modernes Erscheinungsbild. Im Kontext des modernen italienischen Designs der Zeit war dies ein Image von Luxus und hatte nichts mehr mit den sozialreformerischen Ansätzen im frühen 20. Jahrhundert zu tun.

Der Stuhl »Celestina« (1978, rechts), von Zanotta hergestellt, war eine Umgestaltung des traditionellen Gartenstuhls aus Holz und Metall. Zanusos Version hat statt der Holzleisten den Luxus von Leder.

1964 produziert, obwohl die Forschung für diese Art der Herstellung schon 1954 begonnen hatte.

Von 1959 an arbeitete das Duo als Berater für Brionvega, einen führenden italienischen Hersteller von Elektrogeräten, der sich nicht nur für das Ausräumen technologischer Barrieren engagierte, sondern sich auch dem Gestalten stilvoller Produkte widmete, die ihre japanischen und deutschen Konkurrenten im Hinblick auf die optische Wirkung aus dem Feld schlugen. Mit Sapper arbeitete Zanuso in den fünfziger und sechziger Jahren an einer Reihe bemerkenswerter Radio- und Fernsehgeräte für Brionvega, was sein Interesse sowohl an Form als auch an Technik zeigt. »Doney 14« (1962) war das erste vollkommen mit Transistoren ausgerüstete Radio in Italien, und »LS 502« (1964) war ein batteriebetriebenes tragbares Radio, das man praktischerweise zum Transport zusammenlegen und in einem kleinen Behälter verstauen konnte. Für Zanuso bestand die Herausforderung darin, die inneren Komponenten so anzuordnen, daß sie in ein schön geformtes Gehäuse

paßten. Die gleichen Prioritäten spiegelten sich in den Entwürfen für die Fernsehgeräte »Sirius«, »Virgo« und »Algol« wider (alle 1964) und fanden ihren Höhepunkt in dem winzigen, würfelförmigen Gerät »Black 201« (1969), das nichts von seiner Funktion vermuten ließ, bis man es einschaltete.

Gestaltungsstil

Strenge und Originalität blieben die sechziger Jahre hindurch Zanusos Markenzeichen und offenbarten sich in zahlreichen Produkten, hauptsächlich in der Küchenwaage für Teraillon (1968), dem Messerschärfer im gelben Gehäuse für Necchi (1966) und dem kompakten, zusammenklappbaren Telefon »Grillo« aus ABS-Kunststoff (1966 für Siemens). Gleichgültig, ob er an Möbeln, Gebrauchsgegenständen oder architektonischen Projekten arbeitete, definierte Zanuso den Gestaltungsprozeß als eine Kette einfacher Probleme, die durch Verstand und Vorstellungskraft elegant gelöst werden können – ein Ansatz, den er häufig in seinen Vorlesungen und Vorträgen formulierte. Zanuso schuf eine Reihe von

Gebäuden für Olivetti, darunter zwischen 1956 und 1958 die Zentrale im brasilianischen São Paulo, die im Bauprinzip einer Bienenwabe gleicht und ein dünnes, gewölbtes Dach trägt. Seine Beiträge zum internationalen Design der Nachkriegszeit haben Zanuso zu einem der meistgeachteten Mitglieder seines Berufsstandes gemacht.

Der Sessel »Martindale« (unten) wurde in den fünfziger Jahren für Arflex – eine Tochterfirma von Pirelli – entworfen. Das Gerüst des Stuhls besteht aus einem Metallrahmen mit Gumminetz, gepolstert ist er mit Schaumgummi. Die daraus resultierende organische Form ist typisch für die Entwürfe der fünfziger Jahre.

Vico Magistretti wurde 1920 in Mailand geboren, wo er noch heute als Architekt und Möbeldesigner in einem kleinen Atelier, lediglich von einem Zeichner unterstützt, arbeitet. Seit 50 Jahren ist er ein Vertreter der rationalen Richtung des italienischen Designs der Nachkriegszeit, die zeitlose Lösungen für technische und formale Fragen suchte. Auf dieser Suche produzierte Magistretti durchweg erstaunliche, originelle Entwürfe, die zum internationalen Ansehen des italienischen Designs beigetragen haben. Magistretti betonte ausdrücklich die Bedeutung der Zusammenarbeit zwischen Industrie und Produktgestaltern. Er vertrat die Auffassung: »Das Design in Italien wird in der Mitte zwischen Designern und Herstellern geboren.« Mit verschiedenen Firmen arbeitete er an über hundertzwanzig Entwürfen, von denen etwa achtzig noch heute produziert werden.

Vico Magistretti

Vico Magistretti entwarf in der Nachkriegszeit einige klassische italienische Möbelstücke. Seine Zusammenarbeit mit der Firma Cassina seit den sechziger Jahren wurde zu einer der wichtigsten Verbindungen in der Möbelbranche im späten zwanzigsten Jahrhundert.

Der Eßzimmerstuhl »Selene« (rechts), ab 1969 von Artemide hergestellt, ist ein Exemplar der ersten Generation von italienischen Stühlen aus reinem Kunststoff. Die Beine sind in im Querschnitt s-förmig, was ihnen mehr Stabilität verleiht.

Ausbildung und frühe Arbeiten

Wie sein Vater, ebenfalls ein Mailänder Architekt, wurde Magistretti in der Atmosphäre des architektonischen Rationalismus ausgebildet. Allerdings wurde er im Gegensatz zu seinem Vater von Ernesto Rogers, einem Kommunisten, unterrichtet, der für Fertigbau und architektonische Lösungen sozialer Probleme plädierte und Ende des Zweiten Weltkriegs für zwei Jahre der einflußreiche Chefredakteur der Zeitschrift »Domus« war. Diese Erfahrung in Zusammenhang mit dem Wiederaufbau und der Industrialisierung der Nachkriegsära führte Magistretti weg von der Architektur in Richtung Industriedesign. Nachdem er 1945 sein Studium am Polytechnikum in Mailand abgeschlossen hatte, arbeitete er im Atelier seines Vaters mit. Die folgenden Jahre verbrachte er mit dem Entwurf kostengünstiger Möbel für die preiswerten Häuser, die zur Unterbringung von Menschen erbaut wurden, die während des Krieges obdachlos geworden waren. Zu diesem Zweck entwarf er ein zerlegbares Bücherregal, bestehend aus zwei freistehenden, verstellbaren Seitenteilen aus Stahlrohr, die zwischen Boden und Decke befestigt wurden, und einen tragbaren Klappstuhl aus gestreiftem Stoff, einem Liegestuhl nachempfunden, der 1946 von der Riunione Italiana Mostre Arredamento (RIMA, der italienischen Vereinigung für Möbelausstellungen) in Mailand ausgestellt wurde (siehe S. 199 rechts). Magistretti reagierte auf diese Herausforderung, indem er Entwürfe produzierte, die schlichte, sachliche und vor allem elegante Lösungen boten. Leichtigkeit und Funktionalität wurden betont – Eigenschaften, die auch seinen stapelbaren Holztisch kennzeichneten, der von einer neuen Fertigungsfirma, Azucena, 1949 hergestellt wurde.

Die fünfziger Jahre

Ein Großteil des italienischen Designs und der Architektur der fünfziger Jahre verfolgte einen Mittelweg zwischen Tradition und Moderne. Diese Einstellung entstand aus der Notwendigkeit, die ausgesprochen rigiden, modernistischen Gestaltungsprinzipien der Jahre vor dem Zweiten Weltkrieg zu modifizieren. Während dieses Jahrzehnts widmete Magistretti viel Zeit der Architektur sowie der Aufgabe, für das italienische Design einen institutionellen Rahmen zu entwickeln; er beteiligte sich beispielsweise an der Planung der Mailänder Triennale, bei der er 1951 eine Goldmedaille und 1954 den ersten Preis gewann. Zu seinen Gebäuden zählen das Hochhaus Torre Parco (Parkturm, 1956) sowie ein Bürogebäude an der Corsa Europa in Mailand.

Im Jahr 1959 wurde Magistretti beauftragt, Einrichtungsgegenstände für das Klubhaus und Schwimmbad des Golfklubs Carimate zu entwerfen, und als Teil dieses Projekts entwickelte er einen Stuhl, der die Richtung seiner Laufbahn dramatisch verändern sollte: Er wurde als der »Carimate-Stuhl« bekannt und stellte eine Kreuzung von Stilen dar (siehe S. 201). Er kombinierte ein traditionelles ländliches Design – es bestand aus Holz mit einer geflochtenen Sitzfläche, welche an die Stühle der dänischen Designer Kaare Klint (siehe S. 64/65) und Finn Juhl erinnert – mit einem grell-

Der Tisch »Demetrio« (links) wurde 1964 entworfen und 1966 von Artemide als Teil einer Serie von Kunststoffmöbeln, an der Magistretti arbeitete, hergestellt. Die glänzende Oberfläche – er bestand aus mit Glas verstärktem Harz – und kräftige Farben verhalfen Kunststoffprodukten zu einem neuen, luxuriösen Image. Der Tisch war erhältlich in Apfelgrün, Rot, Schwarz und Weiß.

Ein bewegliches Bücherregal und ein Klappstuhl (rechts) auf der RIMA Ausstellung in Mailand (1946). Als Vorlage für den Stuhl diente der traditionelle Liegestuhl. Das Regal hatte ausziehbare Vorrichtungen an beiden Seiten, um die Anpassung an unterschiedliche Räumlichkeiten zu ermöglichen. Beide Stücke wurden speziell für die neuen Wohnungen entworfen, die in der Nachkriegszeit zur Unterbringung der Obdachlosen gebaut wurden.

roten Anstrich, der den »Carimate« eindeutig zu einem Produkt seiner Zeit machte.

Die sechziger Jahre und später

Der Stuhl »Carimate« wurde ein Symbol der Jahre Anfang bis Mitte der Sechziger und fand sich bald in Restaurants und öffentlichen Räumen sowie in Wohnungseinrichtungen in aller Welt. Wo auch immer er präsentiert wurde, strahlte er das neue Lebensgefühl aus, das von den jungen, wohlhabenden Konsumenten dieser Zeit in London, New York und Tokio geschätzt wurde, und doch verbreitete er auch die Atmosphäre eines traditionellen Italien und einer exotisch-mediterranen Kultur. Der internationale Erfolg war das Ergebnis einer Zusammenarbeit mit dem Möbelhersteller Cassina (siehe S. 212/213), dessen Eigentümer und Vorsitzender Cesare Cassina 1960 an Magistretti herangetreten war und ihn gefragt hatte, ob er den Stuhl serienmäßig herstellen dürfe. Auf diese Weise entstand eine sehr produktive und lang anhaltende Arbeitsbeziehung.

Seit den frühen Sechzigern beschäftigte sich Magistretti mit Möbeln und Lampen für Firmen wie Cassina, Artemide und O-Luce. Zu den bedeutenden Entwürfen zählen das gepolsterte Sofa »Maralunga« (1973) mit beweglicher Kopfstütze und Armlehnen, die Serie »Broomstick« (1979) und das Sofa »Sindbad« (1981, siehe S. 200), bei dem sich Magistretti von Pferdedecken inspirieren ließ, die er auf einem seiner häufigen Besuche in London erwarb, um sie als Überwürfe zu gebrauchen. Dieser »Decken-Bezug« wurde an einem einfachen Holzgestell auf der Rückseite mit Klammern befestigt und konnte somit einfach entfernt und ausgetauscht werden. Der Sessel ist ein typischer Magistretti-Entwurf, bei dem Ungezwungenheit und Spaß mit funktioneller Schlichtheit kombiniert wurden. Obwohl Magistretti zu dieser Zeit ein sehr schaffensfreudiger Produktdesigner war, kehrte er seinem architektonischen Werk nicht gänzlich den Rücken, sondern entwarf Ausstellungsräume, Häuser und andere Gebäude. Dazu gehören

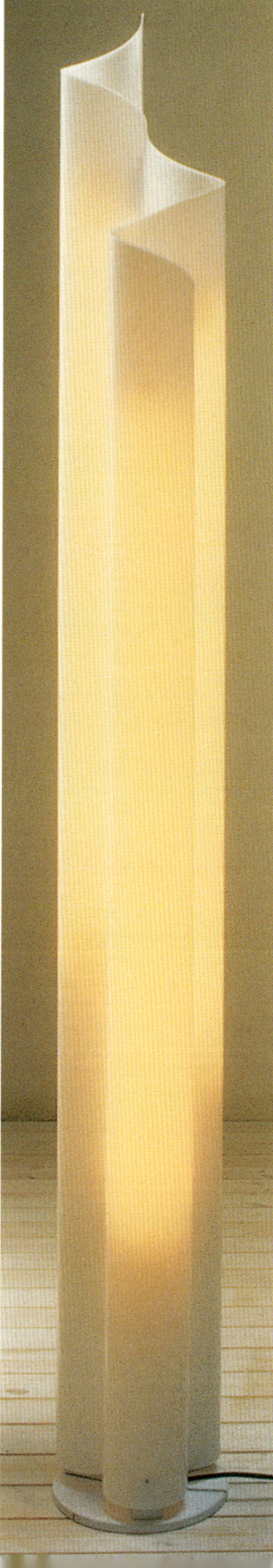

Die Lampe »Chimera« (1966, links), hergestellt von Artemide. Die faltenartige Gestaltung des Korpus aus Kunststoff gibt dem Gegenstand zusätzliche Stabilität.

Ein Mailänder Restaurant Anfang der Sechziger, ausgestattet mit Magistrettis »Carimate-Stühlen« (siehe S. 201), 1963 entworfen und von Cassina hergestellt. Mit ihren rotgestrichenen Holzrahmen und dem Flair ländlicher Gemütlichkeit waren diese Stühle ein vertrauter Anblick in öffentlichen Räumen.

eine Grundschule in Meda bei Mailand (1969, in Zusammenarbeit mit Gae Aulenti) und das Gebäude der biologischen Fakultät der Università degli Studi in Mailand (1978, mit F. Soro).

Versuche mit Kunststoff

Es waren die italienischen Designer, die das Image von Kunststoff als Billigmaterial hin zu einem stilvollen und gepflegten Stoff veränderten. Wie bei Marco Zanuso (siehe S. 196/197), der den ersten im Spritzgußverfahren geformten Polyäthylen-Stuhl herstellte, und bei Joe Colombo (siehe S. 208/209), dessen »Elda« der erste große Sessel mit einem Glasfasergestell war, verhalfen Vico Magistretti eine Reihe von Experimenten mit Kunststoffmöbeln zu Ansehen. 1964 entwarf er den Tisch »Demetrio« für Artemide (siehe S. 199). Dieser war in vielerlei Hinsicht eine stabilere, aus Harz gefertigte Spritzgußversion des höl-

zernen Stapeltischs von 1949, und Magistretti behauptet, daß ihn dazu die Kunststoff-Entwicklungsschalen der Fotografen inspiriert hätten. Der Tisch »Stadio«, den er 1966 entwarf, war größer, und seine Beine wiesen im Querschnitt eine »S-Kurve« auf, die zur Verstärkung diente. Am erfolgreichsten war der Stuhl »Selene« (1969, siehe S. 198), ein einfaches Design aus ABS-Plastik mit dem gleichen beinverstärkenden Detail wie der Tisch »Stadio«. Der Stuhl wurde in Grün, Rot, Weiß und Schwarz produziert, hatte bald internationalen Erfolg und wird heute noch von Artemide hergestellt.

Wie Marco Zanuso und Joe Colombo mit ihren Entwürfen aus Kunststoff gelang es Magistretti, dem Material einen neomodernistischen »Chic« zu verleihen, der auf einem kultivierten internationalen Markt Anklang fand.

Der Kombination von kräftigen, hellen Farben, glänzenden Oberflächen und Eleganz der Form gelang es, den

»Atollo« (1977, oben), eine Lampe aus lackiertem Metall. Die einfache, geometrische Komposition nutzt elegante Proportionen als Blickfang. Der Lampenschirm ist so plaziert, daß er ein interessantes Schattenspiel erzeugt und scheint frei in der Luft zu schweben.

Sessel und Sofa »Sindbad« (unten), 1981 entworfen und von Cassina hergestellt, veranschaulicht Magistrettis Fähigkeit, etwas völlig Neues zu schaffen. Von Pferdedecken inspiriert, die er bei seinen Besuchen in Großbritannien erwarb, schuf der Designer ein neues Konzept für Sitzmöbel, die einfach und bunt, bequem und ungezwungen sind.

Makel »billig und geschmacklos«, der Kunststoffprodukten früherer Jahrzehnte anhaftete, zu eliminieren und diese Gegenstände in hochbegehrte Sammlerstücke zu verwandeln.

Beleuchtung

Auch Magistretti teilte das während der fünfziger und sechziger Jahre aktuelle Interesse der Italiener an Beleuchtung. Eines seiner Experimente war die Lampe »Eclisse«, 1966 entworfen für Artemide, die bei der Mailänder Triennale im Jahre 1967 eine

Goldmedaille gewann. Die einfache Metallform, erhältlich in leuchtendem Rot oder Weiß, eignete sich vom Entwurf her als Steh- oder Wandleuchte; die Helligkeit konnte durch Drehen zweier halbkreisförmiger Segmente am Lampenschirm reguliert werden, was zu einem der Sonnenfinsternis ähnlichen Lichteinfall führte; daher auch der Name Eclisse, deutsch Eklipse, Sonnenfinsternis. Im Gegensatz dazu war die »Chimera« (1966, siehe S. 201) eine skulpturale Bodenleuchte mit einer sinnlichen, an den Faltenwurf von

Textilien erinnernden Form. Die Tischlampe »Atollo« (1977, siehe S. 201), einer von Magistrettis bekanntesten Entwürfen und Gewinner des Preises für Produktdesign Compasso d'Oro, sorgte für eine weitere originelle Lösung der Beleuchtungsfrage; sie besteht aus harmonisch komponierten geometrischen Formen und erzeugt ein reizvolles Schattenspiel.

Designstil und Renommee

Die Zeitlosigkeit der Entwürfe Magistrettis war das Ergebnis seiner Suche nicht nach Stil, sondern

nach sinnvoller Verwirklichung gewisser Ideen. Seine Stücke sind typischerweise einfache Entwürfe, die elegante Lösungen auf Fragen des Designs bieten. Sie sind die Verwirklichung einer kreativen Idee im Rahmen technischer, wirtschaftlicher und anderer praktischer Begrenzungen. Magistrettis Begeisterungsfähigkeit hat viele Studenten inspiriert, die er in einer Reihe von Instituten – darunter die Domus-Akademie in Mailand, das Royal College of Art in London und die School of Architecture in Tokyo – unterrichtet hat.

Kunststoff

*Im 20. Jahrhundert hat Kunststoff einen größeren Einfluß im öffentlichen
sowie im privaten Bereich ausgeübt als alle anderen Materialien.
Seit seiner Erfindung Ende des 19. Jahrhunderts wurde er zu einem der
meistverwendeten Stoffe – er revolutionierte die Massenproduktion und
stellte die Designer vor eine völlig neue ästhetische und ökologische
Herausforderung.*

*Daniel Weils »Radio in der Tasche« (links)
wurde 1981 entworfen und in großer
Stückzahl von Parenthesis Ltd hergestellt;
1983 wurde es dann auch von Apex in
Japan produziert. Weil benutzte durchsichtiges Vinyl, so daß die mechanischen
Bestandteile des Radios von außen
sichtbar blieben.*

Die Anfänge des Kunststoffs

Die ersten natürlichen und halb-
synthetischen Kunststoffe wurden
Mitte des 19. Jahrhunderts erfunden, einschließlich Parkesin (1855)
und Zelluloid, das 1870 patentiert
wurde. Diese anfänglichen Kunststoffe wurden zum preiswerten
Ersatz für Rohstoffe wie Gagat,
Bernstein und Elfenbein. Der erste
und erfolgreichste vollkommen syn-
thetisch hergestellte Kunststoff war
Bakelit. Seine Entdeckung 1907
durch den belgischen Erfinder Leo
Baeckeland erfolgte zur gleichen
Zeit wie die Expansion der Elektro-
industrie, die es sehr schnell als
Isoliermaterial – statt Gummi – in
Elektroinstallationen wie Stecker
und Schalter verwendete. Bakelit
stand daher von Anfang an für
Fortschritt, und die Designer der
zwanziger und dreißiger Jahre nutzten dies, um das Aussehen von
Elektrogeräten wie Kühlschränke,
Radios und Telefone auf den neuesten Stand zu bringen. Gegenstände
aus Bakelit wurden hergestellt,
indem das flüssige Rohmaterial in
Gußformen gegeben wurde; dies

ergab glatte, geschwungene
Formen, die leicht zu bearbeiten
waren und maßgeblich den
»Stromlinienstil« der Dreißiger
prägten.
Kunststoffe eigneten sich hervor-
ragend für die Massenfertigung.
Die anfänglich hohen Werkzeug-
kosten wurden durch die geringen
Stückkosten kompensiert, was dazu
führte, daß enorme Mengen von
Kunststoffartikeln von den Fließ-
bändern rollten. Um 1927 wurden
petrochemische Kunststoffe ein-
schließlich Vinyl, Acryl, Nylon,
Polyester und Acetat entwickelt.
Diese wurden jedoch erst nach dem
Zweiten Weltkrieg weiter verbreitet.

Nach 1945

Der technologische Durchbruch,
der in Zusammenhang mit den
Kriegsanstrengungen stattfand,
vergrößerte die Auswahl der für
die Herstellung von Konsumgütern
verfügbaren Kunststoffe. Schaumstoff, Polyurethan und glasverstärkte

Kunststoffe kamen zu dem sich
ständig erweiternden Angebot an
Materialien, das den Designern
zur Verfügung stand, hinzu. Paradoxer-
weise begann man nun, Kunststoffe
als billiger und minderwertiger als
natürliche Rohstoffe zu betrachten.
Eine Herausforderung an die
Designer der Nachkriegszeit war es,
das positive Image der Kunststoffe
wiederherzustellen und ihre einzigartige Kombination von Eigenschaften zu nutzen: Leichtigkeit,
Farbe, Biegsamkeit, niedriger Preis,
Hygiene, Stabilität und Wasser-
undurchlässigkeit. In den fünfziger
Jahren bemühten sich viele Designer
intensiv um dieses Ziel. Die Entwürfe
für Kunststoffstühle von Charles
Eames (siehe S. 148 – 151) und Eero
Saarinen (siehe S. 156/157) regten
beispielsweise Marco Zanuso dazu
an, den ersten Sessel aus gespritztem
Polyäthylen zu entwerfen (siehe
S. 196/197). Der dänische Designer
Verner Panton (siehe S. 204/205)
entwickelte in den sechziger Jahren
den ersten Stuhl mit freitragender
Sitzfläche aus einem Guß. Das volle
Potential der Massenproduktion von
Büromöbeln kam drei Jahre später
zum Tragen, als der britische
Designer Robin Day (siehe
S. 168 – 171) den »Polyprop-Stuhl«
für Hille und Co. Ltd. entwarf, der in
über 14 Millionen Exemplaren welt-
weit abgesetzt wurde.

Gegenwart und Zukunft

Kunststoff ist ein äußerst vielseitiges
Material. Die Pop-Designer der
sechziger Jahre verwendeten weiche
Kunststoffe wie zum Beispiel Vinyl

*Der Stuhl »Universale, Modell 4857«
(rechts) wurde von Joe Colombo
entworfen (siehe S. 208/209) und
1965 von Kartell hergestellt.
Das Design war das Ergebnis des
Versuchs, einen Spritzgußstuhl in
einem Stück zu konstruieren. Um die
glänzende Oberfläche herzustellen,
verwendete Colombo ABS-Plastik, das
ab 1976 durch Polypropylen
ersetzt wurde.*

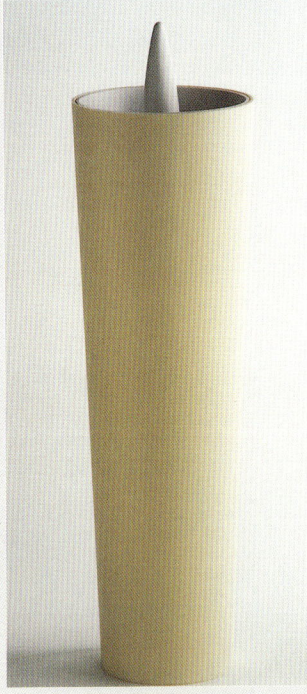

Eine Toilettenbürste, entworfen von Philippe Starck (oben) – ein Artikel aus einer Reihe von Haushaltsgegenständen, die in den neunziger Jahren von dem Franzosen kreiert wurden. Die schlichte Eleganz ist ein Zeichen der von Starck vertretenen Auffassung, daß Kunststoff neben Holz und Metall durchaus eine Berechtigung hat, als moderner Rohstoff anerkannt zu werden.

und Polyurethan, um biegsame, aufblasbare und theoretisch wegwerfbare Möbel herzustellen. Eines der bekanntesten Stücke war der durchsichtige »Blow chair« (1967), entworfen von De Pas, D'Urbino und Lomazzi. In den siebziger Jahren führten allerdings die Ölkrise und das neue Bewußtsein für ökologische Aspekte, wie zum Beispiel biologische Abbaubarkeit von Rohstoffen, zu einer abnehmenden Beliebtheit der Kunststoffe. In den achtziger und neunziger Jahren wurde das Material daher in einer ausgewogeneren Weise verarbeitet. Designer wie zum Beispiel Philippe Starck (siehe S. 246–249) haben Kunststoffe extensiv genutzt, jedoch ohne den Umweltgedanken zu vernachlässigen. Starcks Stuhl »Louis 20« verbindet beispielsweise einen aus Polypropylen geformten Korpus mit den hinteren Stuhlbeinen aus Aluminium, die entfernt und durch Recycling wiederverwertet werden können. Die einzigartige Kombination von Eigenschaften, die den Kunststoff im 20. Jahrhundert zu einem so weitverbreiteten Material machten, wird höchstwahrscheinlich dazu führen, daß er auch im 21. Jahrhundert eine bedeutende Rolle spielen wird. Die Herausforderung für die nächste Generation von Designern besteht nun sicherlich darin, langfristig eine Balance zwischen den Vorteilen dieser Stoffe und der Umweltproblematik zu schaffen.

Das Titelbild einer Veröffentlichung aus dem Jahr 1947 mit dem Titel »Kunststoff zu Hause« (oben) zeigt eine Palette sehr verschiedener Arten von Plastik, das man damals im Alltag benutzte. Dazu gehörte Bakelit, das für das runde Gehäuse des Radios verwendet wurde, Melamin in Form von Geschirr und Vinyl, das zur Anfertigung von Vorhängen und Regenmänteln benutzt wurde.

Eine Reihe von luftdichten Frischhaltedosen aus Kunststoff (rechts), die in den Vereinigten Staaten ab 1949 von der Firma Tupperware hergestellt wurden. Aus dem flexiblen und undurchsichtigen Polyolefin hergestellt, wurden die Behälter in einer Vielzahl von modischen Farben angeboten. In den fünfziger Jahren erfreuten sie sich großer Beliebtheit und wurden in enormen Stückzahlen auf »Tupper Parties« verkauft, die Hausfrauen für ihre Nachbarinnen organisierten.

Der dänische Architekt und Designer Verner Panton (geb. 1926) lebt und arbeitet seit Mitte der fünfziger Jahre in der Schweiz. Ein Ergebnis dieses selbstgewählten Exils ist, daß sein produktives und originelles Werk keine nationalen Züge trägt – es zeigt keine auffälligen Spuren der von den Dänen geschätzten handwerklichen Tradition oder des rigorosen Rationalismus, den man mit den Schweizern assoziiert. Seine Verbundenheit galt, wenn überhaupt, den Vereinigten Staaten und Italien, deren Nachkriegs-Designer danach strebten, ein kultiviertes, modernes Design in Einklang mit den neuen Materialien und Formen zu schaffen. In den sechziger Jahren unterstützte er internationale Bestrebungen, neue Technologie und synthetische Stoffe zur Lösung grundlegender Probleme einzusetzen.

Verner Panton

Der dänische Designer Verner Panton arbeitet seit Mitte der fünfziger Jahre an innovativen Entwürfen, bei denen er visuelle und technologische Neuerungen miteinander verbindet. Mit der Schweiz als Arbeits- und Wohnsitz hält er sich an keine nationale Bewegung, vielmehr gehört er zur Gemeinschaft der internationalen Designer.

Frühe Arbeiten und Versuche mit Sitzmöbeln

Panton wurde zunächst an der Tekniske Skole, der Technischen Schule, in Odense ausgebildet und schloß 1951 die Akademie Det Kongelige Danske Kunstakademi in Kopenhagen ab. Von 1950–1952 arbeitete er an experimentellen Möbeln im Atelier von Arne Jacobsen (siehe S. 142–145), der wiederum von der Arbeit von Charles Eames (siehe S. 148–151) und Eero Saarinen (siehe S. 156/157) inspiriert wurde. Panton richtete sein eigenes Atelier 1955 in Binningen in der Schweiz ein. Gegen Ende des Jahrzehnts war er für seine futuristischen Stühle international bekannt. Diese wurden von der dänischen Firma Fritz Hansen hergestellt, die weiterhin eine enge Verbindung zu Panton pflegte. Der Stuhl »Cone« (1958) wurde aus kegelförmig gebogenem Walzblech hergestellt und die vertiefte Sitzfläche mit einem textilbezogenen Schaumstoffpolster ausgestattet. Die »Herz-Serie« (1959, siehe S. 205 unten) kombinierte ebenfalls Metallgestelle mit Polsterung aus Stretch.

Der »Stapelstuhl« (1960, unten links) war allerdings der innovativste Entwurf Pantons. Mit seiner geschwungenen Form und der freitragenden Sitzfläche war er der erste im Spritzgußverfahren hergestellte Kunststoffstuhl aus einem Stück. Ursprünglich aus glasverstärktem Polyester, wurde er von Hansen bis 1968 produziert; danach übernahm die amerikanische Firma Herman Miller den Entwurf zur Fertigung in Serie. Das Konzept des organischen Sitzmöbels, das dem menschlichen Körper entsprechend gestaltet ist, hat Panton immer wieder beschäftigt. Zu seinem Repertoire an Entwürfen zählten auch der »S-Stuhl« (1965), der aus einer einzigen

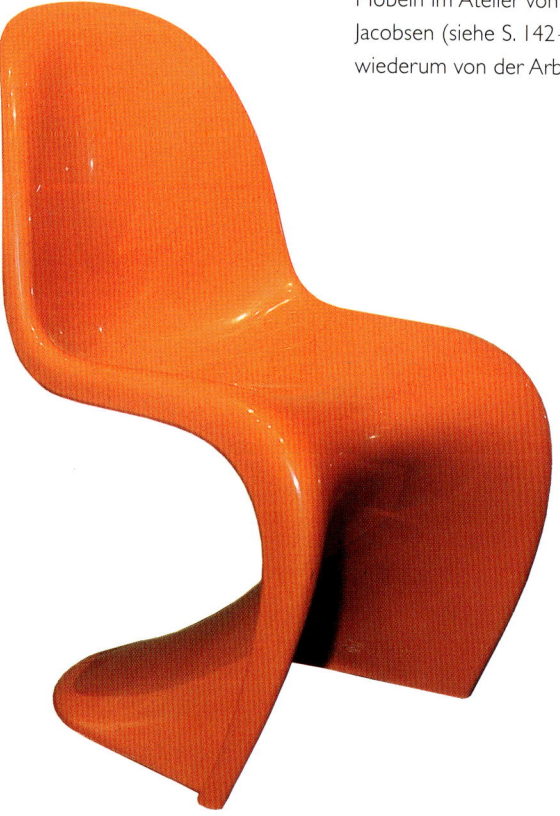

Die Lampe »Panthella« (1970, siehe S. 204 unten rechts) von Louis Poulsen besteht aus einem halbkugelförmigen Acrylschirm auf einem nach unten glockenförmig auslaufenden Fuß. Es war Pantons Absicht, der Lampe eine dem Raumzeitalter angemessene Gestalt zu verleihen. Das Licht sollte von einer Quelle ausstrahlen, die nicht genau zu sehen ist.

Pantons herausragendster Beitrag ist der Stapelstuhl (1960, siehe S. 204 unten links), von Vitra ab 1967 für Herman Miller hergestellt. Dies war der erste im Spritzgußverfahren geformte Stuhl mit freitragender Sitzfläche.

Panton kreierte in den sechziger und siebziger Jahren eine Reihe höchst innovativer Leuchter für die Firma Luber. Der »Hängende Lüster« (1970), von dem verschiedene Variationen in diesem Interieur zu sehen sind (links), wurde durch die Struktur des Atoms inspiriert und besteht aus verchromten Kugeln, die von einer runden Deckenplatte herabhängen.

Schichtholzplatte gefertigt war, sowie eine Sitzreihe aus Stahldraht, bei denen die Sitze in einer wellenförmig geschwungenen Linie angeordnet waren (1972), und in den späten achtziger Jahren eine Reihe von phantastischen und postmodernen, organisch geformten Kunststoffstühlen.

Die häusliche Landschaft

Ab Mitte der sechziger Jahre entwarf Panton eine Reihe von Lampen, für die er, wie für seine Sitzmöbel, neue Technologien und die Formen des Raumzeitalters nutzte. Zu diesen Werken zählen der »Hängende Lüster« (oben) und die Lampe »Panthella (siehe S. 204

rechts). Seit Ende der sechziger Jahre beschäftigt sich Panton auch mit dem Entwurf von Bodenbelägen und Textilien. Er kreierte eine breite Palette an Stoffen für die Schweizer Firma Mira-X, deren bemerkenswerteste »Spectrum« (1969) in einem abstrakten Op-Art-Design ist, und die Chintzstoffe der Serien »Diamond« (1984) und »Cubus«.

Der »Herz-Sessel« (rechts) wurde 1959 für den dänischen Möbelhersteller Fritz Hansen entworfen. Die außergewöhnliche – und für ihre Zeit höchst futuristische – Form wurde durch die Verwendung gebogenen Walzblechs erzielt, das mit Schaumstoff gepolstert und mit Stretch bezogen wurde.

Antti Nurmesniemi (geb. 1927) und seine Frau Vuokko Eskolin-Nurmesniemi (geb. 1930) spielen seit den sechziger Jahren eine führende Rolle im finnischen Design. Ihr Beitrag zum Innen-, Industrie- und Möbeldesign sowie ihre Arbeit im Mode- und Textilbereich haben Finnland nach dem Zweiten Weltkrieg zu einem internationalen Renommee in diesen Bereichen verholfen. Das

Designerpaar hat zum Beispiel die finnische Ausstellung bei der Mailänder Triennale von 1960 gestaltet, und 1976 entwarfen sie den Stuhl »004« – er wurde nur als Prototyp hergestellt –, der Anttis Gespür für Struktur und Form mit Vuokkos Polsterung aus schwarzweiß bezogenem Textil verbindet, letzteres ist ein Beispiel ihrer Begabung für die Gestaltung schlichter Oberflächen.

Antti & Vuokko Nurmesniemi

Ausbildung und frühe Arbeiten

Antti und Vuokko wurden beide am Institut für Industrielle Kunst Taideteollinen oppilaitos in Helsinki ausgebildet, Antti als Designer für Innenausstattung und Vuokko als Keramikerin. Nach seinem Abschluß 1950 wurde Antti als Möbeldesigner für das Kaufhaus Stockman in Helsinki eingestellt. Ab 1951 arbeitete er im Architekturstudio von Viljo Revell in Helsinki und danach für Giovanni Romano in Mailand, bis er 1956 sein eigenes Atelier für Innenausstattung in Helsinki eröffnete. Nachdem Vuokko

1952 ihre Ausbildung am Institut abgeschlossen hatte, arbeitete sie für die Textilfirma Marimekko, wo sie eine der führenden Designerinnen der Jahre 1953 bis 1964 wurde; danach gründete sie ihre eigene Firma. Sie entwarf schlichte Muster, die auf Naturtextilien gedruckt und zu Oberbekleidung verarbeitet wurden und die eher Eigenschaften wie Freiheit und Funktionalität betonten anstatt Modetrends zu folgen.

1957, im Jahr nach der Eröffnung seines Ateliers, entwarf Antti die gußeiserne Kaffeekanne »Finel« – in

Schwarz, Weiß und Rot erhältlich – und eine Serie von Kochtöpfen für den Gußeisenhersteller Wärtsila. Diese Kaffeekanne hatte einen zylinderförmigen Metallkörper, der sich nach obenhin verjüngte, und einen schwarzen Kunststoffhenkel. Sie wurde in kräftigen Farben hergestellt – Rot, Weiß, Gelb und Braun – und nach kurzer Zeit war sie in den meisten finnischen Küchen der Mittelschicht zu finden. In den späten fünfziger Jahren entwarf Antti Stühle aus poliertem Stahl und Leder, deren schickes, modernes Aussehen ihm 1959 den Lunning-Preis für Design einbrachte.

Antti Nurmesniemi und Vuokko Eskolin-Nurmesniemi sind zwei der erfolgreichsten und bekanntesten finnischen Designer. Während Antti ein Pionier auf dem Gebiet des modernen Produktdesigns ist, verhalf Vuokko Finnland zu einem Renommee als Standort des progressiven Textildrucks.

Anttis Entwurf für das Telefon »Antti Slim« (unten) wurde 1984 von der japanischen Firma Fujitsu produziert. Da die technischen Bestandteile so klein sind, war lediglich der Abstand zwischen Ohr und Mund maßgeblich für die Größe des Telefons.

arbeiteten sie an einem weiteren Projekt – »The Living Table« –, einer Art Plattform, auf der alle Gegenstände plaziert waren, die sie als »die notwendigen Werkzeuge fürs Leben« bezeichneten. Einige wurden von Antti entworfen, darunter eine Glasvase, ein Mikrowellengerät und ein Zeitschriftenständer.

Während der siebziger und achtziger Jahre führten beide ihre eigenen Projekte fort und repräsentierten – neben anderen – weiterhin finnisches Design im Ausland. Antti konzentrierte sich auf Möbel, während Vuokko ihr Repertoire an Gebrauchsgegenständen ausweitete, wie zum Beispiel Geldbörsen und Toilettenbeutel, die sie aus ihren selbstentworfenen Textilien herstellte. 1988 verlieh Vuokko ihrem Modedesign eine elegantere Note, blieb aber den Naturfasern treu. Der Lebensstil des Designer-Ehepaars symbolisiert ihre Errungenschaften im finnischen Nachkriegsdesign, die sie durch die Verbindung von Kultiviertheit mit Bequemlichkeit, von Schlichtheit mit Schönheit und die Betonung von Farbe, Gewebe und umweltfreundlichen Rohstoffen erreichten.

Ein Baumwollstoff, von Vuokko entworfen, mit dem Namen »Auranko« (oben). Dieser Stoff, 1964 hergestellt, ist mit seinem ausdrucksvollen Erscheinungsbild charakteristisch für die Muster, die sie während des Jahrzehnts kreierte.

Den Saunahocker (siehe S. 206 unten rechts) entwarf Antti 1952 für das Palace Hotel in Helsinki. Hergestellt aus Birkenfurnierlaminat mit Beinen aus Teakholz, wurde er einige Jahre lang produziert und dadurch zu einem Klassiker des finnischen Nachkriegsdesigns. Der Hocker gewann einen Preis bei der Mailänder Triennale von 1964.

Vuokko entwarf 1964 das Sommerkleid »Helle« aus dem schwarzweißen Baumwollstoff »Pyorre«, den sie selbst entworfen hatte. Dasselbe Muster wurde auch als Bezug für von Antti entworfene Möbel verwendet – dort entwickelt es einen völlig anderen Effekt. Dieses Beispiel veranschaulicht die Vielseitigkeit der ausdrucksstarken grafischen Entwürfe von Vuokko.

1964 erhielt er eine weitere Auszeichnung bei der Mailänder Triennale für seinen Entwurf eines Saunahockers. Die sechziger Jahre hindurch arbeitete er an vielen Innenausstattungen für Banken, Restaurants und Büros und führte eine neue Eleganz ein, die in Finnland bis dahin nur in den Arbeiten von Alvar Aalto zu sehen war (siehe S. 74–77).

Einfluß
auf das finnische Design

Antti Nurmesniemi half Finnland, seinen Ruf als Ursprungsland hochwertiger einheimischer Produkte ornamentaler Kunst zu verwandeln in den eines internationalen Produzenten von Industriedesign. Mit Eero Aarnio und anderen hob er das finnische Design auf ein hohes Niveau, das die einheimische Tradition anerkannte, aber Finnland auch einen Stellenwert auf dem internationalen Markt verschaffte. Dies wurde besonders deutlich bei Entwürfen wie dem kleinen, hufeisenförmigen Saunahocker aus Holz, der ursprünglich 1952 für das Palace Hotel in Helsinki entworfen worden war (siehe S. 206 unten rechts).

Der Einfluß des Paares beschränkte sich allerdings nicht auf Produktdesign. Zusammen mit dem Maler Ahti Lavonen und dem Bildhauer Veikko Eskolin entwarfen Antti und Vuokko 1967 eine Ausstellung in Helsinki, die sie »Bubble on the Shore« (»Luftblase am Strand«) nannten – ein durchsichtiges, zeltähnliches Gebilde in der Nähe des Meeresufers, in dem Antti seinen Stuhl »001« ausstellte. 1971

Obwohl er nur 41 Jahre alt wurde, war Joe Colombo (1930–1971) eine der Leitfiguren des modernen italienischen Designs in den fünfziger und sechziger Jahren. Während seiner kurzen Karriere arbeitete er an zahlreichen Produkten und Systemen, die technische Innovation mit neuen Überlegungen in bezug auf Funktionalität kombinierten. Für ihn war der Designer viel mehr als nur ein Schöpfer von Produkten – er sah in ihm auch einen Gestalter der Umgebung des Menschen. Es wurde von Colombo behauptet, er habe sein Leben wie ein Wettrennen gelebt, und tatsächlich erreichte er in einem kurzen Zeitraum sehr viel – er verband die Designerarbeit mit seiner Begeisterung für sportliche Aktivität, vor allem für Skilaufen und schnelle Autos.

Joe Colombo

Joe Colombo war einer der weitsichtigsten italienischen Designer seiner Generation. Er suchte nach der ultimativen Lösung zur Gestaltung der Wohnungen. Colombo war eine vertraute Erscheinung in Mailänder Designerkreisen, wo er durch seine Körpergröße, seinen Bart und seine Pfeife auffiel.

Die als Eßzimmer genutzte Wohneinheit »Rotoliving« mit dem »Cabriolet-Bett« im Hintergrund (1969, rechte S., oben). Die Gegenstände in diesem futuristischen Raum, die zum Gebrauch im modernen Wohnbereich gedacht waren, setzten Colombos Forschung über Wohnabläufe in die Praxis um.

Der höchst originelle, aus Röhren gefertigte »Tube-chair« (1969, unten) besteht aus einer Reihe leicht flexibler Kunststoffrohre, die mit Schaumstoff und Textil bezogen waren und auf unterschiedliche Weise miteinander verbunden werden konnten, um eine Reihe verschiedener Sitzgelegenheiten zu bilden.

Ausbildung und frühe Arbeiten

Colombo studierte zunächst Malerei an der Accademia die Belle Arti di Brera in Mailand, schloß sie 1949 ab und wurde Anfang der Fünfziger Mitglied des »Movimento Nucleare« einer avantgardistischen Bewegung in Italien, deren Leitfigur Enrico Baj war. 1953 wurde Colombo beauftragt, die Decke des Santa Tecla Nachtklubs in Mailand zu bemalen, und im Jahr 1954 leitete er eine Keramik-Ausstellung von Abisola bei der Mailänder Triennale. Im gleichen Jahr immatrikulierte er sich als Architekturstudent am Polytechnikum in Mailand.

Karriere als Designer

Als Colombos Vater 1959 starb, hinterließ er seinem Sohn eine Firma für Elektrogeräte. 1962 eröffnete Colombo sein eigenes Atelier in Mailand und konzentrierte sich auf den Entwurf von Innenausstattungen und Möbeln. In seinem Ansatz betonte er von Anfang an, daß Innenarchitektur eine Art System sei, in dem Möbel eine wichtige Rolle spielten und in dem das Zusammenspiel der einzelnen Elemente von großer Bedeutung sei. Zu Colombos frühen Innenausstattungen zählen das Hotel Continental in Sardinien (1964) und das Sportgeschäft Leka in Mailand. Zu gleicher Zeit verfolgte Colombo seine zwei weiteren Hauptinteressen: die Idee eines »Wohn-Systems« und die Verwendung neuer Materialien und Formen in der Herstellung seriengefertigter Möbel. Seine »Mini-Küche« (1963) spiegelte sein Interesse an geschlossenen Einheiten wider. Dieses Konzept, das zur Idee einer »mobilen Wohneinheit« führte, wurde von Entwicklungen im Bereich der Raumfahrt inspiriert. Colombos letzter Beitrag zu diesem Konzept war die experimentelle »Total Furnishing Unit«, eine komplette Wohneinheit (siehe S. 209 unten links), die nach seinem Tod bei der Ausstellung »Italy: The New Domestic Landscape« 1972 im New Yorker Museum of Modern Art vorgeführt wurde.

*Die Gestaltung des Services »Linea 72«
für die Flugzeuge der italienischen
Gesellschaft Alitalia (1970; oben) war das
Ergebnis von Colombos Suche nach
Möglichkeiten, Gegenstände während des
Fluges zu fixieren.*

*Colombos Ziel war es, mit der Komplett-
ausstattung »Total Furnishing Unit«
(1971, unten) die wichtigsten Bedürfnisse
des täglichen Wohnens zu erfüllen.
Er reduzierte die Einrichtung auf Küche,
Schrank, Bett und Bad und zeigte, daß
menschliches Wohnen lediglich wenige,
einfacher Abläufe ermöglichen muß.*

Colombo und die Moderne

Colombo unternahm futuristische
Ausflüge im Bereich des Möbeldesigns auf der Suche nach neuen
formalen Lösungen für das Problem
des Sitzmöbels. Der »Elda-Sessel«
(1963) hatte ein Gerüst aus Glasfaser; 1964 entwarf er einen
geschwungenen Stuhl aus Schichtholz und den Stuhl »Universale«
(1965, siehe S. 202) für Kartell –
den ersten Kunststoffstuhl, dessen
Lehne und Sitzfläche in einem Guß
hergestellt wurden. Colombo
führte – wie Vico Magistretti (siehe
S. 198–201) und Marco Zanuso
(siehe S. 196/197) – Kunststoff als
angemessenes Material für
moderne Möbel vor. Ein Beispiel
hierfür ist sein Teewagen »Boby«
(1970), der in Rot, Gelb, Schwarz
und Weiß erhältlich war.
Colombos Entwürfe für Beleuchtungskörper waren ebenso radikal
wie seine Sitzmöbel. Er experimentierte mit der Form der Lampen

und mit dem Licht selbst durch die
Verwendung von hochentwickelter
Technik und Halogenleuchten.
Wie bei all seinen Entwürfen begann Colombo damit, das Problem
zu definieren, und suchte dann neue
Lösungsansätze. Seine Lampen
waren äußerst einfallsreich – zum
Beispiel die »Acrilica« (1962), die
aus einem c-förmigen Plexiglas-Kon-
vektor mit Metallsockel und einer
Neonröhre bestand, »Spider«
(1965), eine Glühbirne mit einem
Lampenschirm aus gepreßtem
Metall, die am Fuß einer Tischleuchte,
an der Wand oder an der Decke
befestigt werden konnte, und
»Ciclope« (1970), eine Hängelampe,
die an zwei parallelen Drähten senk-
recht verschiebbar war. Der gleiche
Ansatz führte zum Entwurf weiterer
bemerkenswerter Produkte,
darunter zwei Trinkglas-Serien
(1964), »Smoke« und »Assimetrico«,
der Wecker »Optic« (1970) und
eine Klimaanlage für Candy (1970).

Obwohl eine Generation jünger als Marco Zanuso (siehe S. 196/197) und Vico Magistretti (siehe S. 198–201), hat sich der Architekt und Designer Mario Bellini (geb. 1935) nichtsdestoweniger einen Namen als einer der führenden Nachkriegsdesigner gemacht. Ab den sechziger Jahren umfaßte seine Arbeit Architektur sowie Möbel- und Produktdesign. Jedem dieser Bereiche widmete er das gleiche Engagement in bezug auf Funktionalität und Eleganz. Insbesondere seine Arbeit für die italienischen Hersteller Olivetti und Cassina zeigt den Höhepunkt des italienischen Designs der sechziger bis achtziger Jahre.

Mario Bellini

Mario Bellinis Büromaschinen, die er seit den sechziger Jahren für Olivetti entwarf, sowie zahlreiche Produkte für andere italienische und ausländische Firmen gehören zu den fortschrittlichsten ihrer Art. Bellini hatte ein tiefes Verständnis für die Auswirkungen moderner Technologie auf die Gewohnheiten und die Bedürfnisse des Menschen.

Ausbildung und frühe Arbeiten

Bellini studierte bis 1959 Architektur am Polytechnikum in Mailand. Die folgenden drei Jahre verbrachte er als Volontär in der Designabteilung der Mailänder Firma La Rinascente. Von 1962 an arbeitete er in seinem eigenen Studio in Mailand und unterrichtete daneben am Instituto Superiore del Disegno Industriale in Venedig (1962–1969). Während der sechziger Jahre bildete sich seine deutliche Vorliebe für das Produktdesign heraus. Zu dieser Zeit expandierte das italienische Industriedesign rapide, da die italienischen Designer einen eigenen Stil kultivierten, der mit deutschen Produkten, die sich auf fortschrittliche Technik konzentrierten, und mit niedrigpreisigen japanischen Artikeln konkurrieren konnte.

Bellini führte die Pionierarbeit von Zanuso und Marcello Nizzoli (siehe S. 172/173) fort, indem er einen typisch italienischen Ausdruck zu entwickeln suchte, der sowohl die Bedeutung der Funktion als auch die der Form berücksichtigte. Sein Karrieresprung im Produktdesign kam 1963, als er von Olivetti als Berater eingestellt wurde. Die Protektion dieser progressiven Firma gab ihm die Möglichkeit, viele seiner Ideen zu verwirklichen, die sonst eventuell nie über das Reißbrettstadium hinausgekommen wären. In den siebziger Jahren hatte Bellini eine Reihe Erfolge im Elektronikbereich zu verzeichnen, darunter die Rechenmaschine »Divisumma 18« (1972), hergestellt aus farbenfrohem Kunststoff, die eine abgerundete Form besaß und mit einer dünnen Gummischicht überzogen war, sowie die tragbare Schreibmaschine »Lettera 10« (1976/1977) und die druckende Rechenmaschine »Logos 80« (1978).

Designstil

Im Gegensatz zu einigen seiner extravaganten Zeitgenossen ist Bellini ein zurückhaltender, sensibler Mann, der seine Arbeit für sich sprechen läßt. Sein Ansatz im Design beruht mehr auf Intuition als auf philosophischen Ideen, und er war weniger radikal als sein Beraterkollege bei Olivetti, Ettore Sottsass (siehe S. 216–219). Bellinis höchst originelle Formen haben allerdings internationalen Anklang gefunden, und seine Entwürfe sind weltweit für ihre Eleganz und Kultiviertheit bekannt.

Seine architektonische Ausbildung ermöglichte es ihm, in einigen Bereichen des Designs zu experimentieren. Er war vor allem an Möbeln interessiert, und seine Zusammenarbeit mit einer Reihe von Firmen, darunter Cassina und C&B (später B&B) Italia, führte zu so klassischen Entwürfen wie dem monumentalen Tisch »Il Colonnato« (1977), bestehend aus drei Marmorsäulen und einer Marmorplatte, und dem schlichten, jedoch äußerst originellen lederbezogenen Sessel »Cab« (1976), der wie ein Stiefel seitlich mit einem Reißverschluß geöffnet werden konnte – beide Entwürfe entstanden für Cassina. Ausgefallene Formen, luxuriöse Stoffe und hochwertige Verarbeitung waren die Kennzeichen vieler seiner Möbelentwürfe.

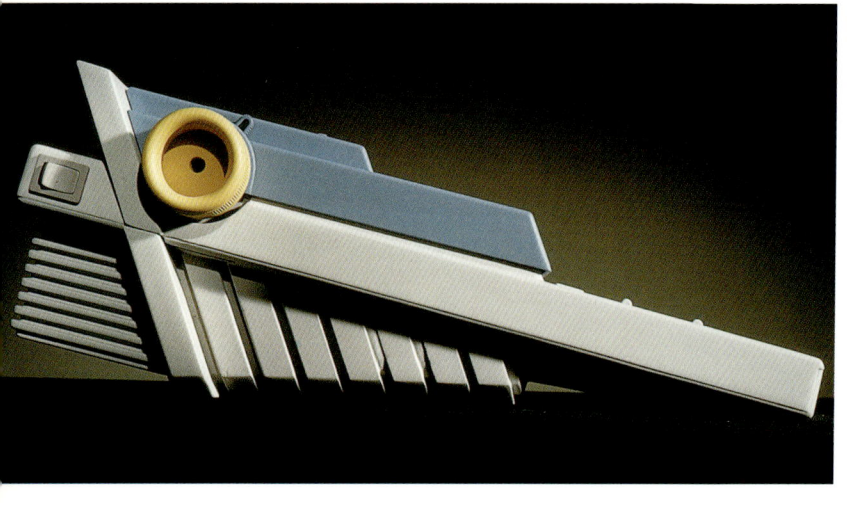

Die tragbare elektrische Schreibmaschine »ETP55« (1987, unten) gehört zu Bellinis ausdrucksstärksten Entwürfen für Olivetti. Die Gestaltung beruht auf der einfachen Keilform, die der Designer während des vorhergehenden Jahrzehnts entwickelt hatte. Durch die Farbe erhält dieses Modell seine eigene Identität, durch die es sich deutlich von den Produkten der Konkurrenz abhebt.

zum Beispiel an dem Stereokassetten-
deck »TC 800D« für Yamaha (1974),
an einer Auto-Innenausstattung
für Lancia (1977 / 1978), und an dem
Bürostuhl »Persona« für Vitra
(1979–1984).

Weitere Betätigungsfelder

Wie viele seiner Zeitgenossen
fungierte Bellini durch seine vielen
verschiedenen Tätigkeiten als Vertreter des modernen italienischen
Designs. Er hielt in zahlreichen
internationalen Kultur- und
Bildungszentren Vorlesungen und
lehrte Design, er plante und leitete
bedeutende Ausstellungen, darunter
»The Domestic Project« (1986),
Teil der siebzehnten Mailänder
Triennale, und von 1986 bis 1991 war
er Chefredakteur des international
berühmten Mailänder Architektur-
und Design-Magazins »Domus«.

*Die Lampe »Area« (links), 1974 von
Artemide hergestellt, war ein Stück aus
einer Serie von Boden- und Decken-
leuchten. Sie sind das Ergebnis der Experimente Bellinis, bei denen er versuchte,
durch gedehnte Folien organische Formen
herzustellen. Die taschentuchartigen
Schirme sind aus lichtstreuendem Polyester hergestellt.*

*Der Bürostuhl »Figura« (unten) wurde
zwischen 1979 und 1984 von Bellini in
Zusammenarbeit mit Daniel Thiel entwickelt und von Vitra hergestellt. Der Entwurf beruht auf einem zu der Zeit bereits
existierenden Stuhl; diese spätere Version
wurde mit einem Stoff »bekleidet«, der um
das Mittelteil »gegürtet« wurde wie um
eine Taille. Dahinter steckte die Absicht,
einen direkteren Bezug der modernen
Technik zum menschlichen Körper herzustellen.*

*Ein Wasserhahn (unten), 1978 entworfen
in Zusammenarbeit mit Dario Bellini für
Ideal Standard in Italien. Dieser verchromte Bronzehahn ist der sinnlichste
Entwurf Bellinis, und seine organische
Form ist eindeutig von der modernen Bildhauerei beeinflußt.*

Alle Arbeiten Bellinis zeichnen sich
gleichermaßen durch Individualität
und Sensibilität aus, doch sein Stil ist
nicht einheitlich, sondern eklektisch;
dies wird beispielsweise deutlich am
Kontrast zwischen dem akkordeon-
förmigen Polyurethan-Bürostuhl
»Teneride« (1970) und der Hänge-
leuchte »Area« (1974, oben), deren
Entwurf auf der Vorstellung eines
Stücks durchsichtigen Tuchs beruht,
das in der Luft gefroren ist. Sein
erfinderischer Zugang zu Material,
Funktion und Form wird an anderen
bedeutenden Entwürfen sichtbar,

Cassina

Die Möbelfirma Cassina spielte eine bedeutende Rolle im modernen italienischen Design. Unter der Leitung von Cesare Cassina (1909–1979) und auch später arbeitete sie mit vielen führenden zeitgenössischen Designern zusammen und gewann somit für sich und für das italienische Nachkriegs-Design im Möbelbereich großes Ansehen auf dem internationalen Markt. Durch gute, konstruktive Beziehungen mit vielen renommierten Designern hat dieser relativ kleine Familienbetrieb mit seinem handwerklichen Ursprung eine Reihe von Möbeln entwickelt, die man in den Wohnzimmern anspruchsvoller, kosmopolitischer Menschen finden kann.

Gaetano Pesces Filzsessel »Feltri« (unten) wurde 1987 von Cassina hergestellt. Die Firma arbeitete über zwanzig Jahre mit diesem innovativen Designer und stellte einige seiner Möbelentwürfe her. Dieser thronartige Sessel, der die Tradition des Experimentalismus aufrechterhält, ist aus weichem Textil hergestellt, das mit Harz formbeständig gemacht wurde.

Ursprünge und Entwicklung

Die Wurzeln der Firma gehen auf das 18. Jahrhundert zurück. Ansässig in Meda nördlich von Mailand, fertigte die Möbelwerkstatt der Familie Cassina Holzmöbel im traditionellen Stil für die Gemeinde, aber seit Anfang des 20. Jahrhunderts spezialisierte sich das Schreinerteam auf die Herstellung kleiner, speziell für die Kunden angefertigter Arbeitstische. Cesare Cassina, der 1927 mit seinem älteren Bruder Umberto (gest. 1991) die Leitung der Firma übernahm, lernte in Mailand den Beruf des Polsterers, und folglich begann die Werkstatt, Sessel und andere gepolsterte Artikel zu produzieren. In den zwanziger und dreißiger Jahren beschränkte sich Cassina auf Wohnzimmergarnituren, die im Stil konservativ waren. Die Möbel wurden im eigenen Haus, größtenteils von Umberto selbst, entworfen.

Der große Wandel der Cassinas in bezug auf Möbelherstellung und Design kam nach 1945. Die Firma expandierte und beschäftigte 30 Polsterer und Schreiner; bis 1955 stieg die Zahl auf 40. Dieser Zuwachs an Angestellten war allerdings weniger von Bedeutung als die Veränderungen im Umfang und Ablauf der Produktion. Der Trend ging in Richtung Möbelproduktion in größeren Stückzahlen, denn um den Durchbruch auf dem internationalen Markt zu schaffen, war es nötig, Produkte zu schaffen, die mehr dem Zeitgeschmack entsprachen. Zwischen 1947 und 1952 stieg die Produktion rapide – zum einen durch die Nachfrage der Ladenketten nach Möbeln im modernen Stil, zum anderen durch einen Auftrag der italienischen Regierung, Möbel für die Ausstattung von Schiffen zu fertigen.

Zusammenarbeit mit Designern

Die Zusammenarbeit der Firma mit modernistischen Designern begann als Versuch. Das Ergebnis ihrer Arbeit mit Gio Ponti, (siehe S. 138–141), der Ceasare Cassina 1950 in Zusammenhang mit dem Schiffsmöbelauftrag kennenlernte, waren die ersten wirklich positiven Beispiele. Pontis Sessel »Superleggera« war wegweisend für die Neuorientierung Cassinas nach dem Krieg. Er hatte eine lange Entwicklungszeit – 1950 bis 1956 –, in der die Angestellten von Cassina den Produktionsablauf vom Entwurf über den Prototyp zur Serienfertigung und Vermarktung aufbauen

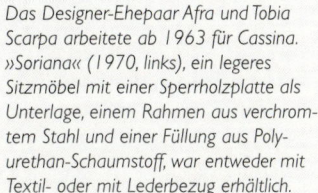

Das Designer-Ehepaar Afra und Tobia
Scarpa arbeitete ab 1963 für Cassina.
»Soriana« (1970, links), ein legeres
Sitzmöbel mit einer Sperrholzplatte als
Unterlage, einem Rahmen aus verchrom-
tem Stahl und einer Füllung aus Poly-
urethan-Schaumstoff, war entweder mit
Textil- oder mit Lederbezug erhältlich.

Der Tisch »Rotonda« (1976, rechts) von
Mario Bellini hat einen kompakten
Holzunterbau aus Esche oder Walnuß,
während die Tischplatte aus Glas oder
Holz geliefert wurde. Die schlichte Form
ist typisch für Bellinis Entwürfe.

Vico Magistretti arbeitet seit 1960 mit
Cassina und ist somit der dienstälteste Mitarbeiter. Sein Regalsystem »Nuvola Rossa«

(rechts) wurde 1977 auf den Markt
gebracht. Die vier inneren Regalböden
sind verstellbar.

konnten. Das reibungslose
Funtionieren dieses Ablaufs war mit
ausschlaggebend für die späteren
Erfolge der Firma Cassina in der
Zusammenarbeit mit Designern.
Unter ihnen sind für die fünfziger
Jahren Carlo di Carli (schlichte
Eßzimmerstühle mit Holzrahmen),
Ico Parisi (gepolstertes Sofa und
Sessel) und Gianfranco Frattini
(Sessel »831«) zu nennen.
In den sechziger, siebziger und acht-
ziger Jahren wurden Entwürfe von
Vico Magistretti produziert (ab
1960, siehe S. 198–201), von Mario
Bellini (ab 1962, siehe S. 210/211),
Tobia und Afra Scarpa (ab 1963),
Gaetano Pesce (ab 1964, siehe
S. 224/225) und Paolo Deganello
(seit Anfang der siebziger Jahre).
Ab Mitte der sechziger Jahre produ-

zierte Cassina nicht nur bedeutende
neue Entwürfe, sondern begann
eine Sesselserie, genannt »I Maestri«
(Die Meister), herzustellen, deren
Entwürfe Anfang des Jahrhunderts
entstanden waren. Hierzu zählten
Stücke von Charles Rennie
Mackintosh (zum Beispiel die Sessel
»Hill House«, »Argyle« und
»Willow«), Le Corbusier, Pierre
Jeanneret und Charlotte Perriand
(zum Beispiel die Chaiselongues
»LC2« und »LC4« oder das Sofa
»Grand Confort« mit Sessel) und
Gerrit Rietveld (die Sessel »Rot-
Blau« und »Zick-Zack«). Diese Serie
verdeutlichte auf phantasievolle und
pragmatische Art Cassinas Über-
zeugung, daß Design einen wichtigen
Beitrag in der Gestaltung zeit-
genössischer Kultur leistet.

Serie von Polstersesseln, Sofas und
Ottomanen (links), genannt
»Cannareggio« und 1987 von Cassina
produziert. Die Teile konnten einzeln
oder in Kombination miteinander genutzt
werden. Gefertigt aus Sperrholzrahmen
mit Polyurethan-Polsterung, verfügen
die Stücke über eine Vielseitigkeit, die von
Pesce beschrieben wurde als »eine
Vielfältigkeit, die sowohl formell als auch
zwanglos wirken kann«.

Harley Earl (1893–1969) war maßgebend für das Konzept des verbraucher-orientierten Designs. Zum Kanon dessen, was in den zwanziger Jahren in Europa als »gutes Design« definiert und von vielen Amerikanern in den fünfziger Jahren übernommen wurde, gehört Earl nicht, denn Automobildesign zielte auf die Steigerung der Verkaufszahlen ab. Als Leiter der Designabteilung von General Motors vertrat er ein ganz und gar amerikanisches Ideal:

Glamour und Luxus sollten käuflich erworben werden können. Durch Earls Arbeit verwandelte sich das Automobil von einer rein funktionalen Maschine zum begehrenswerten Objekt. Er spielte – ihm wahrscheinlich unbewußt – eine wichtige Rolle in der Bewegung des Designs weg von der puristisch-modernistischen Phase und hin zu einer Beschäftigung mit der Anziehungs-kraft, die die Produkte auf Kunden ausüben.

Harley Earl

Harley Earl erlangte Bedeutung, weil er die Zeitlosigkeit modernistischen Designs ablehnte und sich bei seinen Entwürfen an Mode und Zeitgeschmack orientierte. Er ist hier mit einem Modell des Buick »Y-Job« abgebildet.

Ausbildung und frühe Arbeiten

Earl wurde passenderweise in Hollywood geboren, wo er bei seinem Vater, einem Kutschenbauer, eine Ausbildung machte. Nach dem Ersten Weltkrieg studierte er an der Stanford University Ingenieurswesen, während er seinen Lebensunterhalt mit dem Ent-werfen extravaganter, bunter, indi-vidueller Automobile bestritt, die für Hollywoodstars ›nach Maß‹ angefertigt wurden. Als 1919 die

Die Innenausstattung des Cadillac aus dem Jahr 1954 (unten), eines Ausstellungs-stücks, das Earl für General Motors ent-warf. Das Lenkrad und das Armaturenbrett verweisen in ihrer Gestaltung auf das Cockpit eines Flugzeugs.

Firma seines Vaters von General Motors gekauft wurde, wurde Earl nach Detroit geholt, um an einem Modell für die neue Cadillac-Abteilung zu arbeiten.
In den folgenden zweiunddreißig Jahren war Earl für alle Automobil-designs der Firma General Motors verantwortlich. Er war in vielerlei Hinsicht der ideale Mann für diese Aufgabe. Seine Philosophie, die eher intuitiv als rational war, be-ruhte auf der Ansicht, daß Autos individuell und optisch ansprechend sein müßten und durch neue Modelle ersetzt werden sollten, sobald diese Anziehungskraft abnahm – ein Ansatz, der ideal in die Wirtschaft der Serienproduk-tion in der Mitte des Jahrhunderts in den Vereinigten Staaten paßte.

Klassische Entwürfe für General Motors

Earls erster Entwurf – der »La Salle« (1927, siehe S. 215 oben links) – erwies sich als großer Erfolg. Daraufhin bot Alfred J. Sloan, der Vorstandsvorsitzende von General Motors, Earl einen Vertrag bei der Firma an. 1927 wurde die Abteilung Art and Color mit Earl als Leiter eingerichtet, und 1934 hatte er mit dem zweiten »La Salle« einen weiteren großen Erfolg. Im Jahr 1937 wurde die Abteilung Art and Color in Styling Section umbenannt, und Earl ent-wickelte das Konzept des »Traum-autos«: ein futuristisches Automobil,

das seiner Zeit weit voraus war und Konstruktionsmerkmale aufwies, mit denen Wagen in naher Zukunft serienmäßig ausgestattet werden konnten.
Earl experimentierte mit Knet-masse, um neue, aufregende Formen, die dem Raketenzeitalter entsprechen sollten, zu kreieren. Der Buick »Y-Job« (oben links) beispielsweise wurde 1937 entwor-fen, hatte aber viele Eigenschaften, die die Nachkriegsmodelle vorwegnahmen: visuelle Einheit-lichkeit, ein langes, tiefes Profil und die großzügige Verwendung von Chrom. In der Nachkriegszeit ent-wickelte Earl diese Konstruk-tionsmerkmale weiter, indem er zweifarbige Lackierung, Panorama-Scheiben und die unverwechsel-baren Heckflossen kreierte, die von Flugzeugleitwerken inspiriert waren. Nachdem der erste Cadillac 1948 damit ausgestattet war, wurde die Idee häufig kopiert.
Zwischen 1948 und 1958 produzierte die Firma General Motors einige ihrer erfolgreichsten Modelle – alle unter der geschickten Regie von Harley Earl. Die Karosserien wurden länger, flacher und mit ihren überzeich-neten Kurven noch jet-ähnlicher. 1952 führte Earl die »Motorama« ein, eine jährliche Messe, auf der neue Modelle der Öffentlichkeit vorgestellt wurden.
Earl ging 1959 in den Ruhestand – es war das Jahr, in dem das rosarote

CHEVROLET

As fine a car as anyone (including wealthy people) could want

Lots of style here. Lots of room. Really remarkable riding comfort. Smooth, quiet, responsive performance. And those special and practical Chevrolet virtues of economy and dependability. Naturally, all this leads more and more owners of other makes—high priced and low priced as well—to trade for new Chevrolets.

Your Chevrolet dealer will show you these and other things you'll be pleased with.

Slimline design—it's fresh, fine and fashionable. Roomier Body by Fisher—sound, solid, stylish. Sweeping new overhead curved windshield—and bigger windows—all of Safety Plate Glass. Hi-Thrift 6—up to 10% more miles per gallon. V8s—right of them to choose from. Full Coil suspension—further refined for a smoother, steadier ride on any kind of road. Easy-Ratio steering—brings you reduced wheel-turning effort, new ease of handling.

Magic-Mirror finish—keeps its shine without waxing or polishing for up to three years. New, bigger brakes—deeper drums, better cooled for safer stopping and up to 66% longer life. Turboglide, Powerglide and Level Air suspension head a full list of extra-cost options.

Chevrolet Division of General Motors, Detroit 2, Mich.

CHEVROLET

The car that's wanted for all its worth!

Cadillac-Cabriolet »Eldorado« auf den Markt kam. Drei Jahre später behauptete Ralph Nader in »Unsafe at any Speed«, daß der Chevrolet »Corsair« von General Motors »eine der größten industriellen Unverantwortlichkeiten des Jahrhunderts« darstelle. Das Blatt hatte sich gewendet, und Earls Ideen verloren an Beliebtheit, doch sein Einfluß lebt dort weiter, wo Spaß, Stil und Phantasie den Vorrang haben.

Earl in seinem General Motors Cadillac »La Salle« (oben) im Jahr 1927, in dem der Wagen auf den Markt kam. Der Entwurf war bemerkenswert wegen seiner weichen, geschwungenen, harmonischen Form und seinem langen, tiefliegenden Profil; er zeigte eine neue Eleganz im amerikanischen Automobildesign.

Das zweitürige Chevrolet Impala Sport-Coupé wurde bald nach Earls Ausscheiden bei General Motors im Jahr 1959 auf dem Markt eingeführt. Es veranschaulicht den Einfluß, den Earl als Leiter der Designabteilung von General Motors ausgeübt hat. Obwohl preiswerter als der Cadillac, wurde der Chevrolet Impala ebenso stromlinienförmig gestaltet und mit Chrom und Heckflossen gestyled. Die damalige Werbung (oben) zeigt, wie die amerikanische Autoindustrie ihre Produkte weniger als Gebrauchsgegen-

stände, sondern als Statussymbole eines gehobenen Lebensstils vermarktete.

Der »Firebird II« (1956), ein experimenteller Pontiac-Vorführwagen von Earl. Die futuristischen anmutenden Rundungen und die Details, vor allem die Heckflossen, übernahm Earl aus dem Flugzeugdesign. Jedes Detail vermittelt das Gefühl von Schnelligkeit, und somit ist das eigentliche Image des Autos weit entfernt von dem eines Familienautos, als das es hier präsentiert wird.

Die lange Karriere des italienischen Architekten und Designers Ettore Sottsass (geb. 1917) zeichnet sich durch intellektuelle und philosophische Integrität aus wie auch durch die Unverwechselbarkeit seiner vielen Entwürfe. Selbst Kind der Moderne, wurde er doch einer ihrer ersten und vernehmlichsten Kritiker, indem er eine breite Palette intellektueller und ästhetischer Alternativen entwickelte, die deren Unzulänglichkeiten demonstrierten. Er hat mit einer Reihe wichtiger Designer-Gruppen zusammengearbeitet, darunter Studio Alchimia und Memphis. Auf diese Weise hatte er entscheidenden Anteil an der bedeutenden Wende im internationalen Design des 20. Jahrhunderts und hat auf seiner eigenen Reise der Selbstentdeckung durch seine außerordentliche Kreativität mehrere Generationen junger Designer inspiriert.

Ettore Sottsass

Ettore Sottsass gehört zu den produktivsten und durchgängig radikalen Designern des 20. Jahrhunderts. Er ist seit 1945 in Mailand ansässig und ist eine zentrale Figur des Designs in der zweiten Hälfte des Jahrhunderts. Seine Arbeit für Olivetti und andere trug zu seinem Ansehen bei, aber auch seine Bereitschaft, die Grenzen des Modernismus zu überschreiten und Alternativen zu erforschen.

Ausbildung und frühe Arbeit

Sottsass wurde in Innsbruck geboren. Sein Vater, Ettore Sot-Sas, studierte in Wien bei renommierten Architekten und zog 1928 mit seiner Familie nach Turin, wo er einer der führenden Architekten der Moderne im Italien der Zwischenkriegszeit wurde. Ettore Sottsass studierte Architektur am Polytechnikum in Turin und schloß 1939 ab. Nach drei Jahren beim italienischen Militär (1942–1945) eröffnete er sein eigenes Designatelier in Mailand. Zu Anfang seiner Laufbahn entwarf er Einrichtungen und Möbel für den neuen Wohnungsbau der Nachkriegszeit, ein Projekt, an dem er neben Zeitgenossen wie Marco Zanuso (siehe S. 196/197) und Vico Magistretti (siehe S. 198–201) arbeitete. Zur gleichen Zeit war Sottsass eng mit zeitgenössischen Strömungen in Kunst und Design verbunden und widmete sich in der Abgeschiedenheit seines Ateliers einer Reihe abstrakter bildhauerischer Objekte. Die erste große berufliche Chance kam für Sottsass in Form eines Angebots von Olivetti in Ivrea, sich der Firma als beratender Industriedesigner anzuschließen. Das war ein phantasievoller Schachzug von Olivettis Seite, wenn man bedenkt, daß Sottsass bis dahin stark in Richtung Architektur, Kunst und Inneneinrichtung orientiert war. Roberto Olivetti bat Sottsass 1958, den ersten Computer der Firma, den »Elea 9003«, der noch einen ganzen Raum einnahm, neu zu gestalten, und während der sechziger Jahre schuf Ettore Sottsass eine äußerst erfolgreiche Serie von Schreibmaschinen, darunter »Praxis« (1963) und »Tekne« (1964), die auffallend einfache, moderne Maschinen waren. Bei diesen Entwürfen verwarf Sottsass die von seinem Vorgänger Marcello Nizzoli entworfenen Stromlinienformen (siehe S. 172–173) zugunsten einer nicht so offenkundig expressiven Ästhetik.

Entwicklung des persönlichen Stils

Da sein eigenes Design-Studio in dem Vertrag mit Olivetti ein sicheres Fundament besaß, konnte Sottsass in den frühen sechziger Jahren eine persönliche Design-Sprache entwickeln. Er wurde stark inspiriert von Reisen. Er besuchte 1956 und in den frühen Sechzigern die Vereinigten Staaten, wo er der Pop Art und Pop-Kultur zum erstenmal begegnete und in New York mit dem visionären Designer George Nelson (siehe S. 154/155) zusammenarbeitete, und 1961 Indien, wo er mit der tantrischen Kunst in Berührung kam. Diese beiden Reisen gaben Sottsass die Möglichkeit, sich von dem zu distanzieren, was er »europäische Unruhe« nannte, und aus neuen Blickwinkeln heraus an das Design heranzugehen. Sie verstärkten auch sein tiefes Mißtrauen gegenüber dem Rationalismus der Moderne der Vorkriegszeit, und er begann, das Design hauptsächlich als Arena der Sinnlichkeit und Kommunikation zu entdecken. Das modernistische Dogma, daß das Design das Verhalten bestimmen, Lebensstile diktieren und Ideologien unterstützen könne, war ihm zuwider, daher machte er sich daran, seine Anliegen in einer Reihe persönlicher Projekte zum Ausdruck zu bringen. Dazu gehörten durch Pop inspirierte Regale, Schreibtische und Schränke, die 1965 und 1966 in

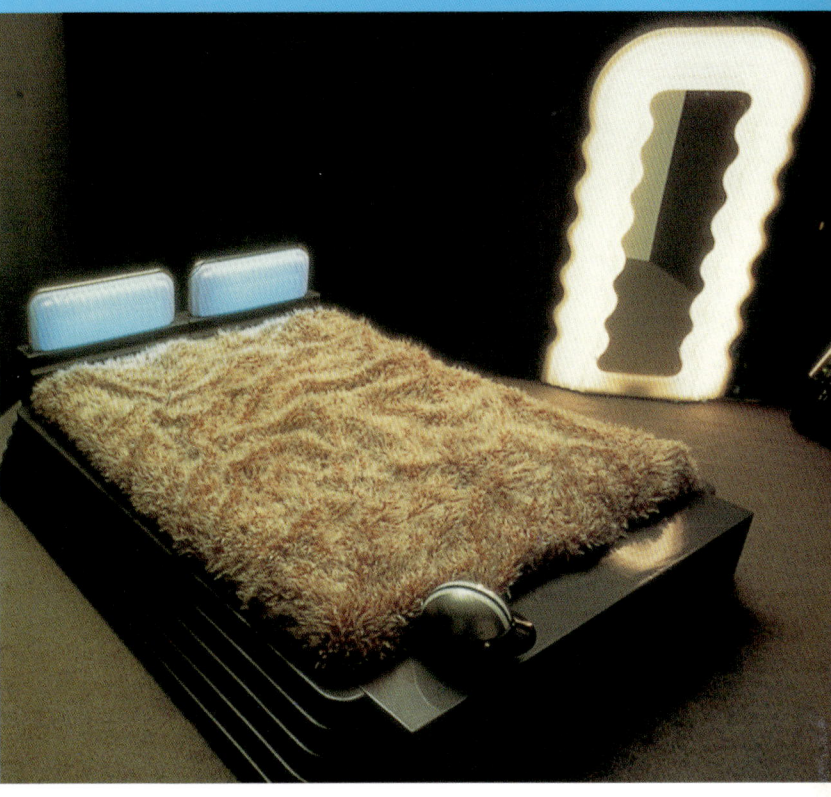

Mailand ausgestellt wurden, die Möbelserie »Grey« (1970), die von Poltronova nur als Prototyp hergestellt wurde, und eine Reihe keramischer Objekte, die von indischer Mystik inspiriert waren: »Ceramics of Darkness« (1963), »Ceramics to Shiva« (1964), die monolithischen, bildhauerischen Keramiken von 1967 sowie die Serien »Tantra« (1969) und »Yantra« (1970).

Diese Projekte, die im Atelier entstanden, repräsentierten Sottsass' Individualität. In ihnen entwickelte er einen neuen Ansatz im Design, der den »Sinn« über die Funktion stellte und sich in erster Linie auf die Reaktion des Publikums auf das fragliche Objekt konzentrierte, anstatt auf das Wesen des schöpferischen Vorgangs im Design. Sottsass war zunehmend interessiert an den verschiedenen Weisen, in denen Menschen mit Objekten interagieren, und an dem Einfluß, den die Objekte auf die Handelnden ausübten; Stil und Geschmack interessierten ihn nicht. Diese Arbeit inspirierte die Generation von Architekten und Designern, die sich von 1966 bis in die frühen siebziger Jahre mit der »Anti-Design-Bewegung« identi-

Die Olivetti-Schreibmaschine »Valentine« (1969, siehe S. 216 unten). Mit ihrem knallroten Gehäuse aus ABS-Kunststoff und ihrem leicht abnehmbaren Koffer war das Gerät tragbar.

Der Spiegel »Ultrafragola« (1970, oben) mit seinem gewellten Rahmen aus Fiberglas wurde von der Firma Poltronova hergestellt. Zu dem Ensemble gehörten auch gewellte Stehlampen, Schränkchen, ein Tisch und ein mit Fell bezogenes Bett. Diese Entwürfe entstanden in Zusammenhang mit einem Projekt, durch das das Möbeldesign über das Kunsthandwerk hinausgehoben werden sollte. Die Formgebung verweist auch auf eine symbolische Ebene.

Das Computerterminal »TC 800« (links), 1974 für Olivetti geschaffen. Es demonstrierte das kontinuierliche Interesse des Designers an der Gestaltung von High-Tech-Geräten, zu einer Zeit, als seine eigene Forschung ihn immer weiter vom konkreten Objekt entfernte und zu einem abstrakteren Ansatz führte.

Der Computer »Elea 9003« (unten) – in den späten fünfziger Jahren entstanden, als Computer noch ganze Räume in Anspruch nahmen – war das erste Projekt in Sottsass' Zusammenarbeit mit Olivetti. Der Designer verringerte die Höhe der Gehäuse, damit sich die Computeroperator gegenseitig sehen konnten, und setzte beim Steuerpult Farben ein.

Eine Küchenschrank-Einheit aus Birnbaum und Laminat (oben) wurde bei der Ausstellung mit dem Titel Ruins, die 1993 in der Design-Gallerie in Mailand abgehalten wurde, gezeigt. Im sechsten Jahrzehnt seiner Karriere strahlt Sottsass' Arbeit immer noch Originalität und Frische aus.

Glasgeschirr (rechts), 1995 für Venini gestaltet. In den frühen siebziger Jahren nahm Sottsass Glasentwürfe in sein Repertoire auf. Er war allerdings weniger an dem handwerklichen Aspekt interessiert, als vielmehr daran, neue Formen aus diesem reichhaltigen Material zu schaffen, das sich ungeachtet seiner langen Tradition zu aktuellen Designs eignete.

Das Eßservice »Medici« (siehe S. 219 oben) wurde 1985 für die amerikanische Firma Swid Powell entworfen. Dekorative Oberflächen wurden in der Mitte der achtziger Jahre als Möglichkeit gesehen, die Kühle hochmoderner Gestaltung zu überwinden. Sottsass gelingt dies hier durch den Gebrauch eines semi-metaphorischen Dekors.

fizierten, zu der solche Gruppen wie Superstudio, Archizoom und Gruppo Strum (siehe S. 222/223) gehörten. Sie fanden in Sottsass ein Vorbild, denn selbst seine kommerziellen Produkte für Olivetti waren von der Sehnsucht inspiriert, einen neuen, kreativen Ausgangspunkt für das Design zu finden. Wesentlichste Beispiele dafür sind die knallrote Reiseschreibmaschine »Valentine« aus gegossenem Kunststoff (1969, siehe S. 219), und ein Sekretärinnen-Stuhl aus hellgelbem Kunststoff und lackiertem Aluminium mit »Mickey-Mouse-Füßen« (1969). Durch seine Begegnungen mit Pop Art, Pop-Kultur und indischer Mystik fand Sottsass einen Weg, auf dem er

der zeitgenössischen modernistischen Hauptströmung in Italien ausweichen konnte. Seine radikalen Entwürfe für Möbel, Keramik und Schmuck wollten eher befreien als einengen und bewirkten eine Verschiebung der Perspektive und eine Neuorientierung für die Welt des Designs. Während dies in Italien erkannt wurde, war Sottsass auf internationaler Ebene weniger bekannt, obwohl seine umfangreichen Keramikserien 1967 in Stockholm ausgestellt wurden. Zu dieser Zeit irritierte Sottsass die Design-Welt. Seine radikalen persönlichen Experimente waren für die Vertreter der Hauptströmung unverständlich, die ihn lediglich als Teil einer »alternativen Kultur« wahrnahmen. Seine Erfolge mit Olivetti jedoch widerlegten die Skeptiker, die gezwungenermaßen anerkennen mußten, daß er ein vorausschauender Designer von außerordentlichem Talent war. In den späten sechziger Jahren gewann Sottsass zunehmend eine Anhängerschaft unter italienischen und ausländischen Designern, die in seinem Werk die Möglichkeit einer wirklich modernen Alternative sahen zu dem, was für viele zu den Begrenzungen der Spätmoderne mit ihren Hochglanzartikeln und Statussymbolen wurde.

Studio Alchimia

Sottsass' Beitrag zu der Ausstellung mit dem Titel »Italy: The New Domestic Landscape« 1972 im Museum of Modern Art in New York war ein Interieur, das aus einer Anzahl beweglicher, miteinander verbundener Wohneinheiten bestand. 1976 wurde am Internationalen Zentrum für Design in Berlin eine ausschließlich seinem Werk gewidmete Wanderausstellung eröffnet, und 1977 hatte er im Centre Pompidou in

Paris ebenfalls eine Einzelausstellung. Trotz dieser zahlreichen internationalen Ausstellungen waren die siebziger Jahre sowohl persönlich als auch beruflich schwierig für Sottsass. Desillusioniert in bezug auf die Möglichkeiten des Designs, bewegte er sich mehr auf eine abstrakte Konzeption zu und konzentrierte sich hauptsächlich auf Zeichnungen, Drucke und Fotografien. Um die späten Siebziger jedoch war er in eine Phase eingetreten, die sich als die einflußreichste seiner kreativen Betätigung herausstellen sollte.

Sottsass' neuerliche Beschäftigung mit Design wurde 1976 durch die Gründung des Studio Alchimia ermöglicht, eines losen Zusammenschlusses von Designern, die mit der radikalen Design-Bewegung in Verbindung standen, zu der Alessandro Mendini und Andrea Branzi gehörten. Die Gruppe lehnte die Bauhaus-Lehren darüber, was »gutes Design« ausmache, ab zugunsten geistreicher, anarchistischer Möbelstücke, die sie auf den ironischerweise »Bau.Haus« benannten Ausstellungen zeigten. Sottsass ent-

punkt im modernen Design dar, indem sie den Lehren der Moderne eine offene und internationale Herausforderung bot.

Spätere Karriere und Einfluß auf jüngere Designer

Die Memphis-Gruppe war auch ein Wendepunkt in Sottsass' Karriere: im Alter von 64 Jahren war sie eine klare Formulierung seiner reifen Designphilosophie, und in der Folge kam seine Reputation noch besser zur Geltung. Die achtziger und frühen neunziger Jahre waren für Sottsass ein einziger Höhenflug: Er arbeitete für viele internationale Klienten wie Knoll, Cleto Munari

und Artemide und fand eine neue Freiheit, in einem persönlichen Stil zu arbeiten, sowohl in seinem kundenorientierten Design als auch in privaten Experimenten. Er arbeitete mit den Handwerkern in den Werkstätten von Murano zusammen und kreierte Entwürfe für Glas. Das erste Mal seit Jahren beschäftigte er sich auch mit Architektur: unter anderem schuf er das »Wall House« für einen Klienten in Colorado (1986–1990). 1994 bestätigte eine große Ausstellung seines Werkes im Centre Pompidou in Paris Sottsass' Rolle als ein maßgebenden Designers des 20. Jahrhunderts.

warf eine neue Serie von Möbeln für Alchimia – darunter Tische, Bücherregale und Leuchten –, die er mit Kunststofflaminat überzog und mit Mustern verzierte, die von der provinziellen »Unkultur« abgeleitet waren, wie etwa die marmorierten Fußböden der Espressobars der fünfziger Jahre. Wieder einmal benutzte Sottsass das Design als Form der Kulturkritik – eine Vorgehensweise, die er über die Jahre verfeinert hatte.

Die Memphis-Gruppe

Zusammen mit Marco Zanini, Matteo Thun und Aldo Cibic gründete er 1980 Sottsass Associati, und 1981 trennte er sich von Studio Alchimia, um in Mailand mit einer Gruppe junger Freunde sein eigenes »Studio« aufzumachen – unter ihnen Michele De Lucchi (siehe S. 252/253), George Sowden, Nathalie du Pasquier, Marco Zanini und Aldo Cibic. Die Memphis-Gruppe, wie man sie nannte, kam im Jahr 1981

innerhalb von Stunden, nachdem ihre Möbel auf der Mailänder Möbelausstellung erschienen waren, in die Schlagzeilen der internationalen Design-Presse und wurde zum wichtigsten Design-Phänomen des Jahrzehnts. Ihre verspielten postmodernen Entwürfe griffen auf so unterschiedlichen Quellen wie antike Architektur und Fünfziger-Jahre-Kitsch zurück und vereinigten eine Palette kühner, heller Farben mit verziertem Kunststofflaminat und unkonventionellen Formen. Sottsass' bekannte Werke schließen auch die Sideboards »Casablanca« und »Carlton« ein – letzteres ist ein hoher Vorratsschrank, der auch als Raumteiler fungierte. Die Memphis-Gruppe, zu deren Co-Ausstellern eine Reihe einflußreicher Designer außerhalb Italiens gehörten – darunter Javier Mariscal (siehe S. 250/251), Shiro Kuramata (siehe S. 240/241), Hans Hollein, Arata Isozaki und Michael Graves (siehe S. 236/237) –, stellt einen Wende-

Das Sideboard »Casablanca« (rechts) schuf Sottsass für die erste Memphis-Ausstellung 1981. Es ist eines seiner bekanntesten Stücke und ein Symbol des postmodernen Designs. Die Silhouette

des Sideboards erinnert an eine Art futuristischen Roboter; die Oberfläche ist mit einem Laminat aus Abet-Print-Kunststoff überzogen und mit dem von Sottsass entwickelten »Bakterien-Muster« versehen.

Die Moderne in der Krise

In den sechziger Jahren wirkten eine Reihe von Faktoren zusammen und führten zu einer dramatischen Veränderung in den kulturellen Werten und zu einer Herausforderung für die Moderne. Das Aufkommen des Massenkonsums, das Entstehen eines jugendorientierten Verbrauchermarkts und ein allgemeiner wirtschaftlicher und technologischer Optimismus entwickelte sich zu dem, was als »Pop Revolution« bekannt wurde. Ihre Ziele – Spaß, Veränderung, Vielfalt, Respektlosigkeit, Witz und Wegwerf-Konsum – spiegelten sich am deutlichsten in neuen Formen der populären Musik wie auch in der Mode wider. Diese Wende zeigte sich auch innerhalb des Designs, das die Wertvorstellungen der vorhergehenden Generation abgelehnte. Neue Designer suchten nach einem expressiveren Ansatz, der die demokratischeren Werte der neuen Zeit aufnehmen konnte. Man strebte nach einem Design, das – in der Formulierung des britischen Grafikdesigners Michael Wolff – »swingt wie die Supremes«.

Die britische Mode-Designerin Mary Quant 1967 bei der Präsentation ihrer Stiefel-Kollektion »quant afoot« (links). Quant war eine Pionierin der konsumorientierten Bekleidungsindustrie. Sie entwarf die Mode, die zu den Wertvorstellungen junger Frauen in der Wohlstandsgesellschaft der sechziger Jahre paßte.

Biba verkaufte Kleidung, die durchdrungen war von der Nostalgie des 19. Jahrhunderts. Die Inneneinrichtung des Ladens (siehe S. 221) erinnerte an den Art nouveau, einen der ersten Stile, die ein Comeback erlebten. Die im Englischen als Revivalism bezeichnete Welle – in der deutschen Mode fand sie als Nostalgie-Trend ihren Niederschlag – verstand sich als Gegenbewegung zur Nüchternheit der Moderne.

Das Firmensignet von Biba (unten), 1968 von John McConnell entworfen. Die weichen Formen der Buchstaben und die Grafik in einer Mischung aus keltischen Mustern und Art nouveau verweisen stilistisch eindeutig auf den »Pop revivalism« der sechziger Jahre.

Die Fassade der Boutique »Granny Takes a Trip«, »Oma macht einen Ausflug« (siehe S. 221 rechts unten), in London. Mehrere Wochen lang konnte man das Auto sehen, das durch das Schaufenster zu brechen schien, bevor es durch ein anderes Spektakel ersetzt wurde – ein Beweis dafür, daß die Wirkung des Pop in seiner leichten Konsumierbarkeit und Kurzlebigkeit lag.

Großbritannien

Der Pop beeinflußte in Großbritannien die Mode, Grafik, Möbel und Inneneinrichtung. Mary Quant (oben) beherrschte die Modewelt. Im Jahr 1955 eröffnete sie ihren Laden Bazaar in der King's Road in London, der bald ein Mekka für Pop-Mode wurde. 1963 lancierte sie die Ginger Group, eine Bekleidungsfirma für Massenkonfektion, die »die Quant-Mode in die Preiskategorie jeder Stenotypistin und Verkäuferin brachte«. Außerdem unternahm Mary Quant Ausflüge auf das Gebiet der Inneneinrichtung.

Auch das Design im Einzelhandel spiegelte die neue respektlose, vergnügungsorientierte Stimmung wider. Für das Schuhgeschäft Mr. Freedom in Kensington schuf Jon Wealleans eine radikal neuartige Innenausstattung, die aussah wie ein grellbunter Kinderspielplatz, während die Boutique »Granny Takes a Trip« in der King's Road (siehe S. 221 rechts unten) die vordere Hälfte eines amerikanischen Automobils zeigte, das zur Überraschung der Passanten aus dem Schaufenster schießt. Andere Innenausstatter – unter ihnen Max Clendenning –

Der Kinderstuhl »Spotty« (1963, oben) war aus laminiertem, mit Polyäthylen überzogenem Karton hergestellt. Er wurde in flacher Verpackung zum Selbstaufbau verkauft und war ein Symbol des Wegwerf-Designs im Namen des Pop. Der britische Möbel-Designer Peter Murdoch entwarf den Stuhl, als er noch am Royal College of Art in London studierte.

schufen vom Pop inspirierte öffentliche und private Räume In ganz London schossen die Boutiquen wie Pilze aus dem Boden und bewiesen mit ihren Einrichtungen und bemalten Fassaden, daß Einkaufen Spaß machen kann.

Das Möbeldesign dieser Zeit ließ Werte wie Sicherheit und Status zugunsten der Wegwerfmentalität fallen. Der getupfte Kinderstuhl »Spotty«, 1963 von Peter Murdoch entworfen, aus Pappe hergestellt und mit einem Op-Art-Muster aus großen Punkten, wurde flach verpackt zum Selbstaufbauen geliefert (oben rechts). Obwohl er theoretisch das Wegwerfobjekt schlechthin darstellte, war er mit Kunststofflaminat überzogen und hielt – ironischerweise – eine beträchtliche Zeit. Roger Dean entwarf einen aufblasbaren, mit Fell bezogenen Sitz-Puff für Hille, den man, obschon er eigentlich nicht wegwerfbar war, doch zumindest zusammenfalten konnte, nachdem man die Luft herausgelassen hatte. Das britische Pop-Design fand sogar seinen eigenen Kritiker und Verteidiger in dem Architekturhistoriker Peter Reyner Banham, der in »New

Society« Lobeshymnen darauf sang. Den Beitrag der Bewegung zur Architektur lieferte – wenn auch nur in theoretischen, utopischen Plänen – das Archigram-Team von Architekten und Designern, das 1963 gegründet worden war, und dem Peter Cook und Warren Chalk angehörten.

Anti-Moderne in Italien und international

Nach 1966 versuchte in Italien eine neue Generation von Architekten-Designern ihre Verbindungen mit der Hauptströmung der industriellen Herstellung zu durchtrennen und das Design als politisches Werkzeug zu benutzen. Designer-Gruppen – unter ihnen Superstudio (1966 in Florenz gebildet mit Adolfo Natalini, Cristiano Toraldo di Francia, Gian Pietro Frassinelli, Alessandro Magris, Roberto Magris und Alessandro Poli), Archizoom (Florenz, 1966, mit Andrea Branzi, Gilberto Corretti, Paolo Deganello, Massimo Morozzi, Dario Bartolini und Lucia Bartolini), Gruppo Strum (Turin, 1966) und Gruppo 9999 (Florenz, 1968) – beschlossen, als Kollektiv zu arbeiten und kreierten visionäre Entwürfe. All diese Gruppen waren von Ettore Sottsass' Werk inspiriert (siehe S. 216–219). Die Ausstellungen seiner von Pop-Kultur und indischer Mystik inspirierten Möbel und Keramiken in Mailand waren wegweisend für eine neue Generation, die danach strebte, die Werte des Establishments zu untergraben. Die Bewegung im Allgemeinen wurde

Das Titelblatt der Zeitschrift »Archigram«, Heft 4 von 1967 (oben), von der Pop-Architektur-Gruppe gleichen Namens (1963 gegründet) herausgegeben. Zu ihren Mitgliedern gehörten Peter Cook und Warren Chalk, die von der Pop-Ästhetik fasziniert waren, besonders von der der Comic-Hefte und der Science-fiction-Bilderwelt. Sie entwarfen eine Anzahl von phantastischen architektonischen Plänen (nur als Zeichnung), die sich auf diese Themen konzentrierten.

Die »Up 2-Sessel« (1969, links), von Gaetano Pesce als Teil einer Serie von sechs Exemplaren entworfen und von C&B Italia (später B&B Italia) hergestellt, nahmen ihre Form an, sobald sie von ihrer flachen PVC-Verpackung befreit wurden.

Dieses Bett (siehe S. 223 unten), 1967 von der italienischen »Anti-Design-Gruppe« Archizoom entworfen, war eines aus einer Reihe von Miniaturmodellen, die nie hergestellt wurden. Sie setzten in der Gestaltung Kitsch ein, darunter den Hollywood-Stil und Anklänge an die Pop-Kultur, um das modernistische Postulat des guten Geschmacks zu untergraben.

als »Anti-Design« bekannt und setzte bewußt genau auf die Werte, die von der Moderne abgelehnt wurden, wie Kurzlebigkeit, Ironie und Kitsch. Eine Handvoll Hersteller wagte sich an die Produktion. Zanotta zum Beispiel, produzierte 1967 den durchsichtigen, aufblasbaren »Blow Chair«, von De Pas, D'Urbino und Lomazzi entworfen, und 1968 den Sitzsack – einen weichen Sack aus Leder oder Vinyl, der mit Polystyrol-Kügelchen gefüllt war und sich dem Körper des Sitzenden anpaßte, von Piero Gatti, Cesare Paolini und Franco Teodoro entworfen. Andere Symbole des italienischen Pop-Design waren Gaetano Pesces Serie aufblasbarer Stühle mit dem Namen »Up« (siehe S. 224/225 und links) und Piero Gilardis »I Sassi« (Die Felsen), eine Gruppe von Sitzmöbeln, 1967 von Gufram hergestellt, die hart aussahen, aber aus weichem Polyurethan-Schaum bestanden und unter dem Gewicht des Benutzers nachgaben. Giorgio Ceretti, Piero Derossi und Riccardo Rossi benutzten die gleiche Strategie in ihrem Lehnstuhl »Tornerai« (»Du wirst zurück-kommen«, 1969), ebenfalls von Gufram hergestellt, wie auch Archizoom in dem etwas frev-lerischen Sessel »Mies« (1969), von Poltronova hergestellt, der auf einzigartige Weise Geometrie mit Weichheit verband; er hatte einen starren Metall-Rahmen und einen flachen Gummisitz, der unter dem Gewicht des Sitzenden »federte«. Gegen Ende der Sechziger war die »Anti-Moderne« ein internationales Konzept geworden. In Deutschland zum Beispiel brachte der Grafik-Designer Ingo Maurer Mitte der sechziger Jahre eine Anzahl einfalls-reicher Anti-Design-Leuchten hervor. 1980 produzierte er »Bulb Bulb«, eine riesige Glühbirne, die –

wie so viele Entwürfe in diesen Jahren – von dem amerikanischen Pop-Bildhauer Claes Oldenburg inspiriert war. In Finnland entwarf Eero Arnio einen hellgelben Stuhl mit Namen »Ball« (1965, von Asko hergestellt). In den Vereinigten Staaten kritisierte der Architekt Robert Venturi den rigiden Formalismus der Moderne in seinem Buch »Complexity and Contradiction in Architecture« (»Komplexität und Gegensatz in der Architektur«, 1966), und gab auf diese Weise der Bewegung ein Manifest. Gegen Ende der siebziger Jahre, als das Konzept der Postmoderne (siehe S. 238 / 239) bereits voll entfaltet war, brachte schließlich der Pop eine neue Vitalität ins Design.

Der »Blow Chair«, ein völlig neuartiger, komplett aufblasbarer Plastik-Stuhl, wurde 1967 von der italienischen Firma der Designer De Pas, D'Urbino und Lomazzi entworfen und von Zanotta hergestellt. Die schnelle Popularität dieses witzigen, faltbaren Möbelstücks inspirierte zahlreiche Versionen anderer Hersteller.

Gaetano Pesce (geb. 1939) war einer der rätselhaftesten Designer des 20. Jahrhunderts und ist seit Mitte der sechziger Jahre einer der durchgängig radikalen. Durch sein Ausloten der Grenzen von Kunst, Architektur und Design war er für viele eine Provokation, und inspirierte mehrere Generationen junger Designer dazu, die Werte des Establishments zu hinterfragen. Das erreichte er vor allem durch seine kreativen und intellektuellen Streifzüge auf unbekanntes Gebiet. Seine Originalität leitet sich von seiner Vorliebe für weiche Objekte und Umgebungen her und von einem organischen Ansatz, für den er neue Materialien gebrauchte, eher um dekorative und tastbare Möglichkeiten zu erforschen als um eine monolithische Perspektive der Zukunft zu schaffen.

Gaetano Pesce

Der Italiener Gaetano Pesce ist einer der faszinierendsten und durchweg radikalen Designer der zweiten Hälfte des 20. Jahrhunderts. Seit den sechziger Jahren untergrub er mit seinen inspirierenden, individualistischen Entwürfen die Wertvorstellungen des modernen Designs.

Frühe Ausbildung

Pesce wurde 1939 im italienischen La Spezia geboren. Er studierte Grafikdesign in Padua sowie Architektur und Design in Venedig (1959–1965), wo er die Anfangsjahre seiner Laufbahn verbrachte. 1959 war er ein Gründungsmitglied von Gruppo N, einem Team von Künstlern, die sich der Idee der Programmkunst – aus rationalen Prinzipien hergeleitet, die in den zwanziger Jahren vom Bauhaus umrissen worden waren – verschrieben. Anfang der sechziger Jahre beteiligte er sich an einer Reihe künstlerischer Aktivitäten mit einigen ähnlichen Gruppen in Deutschland (Gruppo Zero) und Paris (Motus), aber gegen Mitte der Sechziger war er von der Rolle der Kunst in der zeitgenössischen Gesellschaft enttäuscht und wandte sich dem Design als Ausdrucksmittel seiner radikalen Ideen zu. Dieser Richtungswechsel fand zeitgleich mit der Arbeit der italienischen »Anti-Designer« in Venedig und anderswo statt (siehe S. 222/223), und Pesce arbeitete in Happenings und Präsentationen eng mit der Gruppo Strum, Ugo La Pietra und anderen zusammen.

Karriere als Designer

Pesces Karriere als Designer begann Mitte der sechziger Jahre. 1969 stellte C&B (später B&B) Italia die sechs Produkte her, die seine Serie »Up« umfaßte. Eines der erfolgreichsten war sein Sessel »Up 5 Donna«, der auf der Gestalt des weiblichen Körpers beruhte, und sein Fußkissen »Up 6«, das an den Sessel gekettet war (links). Beide bestanden aus Polyurethan-Schaum von hoher Dichte, der mit hellrotem Nylonstretch bezogen war, und wurden als flaches, komprimiertes Paket geliefert; sobald die PVC-Verpackung geöffnet wurde, schnellte der Sessel in seine eigentliche Form. Dieses Design hatte auf verschiedenen Ebenen Bedeutung: Es enthielt eine politische Aussage über den Status der Frau – das runde Fußpolster symbolisierte eine Bleikugel mit Kette –, und es war zugleich ein Pop-Statement zum Thema Verfügbarkeit. Später fuhr Pesce fort, seine Entwürfe als Mittel zum persönlichen Ausdruck zu gebrauchen. Der Stehlampe »Moloch« (1979) – eine surrealistische Vergrößerung der vertrauten Schreibtischlampe »Anglepoise« – folgte eine Reihe anderer Entwürfe, von denen viele von Cassina hergestellt wurden (siehe S. 212/213). Dazu gehörte das Bücherregal »Carenza« (1972, siehe S. 225 links oben), die Fiberglas-Stühle und -Tische »Golgotha« (1973), die Sessel »Sit-down« (1975), die aus dacrongefüllten Polstern über Polyurethan-Schaum bestanden und aussahen wie wattierte Decken, die leger über Sessel geworfen waren; ferner die Tische »Sansone« und die Stühle »Dalila« (1980), das Sofa »Tramonto a New York« (»Sonnenuntergang in New York«, 1980), das eine hellrote, vinylbezogene Sonne aufwies, die über würfelförmigen Kissen, die die Skyline von Manhattan nachahmen, untergeht; schließlich gehören auch die thermogeformte Mineralwasserflasche von Vittel

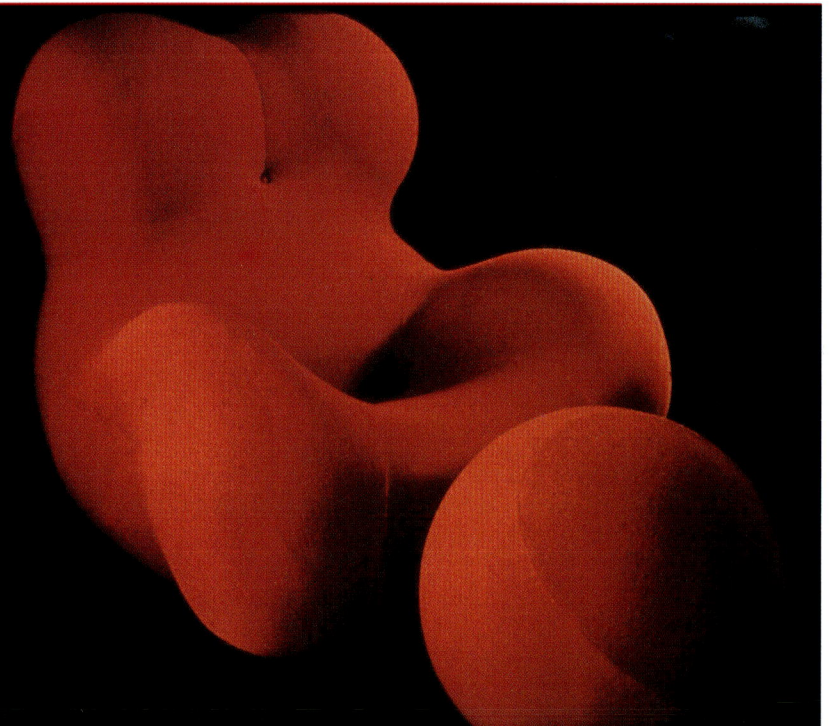

Der Sessel »Up 5« (unten) gehörte zu einer Serie von sechs Exemplaren, die 1969 von C&B Italia produziert wurden. Pesce experimentierte mit gegossenem Polyurethan-Schaum, der mit engsitzendem Stretchstoff aus Nylonjersey bezogen wurde und üppige, runde Formen möglich machte.

Das Bücherregal »Carenza« (1972, oben). Mit seinen schroffen, unbearbeiteten Kanten zeigt es, daß Pesces Vision von den glatten Formen der frühen Modernisten weit entfernt war. Es wurde 1972 in New York auf der für das italienische Design so bedeutenden Ausstellung »Italy: The New Domestic Landscape« im Museum of Modern Art gezeigt, und noch einmal 1975 im Musée des Arts Décoratifs in Paris.

Die Lampe »Square« (1986, rechts) aus flexiblem Urethan hat 16 kleine Glühbirnen, die innerhalb des Quadrats so angeordnet sind, daß die ganze Fläche leuchtet.

Der Lumpen-Sessel »Seaweed« (1992, unten), in den »gefundene« Stoffahfälle eingearbeitet wurden, stellt angesichts der glatten Formen der Moderne eine Provokation dar.

(1986) dazu, Filz-Möbel (1987), Experimente in Glas (1990, oben rechts) und eine riesige Palette von Designs aus gefärbtem Harz (Anfang der neunziger Jahre). Alle diese Stücke sind deutlich beseelt von einer speziellen Vision und Empfindung, und sie alle erforschen das Problem der Individualität innerhalb der Serienfertigung.

Pesce hat eine höchst internationale Biographie. Einige Jahre lang hatte er in Paris seinen Standort, arbeitet jetzt aber in einem Studio in New York, wo er auch bereits 1972 an der Ausstellung »Italy: The New Domestic Landscape«

teilnahm, die im Museum of Modern Art gezeigt wurde. Obwohl das Design nur eine seiner vielen Aktivitäten darstellt – er hat sich in der Architektur, audiovisuellen Präsentationen, Unterricht und Lehre (unter anderem in Straßburg und New York) und einer Anzahl anderer kreativer Bereiche engagiert –, so ist es doch sein erfolgreichstes Betätigungsfeld. Durch seine intellektuellen und kreativen Wurzeln in der Ablehnung der Moderne in Italien Mitte der sechziger Jahre ist Pesce einer der maßgeblichen Nachkriegsdesigner geworden.

Der Jahrtausendwende entgegen

Mit den siebziger Jahren endete die Zeit, in der immer eine einzelne Richtung des Designs dominierte. Während einerseits die Moderne weiterhin unter Beschuß stand und weitgehend diskreditiert war, machte sich die jüngere Generation der Modernisten daran, die Gültigkeit dieser Stilrichtung zu untermauern und uns davon zu überzeugen, daß uns der Impuls des technischen Fortschritts trotz wechselnder wirtschaftlicher, sozialer und kultureller Bedingungen in eine vielversprechende Zukunft führen würde.

Wie bei der frühen Moderne fand die heftigste Debatte innerhalb der Welt der Architektur statt, dicht gefolgt vom Design. Die Diskussion über die Postmoderne und ihre Beziehung zur materiellen Kultur wurde vom Werk amerikanischer Architekten wie Robert Venturi und Michael Graves (siehe S. 236/237) angeregt, die triftige Argumente für die Einflüsse aus der Pop-Kultur und für die Wiederbelebung historischer Stile wie etwa des Art déco. Aus den Debatten wurde deutlich, daß zumindest stilistisch Alternativen zur Moderne angebracht waren und daß das wichtigste Thema der letzten drei Jahrzehnte des Jahrhunderts der Pluralismus sein würde – also die Tatsache, daß keine einzelne Architektur- oder Design-Theorie mehr in Zukunft dominieren würde. Diese Offenheit spiegelte die Zersplitterung der westlichen Gesellschaft wider und das Entstehen dessen, was man »Marktnischen« nannte. Die postmoderne Architektur reflektierte diese Vielgestaltigkeit: In Großbritannien wählte sie einen konservativen Ansatz in dem nostalgischen Neoklassizismus von Quinlan Terry und Terry Farrell, in Frankreich und Spanien war sie dagegen stärker zukunftsorientiert.

Während die Architekten den gültigen Stil des Tages diskutierten, ähnlich wie ihre Vorgänger im 19. Jahrhundert, hatten die Designer der siebziger Jahre auch noch andere Dinge zu berücksichtigen, zum Beispiel den Effekt, den die Ölkrise auf die Kunststoffpreise ausübte und das wachsende gesellschaftliche Interesse an ökologischen Belangen wie etwa Recycling. Dies führte zu einer Verlagerung des Diskussionsschwerpunkts von der Stildebatte zu einer Auseinandersetzung mit der sozialen Rolle der Designer und ihrer Beziehung zur Industrie. Die sich allgemein verbreitende Enttäuschung über die Technologie und alles, was sie versprochen hatte, drohte nun gerade das Fundament zu untergraben, auf dem das moderne Design aufgebaut war.

All diese Ängste und Sorgen waren jedoch zeitweise vergessen, als das Design in den frühen achtziger Jahren zeigte, daß es wie die Architektur dazu in der Lage war, sich ein kulturelles Profil zuzulegen und so zum Brennpunkt der Diskussion zu werden. Der Katalysator für die neue Wahrnehmung des Designs in der breiten Öffentlichkeit ging, kaum überraschend, von Italien aus. Die Memphis-Ausstellung, die 1981 in Mailand zur gleichen Zeit wie die jährliche Möbelausstellung der Stadt abgehalten wurde, markierte einen Wendepunkt. Mit Hilfe seiner jungen Kollegen und der Unterstützung gleichgesinnter Nicht-Italiener attackierte Ettore Sottsass (siehe S. 216–219) das internationale Design-Establishment mit einer Schau von Objekten, die alle vertrauten Werte auf den Kopf stellten. Die Memphis-Entwürfe von Möbeln und verwandten Produkten waren farbenfroh, verziert und exzentrisch geformt mit zahllosen Anspielungen an frühere Stile. Zum ersten Mal erklärte sich das Design – ohne sich auf die Architektur zu stützen – frei von den Einschränkungen der Moderne

und im Einklang mit dem postindustriellen Zeitalter. Die Auswirkungen waren international zu spüren, und die befreiende Wirkung dieses Ereignisses war so groß, daß sich Einzelpersonen in vielen anderen Ländern – darunter Frankreich, Spanien, Deutschland, Niederlande, Großbritannien, Tschechoslowakei und Japan – dem anschlossen, was Sottsass selbst als das »Neue Design« benannt hatte.

Die achtziger Jahre, die auch »das Jahrzehnt der Designer« genannt wurden, erlebten wieder einmal einen weltweiten Verbraucherboom, und im Milieu dieses Wohlstands bekam die inzwischen gänzlich demokratische Konzeption des Designs eine neue Bedeutung. Das Label »Designer« wurde jedem Verkaufsartikel angehängt, der sich als etwas Besonderes präsentierte, vom Friseur bis zu den Jeans. Im Kontext der Massenproduktion des ausgehenden 20. Jahrhunderts deutete der Begriff »Designer« einen gewissen Grad von Individualismus und Geschmack an, der für Leute, die anders sein wollten, beruhigend war. Selbst wenn das vielleicht nur eine neue Marketingstrategie war, so war doch die Popularisierung von Begriffen wie Design und Designer eine willkommene Nebenwirkung. Designer wurden prominent, ähnlich wie die amerikanischen Industriedesigner der dreißiger Jahre. Nicht nur Europa, sondern auch Japan und zunehmend auch Korea, Singapur und Taiwan erfuhren die Vorzüge einer fortschrittlichen Designkultur. In diesem Klima waren viele verschiedene Stilrichtungen im Angebot, von den radikalen Post-Memphis-Experimenten bis zum seriöseren High-Tech-Stil, der sich für den Gebrauch industrieller Materialien außerhalb eines industriellen Kontexts einsetzte. Einige Unternehmen, wie zum Beispiel die italienische Metallwaren-Firma Alessi, gaben dem Design vor allem anderen Vorrang und beauftragten prominente Gestalter, für sie Produkte zu schaffen, die schnell Kultstatus erlangten. Die Designkultur breitete sich aus, und Institutionen wie das Design-Museum in London, Mitte der achtziger Jahre eröffnet, verliehen ihr öffentliches Ansehen.

Während diesen Entwicklungen dem Designer einen höheren Stellenwert verliehen und in der kulturellen Hierarchie einen Platz neben Künstlern und Architekten einräumten, hatten sie allerdings auch den Effekt, daß der Begriff Design eng mit Werbung und Marketing in Verbindung gebracht wurde. Das Ergebnis war, daß die grundlegende Bedeutung des Designers für den Herstellungsprozeß und als Gestalter der alltäglichen materiellen Umgebung nicht angemessen zur Geltung kam. Als die Seifenblase Anfang der neunziger Jahre schließlich platzte und die Designerkultur in gleichem Maße an Bedeutung verlor wie die Wirtschaft rückläufig war, mußten die Designer über Möglichkeiten nachdenken, wie sie die Oberflächlichkeit überwinden konnten, die die achtziger Jahre gekennzeichnet hatte.

Die vom Anfang des Jahrhunderts überkommenen Werte traten wieder in den Blickpunkt, als einige Designer die dauerhafte Bedeutung dieser frühen Ideale erkannten. Jetzt gab es keine Widersprüche mehr, da man gegen keine dominante Designtheorie mehr angehen mußte und jeder Ansatz nach seinen eigenen Vorzügen beurteilt werden konnte. Einige Designer wollten immer noch ein gewisses Maß an Prominenz genießen, andere zogen es vor, mehr hinter den Kulissen zu arbeiten. Die meisten verstanden die ökologischen Erfordernisse und integrierten sie in ihre Visionen. Die Welt des Designs wurde – und das ist wohl der wichtigste Aspekt am Ende des 20. Jahrhunderts – global.

Die American Bar in der Diskothek
»Felix« im Hotel Peninsula in Hongkong.
Die Bar und die Diskothek wurden
1993 von Philippe Starck geschaffen.
Die eindrucksvollen, expressiven und fast
phantastischen Formen der Innenausstattung charakterisieren Starcks Arbeit
und zeigen ihn als führende Persönlichkeit in einem Jahrzehnt, das eine Anzahl
ziemlich unterschiedlicher Strategien und
Ansätze im Design hervorgebracht hat.

Aus der Generation der »Super-Designer«, die einen starken Eindruck in den designbewußten achtziger Jahren hinterließen, gehört der Deutsche Richard Sapper (geb. 1932) zu denen, die von ihren Kollegen und Interessenten weltweit am höchsten geachtet werden. Seine Fähigkeit, über geographische Grenzen hinaus zu arbeiten, indem er das Beste der rationalen deutschen

Praxis mit dem Selbstbewußtsein und der Erfahrung der Italiener kombinierte, hat ihn zu einer bedeutenden Figur der letzten Jahrzehnte des 20. Jahrhunderts gemacht, und die Art und Weise, wie er konsequente Strenge, Originalität und Flair mit einer sicheren Behandlung von neuen und komplexen Technologien verbindet, hat ihm einen beneidenswerten Ruf eingebracht.

Richard Sapper

Richard Sapper hat ein Produktdesign entwickelt, das den rationalistischen Ansatz seines Heimatlandes mit italienischem Flair und Originalität verbindet. Seine Arbeit mit so verschiedenen Firmen wie IBM und Alessi hat seine Fähigkeit gezeigt, vom Computer bis zum Kochtopf alle Objekte mit gleicher Hingabe zu entwerfen.

Ausbildung und frühes Werk

Sapper studierte Philosophie, Anatomie, Grafik, Maschinenbau und schließlich Wirtschaft an der Universität seiner Geburtsstadt München (1952–1956). 1956 begann er, im Designbüro von Daimler-Benz in Stuttgart zu arbeiten, womit er in eine Welt kam, in der Ingenieurwesen und Ästhetik von höchster Wichtigkeit waren. 1958 vollzog er einen lebensverändernden Schritt, als er nach Italien zog, um für das Architektur-Büro Ponti-Rosselli in Mailand zu tätig zu werden, das wichtige lokale Projekte betreute, darunter der Büroturm von Pirelli, der zwei Jahre vor Sappers Ankunft fertiggestellt worden war. Sapper arbeitete hier mit Gio Ponti (siehe S. 138–141) zusammen, eine Tatsache, die nicht ohne Wirkung blieb. 1959 verließ Sapper Ponti-Rosselli, um in die Designabteilung des Mailänder Kaufhauses Rinascente einzutreten, wo er eine Kollektion von Haushaltsgegenständen entwarf, darunter auch ein Haartrockner.

Arbeit mit Zanuso

Im entscheidenden Jahr 1959 lernte Sapper Marco Zanuso kennen (siehe S. 196/197), und damit begann eine Zusammenarbeit, die die sechziger und siebziger Jahre hindurch viele bedeutende Objekte der italienischen Moderne hervorbringen sollte. Sein ganzes Arbeitsleben hindurch hat Sapper beibehalten, was er in seiner Zeit mit Zanuso gelernt hat, und davon profitiert. Die beiden Designer arbeiteten an einigen bemerkenswerten Produkten, darunter ein Kinderstuhl, ganz aus Kunststoff, für den Hersteller Kartell (ab den späten Fünfzigern entworfen, aber erst 1964 produziert), der auch als Konstruktionsspielzeug verwendet werden konnte (siehe S. 231 unten). Die beiden entwarfen außerdem eine breite Palette durchgestylter

Elektrogeräte für Brionvega, darunter das Fernsehgerät »Doney« (1962), das Kofferradio »TS502« (1969, siehe S. 232 oben) und das Fernsehgerät »Black« (1970), eine Nähmaschine und ein Messerschärfer für Necchi (1962 und 1975) und das kompakte »Grillo-Telefon« (1967).

Nicht nur der neueste Stand der Technik, sondern auch ihre hochentwickelten Gehäuse, ihre gut geplanten und attraktiven Bedienungsfelder und ihre starke visuelle Betonung der Funktion verschafften diesen Produkten auf dem internationalen Markt einen Vorteil gegenüber ihren Konkurrenten.

Wachsender Erfolg

1972 kam Sapper nach Deutschland zurück und eröffnete in München sein eigenes Studio. Die nächste Stufe seiner Karriere wurde durch seinen Entwurf einer Schwachstromleuchte für die italienische Firma Artemide eingeleitet. Schwarz mattiert, minimalistisch in der Form und nicht nur mit neuem Look, sondern auch einer neuen Bedienungsweise – der subtile Balance-Mechanismus der Lampe erlaubt es, ihre Stellung durch eine leichte Berührung zu verändern – wurde »Tizio« schnell ein weitverbreitetes Kultobjekt; es erschien in der Werbung und in Präsentationen von Interieurs, überall da, wo ein Image von Modernität und Kultiviertheit gebraucht wurde

Die digitale Uhr »Rocket« (links) ist ab 1971 von Ritz Italora hergestellt worden. Die Einfachheit dieses Produkts – das in vielen verschiedenen Einrichtungen in Italien und darüber hinaus ein vertrauter Gegenstand wurde – ist charakteristisch für das Werk dieses Designers.

Der stapelbare Kinderstuhl ganz aus Kunststoff (unten), an dem Sapper mit Marco Zanuso seit den späten fünfziger Jahren zusammenarbeitete, ging erst Mitte der sechziger Jahre bei Kartell in Produktion.

Der Stuhl gehörte einer Generation von Kunststoffobjekten an, die in dieser Zeit in Italien hergestellt wurden und dazu beitrugen, diesem Material einen neuen Grad von »Authentizität« zu verleihen.

Die Schwachstromleuchte »Tizio« (1972, siehe S. 230 unten) ist technisch innovativ – sie kann leicht verstellt werden – und subtil in der Gestaltung: Ihr mattes Schwarz und ihre skulpturale Form geben ihr ein Erscheinungsbild, das mehr ist als die Summe ihrer funktionalen Bestandteile.

(siehe S. 230). Sein elegantes, beeindruckendes Profil machte es zum perfekten neomodernen Objekt in den minimalistischen Einrichtungen von modernen Wohnungen und Büros. Die Leuchte wurde mit zahlreichen internationalen Preisen ausgezeichnet, darunter der Compasso d'Oro im Jahr 1979. Sapper schloß an diesen höchst erfolgreichen Entwurf seine Zusammenarbeit mit dem italienischen Architekten Gae Aulenti an, mit dem er an neuen Transportsystemen und an experimentellen Designs für ein neues Fiat-Modell, den »Softmore 126X«, arbeitete, doch zum »Super-Designer« avancierte er durch seine Tätigkeit für Alessi.

Über die Moderne hinaus

Sappers erster Entwurf für Alessi war die elegante »Cafetière 9090« (1978). Ausgehend von den Funktionen der älteren Espressomaschine »Mokka« von Alessi, schuf er ein neues bildhauerisches Gehäuse für das Produkt, das es so verwandelte, daß es fast nicht wiederzuerkennen war. Es war nicht nur optisch ansprechend, sondern auch höchst praktisch, da das schwere Unterteil der Maschine und ihre solide Metallform dem ziemlich gefährlichen Vorgängermodell einen neuen Grad an Sicherheit verlieh.

Die Popularität der Kaffeemaschine war zwar groß, wurde aber später von einer weiteren Kreation von

Sapper für Alessi noch übertroffen: dem Wasserkessel »Bollitore«. 1983, auf dem Höhepunkt des sogenannten »Designer-Jahrzehnts«, geschaffen, war dieses Produkt ein noch nie dagewesener Triumph und vermittelte den Design-Gedanken einem Publikum, das größer war als je zuvor. Möglicherweise wurde dieser Artikel mehr zur Dekoration von Regalen gekauft als zum Kochen von Wasser. Dieses höchst originelle Objekt – mit seinem glänzenden, gewölbten Korpus, dem hahnenkammförmigen Griff und einer hohen Pfeife – ging weit über die Grenzen hinaus, die die Regeln der rationalen Moderne geschaffen hatten. Durchdrungen von kultureller Resonanz und künstlerischer Bedeutung gelang es dem Kessel, den Geist des Design-Begriffs der achtziger Jahre zu beschwören. Er wurde schnell zum Vorbild für andere Designer auf der Suche nach einer Strategie, die die relativ einfache Formel »Nützlichkeit plus Schönheit« auf eine neue postmoderne Welt der Gestaltung ausdehnte, indem das entworfene

Das »TS502« (1969, oben), von Sapper und Zanuso für Brionvega entworfen, ist ein kompaktes Radiogerät, dessen Bedienflächen sich verbergen lassen, indem man es zuklappt – dann sieht es lediglich wie ein kleiner, geometrischer Würfel mit abgerundeten Ecken aus. Nur der Griff, den man ebenfalls im Gehäuse versenken kann, bleibt sichtbar. Dieses Radio mit seiner einfachen Form wurde in mehreren hellen Farben produziert.

Ein Entwurf von Richard Sapper für eine Spaghetti-Ggabel (1994, siehe S. 233 links), ein Stück aus einer Kollektion, die er passend zu einem Eßservice für Alessi schuf. Diese wie auch andere seiner Arbeiten der neunziger Jahre zeigt den Einfluß postmoderner Ideen, die die expressiven und symbolischen Funktionen eines Objekts genauso stark betonen wie seinen Verwendungszweck.

Der »Sapperstuhl« (links), 1979 für Knoll entworfen, war eine charakteristische minimalistische Lösung des Problems Bürostuhl. Er verwarf die komplexen Mechanismen und die anatomische Formgebung, die viele seiner zeitgenössischen Konkurrenten boten. Statt dessen kombinierte er bequeme und doch leichte Polsterung mit wenigen unverzichtbaren Anpassungsmechanismen wie beispielsweise der Höhenverstellung.

Objekt in ganz neuem Maß in einen Gegenstand der Massenmedien und in ein begehrtes Produkt für designbewußte Einzelhändler verwandelt wurde. Wie ein Kritiker kommentierte, schien es, als ob das Design die »Kunst des späten 20. Jahrhunderts« geworden sei – zumindest in den Händen von Sapper. Die Zusammenarbeit von Sapper und Alessi entwickelte sich zu einer

langen Beziehung, und das Ergebnis war eine Palette weiterer sehr erfolgreicher Produkte, die in den achtziger und neunziger Jahren entstanden. Darunter befanden sich Kochtöpfe (1986), eine Teekanne (1995), Tabletts (1995) und ein Besteck (1995). Das letztere war die endgültige Verwirklichung eines Projekts, das zu entwerfen Alberto Alessi Sapper schon beim ersten Zusammentreffen 1977 gebeten hatte; die lange Entwicklungszeit ist bezeichnend für die feste Absicht der Firma, einen Entwurf in allen Details zu vervollkommnen, bevor er in Produktion geht.

Späteres Werk

Sapper arbeitete nicht nur eng mit Alessi zusammen, sondern auch mit anderen Firmen. 1981 schuf er als beratender Industriedesigner für IBM eine Reihe von wichtigen Produkten, darunter einen tragbaren Computer (1986), einen Personalcomputer (1991) und den Computer »Leapfrog« (1992, unten). Jedes dieser Objekte war ausgesprochen minimalistisch und von Unaufdringlichkeit und schlichter Eleganz; sie trugen noch sichtbare stilistische Anklänge an

die frühe Moderne, waren aber nicht von deren strengem Funktionalismus eingeschränkt.

Um die neunziger Jahre war Sapper weltweit zu einem Giganten unter den Industriedesignern geworden und arbeitete weiterhin für so langjährige Kunden wie Artemide und Alessi. Dabei weist ihn seine Vielseitigkeit als einen der beweglichsten und beeindruckendsten Designer des Jahrhunderts aus, der nicht nur ein dauerhaftes gestalterisches Image für die Welt der Elektrotechnik schuf, sondern noch immer auch scheinbar kleinere Herausforderungen annahm.

Sappers Sekretär aus Holz (oben), den er 1988 für Unifor entwarf, wird mit Hilfe der Schreibklappe geschlossen. Er zeigt, daß Sapper im Spektrum der Designer eine Position einnimmt, die dem »High-Tech-Design« genau entgegengesetzt ist. Selbst auf diesem traditionellen Gebiet strebt er danach, einfache, geometrische Formen zu entwerfen und Objekte zu schaffen, deren Erscheinung von ihrer Funktion bestimmt werden.

Der Computer »Leapfrog« (1992, links), von Sapper in Zusammenarbeit mit Samuel Lucente für IBM entworfen. Sapper arbeitet seit 1981 als beratender Industriedesigner für IBM und nimmt bei allen Produkten an den Entscheidungsprozessen teil. Daher hat die Firma durchgehend elegante, minimalistische Objekte produziert, die vom Entwurf her so unaufdringlich wie möglich wirken.

Bořek Šípek (geb. 1949) ist maßgeblich beteiligt an der Verbreitung einer neuen Sinnlichkeit im Design, die in den späten achtziger und neunziger Jahren an Bedeutung gewann. Ohne die Einschränkungen von Ordnung, Geometrie und des alles durchdringenden Rationalismus und Purismus der frühen Moderne hat Šípeks eine vorbehaltlose Offenheit gegenüber den Möglichkeiten von Dekoration, Symbolismus, Poesie und dem persönlichen und kollektiven Ausdruck in seiner Gestaltung der »Angewandte-Kunst-Objekte« entfaltet. Sie prägen die Alltagswelt des ausgehenden 20. Jahrhunderts unabhängig davon, ob es sich um Möbel oder Keramik, Glas oder Metallgegenstände handelt. Durch seine Vorstellungskraft werden alltägliche Objekte verwandelt.

Bořek Šípek

Bořek Šípek ist einer der am offenkundigsten dekorativen Designer der neunziger Jahre. Obwohl er ganz klar ins späte zwanzigste Jahrhundert gehört, erinnert sein Werk auch an Barock und Rokoko.

Ausbildung und frühes Werk

Bořek Šípeks (geb. 1949) Leben ist geprägt von den Möglichkeiten des »neuen Europas«. Er ist in Prag geboren, aber sein Leben ist von Bewegung durchzogen – besonders nach der Öffnung Osteuropas in den späten achtziger Jahren. 1969 studierte er an der Schule für angewandte Kunst in Prag und führte seine Ausbildung über die folgenden zehn Jahre fort: in Hamburg studierte er Architektur an der Hochschule für bildende Künste, in Stuttgart studierte er Philosophie und danach wieder Architektur, diesmal in Delft. Von 1979 bis 1983 lehrte er Designtheorie an der Universität Essen.

Extravaganz und Innovation

Seit 1983 lebt und arbeitet er in Amsterdam. Mit dem Designer David Palterer gründete Šípek 1984 die Firma Alterego mit Sitz in Amsterdam, die in der Folge viele seiner extravaganten Entwürfe produzierte. Seit Mitte der achtziger Jahre hat Šípek sich verstärkt der Arbeit mit Glasobjekten gewidmet, von denen viele in Novy Bor in der Republik Tschechien von Hand hergestellt wurden oder in Murano in Venedig. Er gebraucht neue, expressive Formen und Farben, wobei er auf eine mythologische Bildersprache zurückgreift, die über die Alltagswelt hinaus in die Welt der Mythen und der Magie führt. Die Ideen von Zeremonie und Ritual – zum Beispiel wenn er sich mit dem Thema Essen auseinandersetzt – durchdringen seine Arbeiten. Šípek hat erklärt, daß er seine wilden, phantastischen Formen gleichsam als »Spur« eines neuen »Feelings« für Design sieht, eines, das mehr mit Emotionen und Verhaltensweisen zu tun hat als mit bloßer Nützlichkeit. In Šípeks Händen erlebte auch das Mobiliar eine ähnliche Umwandlung. Stücke für Driade in Italien, Vitra in Deutschland, Gallerie Néotu in Frankreich und Leitner in Österreich wurden aus einer breiten Palette von Materialien geschaffen – darunter Rattan, Leder, Holznachbildungen und Messing – auf der schonungslosen Suche des Designers nach Form und Metaphorik. Während einige seiner Stücke, wie seine Rattan-Stühle für Driade, üppiger und anthropomorpher Natur waren – Šípek nannte einen seiner Stühle gar »Helena«, um dessen Verbindung zum weiblichen Körper deutlich zu machen –, waren andere eher mittelalterlich inspiriert, wie etwa ein kleiner Stuhl namens »Ernst und Guduld«, den Néotu in den späten achtziger Jahren aus Ebenholz, Padouk und Ahorn herstellte und der an eine Narrenkappe erinnerte.

Der Stuhl »Sedlak« (unten), 1992 für Vitra entworfen. Die expressive Form ist ein erkennbarer Teil von Šípeks individueller Art der Gestaltungs. Zu Recyclingzwecken kann der Stuhl zerlegt werden, und die einzelnen Teile sind austauschbar – ein Charakteristikum, das zunehmend in den Produktentwürfen des ausgehenden 20. Jahrhunderts auftaucht.

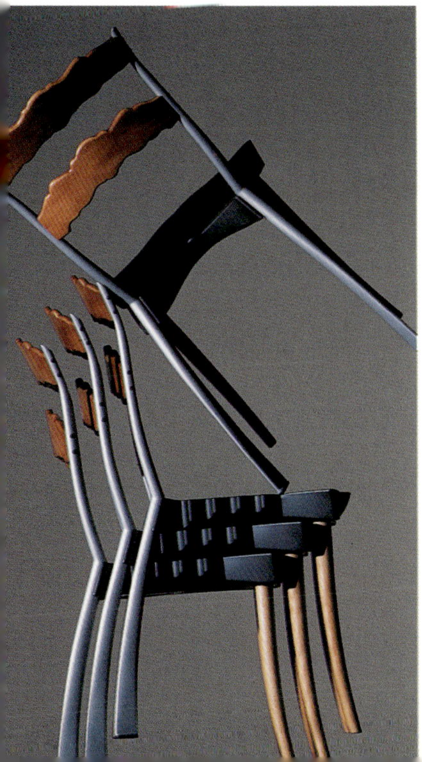

Auch Interieurs entgingen nicht Šípeks Einfluß: er zeichnete verantwortlich für die Verwandlung des Daybreak Restaurant 1989 und zwei Jahre später des Schuhgeschäfts Shoebaloo (oben), beides in Amsterdam Am stärksten jedoch hat er als Designer von Geschirr seiner Phantasie freien Lauf gelassen. Seine Trinkgläser ähneln Weltraumgegenständen, sein Besteck legt Formen an den Tag, die man sich niemals für den Zweck des Essens vorgestellt hätte (rechts), und seine Schüsseln und Teller sind ähnlich überraschend. Trotz der Extravaganz von Šípeks Entwürfen entbehrt sein Werk doch nicht jeglichen Sinn für das Praktische, besonders auf dem Gebiet des Recyclings. Seinen Stuhl »Sedlak« (1992, links), aus gegossenem Aluminium und gebeizter Buche, gestaltete er zum Beispiel so, daß er zum Recycling zerlegt werden kann. Šípeks Markenzeichen sind jedoch seine Originalität und Freiheit des Ausdrucks, und es ist ihm mit zu verdanken, daß das Design sich über den High-Tech-Stil, der industrielle Materialien wie Metall und Glas im häuslichen Bereich einsetzte, hinausentwickeln konnte. In Anerkennung seines Beitrags zum europäischen Design wurde er 1990 in Prag an der Akademie der Künste zum Professor für Architektur ernannt und kehrte so zu seinen kulturellen Wurzeln zurück.

Der Schuhladen Shoebaloo in Amsterdam (1991, oben). Šípeks ging über die Gestaltung der rein funktionalen Teile hinaus, indem er ausgefallene Spiegelrahmen und Einrichtungsgegenstände in seine selbstentwickelten Formen integrierte. Er nutzte auch das Licht aus, das durch kleine Fenster in der Wand dringt, um an der Decke expressive Effekte zu erzielen.

»Argentomania« (unten), ein Dessertbesteck aus Silber (signiert und numeriert Ed. 3), wurde 1995 für die niederländische Firma Steltman geschaffen. Šípek hat vertraute Formen überzeichnet, ungewöhnlich spitze Griffe angesetzt und merkliche Grate an den Stellen, wo die Griffe mit dem Kopfteil jedes Stückes verbunden sind.

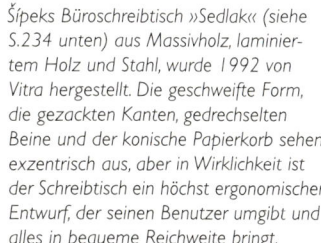

Šípeks Büroschreibtisch »Sedlak« (siehe S.234 unten) aus Massivholz, laminiertem Holz und Stahl, wurde 1992 von Vitra hergestellt. Die geschweifte Form, die gezackten Kanten, gedrechselten Beine und der konische Papierkorb sehen exzentrisch aus, aber in Wirklichkeit ist der Schreibtisch ein höchst ergonomischer Entwurf, der seinen Benutzer umgibt und alles in bequeme Reichweite bringt.

Einige Architekten und Designer des ausgehenden 20. Jahrhunderts vertraten bewußt die Postmoderne, so auch der amerikanische Architekt und Designer Michael Graves (geb. 1934). Wie der Architekt Robert Venturi erklärte Graves es öffentlich für notwendig, daß das Design sich über die Moderne hinaus-

bewegt. Er betrachtete das als wesentlich, da es der Moderne nicht gelungen war, das Verlangen des Konsumenten nach gestalteten Objekten zu befriedigen, die – durch Farbe, Form, Material und Muster – den kulturellen Werten Ausdruck verliehen und ihnen Sinn gaben.

Michael Graves

Ausbildung und erste Entwürfe

Graves wurde in Minneapolis geboren, studierte an der University of Cincinnati Architektur und schloß 1959 sein Studium ab. Nach einem Jahr als Postgraduierter an der Graduate School of Design in Harvard studierte er an der American Academy in Rom (1960–1962) und lehrte ab 1962 an der Princeton University in New Jersey Architektur. Zwei Jahre später eröffnete er sein eigenes

Als führendes Mitglied der Gruppe amerikanischer postmoderner Architekten, die in den siebziger Jahren zu öffentlicher Beachtung kamen, ist Michael Graves auch für seine Gestaltung von Objekten bekannt, durch die er Ideen über die

Bedeutung zeitgenössischer Materialkultur zum Ausdruck brachte. Sein Beitrag zur italienischen Memphis-Bewegung in den achtziger Jahren zum Beispiel und seine Keramik für Swid Powell haben ihn zu einem der Großen des Design gemacht.

Architekturbüro. Seine frühe Arbeit wurde von kunstgeschichtlichen Vorbildern inspiriert – besonders von Klassizismus und Kubismus –, deren Verständnis ihn sensibilisierte für den Umgang mit Form und Farbe.

In den frühen siebziger Jahren war Graves ein Mitglied der »New York Five«, einer Gruppe von postmodernen Architekten, der auch Richard Meier, John Hejdu, Peter Eisenman und Charles Gwathmay angehörten. Graves' früher Ruhm gründete sich auf Zeichnungen, und erst 1982, mit der Fertigstellung seines augenfällig postmodernen Public-Services-Gebäudes in Portland, Oregon, brachte er seine Ideen in dreidimensionaler architektonischer Form zum Ausdruck. Zuvor hatte er einen Vorstoß ins Möbeldesign gewagt mit einer Kollektion, die er 1977 für die progressive amerikanische Firma Sunar Hauserman entwarf. Im Jahr 1981 steuerte er einen vom Hollywood-Stil inspirierten Toilettentisch names »Plaza« zu Ettore Sottsass' Memphis-Projekt bei (siehe S. 216–219) und verlieh damit, dem »Neuen Design«, das in Mailand präsentiert wurde, einen internationalen Touch.

Arbeit mit Alessi

Im Jahr 1985 begann Graves seine Zusammenarbeit mit der italienischen Firma Alessi, die sich schon zwei Jahre zuvor mit Richard

Sappers (siehe S. 230–233) Kessel »Bollitore« in die Postmoderne gewagt hatte. Graves' Gestaltung war sogar noch verspielter und noch mehr in Richtung Kunstobjekt statt Nützlichkeit orientiert. Die Pfeife bestand aus einem kleinen Kunststoffvogel, der pfiff, wenn das Wasser kochte. Der Kessel »Bollitore« war ebenso ein radikaler Entwurf, der die Vorstellungen von Erzählung und Metapher bei einem serienmäßig hergestellten Produkt einführte. Mehr als 500.000 wurden verkauft, und der Kessel wurde ein Klassiker des postmodernen Designs.

Graves gestaltete weitere Stücke für Alessi, darunter ein Salz-und-Pfeffer-Set (Mitte der achtziger), ein Satz Tabletts (1990/1991) und ein Gewürzregal (1994). Er und zehn andere Architekten-Designer produzierten je ein Tee-Service für Alessis Projekt »Tee- und Kaffee-Piazza« im Jahr 1983, das eher auf kulturelle Institutionen wie Museen abzielte als auf den freien Markt. Dieser kluge Schachzug des Marketings zielte darauf ab, Alessis Produkten den Status eines Kunstobjekts zu verleihen. An dem Projekt arbeiteten viele der »Super-Designer« der achtziger Jahre, darunter Robert Venturi, Aldo Rossi und Charles Jencks.

Graves war in den achtziger Jahren äußerst produktiv; unter anderem schuf er Keramik für die amerikanische Firma Swid Powell (1984),

Möbel für Sawaya & Moroni (1985), eine Armbanduhr für Cleto Munari in Italien (1987) und Teppich-Entwürfe für die Kollektion »Dialog« (1988) der deutschen Firma Vorwerk. Er war so erfolgreich, daß er 1993 in Princeton sein eigenes Geschäft eröffnete – im gleichen Jahr, in dem er mit dem Teekessel »Mickey Mouse« anerkannte, was er der Pop-Kultur schuldig war. Er arbeitete auch an architektonischen Projekten, darunter das Hotel Swan in Orlando, Florida (1990) und ein Anbau an das Whitney Museum of American Art in New York (1989/1990). Seine Palette reichte von Kunst bis Pop-Kultur, und er hat viele postmoderne Designer der

Einer der Teppiche aus der Serie »V'soske« (1979/1980, links). Von Art-déco-Textilien inspiriert, zeugt dieser Entwurf von Graves' Interesse an Farbe: Das Terrakotta und das Taubenblau haben den gleichen Helligkeitswert. Der Teppich ist ein weiteres Beispiel dafür, wie sich Graves aus den Beschränkungen des Modernismus löst.

Das Wohnzimmer des Hanselman House in Fort Wayne, Indiana (1968–1970, unten) mit seinem Wandbild. Erst in den frühen siebziger Jahren begann Graves, über seine modernistischen Wurzeln hinauszugehen, und die Stühle in dieser Einrichtung mit ihren Stahlrohrrahmen und der schwarzen Lederpolsterung veranschaulichen sein Vertrauen auf die anhaltende Wirkung von Ideen, die vierzig Jahre zuvor vom Bauhaus entwickelt worden waren.

Die geometrische Form und das zurückhaltende Muster von Zuckerschale und Milchkännchen »Big Dripper«, für Swid Powell entworfen, erinnert an amerikanische Art-déco-Objekte wie auch an Entwürfe aus der Wiener Werkstätte und dem Bauhaus. Diese Neigung, ältere Stile bewußt wieder aufzugreifen – wenn auch in einer an das 20. Jahrhundert angepaßten Form –, und das Wortspiel im Titel sind beides Aspekte des Eklektizismus und der Ironie, die für Graves und seine postmodernen Zeitgenossen so charakteristisch sind.

»Corinth« (siehe S.236 unten), ein Keramikgedeck, 1984 für Swid Powell gestaltet. Die Referenzen an die Antike – sowohl im Namen als auch im leichten, eleganten Muster – illustrieren Graves' postmoderne Vision, die in hohem Maß mit neoklassizistischen Elementen arbeitete.

Postmoderne

Die Postmoderne beherrschte international das Design der siebziger und achtziger Jahre. Dadurch wurde die Vorstellung, daß die »Form der Funktion folgt«, relativiert, und die symbolische Bedeutung eines Objekts war nun ebensowichtig wie sein praktischer Zweck. Die Bezeichnung war seit den siebziger Jahren in der Architekturtheorie gebraucht worden, aber Charles Jencks' Buch »The Language of Postmodern Architecture« (»Die Sprache der postmodernen Architektur«) von 1980 brachte sie zum ersten Mal einer breiteren Öffentlichkeit nahe.

Die Anfänge der Postmoderne

Die Wurzeln der Postmoderne gehen bis in die sechziger Jahre zurück, als erste Zweifel an der gleichbleibenden Bedeutung der Moderne (siehe S. 220–223) sichtbar wurden. Die Werte, die mit der jugendorientierten Poprevolution verbunden waren – Spaß, Konsum und individueller Ausdruck –, liefen den hochstehenden kulturellen Idealen von den Anfängen des Jahr-

hunderts entgegen. Im Jahre 1966 wies der grundlegende Text des amerikanischen Architekten Robert Venturi »Complexity and Contradiction in Architecture« (»Komplexität und Widerspruch in der Architektur«, 1966) auf die Unzulänglichkeiten der Moderne in der neuen, facettenreichen Kultur hin. In den siebziger und achtziger Jahren gab es heftige Debatten darüber, ob die Postmoderne eine Weiterentwicklung der Moderne sei oder ein pauschaler Großangriff auf ihr ureigenstes Wesen. In Italien zum Beispiel wiesen die Arbeiten der Mailänder Designergruppen Studio Alchimia ab Mitte der siebziger und Memphis ab Anfang der achtziger Jahre alle Zeichen der Postmoderne auf – sie machten sich historische Referenzen zu eigen, griffen eine populäre kulturelle Grundlinie auf, waren offen eklektisch, nahmen die Sehnsüchte und Wünsche der Konsumenten ernst und ge-

brauchten vor allem die Sprache von Form, Farbe, Muster und Material. Im Wesen stets optimistisch und vorwärts blickend statt rückwärtsgerichtet oder nostalgisch vermied Memphis die Bezeichnung »Postmoderne« und bevorzugte den Begriff »Neuer Internationaler Stil«.

Postmoderne international

Ob nun der Begriff »Postmoderne« explizit gebraucht wurde oder nicht, so zeichnete sich doch eine neue, internationale Entwicklung im Design ab. In Finnland zum Beispiel gab der frühere Anhänger der Moderne Yryo Kukkapuro seinen kühlen Stil aus Chrom und Stahl auf zugunsten von expressiven Formen in leuchtenden Farben bei einer Reihe von Möbelstücken, die er in den frühen achtziger Jahren entwarf (unten). In Spanien arbeitete Javier Mariscal

James Dysons pinkfarbener Staubsauger »Cyklon« (links), in den frühen Achtzigern entworfen, aber erst einige Jahre später wirklich in Produktion, war eine deutliche Reaktion auf die stromlinienförmigen Vorgängermodelle in Schwarz und Chrom, die im Kontext des »popular Modernism« geschaffen worden waren. Die komplexe Gestalt und die Pastellfarben dieses Geräts signalisierten offenkundig eine neue Richtung im Design, obwohl sie von einer fortschrittlichen Haltung der Technik gegenüber begleitet waren, die eher modern als postmodern war.

Ein Interieur im »Thematic House« (1982–1985, siehe S. 239 oben), dem Londoner Domizil von Charles Jencks. Obgleich er eher als Autor und Fürsprecher der Postmoderne bekannt ist, beaufsichtigte Jencks höchstpersönlich die innenarchitektonische Gestaltung seines Hauses. Die Nähe zur Postmoderne zeigt sich hier im stilistischen Eklektizismus, im üppigen Gebrauch von Farbe und wirkungsstarken symbolistischen Details.

Eine grobe Skizze für einen elektrischen Heizstrahler (unten), ein Modell aus der Kollektion von elektrischen Haushaltsgeräten namens »elettrodomestici«, von dem italienischen Architekten-Designer Michele De Lucchi (siehe S. 252/253) in den frühen achtziger Jahren für Girmi geschaffen. Die Intention des Projekts war es, die aggressiven, modernistischen Designs in Schwarz mit Chrom durch Entwürfe in sanfteren Formen und expressiveren Farben zu ersetzen.

Experimentelle Sessel (unten), von dem Finnen Yryo Kukkapuro in den frühen Achtzigern für Avarte entworfen. Für sein früheres Werk waren spätmoderne Glattheit und Materialien wie schwarzes Leder und Stahlrohr bezeichnend, aber Kukkapuro wechselte die Richtung, um die Möglichkeiten von Farbe und expressiver Form im Sinne der Postmoderne zu erkunden.

(siehe S. 250/251) bewußt außerhalb des Kanons der Moderne, und in Großbritannien folgte Daniel Weil mit seinem transparente Radiogerät von 1981 wieder dem alten Postulat, daß die Form von der Funktion bestimmt wird.

Japan, die Heimat des Elektrogeräts für den Privathaushalt, drang mit enormer Energie auf das Gebiet des Verbrauchsgüterdesigns vor und produzierte eine breite Palette von Artikeln, die die Ideale der Popkultur verfolgten. Von dem Kassettenradio »QT50« der Firma Sharp im Stil der fünfziger Jahre (rechts) über die expressiven Fernsehgeräte von National Panasonic bis zum farbenfrohen Walkman von SONY (siehe S. 180–181) gingen die Japaner mit Enthusiasmus zur

Postmoderne über, allerdings weniger auf einer theoretischen als vielmehr auf einer kommerziellen Ebene.

Eine Welle von käuferorientierten Produkten überschwemmte in den achtziger Jahren den Markt. Eine Richtung des Designs, die auf der theoretischen Ebene begonnen hatte, die Konzeption kommerzieller Kultur mit einzuschließen, war nun selbst ein Teil davon geworden. In vieler Hinsicht war die Postmoderne eine Reaktion auf die Schwächen ihrer Vorläufer. In Abgrenzung gegen sie schuf sie Raum für Neues, wie etwa die Vorstellung vom Design als verbraucherorientierter Gestaltung. Ohne die Postmoderne wäre im späten 20. Jahrhundert die Suche nach

einem Design, das abwechslungsreich und bunt und dennoch bedeutungsvoll ist – mit einer neuen Schlichtheit und Sinnlichkeit sowie einem ökologischen Ethos – nicht möglich gewesen.

Das tragbare Kassettenradio »QT50« von Sharp (1986, unten). Dieses Gerät, dessen abgerundete Kanten und zarte Farben eine nostalgische Optik im Stil der fünfziger Jahre schaffen, war einer der ersten japanischen Lifestyle-Artikel, die auf den westlichen Markt kamen.

Japan hat der Welt in den achtziger Jahren zumindest zwei Gesichter des modernen Designs gezeigt. Einerseits überfluteten hochgestylte elektronische Erzeugnisse von Großherstellern wie Sharp, SONY, National Panasonic und anderen den Markt, andererseits suchte eine relativ kleine Gruppe von architektonischen Designern weltweite Aufmerksamkeit, um zu zeigen, was Japan der internationalen Avantgarde auf dem Gebiet des Innen- und

Möbeldesigns zu bieten hat. Kiro Kurakawa, Masanori Umeda, Arata Isozaki, Shigeru Uchida, Shiro Kuramata und andere schlossen mit ihren fortschrittlichen Designs für Gebäude, Innenausstattungen und Möbel die Lücke zwischen Japan und dem Westen. Durch die Gestaltung von Boutiquen knüpften sie an den Erfolg der japanischen Modedesigner Issey Miyake, Rei Kawakubo (von Comme des Garçons) und Yoshio Yamamoto an.

Shiro Kuramata

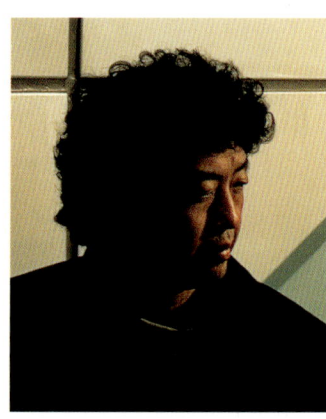

Ausbildung
in Innenarchitektur

Shiro Kuramata (1934–1991) gehörte zu den ersten dieser Designer, die sich im Westen etablieren konnten. Er war auch bei weitem einer der produktivsten. Nach seiner Ausbildung in Holzbearbeitung an der Technischen Hochschule in Tokyo bis 1953 studierte er drei Jahre an der Fakultät

Shiro Kuramatas ausdrucksvolle und radikal neue Möbel führten der Welt vor Augen, welche bedeutende Rolle Japan im modernistischen und postmodernen Design spielte und noch immer spielt.

Obwohl der elegante Stuhl »Apple Honey« (1985, links) die allseits bekannten Formen der Moderne widerspiegelt, zeigt ein Hauch von Farbe an der Lehne aus Stahlrohr, daß dieser Entwurf das Ergebnis eines neuen Empfindens war.

für Lebendiges Design am Kuwazawa-Institut für Design in dieser Stadt. 1953 nahm er auch eine Arbeit in der Möbelfabrik Teikoku Kizai auf, und im darauffolgenden Jahrzehnt arbeitete er in den Abteilungen für Innenaustattungen verschiedener Fachgeschäfte in Tokyo, unter anderem 1957 in dem berühmten Einzelhandelsmarkt Matsuya. 1965 eröffnete er sein eigenes Designerbüro in Tokio und entwickelte in den folgenden zehn Jahren die Innenausstattung von mehr als 300 neuen Boutiquen und Restaurants in Japan. Dieser Zeitraum war der Höhepunkt von Japans wirtschaftlichem Nachkriegsaufschwung, und Kuramatas Beitrag war ein bedeutender Beitrag zur Wiederherstellung der Identiät des Landes.

Charakteristische Entwürfe

Kuramata war im wesentlichen ein Minimalist – ein großer Verehrer und Nacheiferer der traditionellen japanischen Innenausstattung. Gleichzeitig hatte er einen intuitiv subversiven Zugang zum Design. Das Ergebnis seiner Arbeit war eine Kombination von tadellos herausgearbeiteten Details und einem Sinn für kompositorische Harmonie, gepaart mit unerwarteten und charakteristischen Elementen. Seine berühmten Kommoden namens »Wavy« der Serie »Möbel mit unregelmäßigen Formen« (1970,

nächste Seite, rechts), die ihm internationale Anerkennung brachten, waren eine brillante Kombination dieser beiden Trends. Diese in mehrere Schubladen unterteilten, wunderschönen Stücke waren wegen ihrer eleganten wellenförmigen Konturen außergewöhnlich.

Tradition und Innovation

1981, als bereits eine Reihe seiner Möbel im Londoner Geschäft des einflußreichen Händlers Zeev Aram ausgestellt waren, wurde Kuramata zur Teilnahme an der ersten Memphis-Ausstellung in Mailand eingeladen (siehe S. 216–219), für die er den »Imperial«, einen dreiteiligen Schrank, entwarf. Diesem folgte 1983 der Beistellstisch »Kyoto« aus Beton (siehe S. 241 links unten), in den farbige Glassplitter eingearbeitet wurden, wodurch ein dekoratives und ausdrucksstarkes Möbelstück entstand, das dem Zeitgeist perfekt entsprach. In den achtziger Jahren entwarf er eine Reihe von Stühlen. Deren Namen, die mitunter von Titeln populärer Lieder stammten, spiegelten ihren poetischen Gehalt wider. Die Palette reichte von »Begin the Beguine« (1985), einer Hommage an Josef Hoffmann (siehe S. 34–37), über den Metallgeflechtsessel »How High the Moon« (1986, siehe S. 241 oben), bis hin zu »Miss Blanche« (1989), einem Plexiglassitzmöbel mit ein-

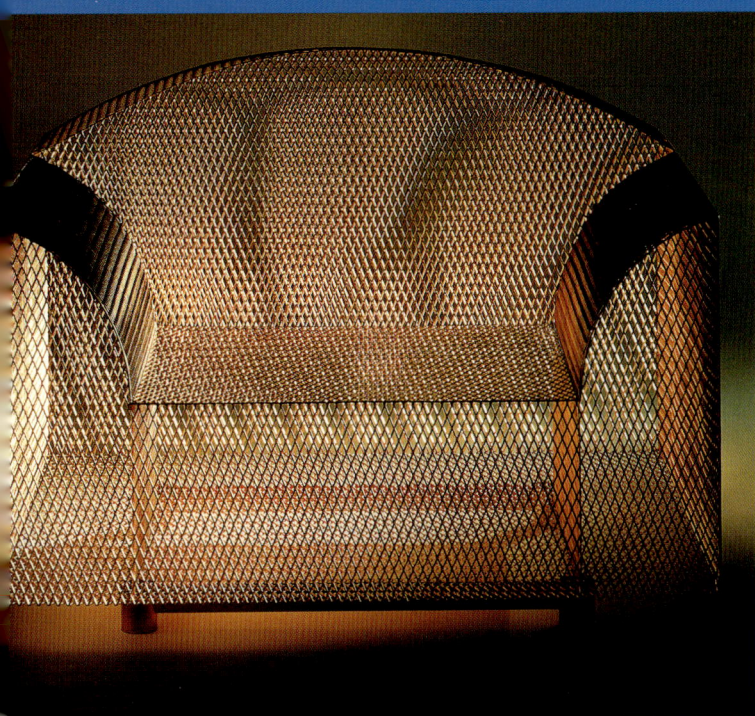

»How High the Moon« war ein charak-
teristischer poetischer und etwas
überraschender Name, den Kuramata
diesem Sessel aus Stahlgeflecht (1986,
links) gab. Er ist eine ironische und überarbeitete Version des traditionellen
komfortablen Ledersessels, der in Herren-
clubs zu finden ist.

gearbeiteten roten Rosen. Kuramata erforschte die Stuhlmateria-
lien und metaphorische Möglichkeiten, wobei er eine von der
Moderne inspirierte Schlichtheit
beibehielt.

Kuramata interessierte sich auch
für die Gestaltung von Haushalts-
objekten – er entwarf zum Beispiel kleine Fruchtschalen aus Holz
und Metall (1989), von Central
Market of Japan hergestellt, und

ein durchsichtiges Waschbecken
(1990), das den geheimnisvollen
Namen »Coup de Foudre«
(»Liebe auf den ersten Blick«)
trug. Einfache, phantasiereiche
Gestaltungen wie diese waren
Zeichen seiner phänomenalen
Fähigkeit, atemberaubend neue
Formen mit einem Minimum an
Material zu schaffen, und in dieser
Fähigkeit lag die Originalität
Kuramatas.

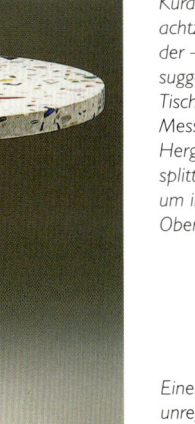

*Kuramata beteiligte sich in den frühen
achtziger Jahren am Memphis-Projekt, und
der – wohl in der Absicht auf eine
suggestive Wirkung – »Kyoto« benannte
Tisch (1983, links) wurde auf der dritten
Messe desselben Jahres ausgestellt.
Hergestellt aus Beton mit farbigen Glas-
splittern, paßte er gut zu den Arbeiten
um ihn herum, von denen viele mit der
Oberflächengestaltung spielten.*

*Eines von Kuramatas »Möbeln mit
unregelmäßigen Formen« (unten) wurde
1970 entworfen und wird jetzt von der
italienischen Firma Cappellini hergestellt.
Mit seinen zahlreichen kleinen Schubladen
und harmonischen Proportionen erinnert
es an traditionelle japanische Möbel; seine
dramatische Bewegung hinterließ auch
im westlichen Kontext einen starken
Eindruck und deutet auf einen neuen, ausdrucksstarken Ansatz im Möbeldesign hin.*

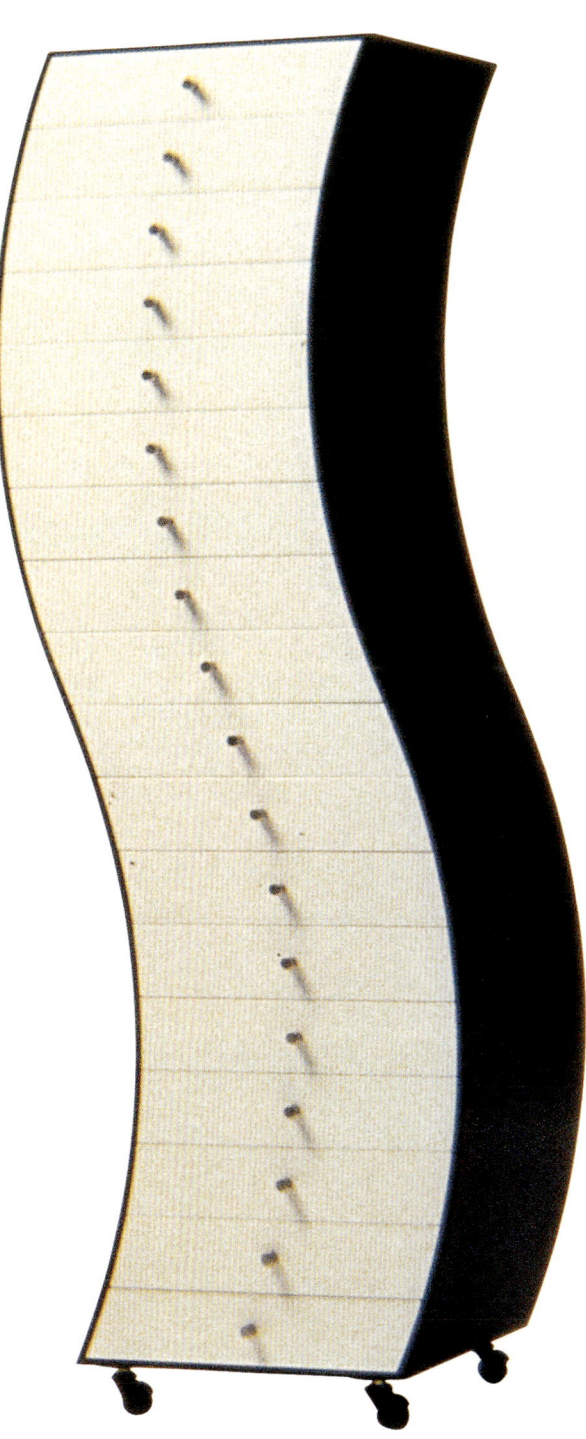

Eva Jiricna (geb. 1939) spielte eine wesentliche Rolle für eine extreme Form des »High-Tech-Stils« in Architektur und Design, der in den achtziger Jahren in Großbritannien aufkam und durch die Verwendung von Industriematerialien wie Glas und Metall auch in privaten Räumen gekennzeichnet war. Jiricnas persönlicher Design-Ansatz war mehr als alles andere durch ihr

Hintergrundwissen als Architektin geprägt, das sie in der starken modernen Tradition ihrer tschechoslowakischen Heimat lernte, die durch die Arbeiten von Pavel Janak, Ladislav Zak und anderen dominiert wurde. Sie hat sich dem Prinzip der Funktionalität verschrieben – der Vorstellung, daß nichts in das Design aufgenommen wird, was dem Zweck des Objektes nicht dienlich ist.

Eva Jiricna

Eva Jiricna hat als Gestalterin vieler höchst modischer Londoner Geschäfte und Restaurants den Modernismus unter Beibehaltung seiner Grundideen stilistisch den Erfordernissen des ausgehenden 20. Jahrhunderts angepaßt.

Jiricnas Auftrag zur Gestaltung dieses Klapptisches und -stuhls (rechts) für Formica Ltd. erforderte die Verwendung des neuen Kunststofflaminats dieser Firma namens »Colorcore«. Jiricnas geometrische Oberflächenmuster schöpften das dekorative Potential dieses Produktes in vollem Umfang aus.

Die Innenausstattung des Geschäftes Joseph pour la Ville in London (1986, unten). Der beeindruckende zentrale Treppenaufgang mit verchromtem Stahlgeländer ist ein typisches Gestaltungsmerkmal von Eva Jiricna, das sie bei einer Reihe von Innenausstattungen im gleichen Jahrzehnt wiederholt einsetzte. Die zurückhaltende Verwendung von Farbe ist ebenfalls charakteristisch für sie.

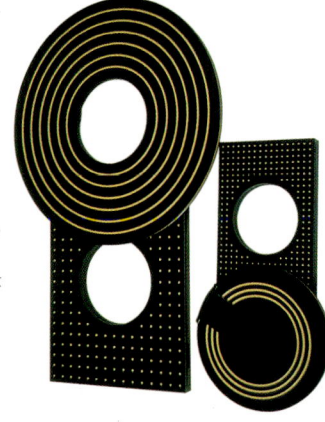

Ausbildung und erste Berufserfahrung

Eva Jiricna, die Tochter eines Architekten, absolvierte von 1956 bis 1962 in Prag eine Ausbildung in Architektur mit dem Schwerpunkt auf Wissenschaft und Ingenieurwesen, wie es in der tschechischen Tradition üblich ist. In den frühen Jahren ihrer Berufspraxis arbeitete sie in einem Zementwerk und im Staatlichen Architekturbüro – Orte, an denen das Leben eines weiblichen Architekten nicht immer leicht war. Frustriert vom Mangel an kreativen Möglichkeiten unter kommunistischer Führung spürte sie zunehmend das Bedürfnis, die Tschechoslowakei zu verlassen, und ging 1968 nach Großbritannien; danach kehrte sie nur einmal in ihr Heimatland zurück, zu einem Besuch im Jahre 1990.

Ihr erstes Werk in Großbritannien war die Schools Division of the Greater London Council. Danach arbeitete sie neun Jahre lang im Büro des Architekten Louis de Soissons, wo sie am Projekt Brighton Marina beteiligt war, einer gewaltigen ingenieurtechnischen Anstrengung zur Rückgewinnung von Land und zum Bau eines Hafens. Dabei profitierte sie von ihrem Hintergrundwissen im Ingenieurwesen. Durch das Projekt wurde auch ihre Sachkenntnis auf dem Gebiet der Materialien erweitert, und darüber hinaus gewann sie nautische Fachkenntnisse aus erster Hand hinzu. Später wandte sie das hier erworbene Wissen auf individuelle, höchst ausdrucksvolle Weise bei den Geschäftsausstattungen an, die sie in den frühen achtziger Jahren für Joseph Ettedgui entwarf.

Die Verwandlung Londons

Jiricna wurde 1976 britische Staatsbürgerin. Über die folgenden zehn Jahre hinweg weitete sie ihren Erfahrungsschatz aus, indem sie – zusammen mit ihrem tschechischen Landsmann Jan Kaplicky – mit dem Architekten David Hodges an einer Reihe von Innenausstattungsprojekten und kurzzeitig im Büro des Architekten Richard Rogers arbeitete. Während dieser Zeit wurde sie zum Inbegriff eines kultivierten Innendesigns, das den Anforderungen der eleganten neuen Geschäfte entsprach und die gepflegteren Londoner Straßen verwandelte. Großbritanniens neue Art des Einzelhandels war in hohem Maße abhängig von den Designern aktueller Innenausstattungen, darunter Fitch & Company und Din Associates, und bildete die Avantgarde eines internationalen Trends, der die Rolle des »Lifestyle« beim Einkaufen hervorhob. Jiricnas Arbeit auf diesem Gebiet war hochgeachtet und außerordentlich einflußreich. Zusammen mit Kaplicky half sie bei der Ausstattung des Geschäftes von Joseph Ettedgui (1980) in der Londoner South Molton Street. Ihr erstes Projekt in eigener Verantwortung für diesen Einzelhändler war jedoch die Neugestaltung seines Appartments. Unter Verwendung von weißen Fliesen, Glasregalen und Schiebetüren experimentierte sie mit der Idee

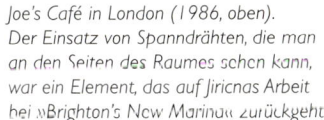

*Joe's Café in London (1986, oben).
Der Einsatz von Spanndrähten, die man
an den Seiten des Raumes sehen kann,
war ein Element, das auf Jiricnas Arbeit
bei »Brighton's New Marina« zurückgeht.*

*Dieser Treppenaufgang aus verchromtem
Stahl (rechts) mit seinen Glasstufen
ist der Blickpunkt des Innenraumes, den
Eva Jiricna in Zusammenarbeit mit
dem Architekten Michael Hopkins für die
Londoner Innenstadtbüros der Jardine
Insurance (1989) entworfen hat.
Der Gesamteindruck vermittelt kühle
Kultiviertheit.*

der Einführung von Industriematerialien und -techniken in das
häusliche Umfeld.

Dieser Stil wurde schnell zu
Jiricnas Markenzeichen, und alle ihre
darauffolgenden Arbeiten in
Londoner Geschäften und
Restaurants – einschließlich Le
Caprice (1980), Kenzo in der
Sloane Street (1982), Joseph pour
la Ville (1986, siehe S. 242 unten),
Joe's Café (1986, oben)

und Joseph in der Fulham Road
(1988) – waren Weiter-
entwicklungen dieses Konzepts.
Stahl, Glas, Spanndrähte, komplexe,
offene Treppen und neutrale
Farben bildeten das Vokabular ihrer
Designsprache in der Innenarchitektur. Ihr großes Geschick
bestand darin, einen Raum so
umzugestalten, daß sein Licht und
seine Raumwirkung maximiert wurden.

Weitere Entwicklung
Nachdem sie kurze Zeit mit Kathy
Kerr als Geschäftspartnerin ge-
arbeitet hatte, eröffnete Jiricna 1986
ihr eigenes Designbüro in London –
Eva Jiricna Associates.

Zu diesem Zeitpunkt hatten ihre
Innenausstattungen aufgrund ihrer
Präsenz in der Fachpresse welt-
weite Aufmerksamkeit erregt und
brachten ihr die Aufträge zu einer
Reihe von internationalen Projekten

ein, darunter das Schuhgeschäft
Joan & David in Los Angeles und
ein Salon von Vidal Sassoon in
Frankfurt. Die Betonung der
Funktionalität, die Jiricnas Ansatz
untermauerte, ermöglichte ihr auf
einfache Weise den Übergang
von den stilbewußten achtziger zu
den strengeren neunziger Jahren.
Sie setzte ihre Arbeit in diesem
Jahrzehnt fort und entwickelte
ihren persönlichen Stil weiter.

Als der junge deutsche Designer Hartmut Esslinger 1969 frogdesign gründete, machte er sich auf, eine neue Sprache des Industriedesigns zu kreieren. Diese entstand durch die Verschmelzung des traditionellen deutschen Funktionalismus, der von der Elektrofirma Braun in den fünfziger und sechziger Jahren hervorgebracht wurde, mit dem in den frühen achtziger Jahren von Ettore Sottsass und dem Memphis-Experiment in Mailand vorangetriebenen stilistischen Eklektizismus. Frogdesign war damit sehr erfolgreich, und die Firma setzte ihren eigenen Ansatz bei Möbeln, Keramik, aber auch bei elektronischen Produkten um.

frogdesign

1982 wurden für AEG Telefunken Autotelefone mit der Bezeichnung »CD900« und »Telecar 9« (oben) entworfen. Sie lassen die stilistische Milderung von Formen erkennen, die für Arbeiten von frogdesign in dieser Zeit typisch waren.

Seit den siebziger Jahren hat frogdesign eine Fülle von Erzeugnissen für den deutschen Hersteller hansgrohe kreiert. Die »Uno-Serie« von Duschköpfen und Wasserhähnen (unten) wurde 1985 mit Hilfe eines Computers entworfen.

Firmengründung

Hartmut Esslinger gründete das erste Büro von frogdesign in Altensteig und machte FRoG, das Akronym aus Federal Republic of Germany, zum Namen seiner Gruppe. Nach seiner Ausbildung zum Elektroingenieur an der Universität Stuttgart und der darauffolgenden Ausbildung als Industriedesigner an der Fachschule für Design in Schwäbisch Gmünd in den sechziger Jahren war Esslinger ideal dafür vorbereitet, das Technische mit dem Ästhetischen zu verbinden. Genau das hat das Team von frogdesign in seinen Arbeiten für eine breite Palette von Kunden – darunter Wega Radio, König & Neurath, Villeroy & Boch, Rosenthal, AEG, Erco und nach der Eröffnung eines Büros in Campbell, Kalifornien, im Jahr 1982 auch für Apple Computers, NeXT Computers, Olympus und AT&T stets getan. Um 1986 wurde frogdesign auch im Fernen Osten aktiv und eröffnete ein Büro in Tokio.

Die frühen Arbeiten an Farbfernsehern und Stereoanlagen für Wega waren die Grundlage für den späteren Erfolg der Gruppe. Sie brachten das Team in Kontakt mit einer Reihe von High-Tech-Objekten, die nach funktionalistischen Prinzipien, aber dennoch mit Flair und Individualität, gestaltet werden konnten. Für die Fernsehgeräte wurde eine minimalistische Ästhetik eingesetzt, wodurch sie mit ihren weich konturierten, ganz aus Kunststoff bestehenden Gehäusen und feinen Details streng modern erschienen. Als Wega von SONY aufgekauft wurde, setzte frogdesign seine Arbeit für das Unternehmen fort und kam dadurch in Kontakt mit japanischen Marketingstrategien, wobei der Schwerpunkt der gestalterischen Aufgabe darauf lag, aus Elektrogeräten elegante, wohlgeformte Accessoires für den Massenmarkt zu machen. Diese Vorstellungen beeinflußten den Ansatz der Gruppe enorm.

Das Sortiment von Büromöbeln für die deutsche Firma König & Neurath gehörte zu den eher traditionellen Projekten, mit denen sich das Team von frogdesign befaßte. Ausgehend von einer klassischen Form eines Tischs wurde durch den Gebrauch moderner Materialien wie Kunststoff und unorthodoxe Pastellfarben ein aktuelles Produkt geschaffen. Das Design folgt mit seinen klaren Linien und dem Verzicht auf dekorative Details den Prinzipien des Funktionalismus in zeitgemäßer Form und entspricht somit den High-Tech-Anforderungen an ein Büro der achtziger Jahre, wie dies durch das Modell »King Alpha« (links) demonstriert wird.

Die »frollerskates« (1979, siehe S. 244 rechts) sind einer von Esslingers witzigen Entwürfen. An den Rollschuhen – hergestellt von Indusco – lassen sich zwei Qualitäten erkennen, die den Ansatz des Teams bei vielen seiner designerischen Herausforderungen charakterisierten: Spaß und Geschwindigkeit.

»Benutzerfreundliches« Design

Die Beziehung zwischen der Maschine und deren Benutzer hat frogdesign bei der Arbeit für Hochtechnologie-Unternehmen vorrangig beschäftigt. Bei Apple lautete die Vorgabe, einen »benutzerfreundlichen« Computer zu kreieren. Dies wurde durch eine Kombination aus einfacher Form, die Verwendung sanfter Farben – in diesem Fall gebrochenes Weiß – und die Vereinfachung der Bedienungsmechanismen erreicht. In vieler Hinsicht war frogdesign für die Beherrschbarkeit des Computers verantwortlich. 1984 erschien der Apple-Computer »IIc« (rechts) auf dem Titelblatt des »Time Magazine« als »Design des Jahres«.

Viele Arbeiten von frogdesign mit ihrem Sinn für Spaß und Spielfreude weisen auf Esslingers Aufwachsen in den sechziger Jahren hin. Dies zeigt sich anhand einer Reihe von Entwürfen – von den »frollerskates« für Indusco (siehe S. 244 rechts) bis hin zum roten Duschkopf-System »Uno« für hansgrohe (siehe S. 244 unten links) – die das Motto des Unternehmens »die Form folgt der Emotion« widerspiegeln.

Globalphilosophie

»Der Zweck des Designs ist es, eine künstliche Umgebung menschlicher zu machen. Mein Ziel war und ist immer noch die künstlerische Gestaltung von Massenprodukten«, so Esslinger 1987. Er und das Team von frogdesign haben den Berufszweig Industriedesign auf vielerlei Art ins Licht der Öffentlichkeit gerückt. Durch die Fähigkeit des Teams, alle ihm gestellten Herausforderungen zu bewältigen und seine breitgefächerte Philosophie auf eine Reihe von verschiedenartigen Objekten anzuwenden, hat es demonstriert, daß der Industriedesigner einen wesentlichen Beitrag zur Welt der Fertigung und zur zeitgenössischen Kultur leistet. Esslinger selbst ist sowohl Generalist als auch Spezialist: Seine Kenntnisse erlauben ihm einerseits die Lösung so spezieller Probleme wie die Festlegung des idealen Radius eines Bedienungsknopfes am Fernseher und andererseits die Auseinandersetzung mit generellen Problemen des globalen Markts im ausgehenden 20. Jahrhundert. Die Erfahrung des Teams von frogdesign hat seine Mitglieder mehr als alle anderen derzeit aktiven Gruppen von Industriedesignern dazu befähigt, Trends zu erkennen und vorauszusagen. Obwohl die Arbeit immer noch auf Farbe und Form bezogen ist, müssen auch neue Technologien sowie neue soziale und kommerzielle Trends vorhergesehen werden, um die Wirtschaftlichkeit zu garantieren. Das Team von frogdesign, das mittlerweile über 100 Designer aus aller Welt umfaßt, hat die Bedeutung des Industriedesigns im ausgehenden 20. Jahrhundert neu definiert.

Der Computer »IIc« (unten) wurde für Apple kreiert und 1984 auf dem Markt eingeführt. Mit seinem einfachen und stromlinienförmigen Erscheinungsbild hatte er ein höchst innovatives Design. Durch diese Gestaltung gelang es, den Computer als einen benutzerfreundlichen Gegenstand zu etablieren und ihn vom Image einer fremdartigen, unheimlichen High-Tech-Büromaschine zu befreien.

Der französische Designer Philippe Starck ist zweifelsohne der »Superdesigner« des ausgehenden 20. Jahrhunderts. Sein viel publiziertes Image als kreativer Künstler, der Objekte des täglichen Lebens mondän gestaltet, erweckt eine Tradition zu neuem Leben, die auf Norman Bell Geddes und Raymond Loewy (siehe S. 120–123) in den Vereinigten Staaten der zwanziger und dreißiger Jahre zurückgeht: Sie besteht in der Nennung des Designers zu Marketing- zwecken. Mit der Internationalisierung der Massenmedeien seit 1980 verbreitete sich auch Starcks Ruf als Gestalter, der die Alltagsumgebung zu verwandeln vermag, über die Ländergrenzen hinaus. Er ist für Innenausstattungen von Hotels, Möbelentwürfe und Gestaltung von Haushaltsprodukten sowohl in Tokio als auch in New York, Paris oder London bekannt, und sein Talent ist in all diesen Metropolen gefragt.

Philippe Starck

Philippe Starck, der hier neben seiner von Flos in Mailand hergestellten Lampe »Rosy Angelis« abgebildet ist, ist mit Recht der bekannteste Designer der neunziger Jahre. Seine rätselhafte Persönlichkeit und die enorme Palette seiner Entwürfe haben ihm einen festen Platz in der Welt des Designs eingebracht.

1990 entwarf Starck für Kartell die Leuchte »Miss Sissi« (rechts). Die kleine Tischlampe ist vollkommen aus Kunststoff gefertigt und in verschiedenen Farben erhältlich. Sie zeigt, daß Starck – obwohl er immer originelle Ideen hat – auch schlicht sein kann, wodurch viele seiner Entwürfe eine zeitlose Qualität erhalten.

Ein hochlehniges Sofa (siehe S. 247 oben) in der Lobby des Delano Hotels in Miami, dessen Innenausstattung von Starck 1995 entworfen wurde. Die außergewöhnliche Form dieses Möbelstücks dient als optischer Mittelpunkt des Raums.

Ideen und Ansatz zum Design

Gemäß der Tradition der »Superdesigner« ist Philippe Starck sowohl extrovertiert als auch ein Individualist mit Talent zur Eigenwerbung. Er spricht häufig und fließend über Design und seinen persönlichen Ansatz auf diesem Gebiet. In allen Diskussionen hebt Starck die Bedeutung der Kreativität hervor und betont über alle Maßen die Rolle der Intuition und der Emotionen. Er ist der Auffassung, daß seine eigene Rolle eher die eines Künstlers als die eines Ingenieurs ist, und dennoch gehen seine Arbeiten weit darüber hinaus – ungeachtet des von ihm selbst aufgebauten

Images. Wenn er von Kunst spricht, dann handelt es sich hierbei eher um die des 16. Jahrhunderts in Italien – die Zeit der Renaissance, in der die Künstler Unterschiede zwischen dem Schönen und dem Nützlichen vermieden – als um die Welt der zeitgenössischen Kunst, die sich überwiegend auf Malerei und Plastik beschränkt und die Gebrauchskunst ausklammert. Starck ist in verschiedener Hinsicht einzigartig, aber er kann auch als Vertreter einer ganzen Generation französischer Designer angesehen werden – hauptsächlich bei Möbeln –, unter ihnen Jean-Michel Wilmotte, das Team von Elizabeth Garouste und Mattia Bonetti, Marie-Christine Dorner und andere, die sich in den achtziger Jahren einen Namen machten. Ihr Erfolg war auf verschiedene Faktoren zurückzuführen – im wesentlichen auf die Unterstützung einer von der Regierung gegründeten Organisation namens VIA (Valorisation de l'Innovation dans l'Ameublement). Sie erhielten auch die Unterstützung von Präsident Mitterand, der in dem neuen Design und der neuen Architektur einen Weg sah, Frankreich wieder als eine führende Kulturnation darzustellen, und 1983 fünf führende Designer, einschließlich Starck, verpflichtete, eine Reihe von Innenausstattungen für den Elysée-Palast zu entwerfen.

Starcks Arbeiten drehen sich um eine Reihe zentraler Themen: Leichtigkeit, das Verschwimmen der Grenzen zwischen Technologie und Kunst und seit kurzem zoo- und anthropomorphe Formen, und er bevorzugt bestimmte Motive – zum Beispiel Flügel und das Füllhorn –, auf die er immer wieder in einer Reihe verschiedener Kontexte zurückgriff. Er verwendet dazu die immer gleichen Materialien: Holz und Aluminium, zu denen sich vor kurzem auch Kunststoff gesellte. Starcks Arbeiten sind vor allem enthusiastisch modern. Obwohl Referenzen an die Vergangenheit auftreten – zum Beispiel traditionelle Stuhlarten wie Klappsitze –, sind sie stets für die Gegenwart und Zukunft konzipiert. Viele der doppeldeutigen Bezeichnungen seiner Stücke leiten sich aus den Werken des Science-fiction-Schriftstellers Philip K. Dick ab, und viele Designs von Starck spielen auf die Welt der Science-fiction an, von der sie inspiriert wurden.

Ausbildung und erste Arbeiten

Starck schrieb sich 1968 als Student für die Gestaltung von Möbeln und Innenausstattungen an der Ecole Camondo in Paris ein, war jedoch anscheinend bei den Seminaren nur selten anwesend. In dieser Zeit fertigte er seinen ersten Stuhl – den Klappstuhl »Francesca Spanish« aus Holz. 1969 wurde er zum

Künstlerischen Direktor bei Pierre Cardin ernannt, aber man nahm erst in den siebziger Jahren Notiz von ihm – im wesentlichen aufgrund der Innenausstattung von zwei Pariser Nachtklubs, La Main Bleue und Les Bains-Douches. 1982 erhielt er für seinen Stuhl »Miss Dorn« einen Preis von der VIA; es handelte sich dabei um eine einfache Komposition aus Stahlrohr und Kissenpolster. »Miss Dorn« wurde im Gegensatz zum Stuhl »Francesca Spanish« kommerziell produziert. 1984 verpflichtete ihn der Inhaber des Café Costes – das sich in der neuen Entwicklungszone rund um das Beaubourg Centre befand – nach Betrachtung eines in der VIA-Galerie ausgestellten Stückes von Starck zum Entwurf seiner Innenausstattung.

Starcks Arbeit für das Café Costes – bei der er einen beeindruckenden Innenraum mit zentraler Treppe und einer gigantischen Uhr geschaffen hat – brachte ihm über Nacht Ruhm ein. Das kompromißlos moderne und hochgestylte Erscheinungsbild der Innenausstattung traf den Geschmack der internationalen Designergemeinschaft und auch der Öffentlichkeit und war in Magazinen rund um den Globus abgebildet. Die einfachen Stühle mit Lehnen aus geformtem Schichtholz wurden auch zu einem kommerziellen Erfolg und im darauffolgenden Jahrzehnt oft imitiert.

Andere Entwürfe

In den achtziger Jahren produzierte Starck eine Reihe von Stuhldesigns, die alle phantasievolle Namen tragen. Von »Mr. Bliss« (1982) bis zum

Eine Chaiselongue (unten) im Royalton Hotel. Die Form der Lehne ist für Starck charakteristisch, und die Verwendung von Stahlrohr und schwarzem Leder ist als seine Referenz an den Modernismus des 20. Jahrhunderts zu verstehen.

Barhocker (rechts), die 1988 für das New Yorker Royalton Hotel entworfen wurden. Starck war für sämtliche Details des Raumes verantwortlich – vom Fußboden bis hin zur Beleuchtung und Möblierung. Die geschwungene Stütze des Hockers verrät Starcks Sinn für Humor, der in vielen seiner Arbeiten zum Ausdruck kommt.

ausladenden »Dr. Sonderbar«, der nach einem fernlenkbaren Piloten benannt wurde (1983), vom pfiffigen »Richard III« (1984), einem – von vorne gesehen – schweren bourgeoisen Sessel, der auf der Rückseite eine moderne, skelettale Struktur aufwies, bis zum geschwungenen Metallstuhl »Mrs. Frick« (1985), von »Lola Mundo« (1986) bis zum Kunststoff- und Stahlrohrminimalismus des »Dr. Glob« (1988) arbeitete Starck mit Herstellern aus Frankreich, Italien, Japan und anderen Ländern zusammen, zu denen Driade, Idee, Balen, Disform und Kartell gehörten. Alle Designs überzeugten durch ihre Originalität und nutzten Energie und Materialien so ökonomisch wie möglich.

In den achtziger und neunziger Jahren beschäftigte sich Starck vorrangig mit Architektur und dem Design von Innenausstattungen, wobei seine Arbeiten in Stadtzentren auf der ganzen Welt auftauchten. In Tokio zum Beispiel ähneln seine Gebäude für das Nani Nani Café und die Asahi-Restaurants – die aus Beton und Glas und in den typischen Formen seines Produktdesigns gebaut wurden – gigantischen Skulpturen in der Skyline. Es war so, als habe er einfach seinen Tätigkeitsbereich unter Beibehaltung der gleichen Formensprache und Ikonographie erweitert. Starck entwarf 1988 beziehungsweise 1990 zwei bemerkenswerte Innenausstattungen für Hotels in New York: für das

Royalton (siehe S. 247) und das Paramount. Bau und Ausstattung wurden in beiden Fällen komplett von Starck überwacht, und er arbeitete selbst an jedem Detail mit, bis hin zu den Wasserhähnen im Bad.

Produktdesign

In den neunziger Jahren widmete Starck viel von seiner Energie dem Produktdesign. Viele Gebrauchsgegenstände des täglichen Lebens zeigen seine Handschrift als Designer, zum Beispiel Türklinken. 1989 fertigte er für Fluocaril das Muster einer Zahnbürste und schuf damit die erste »Designerzahnbürste«. In den neunziger Jahren entwickelte er – wie viele andere berühmte Designer vor ihm, unter ihnen sein persönlicher Favorit Achille Castiglioni (siehe S. 194/195) – eine enge Beziehung zum italienischen Metallhersteller Alessi. Aus dieser engen Zusammenarbeit resultierten bald moderne »Designklassiker«, zu denen der Entsafter »Juicy Salif« (1990), der einer uralten Kreatur

auf Storchenbeinen ähnelt, und der Kessel »Hot Berta« (1990–1991) gehörten.

Das Produktdesign lieferte Starck das immer von ihm gewünschte breite Publikum. Die Herstellung einer Kunststoffflasche für Vittel im Jahr 1990 bestätigte sein Bestreben, vollkommen in die Welt des Banalen einzudringen. Mitte der neunziger Jahre konzentrierte er sich auf diesen Bereich und kam bei seinen Designs ironischerweise gerade, als er sich auf das Gebiet der maschinellen Massenproduktion begab, der Intimität des menschlichen Körpers immer näher. Starcks organische Formen, die auch teilweise von Tieren inspiriert waren, waren ein Abbild des technologischen Umdenkens in dieser Zeit, in der das maschinelle Styling der frühen Moderne zunehmend redundant wurde. Starck benutzt das Design zur Umsetzung des »Zeitgeistes« in eine materielle Form, wobei er gewährleistet, daß niemand von uns als Verbraucher dagegen immun ist.

Typisch für die Arbeit von Starck an Innenausstattungen von Hotels ist, daß er jedes Detail kontrolliert, bis hin zu den Armaturen. Diese schlangenförmigen Wasserhähne (oben) im Hotel Peninsula in Hongkong (1993) spiegeln das Interesse des Designers an zoomorphen Formen.

Die für das Fernsehgerät der Firma Saba entworfene Fernbedienung »M5107« (unten). Ihre gekrümmte Form ist innovativ und gut geeignet, um bequem in der Hand gehalten werden zu können.

Die Lampe »Ara« (links, 1988). Die organische Form eines Horns an der Spitze dieses verchromten Stahlobjektes ist ein Motiv, auf das Starck bei seinen Arbeiten häufig zurückgreift. Allein durch dieses Element weicht das Objekt von den bekannten Prinzipien des Modernismus ab.

Die Bar der Felix Discotheque (siehe S. 248 oben) im 29. Stock des Hotels Peninsula in Hongkong. Durch die besondere Wandverkleidung und die Tische mit beleuchtetem Sockel entsteht ein Raumeindruck, der an das Innere eines Raumschiffs erinnert.

1994 gestaltete Starck den Fernseher »M5107« für Saba (siehe S. 248 unten). Er ist einer seiner wenigen Entwürfe elektronischer Geräte und verbindet die für den Designer typische geschwungene Linienführung mit einem insgesamt zurückhaltenden Design.

Im 20. Jahrhundert spielte Spanien bis in die siebziger Jahre keine bedeutende Rolle in der Geschichte des Designs. Erst der Tod des Faschisten-Generals Franco 1975 ermöglichte eine neue Freiheit, die unter anderem auch zu einem Neubeginn im spanischen Design führte. Dies wurde vor allem im katalanischen Barcelona deutlich, das im modernen Design eine Möglichkeit der kulturellen Erneuerung sah. Mit häufigen Bezügen zu dem von Antoní Gaudí und anderen um die Jahrhundertwende ins Leben gerufenen »Modernismo« wie auch dem avantgardistischen Erbe Joan Mirós und seiner Zeitgenossen schufen Architekten und Gestalter wie Oscar Tusquets, Josep Llusca, Javier Mariscal und andere ein Design von internationalem Rang.

Javier Mariscal

Javier Mariscal ist der bekannteste spanische Designer unserer Zeit. Seine Beiträge zur Gestaltung der Olympischen Spiele 1992 in Barcelona machten ihn international bekannt, und seine Arbeiten in unterschiedlichen Bereichen finden ausgiebige Beachtung in der Presse.

1995 entwarf Mariscal den Sessel »Alessandra« als Teil einer Serie mit dem Titel »Los Mueblos Amorosos«, die von Moroso hergestellt wurde. Die kühne Form, die traditionelle Sessel karikiert, und die expressiven Farben sind typisch für seine Arbeit.

Ausbildung und frühes Werk

Javier Mariscal (geb. 1950) spielte im raschen Aufschwung des modernen Designs Anfang der achtziger Jahre in Barcelona eine bedeutende Rolle. Er wurde in Valencia geboren, ging aber nach Barcelona, um an der Schule für Grafik Escuela de Grafismo Elisava zu studieren, die er 1971 abschloß. In den siebziger Jahren versuchte sich Mariscal erstmals im Bereich des dreidimensionalen Designs. 1977 gestaltete er eine Ausstellung für die Galerie Mec-Mec in Barcelona, die aus einer phantasievollen Kreation im Stil eines »Grandhotels« der fünfziger Jahre bestand. Im folgenden Jahr entwarf er den Prototyp einer Lampe, der er einen für ihn typischen Namen gab: »telepathische Freunde«. Das Stück macht deutlich, daß Mariscal – den eine ironische und verspielte Sicht der Dinge auszeichnet – mit seinen Entwürfen nicht Probleme lösen will, sondern daß Design für ihn vielmehr eine Form der Kommunikation darstellt. Dieser Ansatz entfernt ihn von den Werten der frühen Moderne mit ihrem Standpunkt, daß die Gestaltung lediglich der Funktion eines Objekts dienen sollte.

Möbel und Interieurs

1978 nahm Mariscal sein erstes innenarchitektonisches Projekt in Angriff. Die Bar Merbeye in Barcelona, deren Ventilator eine der inneren Säulen zu durchschneiden scheint, war in vieler Hinsicht ein dreidimensionaler Cartoon – wie auch zahlreiche seiner späteren Kreationen. 1981 wurde Mariscal von Fernando Arnat, dem Besitzer von Vinçon, dem führenden Design-Geschäft in Barcelona, gebeten, Möbel zu entwerfen. Die Stücke, die er schuf – unter anderem den Stuhl »Gaidío« und den Tisch »Copa Luz« –, waren ausgefallene Kreationen, die jegliche Beschränkung des rationalen Modernismus hinter sich ließen. Der italienische Designer Ettore Sottsass (siehe S. 216–219) kam nach Barcelona, um sich die Ausstellung anzusehen, und lud daraufhin Mariscal ein, noch im selben Jahr an der ersten Memphis-Ausstellung in Mailand teilzunehmen. Der Servierwagen »Hilton« (siehe S. 250 rechts unten), den er dafür entwarf, war eines seiner ersten Objekte, das einer breiten Öffentlichkeit bekannt wurde. Mariscals zweiter Entwurf mit großer Breitenwirkung war der Hocker »Duplex«, der sich durch asymmetrische Formgebung und kräftige Farben auszeichnete; er entstand 1980 für die Bar Duplex und wurde drei Jahre später von BD Ediciones de Diseño produziert. Von hier ausgehend entwarf Mariscal eine Reihe von Objekten und Interieurs, die heute weithin als das »neue Spanien« im Design bezeichnet werden. Im Rahmen seiner Ausstellung »Sehr formale Möbel« im Jahre 1983 stellte er die zusammen mit Pepe Cortes entworfene Lampe »Spinne« und den Teppich »Kabul« vor. 1985 schuf er für Vinçon mehrere Keramiken.

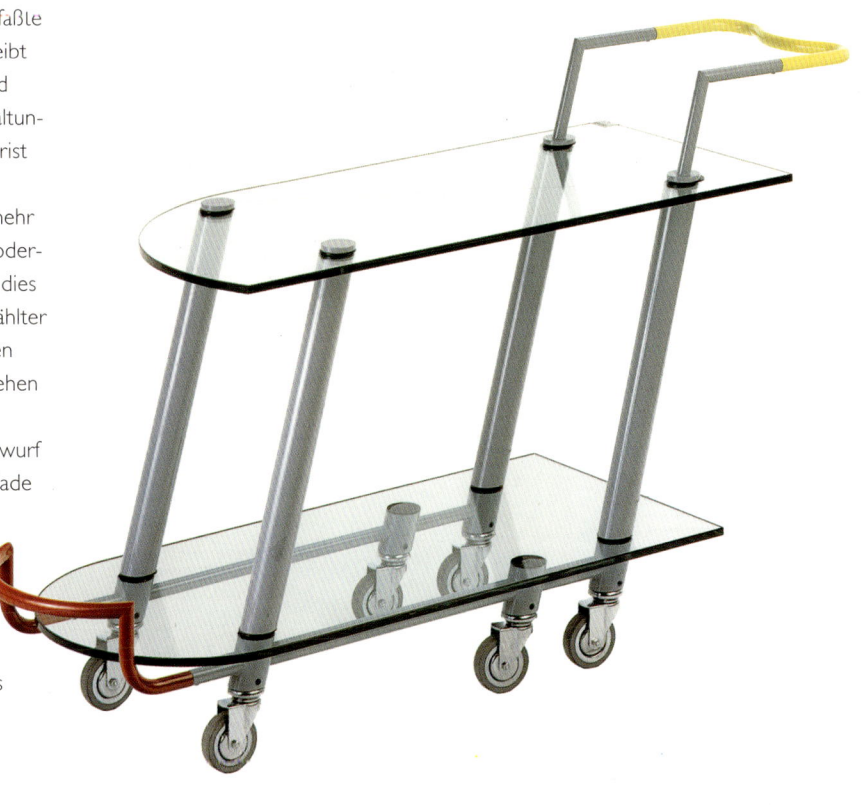

Der Sonnen- und der Mondturm auf der Dachterrasse des Torres de Avila Clubs (1990, oben), entworfen in Zusammenarbeit mit dem Architekten Alfredo Arribas, mit dem Mariscal auch mehrere Bars einrichtete.

Ein Zahnbecher in Form eines stilisierten Fisches (unten, 1997), hergestellt von der Firma Cosmic in Barcelona. Er gehört zu einem Set von Badezimmer-Accessoires mit dem Namen »Peces« (»Fische«) und ist in vier Farben erhältlich.

Internationale Anerkennung

Bis zum Ende der achtziger Jahre schuf Mariscal ein umfangreiches Werk, das Möbel und Interieurs wie auch Keramiken und Textilien umfaßte und unverwechselbar ist. Stets bleibt in seinen expressiven Formen und individuellen Objekten und Gestaltungen sein Hintergrund als Karikaturist und Grafikdesigner deutlich. Er selbst sagt, er produziere vielmehr Formen als Möbel. In den postmodernen achtziger Jahren erweist sich dies nicht nur als ein äußerst gut gewählter Ansatz; es brachte seinen Arbeiten auch rasches internationales Ansehen ein. Mariscals internationaler Ruf wurde bestätigt durch seinen Entwurf des Maskottchens für die Olympiade 1992 in Barcelona: Der Hund Cobi brachte die überschwengliche Stimmung des »neuen Spaniens« bestens zum Ausdruck, und sein Schöpfer wurde als eine Leitfigur dieses kulturellen Aufbruchs gefeiert.

Der Servierwagen »Hilton« (unten, 1981), entworfen mit Pepe Cortes. Die simple Konstruktion aus Glas und Metall erinnert an die frühe Moderne, doch die Schräge und der farbige Griff sind zusätzliche expressive Elemente.

Ettore Sottsass' Gruppe Memphis, die ihre revolutionären Arbeiten erstmals 1981 in Mailand präsentierte, brachte eine ganze Reihe großer Talente zusammen. Viele der jungen Teilnehmer an diesem Experiment – darunter Marco Zanini, Aldo Cibio, Matteo Thun, George Sowden, Nathalie du Pasquier, Martine Bedin und Michele De Lucchi (geb. 1951) – starteten danach erfolgreiche Karrieren. De Lucchi gelang es vor allem, seinen intellektuellen Ansatz in die bedeutendsten Bereiche von Firmen- und Industriedesign einzubringen.

Michele De Lucchi

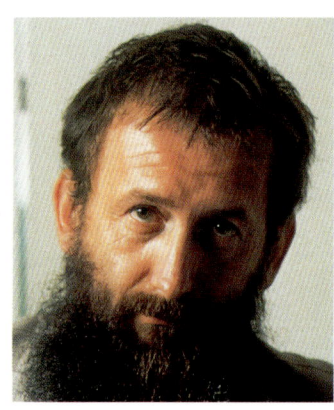

Obwohl er Radikalität dem Mainstream vorzieht, ist Michele De Lucchi international sowohl als Designer von Möbeln und Produkten für den Privathaushalt als auch für Großunternehmen erfolgreich.

Ausbildung und frühes Werk

Als De Lucchi Mitte der siebziger Jahre mit Ettore Sottsass (siehe S. 216–219) in Kontakt kam, war sein persönlicher Stil als Designer bereits deutlich ausgeprägt. Er hatte an der Universität Florenz bei Adolfo Natalini, einem Gründungsmitglied der in den sechziger Jahren aktiven radikalen Design-Gruppe Superstudio, Architektur studiert (1969–1975) und schon damals das Bedürfnis verspürt, sich außerhalb der Hauptströmung der Architektur zu bewegen. 1973 gründete er in Padua mit Studenten die Gruppo Cavart, die Performances,

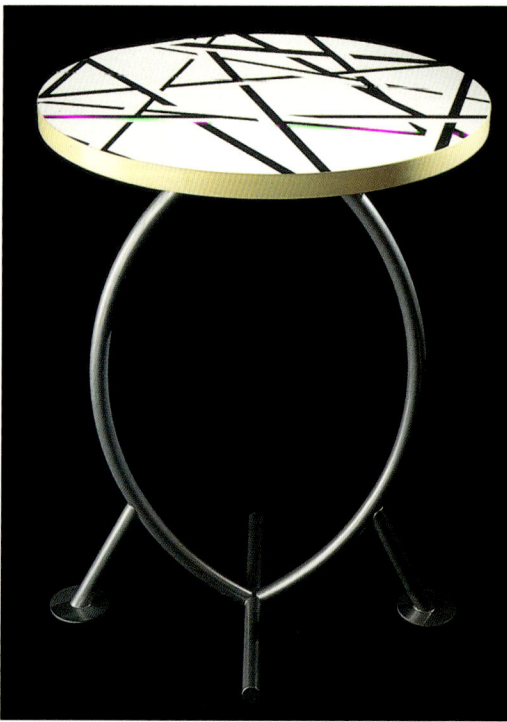

Workshops und lebhafte Debatten zum Thema Gestaltung organisierte. Die provokativen Aktivitäten dieser Gruppe übten einen starken Einfluß auf ein Seminar über radikales Design aus, das zwei Jahre später in Monselice stattfand. 1976 eröffnete De Lucchi sein eigenes Studio, Architetture e Altri Piaceri (Architektur und andere Vergnügen), in dem er weiterhin mehr an konzeptionellen als an funktionellen Projekten arbeitete. Von Anfang an zeichnete sich De Lucchis wohldurchdachter Design-Ansatz durch einfache Gestaltungsmittel und Materialien aus. Oberflächlich betrachtet kombiniert er einfach nur vergnüglich Form, Farbe, Textur und Muster, doch auf einer tieferen Ebene repräsentieren seine Entwürfe eine Welt der Ideen mit ironischen visuellen Referenzen an Geschmack und Kultur.

De Lucchis Rolle im italienischen Design

1974 hatte De Lucchi im Studio von Gaetano Pesce (S. 224–226) gearbeitet; drei Jahre später kam er auf Vorschlag von Sottsass nach Mailand, wo er mit dem Theoretiker Andrea Branzi an einer Ausstellung und einem Buch über italienisches Design der fünfziger Jahre arbeitete. 1979 nahm er mit Sottsass ein Büromöbelprojekt für Olivetti in Angriff, in dem blaue und graue Stücke kombiniert wurden. Seine eigenen, im selben Jahr für das Studio Alchimia entstandenen Entwürfe waren eindeutig von den fünfziger Jahren beeinflußt. Seine Tischleuchten »Sinvola« und »Sipernica« zum Beispiel fordern spielerisch die Grenzen zwischen gutem und schlechtem Geschmack – und Design – heraus. In seinen Entwürfen für die Memphis-Ausstellungen der frühen achtziger Jahre, bei deren Organisation er eine Schlüsselrolle spielte, setzte er diese innovative Strategie noch wirkungsvoller ein.

Memphis

De Lucchis Designs der frühen achtziger Jahre zeichnen sich aus durch Verspieltheit, ausgeprägte Metaphorik und einen expressiven und narrativen Gehalt, der sie über bloße Übungen zur Lösung praktischer Probleme hinaushebt. Er verwarf die harten Kanten und nüchternen Farben des neuen Funktionalismus und hob statt dessen das Bedürfnis nach einem weicheren, unschuldigeren, kindlicheren Ansatz hervor, der Vergangenes heranzog, wo es

Für die Memphis-Ausstellung 1984 kreierte De Lucchi das Bett »Horizont« (rechts). Es ist typisch für seine frühen Arbeiten für Memphis, in denen er gern Kunststofflaminate in kräftigen Farben sowie grafische Schwarzweißmuster wie in der »Op-Art« verwendete. Dieser weniger ernste Ansatz gehörte zu einer neuen Bewegung im modernen Design, die neben der Funktionalität auch Geist und Expressivität mit einschloß.

Den Tisch »Cairo« (unten) aus Stahlrohr und lackiertem Holz entwarf De Lucchi für die Memphis-Ausstellung 1986. Das Stück zeigt, daß er gerne als eine Form der Kritik und des Kommentars etwas Ironie in die Gestaltung einfließen läßt. Während er sich durch geometrische Formen und gebogenes Metall offen auf den bahnbrechenden Modernismus des Bauhauses bezieht, nimmt er diesem gleichzeitig durch ein dekoratives Oberflächenmuster und einen exotischen Namen, der eher eine Geschichte erzählt, als daß er auf die Funktion Bezug nimmt, seinen Nimbus.

Die Vase »Antares« (rechts unten), aus Glas geblasen für die Memphis-Ausstellung 1983. Wie Sottsass verwendet De Lucchi geblasenes Glas, weil es ein flexibles Medium ist, mit dem er eindrucksvolle Bilder und Formen schaffen kann. Mit der für ihn typischen Respektlosigkeit karikiert er jedoch den traditionellen Aspekt der Glasbläserkunst, indem er das Objekt aussehen läßt, als sei es aus Plastik.

Die Sitztruhe »Saltimbanco« (oben) entwarf De Lucchi 1992 zusammen mit Mario Rossi für Play Line. Die geschwungenen Lehnen aus Holz lassen das Genie der Designer für simple, aber dennoch expressive Formen erkennen.

angebracht war, und Form, Textur und Farbe wie Teile einer expressiven Sprache benutzte. Seine Tischleuchte »Oceanic« aus Metall (1981) für Memphis zum Beispiel hatte die Gestalt eines stilisierten Seeungeheuers; ein Stück im Stil der »Op-Art« der sechziger Jahre in lebendigem Schwarz, Gelb und Weiß. In seinen zahlreichen Möbelentwürfen dieser Periode ent-

wickelte De Lucchi seine individuelle Sprache des Designs. Nach dem Erfolg von Memphis vergrößerte sich De Lucchis Kundenkreis rapide; neben vielen anderen kamen die italienischen Beleuchtungshersteller Fontana Arte und Artemide, die Kunststoff-Firma Kartell, für die er Schreibtisch-Accessoires entwarf, und der deutsche Möbelhersteller Bieffeplast hinzu. Im Verlauf des nächsten Jahrzehnts wuchs auch sein Studio: Er arbeitete für Olivetti (das Büromöbelprojekt Ikarus 1983), entwarf Geschäftsinterieurs (Mandarin Duck, Mailand 1988), begann Projekte für Großunternehmen (unter anderem eines für die Deutsche Bank Ende der achtziger Jahre) und schuf Möbel und andere Produkte, einschließlich seiner Schreibtischlampe »Tolomeo« 1983 für Artemide.

Doch neben seinen expandierenden Aktivitäten und der Notwendigkeit, immer ausgefeiltere Strategien für seine zahlreichen Aufträge auszuarbeiten, spürte Michele De Lucchi das Bedürfnis, auch noch auf einer persönlicheren, innovativen Basis zu arbeiten. 1990 gründete er deshalb

Produzione Privata, eine kleine Produktionsfirma, die es ihm ermöglicht, kreative Erfüllung zu finden in der Arbeit an kleineren dekorativen Objekten aus Metall, Glas und aus Keramik. In scharfem Gegensatz dazu fungiert er seit Mitte der neunziger Jahre gleichzeitig als Chefdesigner bei Olivetti, dem Unternehmen mit einer der einflußreichsten Designabteilungen in Italien.

Von den Möbel- und Produktdesignern, die in den achtziger Jahren begannen, ihre Talente unter Beweis zu stellen – etwa Jasper Morrison, Massimo Iosa-Ghini, Matteo Thun, Ron Arad, George Sowden, Daniel Weil, Michele De Lucchi, Nigel Coates, Bořek Šípek und Philippe Starck –, war Antonio Citterio (geb.

1950) einer der unauffälligsten. Im Gegensatz zu den eher extravaganten Stücken beispielsweise von Arad und Šípek (siehe S. 256/257 und 234/235) bestachen seine Entwürfe durch Unaufdringlichkeit und wurden wegen ihrer Achtsamkeit für Details sowie ihrer Professionalität in jeder Hinsicht gelobt.

Antonio Citterio

Ausbildung zum Architekten

Der in Meda bei Mailand geborene Citterio schloß 1972 am Polytechnikum in Mailand sein Architekturstudium ab, obwohl er schon circa

Die Aufmerksamkeit für Details bei seinen Entwürfen – meist für italienische Möbelhersteller – und seinen Einrichtungsprojekten hat Antonio Citterio bekannt gemacht.

Den »T-Chair« (unten) entwickelte Citterio 1996 zusammen mit Glen Oliver Low für Vitra. Die schlichte, funktionale Form wird durch die Blockstreifen der Lehne und die grünen Armstützen ausgewogen.

fünf Jahre zuvor begonnen hatte, Aufträge als Industrie-Designer zu übernehmen. Danach eröffnete er in Lissone ein Studio mit Paolo Nava, mit dem er bis 1981 eng zusammenarbeitete. Die Siebziger wurden intensive und rigorose Lehrjahre für Citterio: Mit dem Architekten Vittorio Gregotti restaurierte er die Mailänder Kunstgalerie Brera, und 1973 begann er die Zusammenarbeit mit dem Möbelhersteller B&B (früher C&B) Italia, durch die im Verlauf der nächsten beiden Jahrzehnte bedeutende Entwürfe entstanden. Anfang der neunziger Jahre zählten die italienischen Möbel- und Accessoires-Produzenten Boffi, Flexform, Rivaplast, Kartell und Moroso und der deutsche Möbelhersteller Vitra zu seinen Klienten. Ab 1987 entwarf er zusammen mit seiner Frau, der amerikanischen Designerin Terry Dwan, Ausstellungsräume für B&B Italia, Büros und Ausstellungsräume für Vitra in Deutschland und Paris sowie ein Büromöbelsystem für Olivetti, und Anfang der neunziger Jahre richteten sie zusammen Büros in Osaka und Tokyo ein.

Internationale Anerkennung

Zu Beginn der neunziger Jahre stellte Citterio Möbelentwürfe vor, die erstmals international Aufsehen erregten. Auf den Mailänder Möbelausstellungen zählten seine so eleganten wie bequemen Sitzmöbel zu den herausragendsten Objekten.

Zwar hatte er auch schon früher eine ganze Reihe interessanter Stücke vorgestellt – etwa den Sessel »Diesis« (1980, siehe S. 255 rechts) für B&B Italia, die Liege »Max« (1983) und das Sofa »Phil« (1985, beide für Flexform) und die kleine Wandleuchte »Enea« (1987) aus eloxiertem Aluminium für Artemide –, doch erreichten seine Reife und sein Selbstvertrauen 1990 ihren Gipfel mit »Baisity«, einer Serie von Stühlen und Sofas für B&B Italia, und im folgenden Jahr mit Möbeln für Flexform, Vitra und Kartell. Alle Stücke stellten schlichte, elegante, neomoderne Lösungen des Sitzproblems dar und waren in Stahl, Leder und Stoff ausgeführt.

Bestachen die Stühle und Sofas sämtlich durch ihr gutes Aussehen, so gingen Antonio Citterios 1990 für Kartell entworfene Klapptische und Servierwagen noch einen Schritt weiter. Der aus Kunststoff, Aluminium und Stahl gefertigte Servierwagen »Battista« etwa war nicht nur praktisch, elegant und höchst professionell gestaltet; er ließ auch einen starken Individualismus erkennen, der vor allem in einem ungewöhnlichen Mechanismus aus Metall zum Ausdruck kam, mit dem die obere Servierfläche vergrößert werden konnte. Dieses Stück wie auch das Pendant dazu, ein zusammenklappbarer Servierwagen namens »Filippo«, waren große Erfolge für Citterio.

Der Wohnbereich einer Villa bei Como (links); die Einrichtung stammt von Citterio und seiner Frau Terry Dwan. Der offene Raum wird nur durch Säulen und eingebaute Regale gegliedert – eine Reminiszenz an modernistische Interieurs der zwanziger Jahre –, während die einfachen Stühle eine nostalgische, antiquierte Atmosphäre vermitteln.

Den Sessel »Diesis« (unten) entwarf Citterio 1980 zusammen mit Paolo Nava. Er wurde von B&B Italia hergestellt und gehört zu Citterios frühesten Arbeiten. Mit seinem Stahlrohrrahmen und der Lederpolsterung ist er eindeutig Vorläufern aus der Zeit der Moderne verpflichtet.

Das Schubladensystem »Mobil« aus Kunststoff und Metall (1994, unten), entworfen in Zusammenarbeit mit Glen Oliver Low für Kartell. Ursprünglich hatte Citterio es für sein eigenes Büro konzipiert.

Eklektischer Ansatz

Der Reiz von Citterios Arbeiten liegt in ihrer augenscheinlichen Einfachheit. Diese erreicht er durch sein genaues Augenmerk für das Detail, sei es für die Art und Weise, wie die Füße seiner Stühle und Sofas auf dem Boden stehen, wie er »High-Tech-Materialien« und »natürliche« kombiniert oder auch durch die Schaffung ansprechender und einprägsamer Formen. Gestaltungen, die die Vergangenheit wachrufen – etwa Stühle mit gebogenen Rückenlehnen, die an das neoklassizistische Biedermeier der Mitte des 19. Jahrhunderts erinnern –, vermischen sich mit sachlichen, neomodernen Linienführungen und Materialien; Handgemachtes findet sich neben massenproduzierter Ware. Eine Serie von Ledersesseln erinnert an traditionelle Lloyd-Loom-Stücke, obwohl die Füße von Citterios Entwürfen mit Stahlkappen überzogen sind. Die Innenausstattung einer Villa in Como (siehe oben) greift stilistisch auf modernistische Gestaltungen der zwanziger Jahre zurück. Mit dieser cleveren Kombination von »Alt« und »Neu« sorgte Citterio in den neunziger Jahren immer wieder für Aufsehen.

Der in London lebende israelische Designer Ron Arad (geb. 1951) sieht seine Objekte als Formen des persönlichen Ausdrucks an und – durch den Produktions- und Verteilungsprozeß vermittelt – auch für den Konsumenten. In diesem Sinne betrachtet er sich in erster Linie als Künstler. Seine Arbeit ist hauptsächlich ideeller Natur. Arads Entwürfe für Möbel, für die er grobe Materialien wie Metall und Beton verwendet, reflektieren den postindustriellen urbanen Verfall des rezessionsgeplagten Großbritanniens, während er mit seinen Objekten, in die er Altmaterialien einarbeitet, in Bereiche eindringt, die er mit Künstlern wie Marcel Duchamp teilt. Durch zahlreiche Ausstellungen und innenarchitektonische Projekte wurde Arad international bekannt.

Ron Arad

Ron Arads Entwicklung führte ihn weg vom Kunsthandwerk zur Eleganz fabrikgefertigter Produkte. Er schuf anspruchsvolle Objekte und Interieurs für zahlreiche internationale Hersteller.

Ausbildung und frühes Werk

Arad studierte von 1971 bis 1973 Architektur an der Kunstakademie in Jerusalem und danach bis 1979 bei der Londoner Architectural Association, wo er mit den Ideen von Peter Cook, einem Mitglied der Pop-Architekturgruppe Archigram, in Kontakt kam und das Werk des italienischen Designers Gaetano Pesce (siehe S. 224/225) entdeckte. In seinen Anfangsjahren beeinflußte ihn die Bekanntschaft mit dem britischen Möbelhersteller Dennis Groves, mit dem er One-Off gründete, ein kleines, aber erfolgreiches Unternehmen in London. Hier begann er, sich mit der Konstruktion von Möbeln von Kee Klamp zu befassen – gerüstähnliche Teile, die zu Bettkästen, Regalen und ähnlichem zusammengeklemmt werden können –, einer Gestaltung, die einem in den achtziger Jahren als High-Tech bekannten Stil nahestand.

Arads Durchbruch als Designer kam 1981 mit seiner Idee der »Rover-Stühle« – Sitzmöbel, für die er ausgediente Ledersitze von Automobilen der Marke Rover verwendete. Noch im selben Jahr kreierte er den Sitzsack »Transformer«, einen mit Granulat gefüllten Vinyl-Sack, dessen Form sich dem Körper des darauf Sitzenden anpaßte. Ein Jahr später verwertete er mit seiner Lampe »Aerial« erneut etwas bereits fertig Produziertes – dieses Mal eine Autoradio-Antenne –, und von da an begann sein Name immer wieder in Design-Zeitschriften aufzutauchen.

Neue Ideen

Von One-Off ausgehend, das er mittlerweile jedoch allein in Covent Garden führte, baute er im Lauf der achtziger Jahre ein Möbelunternehmen auf. Er schuf überraschende, surreal wirkende Konstruktionen aus Stahlblech und Beton – ersteres verwendete er für große Sessel, letzteren für Stereoanlagen wie zum Beispiel »Concrete Stereo« (1984). Seine ungewöhnlichen Exponate machten ihn bekannt, und er wurde gebeten, 1987 in Paris auszustellen. Dort zeigte er einen »Metall-Compacter«, der seine Beschäftigung mit dem urbanen Zerfall versinnbildlichen sollte. Diesen stellte er im selben Jahr auch auf der achten documenta in Kassel aus; weitere Arbeiten zeigte er in der Londoner Galerie Edward Totah, die ansonsten nur Werke aus dem Bereich der schönen Künste ausstellt.

Design und Einrichtungsprojekte

Seit Ende der achtziger Jahre erhält Arad Designaufträge von führenden Möbelherstellern. Er befaßte sich jedoch auch mit innenarchitektonischen Projekten. Unter anderem gestaltete er Modeläden in London und Mailand und das Foyer der Oper von Tel Aviv (1988, siehe S. 257 rechts). Vitra produzierte seinen »Welltempered Chair«, einen Stuhl aus vier Teilen genieteten und gefalzten, gehärteten Stahls. Für das italienische Unternehmen Sawaya & Moroni entwarf er Holzmöbel und für Zeev Aram in London einen Tisch mit Glasplatte. 1989 produzierte die in Italien ansässige Firma Moroso seinen Stuhl »Big Easy Red

*Das Bücherregal »Bookworm«
(»Bücherwurm«, 1992, oben) war eine
der typischen einfachen Ideen Arads.
Es besteht aus einem einzigen fort-
laufenden Stück Stahlblech, das viermal
gebogen und in Schleifen übereinander
gelegt wurde.*

Volume« aus Vinyl. Bei all diesen
Projekten drängte er das grobe,
werkstattmäßige Aussehen seiner
früheren Arbeiten zugunsten eines
ausgefeilteren Designs zurück.
Auf der Mailänder Möbelmesse
1991 erntete Arad großen Beifall
für seine zwölf Polstersessel, die
er für Moroso entworfen hatte;
sein Image als »Metallausbeuler«
wurde damit weiter zurück-
gedrängt. In den neunziger Jahren
hat er diese neue Richtung weiter-
verfolgt und in seinen Werken eine
breite Palette an Materialien
verarbeitet. 1997 übernahm er
die Professur für Möbeldesign am
Londoner Royal College of Art,
womit seine herausragende
Stellung auf diesem Gebiet bestätigt wurde.

*1994 gestaltete Arad das Restaurant
Belgo Noord in London (oben)
Die Raumwirkung, die an das Innere des
Mutterleibs erinnert, wird erreicht durch
die gebogenen, unregelmäßigen Wand-
flächen und die subtile Beleuchtung,
teilweise durch Deckenfenster.*

*Die Bronzetreppe des neuen Opernhauses
von Tel Aviv (rechts, 1988), die Arad
zusammen mit Alison Brooks von Arad
Associates entwarf. Der beeindruckende
Raum, der durch die glänzenden Stufen
gestaltet wird, ist bis heute eine der
wirkungsvollsten und bedeutendsten
Arbeiten Arads.*

*Der Stuhl »Fantastic Plastic Elastic«
(1997, siehe S. 256 unten). Mit diesem
Entwurf brachte Arad seine Vorliebe für
neue Materialien und ihr optische Wirkung
in Einklang mit organischen Formen, die
ihn vom Modernismus des frühen 20. Jahrhunderts unterschied.*

Obwohl der Brite Jasper Morrison (geb. 1959) noch nicht sehr lange als Möbel-und Produktdesigner tätig ist, genießt er bereits internationale Anerkennung. Seit seiner bemerkenswerten und von den Medien viel beachteten Abschluß-ausstellung am Londoner Royal College of Art im Jahre 1985 hat sein Bemühen um das Praktische, um Einfachheit und Ehrlichkeit im Design – verbunden mit einem untrüglichen Auge für elegante Form und Sorgfalt bei der

Herstellung – dazu geführt, daß er unablässig im Rampenlicht stand. Doch Morrison ist seinem Wesen nach eine Persönlichkeit, die lieber im Hintergrund bleibt, und in gewisser Weise reflektieren seine Möbelentwürfe diesen Wunsch. Sie sind im wesentlichen unspektakulär und erinnern entfernt an große Vorbilder, ohne diese jedoch kopieren zu wollen. Auch sind sie weit davon entfernt, langweilig zu sein, sondern bestechen vielmehr durch Exaktheit und Originalität.

Jasper Morrison

Jasper Morrison hat sich in kürzester Zeit international als vielbeachteter und äußerst origineller Designer etabliert. In seiner Zusammenarbeit mit verschiedenen europäischen Herstellern, unter anderem Cappellini in Italien und Vitra in Deutschland, erwies er sich als minimalistisch arbeitender und vielversprechender Möbel- und Produktdesigner.

Das 1989 für Cappellini entworfene Aufbewahrungssystem »Universal« (siehe S.259 unten) besteht aus einer Serie von Schränken und Kommoden mit Schubladen. Optisch beziehen sich die einzelnen Teile aufeinander durch ihre Größe, ihre Proportionen und durch das Eingriffsloch in jeder Schublade oder Tür.

Der 1994 entstandene Flaschenträger aus Kunststoff und Metall (unten), produziert von Magis in Italien, ist in mehreren gedämpften Farben erhältlich. Er ist einfach und funktional, und die Qualität des Kunststoffs macht aus diesem nützlichen Objekt einen begehrenswerten Haushaltsgegenstand.

Ausbildung und frühes Werk

Morrison begann seine Ausbildung 1979 an der Kingston School of Art and Design im englischen Surrey, wo er Möbeldesign studierte. 1982 setzte er seine Studien am Royal College of Art in London fort. Ein Stipendium ermöglichte ihm zeitweise auch den Besuch der Hochschule für Kunst in Berlin. Bekannt wurde er jedoch bereits lange vor dem Abschluß seines Studiums durch seinen Tisch »Lenkstange« (1981), einer Konstruktion aus Holz, zwei Lenkstangen und einer runden Glasscheibe. Sein Erfolg setzte sich fort mit einigen einfachen Stühlen mit Stahlfüßen, die er 1982 für den Londoner Hersteller Sheridan Coakley entwarf, und seinem »Blumentopf-Tisch« (1983), bestehend aus einer Ansammlung von Blumentöpfen, die von einer Kreisfläche aus Glas gekrönt wurden; Produzent war die italienische Firma Cappellini. Als Morrisons Arbeiten 1985, in seinem letzten Jahr am Royal College of Art, dort gezeigt wurden, wartete bereits eine ganze Schar von Anhängern auf ihn, und sein bis dato bemerkenswertester Entwurf enttäuschte die in ihn gesetzten Erwartungen nicht: Sein Stuhl »Laundry Box« aus Hartfaserplatte und Flügelmuttern war höchst innovativ. Ein kleiner Betrieb, der Wäschekästen produzierte, hatte das in Form und Konstruktion simple Stück gebaut. Mit diesem

Stuhl – dessen Musterproduktion er selbst organisierte – etablierte sich Morrison als ein überaus origineller Designer mit einem ungewöhnlichen Verständnis für Herstellungsprozesse und der Fähigkeit, mit seiner Arbeit unkomplizierte, freimütige, leicht verständliche und ansprechende Aussagen zu machen.

Internationale Anerkennung

Im darauffolgenden Jahr wurde die Wohnung, die Morrison für sich selbst in London einrichtete, in verschiedenen Zeitschriften gezeigt, und von da an entwickelte sich seine internationale Karriere in einem vordem nicht gekannten Tempo. Schon bald erhielt er Aufträge aus Italien und Deutschland sowie Einladungen, an internationalen Ausstellungen mitzuwirken, darunter die achte Kasseler documenta (1987), auf der er mit einer Reihe von Möbeln vertreten war und für Reuters einen Raum gestaltete, sowie eine Ausstellung in Berlin (1988), bei der er einige

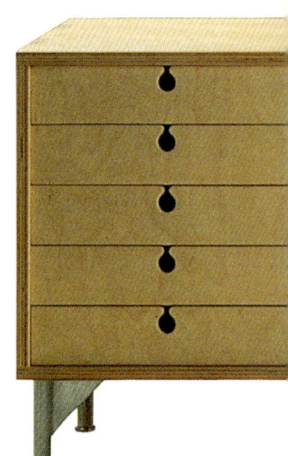

So wenig radikal dieser für Vitra entworfene Holzstuhl (1988, links) zu sein scheint, hat er doch eine ausgesprochen zeitgemäße und ansprechende Formgebung. Die Sitzfläche aus Sperrholz ist elastisch, so daß er nicht nur attraktiv, sondern auch bequem ist.

neue Haushaltsgegenstände vorstellte. Ab 1986 zeigte er auf den Mailänder Möbelmessen seine jeweils neuesten Arbeiten. Für das deutsche Unternehmen FSB entwarf Morrison einen Türgriff, von dem er in den folgenden Jahren noch weitere Versionen präsentierte. Vitra, ebenfalls aus Deutschland, gab bei ihm mehrere Möbelstücke in Auftrag; zu den Resultaten zählen ein eleganter Holzstuhl mit

offener Lehne, flacher Sitzfläche und leicht geschwungenen hinteren Beinen (1988, oben links) sowie Anfang der neunziger Jahre ein gepolstertes Sofa mit vier eloxierten Aluminiumfüßen. Auch eine italienische Firma erkannte rasch Morrisons enormes Potential: Für Cappellini entwarf er unter anderem seinen »Stuhl des Denkers«, einen Klubsessel mit Metallrahmen und Armpolstern

(1988), und sein »Universal System«, eine Serie aus 25 Schränken aus Buchenfurnier (1993, links).

Spätere Arbeiten

In letzter Zeit hat Morrison den Bereich des Möbeldesigns verlassen, um eine Straßenbahn für die Stadt Hannover zu entwerfen, und plant, sich künftig verstärkt im Produktdesign zu betätigen. Allerdings steht der Herstellungsprozeß für ihn weiterhin an erster Stelle, und so sehr er sich auch für Materialien interessiert, bevorzugt er doch vor

allem jene, die eine leichte und billige Produktion ermöglichen, wie etwa Sperrholz und Aluminium. Obwohl die Herstellung von Prototypen seiner Produkte für Morrison innerhalb des gesamten Designprozesses große Bedeutung hat, ist er dennoch eindeutig mehr Designer als Handwerker, denn es ist der gedankliche Prozeß, der seine Arbeit dominiert. Und so sehr er sich im Einklang mit den Werten der Moderne weiß, gehört er doch ebensosehr zur Kultur der neunziger Jahre.

Der »Rug of Many Bosoms« (»Teppich der vielen Brüste«, 1985, oben) ist wegen seines Musters ungewöhnlich für Morrison; im allgemeinen zieht er es vor, seine Objekte allein durch Struktur und Material wirken zu lassen.

Bibliographie

Allgemeine Literatur

Albera, G., und Monti, N.,
»Italian Modern: A Design
Heritage«, New York 1989.
Ambasz, E. (Hg.), »Italy: The New
Domestic Landscape«,
New York 1972.
»Art and Industry: A Century of
Design in the Products We Use«,
London 1982
(Ausstellungskatalog).
Baroni, D., »L'Oggetto Lampada«,
Mailand 1981.
Byars, M., und Flinchum, R. (Hg.),
»50 American Designers«,
Washington 1994.
Cooke, F., »Glass: Twentieth-Century
Design«, New York 1986.
»Design Français: 1960–1990«,
Paris 1988 (Ausstellungskatalog).
»Design Process: Olivetti
1908–1983«, Mailand 1983
(Ausstellungskatalog).
Doblin, J., »One Hundred Great
Product Designs«, New York 1970.
Dormer, P., »Design Since 1945«,
London 1993.
Fiell, C., und Fiell, P.,
»Modern Furniture Classics Since
1945«, London 1991.
Fiell, C., und Fiell, P., »Modern Chairs«,
Köln 1993.
Fossati, P., »Il design in Italia«,
Turin 1972.
Gregotti, V., »Il disegno del prodotto
industriale: Italia 1860–1980«,
Mailand 1982.
Heisinger, K. B., und Marcus, G. H.
(Hg.), »Design Since 1945«,
Philadelphia 1983.
Heisinger, K. B., und Marcus, G. H.,
»Landmarks of Twentieth-Century
Design«, New York 1993.

Mathey, F., »Au bonheur des formes:
design français 1945–1992«,
Paris 1992.
McFadden, D. R., »Scandinavian
Modern Design 1880–1980«,
New York 1982.
McQuiston, L., »Women in Design:
A Contemporary View«, New York
1988.
Myerson, J., und Katz, S., »Conran
Design Guides: Lamps and Lighting,
London 1990.
Myerson, J., und Katz, S., »Conran
Design Guides: Kitchenware«,
London 1990.
Opie, J. H., »Scandinavia: Ceramics and
Glass in the Twentieth-Century«,
New York 1989.
Pansera, A., »Atlante del Design
Italiano 1940–1980«,
Mailand 1980.
Phillips, L., »Space and Environment:
Furniture by American Architects«,
New York 1982.
Phillips, L., et al., »High Styles,
Twentieth-Century American
Design«, New York 1985.
Sparke, P., »An Introduction to Design
and Culture in the 20th Century«,
London 1986.
Sparke, P., »Japanese Design«, London
1987.
Sparke, P., »Design in Italy: 1870 to the
Present«, New York 1988.
Weston, R., »Modernism«, London
1996.
Wilk, C., »Thonet: 150 Years of
Furniture«, New York 1980.
Zahle, E. (Hg.), »A Treasury of
Scandinavian Design«,
New York 1961.
Zahle, E., »Scandinavian Domestic
Design«, London 1963.

Das neue Jahrhundert

Seite 12 / 13:
Geretsegger, H., und Peintner, M.,
»Otto Wagner«, London 1970.
»Otto Wagner, Vienna 1841–1918:
Designs for Architecture«, Oxford
1985 (Ausstellungskatalog).

Seite 14 / 15:
Garner, P., et al., »The Amazing
Bugattis«, London 1979.
»Die Bugatti«, Hamburg 1983.

Seite 16 / 17:
Ploegaerts, L., und Puttemans, P.,
»Henri van de Velde«, Brüssel 1987.
Sembach, K.-J., »Henri van de Velde«,
London 1989.

Seite 18 / 19:
Campbell, N., und Seebohm, C.,
»Elsie de Wolfe: A Decorative Life«,
New York 1992.
Smith, J. S., »Elsie de Wolfe: A Life in
High Style«, New York 1982.

Seite 20 / 21:
Frontisi, C., »Hector Guimard:
Architectures«, Paris 1985.
Ferre, F., und Rheims, M., »Hector
Guimard«, New York 1985.

Seite 22 / 23:
Greenhalgh, P., »Ephemeral Vistas:
the Expositions Universelles, Great
Exhibitions, and World's Fairs
1851–1939«, Manchester 1988.
Silverman, D. L., »Art Nouveau in
Fin-de-Siècle France: Politics,
Psychology and Style«, Kalifornien
1989.

Seite 24 / 25:
Hanks, D.A., »The Decorative Designs
of Frank Lloyd Wright«, New York
1979.

Seite 26 – 29:
Crawford, A., »Charles Rennie
Mackintosh«, London 1995.
Kaplan, W., »Charles Rennie
Mackintosh«, Glasgow 1996.

Seite 30 – 33:
Buddensieg, T., et al., »Industriekultur:
Peter Behrens und die AEG
1907–1914«, Cambridge, MA,
1979.
Windsor, A., »Peter Behrens, Architect
and Designer: 1868–1940«,
London 1981.

Seite 34 – 39:
Sekler, E. F., »Josef Hoffmann«, Salzburg
1982.
Vergo, P., »Art in Vienna 1898–1918«,
London 1975.
Baroni, D., und D'Auria, A., »Josef
Hoffmann e la Wiener
Werkstätte«, Mailand 1981.
Schweiger, W. J., »Wiener Werkstätte:
Kunst und Handwerk 1903–1932«,
Wien 1982.

Konservative Moderne

Seite 44 / 45:
Brunhammer, Y., »Jean Dunand, Jean
Goulden«, Paris 1973.
Garner, P., The Lacquer Work of Eileen
Gray and Jean Dunand, in:
»Connoisseur«, März 1973.
Marcilhac, F., »Jean Dunand: His Life
and Works«, London 1991.

Seite 46–49:
Adam, P., »Eileen Gray: Architect-designer«, New York 1987.
Garner, P., »Eileen Gray: Designer and architect«, Köln 1993.

Seite 50/51:
Camard, F., »Ruhlmann«, Paris 1983.
»Retrospective Ruhlmann«, Musée des Arts Décoratifs, Paris 1934 (Ausstellungskatalog).
»Ruhlmann Centenary Exhibition«, Foulk Lewis Collection, London 1979 (Ausstellungskatalog).

Seite 52/53:
Brunhammer, Y., »Les années 25: Collection du Musée des Arts Décoratifs«, Paris 1966.
Hillier, B., »Art Deco«, Minneapolis 1971.
Duncan, A., »Art Deco«, London 1988.
Battersby, M., »The Decorative Twenties«, London 1969.
Battersby, M., »The Decorative Thirties«, London 1971.

Seite 54/55:
Fisher, R., »Syrie Maugham«, London 1978.

Seite 56–59:
Boman, M., (Hg.), »Estrid Ericson: Founder of Svenskt Tenn«, Stockholm 1989.
Stritzler-Levine, N. (Hg.), »Josef Frank: Architect and Designer«, New York 1966.
Wangberg-Ericcson, K., »Josef Frank, Livstrad i krigens skugga«, Stockholm 1994.

Seite 60/61:
Batkin, M., »Wedgwood Ceramics 1846–1952: A New Appraisal«, London 1983.
Taylor, D., Keith Murray: A Modernist Designer in Glass, Ceramics and Metal, in: »Studies in the Decorative Arts«, Bd. 1, Nr. 2, New York, Frühjahr 1992.

Seite 62/63:
Davidson, G., Donald Deskey, in: Byars, M., und Flinchum, R., »50 American Designers 1918–1968«, Washington 1994.
Davies, K., »At Home in Manhattan: Modern Decorative Arts 1925 to the Depression«, New Haven 1983.
Hanks, D.A., und Toher, J., »Donald Deskey«, New York 1987.

Seite 66–69:
»Wilhelm Kåge: Gustavsberg«, Stockholm 1953 (Ausstellungskatalog).

Seite 72/73:
Myerson, J., »Gordon Russell, Designer of Furniture«, London 1992.
Russell, G., »Designer's Trade: Autobiography of Gordon Russell«, London 1968.

Seite 74–77:
Fleig, K., und Aalto, E., »Alvar Aalto: The Complete Work«, New York 1992.
Schildt, G., »Alvar Aalto: The Early Years«, New York 1984.

Seite 78/79:
Pritchard, J., »View from a Long Chair: The Memoirs of Jack Pritchard«, London 1984.

Seite 80/81:
Herald, J., A Portrait of Enid Marx, in: »Crafts«, Nr. 40, London, September 1979.
»Utility Furniture and Fashion«, Geffrye Museum, London 1974 (Ausstellungskatalog).
»Enid Marx«, Camden Arts Centre, London 1969 (Ausstellungskatalog).

Progressiver Modernismus

Seite 88–91:
Fitch, J.M., »Walter Gropius«, New York und London 1960.
Franciscono, M., »Walter Gropius and the Creation of the Bauhaus in Weimar«, Illinois 1971.
Gropius, I., »Walter Gropius: Buildings, Plans, Projects 1906–1969«, Massachusetts 1972.
Gropius, W., »The New Architecture and the Bauhaus«, London 1965.
Scheidig, W., »Crafts of the Weimar Bauhaus«, London 1967.
»The Bauhaus: Masters and Students«, New York 1988 (Ausstellungskatalog).
Whitford, F., »Bauhaus«, London 1984.

Seite 92/93:
Blaser, W., »Mies van der Rohe: Furniture and Interiors«, London 1982.
»Ludwig Mies van der Rohe: Furniture and Furniture Drawings from the Design Collection and the Mies van der Rohe archive of MOMA«, New York 1977.

Seite 94–97:
Choay, F., »Le Corbusier«, New York 1960.
De Fusco, R., »Le corbusier designer i mobili del 1929«, Mailand 1976.
»Women in Design: Careers and Life Histories Since 1900«, Stuttgart 1989 (Ausstellungskatalog).

Seite 98–101:
Baroni, D., und Bless, F., »The Furniture of Gerrit Thomas Rietveld«, New York 1978.
Brown, T.M., »The Works of Gerrit Rietveld«, Utrecht 1958.
Kuper, M., und van Lijl, I., »Gerrit Th. Rietveld: The Complete Works 1888–1964«, Utrecht 1992.

Seite 102/103:
El Lissitzky, »Russia: An Architecture for World Revolution«, Cambridge, MA, 1970.
Frampton, K., The Work and Influence of El Lizzitzky, in: »Architect's Yearbook«, Nr. 12, 1968.

Seite 104/105:
Carrell, C., et al., »The Rodchenko Family Workshop«, London 1989.
Karginov, G., »Rodchenko«, London 1979.
Quilici, V. (Hg.), »Rodchenko: The Complete Works«, London 1986.

Seite 106–109:
Blake, P., »Marcel Breuer, Architect and Designer«, New York 1949.
Droste, M., und Ludewig, M., »Marcel Breuer«, Köln 1992.
Wilk, C., »Marcel Breuer: Furniture and Interiors«, New York 1981.

Seite 114/115:
Eisenman, P., »Giuseppe Terragni«, Cambridge 1978.
Marciano, A. F., »Giuseppe Terragni: Opera Completa 1925–1943«, Rom 1988.
Schumacher, T.L., »Surface and Symbol: Giuseppe Terragni and the Architecture of Italian Rationalism«, London 1991.

Seite 116/117:
Teague, W. D., »Design This Day: The Technique of Order in the Machine Age«, London 1940.

Seite 118/119:
Appelbaum, S., »The New York World's Fair«, New York 1977.
Meikle, J., »20th Century Limited: Industrial Design in America 1925–39«, Philadelphia 1979.
Pulos, A., »American Design Ethic: A History of American Industrial Design to 1940«, Cambridge, MA, 1983.

Seite 120/121:
Loewy, R., »Industrial Design«, New York 1979.
»Raymond Loewy: Pioneer of American Industrial Design«, München 1990 (Ausstellungskatalog).
»The Designs of Raymond Loewy«, Washington 1976 (Ausstellungskatalog).

Seite 124–127:
Cantacuzina, S., »Wells Coates: A Monograph«, London 1978.
»Wells Coates, Architect and Designer«, Oxford 1979 (Ausstellungskatalog).
»Thirties: British Art and Design Before the War«, Hayward Gallery, London 1980 (Ausstellungskatalog).

Seite 128/129:
Hennessey, W.J., »Russel Wright: American Designer«, Cambridge, MA, 1983.
Wright, R., und Wright, M., »A Guide to Easier Living«, New York 1951.

Seite 130/131:
Dreyfuss, H., »Designing for People«, New York 1955.
Flinchum, R., »Henry Dreyfuss: Industrial Designer«, New York 1997.

Seite 132/133:
Ullen, J., The Saab Saga, in: »Style Auto«, 36, Turin 1980.
»Art and Industry«, Conran Foundation, London 1982 (Ausstellungskatalog).

Der neue Modernismus

Jackson, L., »Contemporary: Architecture and Interiors of the 1950s«, London 1994.

Seite 138–141:
Portoghesi, P., und Pansera, A., »Gio Ponti alla Manifattura di Coccia«, Mailand 1982.
Ponti, L.L., »Gio Ponti: The Complete Work 1923–1978«, Cambridge, MA, 1990.

Seite 142–145:
Faber, T., »Arne Jacobsen«, Stuttgart 1964.

Seite 146/147:
Branzi, A., und De Lucchi, M., »Design Italiano Degli Anni '50«, Mailand 1980.
Brino, G., »Carlo Mollino: Architecture as Autobiography«, London 1987.

Seite 148–151:
Drexler, A., »Charles Eames: Furniture from the Design Collection«, New York 1973.
Kirkham, P., »Charles and Ray Eames«, New York 1996.
Neuhart, J., Neuhart, M., und Eames, R., »Eames Design«, New York 1989.

Seite 154/155:
Abercrombie, S., »George Nelson: The Design of Modern Design«, Cambridge, MA, 1995.
Nelson, G., »On Design«, New York 1979.
Nelson, G., »Problems of Design«, New York 1957.

Seite 156/157:
Kuhner, R. A., »Eero Saarinen: His Life and Work«, Illinois 1975.
Spade, R., »Eero Saarinen«, London 1971.

Seite 160/161:
Moller-Nielsen, J., »Wegner: En Dansk Mobelkunstner«, Kopenhagen 1965.

Seite 162/163:
Conway, H., »Ernest Race«, London 1982.

Seite 164/165:
Bryk, R., »Tapio Wirkkala«, Washington 1956.

Seite 168–171:
Harris, J., »Lucienne Day: A Career in Design«, Manchester 1993.
Jackson, L., »The New Look: Design in the Fifties«, London 1991.
Lyall, S., »Hille: 75 Years of British Furniture«, London 1981.

Seite 172/173:
Celant, G., »Marcello Nizzoli«, Mailand 1968.

Seite 174/175:
Bruce, G., Eliot Noyes, in: Byars, M., und Flinchum, R. (Hg.), »50 American Designers«, Washington 1994.
Noyes, E., »Organic Design in Home Furnishing«, New York 1941.

Seite 176–179:
»Hans Gugelot: 1920–1965«, Bahnbrecher Systemdesign, Munich 1984 (Ausstellungskatalog).
»Hochschule für Gestaltung Ulm: Die Moral der Gegenstände«, Berlin 1987 (Ausstellungskatalog).

Seite 180/181:
Bayley, S. (Hg.), »Sony Design«, London 1982 (Ausstellungskatalog).

Seite 182/183:
Glancey, J., »Douglas Scott«, London 1988.

Seite 184–187:
Brandes, U., »Dieter Rams, Designer: Die leise Ordnung der Dinge«, Göttingen 1990.
Burckhardt, F., und Franksen, I., »Design: Dieter Rams«, Berlin 1980.

Seite 188/189:
»Kenneth Grange at the Boilerhouse: An Exhibition of British Product Design«, Victoria & Albert Museum, London 1983 (Ausstellungskatalog).

Aktion und Reaktion

Seite 194/195:
Ferrari, P., »Achille Castiglioni«, Mailand 1984.

Seite 196/197:
Dorfles, G., »Marco Zanuso: Designer«, Rom 1971.
Zanuso, M., »Dunhill Industrial Design Lecture«, Melbourne 1971.

Seite 198–201:
Pasca, V., »Vico Magistretti: Elegance and Innovation in Postwar Italian Design«, London 1991.

Seite 202/203:
Katz, S., »Plastics: Common Objects, Classic Designs«, New York 1984.
Sparke, P., »The Plastics Age«, Victoria & Albert Museum, London 1990 (Ausstellungskatalog).

Seite 204/205:
»Verner Panton«, Kopenhagen 1986.

Seite 208/209:
Favata, I., »Joe Colombo and Italian Design of the Sixties«, London und Mailand 1988.

Seite 210/211:
McCarty, C., »Mario Bellini, Designer«, New York 1987.

Seite 212/213:
Santini, P.C., »The Years of Italian Design: A Portrait of Cesare Cassina«, Mailand 1981.

Seite 214/215:
Bayley, S., »Harley Earl and the Dream Machine«, New York 1983.

Seite 216–219:
Di Castro, F. (Hg.), »Sottsass' Scrapbook«, Mailand 1976.
Radice, B., »Ettore Sottsass: A Critical Biography«, New York 1993.
Sparke, P., »Ettore Sottsass Jr.«, London 1982.

Seite 224/225:
Vanlaethen, F., »Gaetano Pesce: Architecture, Design, Art«, New York 1989.
»Gaetano Pesce«, Tel Aviv und New York 1991 (Ausstellungskatalog).

Der Jahrtausendwende entgegen

Seite 230–233:
»ADI Annual 1976«, Mailand 1976.
Bangert, A., und Armer, K. M., »80s Style: Designs of the Decade«, New York 1990.

Seite 234/235:
Hirst, A., »Metropolitan Home«, April, New York 1990.
Lamarova, M., und Byars, M., »Bořek Šípek: The Nearness of Far Architecture and Design«, Amsterdam 1993.

Seite 236/237:
Frampton, K., und Rowe, C., »Five Architects: Eisenman, Graves, Gwathmay, Hejduk, Meier«, New York 1972.

Seite 238/239:
Jencks, C., »The Language of Postmodern Architecture«, London 1980.
Venturi, R., »Complexity and Contradiction in Architecture«, New York 1966.
Radice, B., »Memphis: The New International Style«, Mailand 1981.

Seite 240/241:
»Mobilier Japonais«, Tokyo 1985 (Ausstellungskatalog).
»The Works of Shiro Kuramata: 1967–1981«, London 1981 (Ausstellungskatalog).

Seite 242/243:
Pawley, M., »Eva Jiricna: Design in Exile«, London 1990.

Seite 246–249:
Boissière, O., »Starck«, Köln 1991.
»Nouvelles Tendances: les avantgardes de la fin du XXme siècle«, Paris 1986 (Ausstellungskatalog).

Seite 250/251:
Coad, E. D., »Javier Mariscal: Designing the New Spain«, New York 1991.
Julier, G., »New Spanish Design«, London 1991.

Seite 252/253:
Buck, A., und Vogt, M. (Hg.), »Michele De Lucchi«, Berlin 1993.

Seite 254/255:
Branzi, A., »The Hot House: The New Italian Design«, London 1982.
Shimizu, F., und Thun, M., »The Descendants of Leonardo: The New Italian Design«, Tokyo 1980.
Capella, J., und Larrea, Q., »Designed by Architects in the 1980s«, New York 1988.

Seite 256/257:
Sudjic, D., »Ron Arad: Restless Furniture«, New York 1989.

Seite 258/259:
Dormer, P., »Jasper Morrison: Designs, Projects and Drawings 1981–1989«, London 1990.

Produktionsfirmen

In das Verzeichnis aufgenommen wurden Firmen, die heute Designerobjekte produzieren.

Ajeto Lindava 167, 47158 Tschechische Republik. Produziert Entwürfe von Bořek Šípek.

Akaba SA Kale Nagusia, 56, 20160 Lasarte, Gipuzkoa, Spanien. Produziert Entwürfe von Javier Mariscal.

Alessi SpA via Privata Alessi, 6, 28023 Crusinallo (Novara), Italien. Produziert Entwürfe von Marianne Brandt, Ettore Sottsass, Richard Sapper, Michael Graves und Philippe Starck.

Alterego 572 Egelantiersgracht, Amsterdam, Niederlande. Produziert Entwürfe von Bořek Šípek.

Ron Arad Studio 62 Chalk Farm Road, London, NW1, UK. Produziert Entwürfe von Ron Arad.

Arflex SpA via Monte Rosa, 27, 29951 Limbiate (Mailand), Italien. Produziert Entwürfe von Marco Zanuso.

Arte srl via Nazario Sauro, 34, 22060 Arosio (Como), Italien. Produziert Entwürfe von Marco Zanuso.

Artek Oy Ab Etelaesplanade 18, FIN-00130, Helsinki, Finnland. Produzierte Entwürfe von Alvar Aalto.

Artemide SpA via Bergamo, 18, 20010 Pregnana Milanese, Italien. Produziert Entwürfe von Vico Magistretti, Ettore Sottsass, Richard Sapper und Michele De Lucchi.

Avarte Oy Hie Kkakiventie 2, FIN-00710, Helsinki, Finnland. Produziert Entwürfe von Yryo Kukkapuro.

Av Mazzega srl via Vivarini, 3, Murano (Venedig), Italien. Produziert Entwürfe von Michele De Lucchi.

B & B Italia SPA Strade Provinciale, Padua, Italien. Produziert Entwürfe von Antonio Citterio.

Baroni & Associati Corso di Porta Romana, 122, 20122 Mailand, Italien. Produziert Entwürfe von Ron Arad.

Belux AG Bremgartnerstrasse 109, 5610 Wohlen, Schweiz. Produziert Entwürfe von Ron Arad.

Bernini G.B. Bernini SpA, Carate Brianza, Italien. Produziert Entwürfe von Pier Giacomo und Achille Castiglioni.

Bigelli Marmi via Arceviese, 26, 60019 Senigállia, Italien. Produziert Entwürfe von Ron Arad.

Braun AG, Frankfurter Str. 145, 61476 Kronberg/Taunus, Deutschland. Produziert Entwürfe von Dieter Rams.

Cappellini Arte via Marconi 35, 22060 Arosio, Italien. Produziert Entwürfe von Shiro Kurumata und Jasper Morrison.

Cassina SpA via L. Busnelli, 1, 20036 Meda (Mailand), Italien. Produziert Entwürfe von Cassina, Charles Rennie Mackintosh, Frank Lloyd Wright, Gerrit Rietveld, Le Corbusier, Charlotte Perriand, Pierre Jeanneret, Mario Bellini, Vico Magistretti, Gaetano Pesce und Philippe Starck.

Castelli Anonima Castelli, Bologna, Italien. Produziert Entwürfe von Richard Sapper.

Classicon Perchtinger Straße 8, 81379 München, Deutschland. Produziert Entwürfe von Michele De Lucchi.

Cleto Munari Italien. Produziert Entwürfe von Ettore Sottsass.

Cosmic Barcelona, Spanien. Produziert Entwürfe von Javier Mariscal.

De Padova Corso Venezia, 14, 20121 Mailand, Italien. Produziert Entwürfe von Achille Castiglioni und Vico Magistretti.

Driade SpA via Padana Inferiore, 12, 29012 Fossadello di Caorso, (Piacenza), Italien. Produziert Entwürfe von Bořek Šípek und Philippe Starck.

Dux Mobel Sweden. Produziert Entwürfe von Bruno Mathsson.

Dyson Dual Cyclone Technology, Dyson Appliances Ltd, Tetbury Hill, Malmesbury, Wiltshire, SN16 0RP. Produziert den Staubsauger »Dual Cyclone«.

Evertaut & Hille (Idem Furniture) Cross Street, Darwen, Lancashire BB3 2PW, UK. Produziert Entwürfe von Robin Day.

Fiam Italia SpA Chiara del Vecchio, Conseil, 38, 20124 Vitruvio (Mailand), Italien. Produziert Entwürfe von Ron Arad.

Flos SpA via Angelo Faini, 2, 25073 Bovezzo (Brescia), Italien. Produziert Entwürfe von Philippe Starck und den Brüdern Pier Giacomo und Achille Castiglioni.

Fritz Hansen A/S Allerodvej 8, 3450 Allerød, Dänemark. Produziert Entwürfe von Arne Jacobsen, Vico Magistretti, Hans Wegner und Verner Panton.

Halifax srl via Furlanelli, 96, 20034 Giussano (Mailand), Italien. Produziert Entwürfe von Antonio Citterio.

Herman Miller Herman Miller Inc., Zeeland, MI, USA. Produziert Entwürfe von George Nelson und Verner Panton.

Ing C. Olivetti & Co. SpA 77 G. Jervis, 10015 Ivrea (Turin), Italien. Produziert Entwürfe von Michele De Lucchi.

IBM (International Business Machines Corporation), Old Orchard Road, Armonk, New York 10504, USA. Produziert Entwürfe von Richard Sapper.

Iittala Glassworks Iittala, Finland. Produziert Entwürfe von Alvar Aalto, Kaj Franck und Tapio Wirkkala.

Kartell SpA via dell Industrie, 1, 20082 Noviglio (Mailand), Italien. Produziert Entwürfe von Marco Zanuso, Philippe Starck und Antonio Citterio.

Kenwood Manufacturing Co. Ltd New Lane, Havant, UK. Produziert Entwürfe von Kenneth Grange.

Knoll International Worcester Street, New York, NY, USA. Produziert Entwürfe von Mies van der Rohe, Marcel Breuer, Eero Saarinen und Ettore Sottsass.

Le Klint Egstubben 13–15, DK-5270, Odense N, Dänemark. Produziert Entwürfe von Kaare Klint.

Logitech 6505 Kaiser Drive, Fremont, CA 94555, USA. Produziert Entwürfe von frogdesign.

Bruno Mathsson International AB S-331 27 Värnamo, Schweden. Produziert Entwürfe von Bruno Mathsson.

Magis srl Via Magnadola, 15, 31045 Motto de Lizenza (Treviso), Italien. Produziert Entwürfe von Jasper Morrison.

Mira-X SA CH-5034 Suhr, Schweiz. Produziert Entwürfe von Javier Mariscal.

Mobles Enric Granados, 114, 08008 Barcelona, Spanien. Produziert Entwürfe von Javier Mariscal.

Morphy Richards Talbot Road, Mexborough, South Yorkshire, S64 8AJ, UK. Produziert Entwürfe von Kenneth Grange.

Motorola 50 E. Commerce Drive North, M1, USA. Produziert Entwürfe von frogdesign.

Nani Marquina Bonavista 3, Barcelona, Spanien. Produziert Entwürfe von Javier Mariscal.

Olivetti via Lorenteggio, 257, 20152 Mailand, Italien. Produziert Entwürfe von Mario Bellini, Ettore Sottsass und Michele De Lucchi.

Packard Bell 1 Packard Bell Way, Sacramento, CA 91362, USA. Produziert Entwürfe von frogdesign.

Philips Consumer Electronics Alexanderstraße 1, 20099 Hamburg, Deutschland. Produziert Entwürfe von Ettore Sottsass.

Poltronova Poltronova SpA, Pistoia, Italien. Produziert Entwürfe von Ron Arad.

Produzione Privata SAS e Pintacuda via Pallavinco, 31, 20145 Mailand, Italien. Produziert Entwürfe von Michele De Lucchi.

Race Furniture, Ltd Bourton Industrial Park, Bourton-on-the-Water, Cheltenham, Gloucestershire GL54 28Q, UK. Produziert Entwürfe von Ernest Race.

Rosenthal AG Geheimrat-Rosenthal-Str. 71, 95100 Selb, Deutschland. Produziert Entwürfe von Walter Gropius, Michele De Lucchi.

Royal Copenhagen Smallgade 45, DK-2000 Frederiksberg, Dänemark. Produziert Entwürfe von Arne Jacobsen.

Rudolph Rasmussen's Snedkerier Nørrebrogade 45, 2200 Kopenhagen NV, Dänemark. Produziert Entwürfe von Kaare Klint.

Sambonet SpA 62 via XXVI Aprile, 13100 Vercelli, Italien. Produziert Entwürfe von Michele De Lucchi.

SCP Ltd 135–139 Curtain Road, London EC2A 3BA, UK. Produziert Entwürfe von Jasper Morrison.

Sony Corporation 6–7–35 Kitashinagawa, Shinagawa-ku, Tokyo 141, Japan.

Steltman Editions 330 Spuistraat, Amsterdam 1012 VX, Niederlande. Produziert Entwürfe von Bořek Šípek und Jasper Morrison.

Stelton Gl Vartov Vej 1, DK-2900 Hellerup, Kopenhagen, Dänemark. Produziert Entwürfe von Arne Jacobsen.

Steuben 717 Fifth Avenue, New York, NY 10022. Produziert Entwürfe von W. D. Teague und Michael Graves.

D. Swarovski & Co. 6112 Wattens, Österreich. Produziert Entwürfe von Bořek Šípek und Ettore Sottsass.

Svenskt Tenn Strandvägen 5, Box 5478, S-114 84 Stockholm. Produziert Entwürfe von Josef Frank.

Thomson Multimedia 9 Place des Vosges, 92050 Paris la Défense, Cedex France. Produziert Entwürfe von Philippe Starck.

Thonet GmbH, Postfach 1520, 35066 Frankenberg, Deutschland. Produziert Entwürfe von Alvar Aalto und Marcel Breuer.

Tupperware PO Box 2353, Orlando, Florida 32802, USA. Produziert Tupperware (erfunden von Earl Tupper).

Venini SpA, Fondata Vetrai, 50, 30141 Murano (Venedig), Italien. Produziert Entwürfe von Ettore Sottsass.

Vitra International AG Klünenfeldstraße 20, 4127 Birsfelden, Schweiz. Produziert Entwürfe von Charles Eames, Verner Panton, Bořek Šípek, Jasper Morrison, Antonio Citterio, Michele De Lucchi und Ron Arad.

Wilkinson Sword Ltd Cramlington, Northumberland, NE23 8AW. Produziert Entwürfe von Kenneth Grange.

Zanotta SpA via Vittorio Veneto, 57, 20054 Nova Milanese (Mailand), Italien. Produziert Entwürfe von Achille Castiglioni und Marco Zanuso.

Museen und Design-Sammlungen

Museen und Sammlungen, die Exponate von Designobjekten des 20. Jahrhunderts besitzen. Wenn nicht anders erwähnt, besitzen die folgenden Institutionen allgemeine Sammlungen zu den Themen Gebrauchskunst und Design.

Australien

National Gallery of Victoria, Melbourne.

Powerhouse Museum, Sydney.

Belgien

Musée Royaux d'Art et d'Histoire, Brüssel;
Spezialsammlung zu Gebrauchskunst und Design im Stil des Art nouveau.

Museum voor Sierkunst en Vormgeving, Ghent;
beherbergt Sammlungen zu Art nouveau und Art déco, außerdem Werke von Le Corbusier und Möbel, Glas, Töpferwaren und Textilien (bis zur Gegenwart).

Dänemark

Museum of Decorative Arts, Copenhagen;
Sammlung zu Industriedesign im 20. Jahrhundert.

Holmegaard Museum, Fensmark;
Glasmuseum.

Deutschland

Bauhaus-Archiv, Museum für Gestaltung, Berlin;
Spezialmuseum zur Geschichte des Bauhauses, zeigt Keramik, Textilien und Möbel sowie industriell gefertigte Produkte, die in den Bauhaus-Werkstätten entstanden.

Bauhaus Museum, Kunstsammlungen zu Weimar;
der Schwerpunkt der Ausstellung liegt auf den Weimarer Jahren (1919–1925) des Bauhauses.

Deutsches Technik Museum, Berlin;
zeigt Design aus den Bereichen Haushalt, Telekommunikation, Computer, Fotografie, Flugzeugtechnik und Transport.

Kunstgewerbemuseum, Berlin.

Kunstmuseum, Düsseldorf;
besitzt eine umfangreiche Sammlung von Glas im Stil des Art nouveau, aktuelle Glaskunst sowie Sammlungen zu Gebrauchskunst und Industriedesign im 20. Jahrhundert.

Museum für Angewandte Kunst, Köln.

Museum für Industriekultur, Nürnberg;
Spezialmuseum für Industriedesign.

Museum für Kunst und Gewerbe, Hamburg;
umfangreiche Sammlung von Art nouveau, darunter viele Objekte, die bei der Pariser Weltausstellung von 1900 gezeigt wurden. Darüber hinaus beherbergt das Museum viele Exponate von Gebrauchskunst des 20. Jahrhunderts.

Museum für Kunsthandwerk, Frankfurt am Main.

Die Neue Sammlung – Staatliches Museum für Angewandte Kunst, München;
größtes existierendes Museum zum Thema Industriedesign, führend in den Bereichen Gebrauchskunst und Design im 20. Jahrhundert.

Ulmer Museum, Ulm;
zeigt Werke aus dem Umfeld der Ulmer Hochschule für Gestaltung.

Vitra Design Museum, Weil am Rhein;
umfangreiche Sammlung von modernem Möbeldesign, darunter viele Werke von Ray und Charles Eames.

Finnland

Arabia Museum, Helsinki;
Keramikmuseum.

Alvar Aalto Museum, Jyvaskyla;
Schwerpunkt der Sammlung auf dem Werk Alvar Aaltos.

Finnish Glass Museum, Riihimaki.

Glass Museum, Iittala;
Sammlung von Glasdesigns von Alvar Aalto und Kaj Franck produziert von Iittala;
das Museum ist angeschlossen an das Glaswerk.

Museum of Applied Arts, Helsinki.

Frankreich

Centre Georges Pompidou, Paris.

Musée des Arts Décoratifs, Paris.

Musée d'Orsay, Paris;
besitzt Möbel und Gebrauchskunst im Stil des Art nouveau.

Großbritannien

Brighton Museum and Art Gallery;
zeigt Werke im Stil des Art
nouveau und des Art déco.

City Museum and Art Gallery,
Bristol.

Broadfield Glass Museum,
Kingswinford.

Design Museum, London;
vermittelt die Entwicklung des Designs im Zeitalter der Massenproduktion und besitzt wichtige
Exponate zum internationalen
Design der Gegenwart.

Gallery of Modern Art, Glasgow;
Sammlung zur Geschichte des
Designs seit 1945.

Glasgow School of Art;
Entwurf von C. R. Mackintosh.

Hunterian Museum and Art Gallery,
Glasgow;
Spezialsammlung zu C. R.
Mackintosh.

London Transport Museum;
zeigt Entwürfe von Edith Marx und
Douglas Scott.

Manchester City Art Galleries.

Royal Museum of Scotland, Edinburgh.

Ulster Museum, Belfast;
Sammlung zu irischem und inter-
nationalem modernistischem
Design.

Victoria & Albert Museum, London;
umfangreiche Sammlung zum
Design im 20. Jahrhundert,
darunter das Büro, das Frank Lloyd
Wright für Edgar J. Kaufmann
gestaltete.

Wedgwood Museum, Barlaston;
zeigt zahlreiche Wedgwood-
Designs aus dem 20. Jahrhundert.

Whitworth Art Gallery, Manchester;
Spezialsammlung von Tapeten und
Textilien.

Italien

Museo della Ceramica, Laveno
Mombello.

Museo di Doccia, Florenz.

Museo Internazionale della
Ceramiche, Faenza.

Museo della Scala, Mailand.

Museo del Tessuto, Prato.

Kanada

Musée des Arts Décoratifs, Montreal.

Niederlande

van Abbe Museum, Eindhoven.

Boymans-van Beuningen Museum,
Rotterdam.

Rietveld-Schröder-Haus,
Centraal Museum, Utrecht;
ein Beispiel für Architektur und
Innenausstattung im Stil des
De Stijl, 1924 entworfen von
Gerrit Rietveld.

Nai Nederlands Architectuurinstituut,
Rotterdam;
das Architekturmuseum beherbergt
eine Abteilung zu Möbeldesign.

Stedelijk Museum, Amsterdam.

Norwegen

Kunstindustrimuseet, Oslo. Sammlung
zum Thema Industriedesign.

Nasjonalgalleriet, Oslo.

Nordenfjeldske Kunstindustrimuseum,
Trondheim. Sammlung zum Thema
Industriedesign.

Österreich

Galerie Metropole, Wien.

Historisches Museum der Stadt, Wien.

Österreichisches Museum für
Angewandte Kunst, Wien.

Schweden

Archive for Swedish Design, Kalmar

Nationalmusem, Stockholm

Gustavsberg Museum, Gustavsberg
Devoted to ceramics.

Orrefors Glass Museum, Orrefors

Röhsska Konstslöjdmuseet,
Gothenburg

Tekniska Museet, Stockholm

Vereinigte Staaten

Art Institute of Chicago.

Brooklyn Museum of Art, New York.

Busch-Reisinger Museum, Harvard
University, Cambridge, MA;
beherbergt zahlreiche Exponate
zum Design im 20. Jahrhundert und
das Walter-Gropius-Archiv.

Cooper-Hewitt, National Museum of
Design, New York.

Corning Museum of Glass, Corning,
New York;
das Museum, untergebracht im
Gebäude des Herstellers Steuben,
besitzt eine umfangreiche
Sammlung zur Geschichte des
Glasdesigns.

Denver Art Museum;
Spezialmuseum zum Design im
20. Jahrhundert.

Huntington Art Gallery, San Marino,
CA; zeigt Möbel und dekorative
Objekte bis 1930.

Metropolitan Museum of Art,
New York;
umfangreiche Designsammlung.

Museum of Fine Arts, Boston.

Museum of Modern Art, New York.

Philadelphia Museum of Art.

Radio City Music Hall, New York;
Innenausstattung im Stil des Art
déco von Donald Deskey.

Studebaker National Museum, Indiana;
zeigt unter anderem das Werk von
Raymond Loewy.

Index

Dank und Bildnachweis

Die Autorin dankt Barbara Berry vom Royal College of Art, den Lehrbeauftragten und Studenten des Seminars zur Geschichte des Designs, einer gemeinsamen Veranstaltung des Victoria & Albert College mit dem Royal College, John Small und den Mitarbeitern des Verlags Mitchell Beazley. Der Dank des Verlags geht an Frankie Leibe, Jane Royston, Kirsty Seymour-Ure, Emma Shackleton und Sarah Yates. Sie alle leisteten einen unschätzbaren Beitrag zur Entstehung dieses Buches.

Der Verlag dankt für die Abdruckerlaubnis der Photos.

Als Abkürzungen wurden verwendet: **l.** (links), **r.** (rechts), **u.** (unten), **o.** (oben) und **m.** (in der Mitte).

Titelphoto: Ron Arad Associates (Photo von Armin Linke); **Umschlagrückseite: o.** Verner Panton, **m.** Bridgeman Art Library (Private Collection/DACS 1998), **u.** Studio De Lucchi; **Klappe hinten:** Reed International Books Limited (Tommy Candler)
7 Herman Miller, Inc; **11** AKG, London; **12o.** Philippe Garner, **u.** Angelo Hornak; **13o.l.** AKG, London, **o.r.** Sotheby's Picture Library, **u.** Victoria & Albert Museum; **14o.** Philippe Garner, **u.** Christie's Images; **15o.** Philippe Garner, **u.** Christie's Images; **16o.** Philippe Garner, **u.** Vitra Design Museum; **17o.l.** E.T. Archive, **o.r.** Sotheby's Picture Library, **u.** Christie's Images; **18o.** Sotheby's Picture Library (Cecil Beaton), **u.** Elsie de Wolfe (»The House in Good Taste«, The Century Co, New York, 1916); **19o.** Derry Moore, **u.** Elsie de Wolfe (»The House in Good Taste«, The Century Co, New York, 1916); **20o.** Collection Kharbine-Tapabor, **u.** Collection Kharbine-Tapabor; **21o.l.** Scope (Noel Hautemaniere), **o.r.** Christie's Images, **u.r.** Christie's Images; **22** Christie's Images; **23o.** Philippe Garner, **u.** Bridgeman Art Library (Giraudon/Musée Carnavalet, Paris), **m.** Collection Kharbine-Tapabor (©ADAGP, Paris und DACS, London 1988); **24o.** The Frank Lloyd Wright Archives, **u.l.** Cassina S.P.A. (Romano Fotografie. ARS, NY und DACS, London 1998), **u.r.** Christie's Images (ARS, NY und DACS, London 1998); **25o.l.** Paul Rocheleau, **o.r.** Christie's Images (ARS, NY und DACS, London 1998), **u.** Cassina S.P.A. (Andrea Zani. ARS, NY und DACS, London 1998); **26o.** Glasgow School of Art Collection, **u.** Christie's Images; **27o.** Christie's Images, **u.** The Glasgow Picture Library; **28o.** Hunterian Art Gallery, University of Glasgow (Mackintosh Collection, Mark Fiennes), **u.** Bridgeman Art Library (The Fine Art Society, London); **29o.l.** The Glasgow Picture Library, **o.r.** The Glasgow Picture Library, **u.** Glasgow School of Art Collection; **30o.** AKG, London, **u.** G. M. Pfaff AG (DACS 1998); **31o.l.** AEG Hausgeräte GmbH (DACS 1998), **o.r.** Sotheby's Picture Library (DACS 1998), **u.** Sotheby's Picture Library (DACS 1998); **32o.** Sotheby's Picture Library (DACS 1998), **u.** Sotheby's Picture Library (DACS 1998); **33 l.** AKG, London, **r.** AKG, London; **34** Philippe Garner, **o** Bridgeman Art Library (Österreichische Nationalbibliothek, Wien), **u.** Vitra Design Museum; **35 l.** AKG, London (Österreichisches Museum für angewandte Kunst), **r.** Philippe Garner; **36o.** Angelo Hornak, **u.** Christie's Images; **37o.** Victoria & Albert Museum, **u.** Philippe Garner; **38o.** Christie's Images, **u.** Sotheby's Picture Library; **39o.l.** Philippe Garner, **o.r.** Christie's Images, **u.** Sotheby's Picture Library; **43** Sotheby's Picture Library; **44** Christie's Images (ADAGP, Paris und DACS, London 1998), **o.** Roger-Viollet, **u.** Christie's Images (ADAGP, Paris und DACS, London 1998); **45o.** Christie's Images (ADAGP, Paris und DACS, London 1998), **u.** Sotheby's Picture Library (ADAGP, Paris und DACS, London 1998); **46o.** Philippe Garner, **u.** Christie's Images; **47o.** Philippe Garner, **u.** Bridgeman Art Library (Private Collection); **48o.** Victoria & Albert Museum, **u.** Bridgeman Art Library (Private Collection); **49o.** Sotheby's Picture Library, **u.** Vitra Design Museum; **50o.** Roger-Viollet, **u.** Christie's Images; **51o.l.** Philippe Garner, **o.r.** Christie's Images, **u.** Christie's Images; **52o.** Jean-Loup Charmet, **o.l.** Roger-Viollet, **u.** Philippe Garner; **53o.r.** Jean-Loup Charmet, **u.** Philippe Garner; **54o.** Sotheby's Picture Library (Cecil Beaton), **u.** National Monuments Record (Crown copyright); **55o.l.** Derry Moore, **o.r.** The Conde Nast Publications Ltd (Anthony Denney), **u.r.** Philippe Garner; **56o.** Svenskt Tenn (Lennart Nilsson), **u.** Vitra Design Museum; **57o.l.** AKG, London, **o.r.** Svenskt Tenn, **u.** Svenskt Tenn; **58o.** Svenskt Tenn, **u.** Svenskt Tenn; **59r.** Svenskt Tenn, **o.l.** Svenskt Tenn; **60o.** The Wedgwood Museum, **u.** WORSHIPFUL COMPANY OF GOLDSMITHS; **61** The Wedgwood Museum, **o.** Broadfield House Glass Museum, **u.** The Wedgwood Museum; **62o.** Corbis UK Ltd (Bettman/UPI), **u.** Christie's Images; **63** Christie's Images, **o.** Corbis UK Ltd, **u.** Christie's Images; **64o.** Rud. Rasmussens Snedkerier Aps, **u.** DANSKE KUNSTINDUSTRIMUSEET (Ole Woldbye); **65o.l.** Le Klint, **o.r.** DANSKE KUNSTINDUSTRIMUSEET (Ole Woldbye), **u.** Rud. Rasmussens Snedkerier Aps; **66o.** AB Gustavsberg, **u.** Victoria & Albert Museum; **67o.** Nordiska Museet, **u.** Statens Konstmuseer; **68o.** Victoria & Albert Museum, **u.l.** Victoria & Albert Museum, **u.r.** AB Gustavsberg; **69o.**

Statens Konstmuseer, **u.** Victoria & Albert Museum; **70o.** AB Orrefors Glasbruk, **u.** Svenskt Tenn; **71o.l.** Nordiska Museet, **o.r.** Victoria & Albert Museum, **u.** Keramiskt Centrum; **72** Christie's Images, **o.** The Gordon Russell Trust, **u.** Christie's Images; **73o.** The Gordon Russell Trust, **u.** Sotheby's Picture Library; **74o.** artek, **u.** Sotheby's Picture Library; **75o.** Philippe Garner, **u.** Artek; **76o.** Iittala, **u.l.** Vitra Design Museum, **u.r.** Artek; **77o.** Corbis UK Ltd (Bettmann/UPI), **u.** Artek; **78o.** Heals, **u.l.** Vitra Design Museum, **u.r.** Christie's Images; **79o.** Philippe Garner, **u.** Victoria & Albert Museum; **80o.** Mathsson International AB, **u.** Mathsson International AB; **81o.** Mathsson International AB, **u.** Mathsson International AB; **82o.** The Royal Society for the encouragement of Arts, Manufactures and Commerce, London (The Faculty of Royal Designers for Industry), **u.l.** Royal Mail, **u.r.** Enid Marx; **83o.l.** London Transport Museum, **o.r.** The Whitworth Art Gallery, University of Manchester; **87** AKG, London; **88** BAUHAUS-ARCHIVE, **o.** BAUHAUS-ARCHIVE, **u.** Rosenthal; **89o.** BAUHAUS-ARCHIVE, **u.** AKG, London; **90o.** AKG, London, **u.** Victoria & Albert Museum; **91o.** AKG, London, **u.l.** AKG, London (DACS 1997), **u.r.** Victoria & Albert Museum (DACS 1998); **92o.** BAUHAUS-ARCHIVE, **u.l.** Knoll (The Mies van der Rohe Collection, Tubular Brno Chair, Knoll), **u.r.** Christie's Images (DACS 1998); **93o.** Esto Photographics (Scott Frances), **u.** AKG, London (Erich Lessing); **94u.** Cassina S.P.A. (Oliviero Venturi. ADAGP, Paris und DACS, London 1998), **o.** Charlotte Perriand (Pierre Jeanneret); **95o.** Fondation Le Corbusier, **u.** Charlotte Perriand (Pierre Jeanneret. ADAGP, Paris und DACS, London 1998); **96o.** Fondation Le Corbusier, **u.** Cassina S.P.A. (Mario Carrieri. ADAGP, Paris und DACS, London 1998) **97o.** Cassina S.P.A. (Oliviero Venturi. ADAGP, Paris und DACS, London 1998), **u.l.** Hulton Getty Picture Collection, **u.r.** Christie's Images (ADAGP, Paris und DACS, London 1998); **98o.** Centraal Museum Utrecht (Rietveld Schroder Archive/DACS 1998), **u.** Christie's Images (DACS 1998); **99o.** Centraal Museum Utrecht (DACS 1998), **u.** Reed Consumer Books Ltd. (DACS 1998); **100o.** Cassina S.P.A. (DACS 1998), **u.** Christie's Images (DACS 1998); **101o.** Sotheby's Picture Library (DACS 1998), **u.** Centraal Museum Utrecht (Rietveld Schröder Archive/Jannes Finders/DACS 1998); **102o.** Stedelijk Van Abbe Museum, Eindhoven, **u.** Christie's Images (DACS 1998); **103o.** Stedelijk Van Abbe Museum, Eindhoven (DACS 1998), **u.l.** CHRISTIE'S IMAGES (DACS 1998), **u.r.** Bridgeman Art Library (Private Collection / DACS 1998); **104o.** Society for Cooperation in Russian & Soviet Studies, **u.l.** Society for Cooperation in Russian & Soviet Studies, **u.r.** Society for Cooperation in Russian & Soviet Studies; **105o.** AKG, London (Moskau, Lenin Library, Erich Lessing), **u.** Christie's Images; **106o.** BAUHAUS-ARCHIVE (DACS 1998), **u.** Sotheby's Picture Library (DACS 1998); **107** Officina Alessi (DACS 1998), **o.** Sotheby's Picture Library (DACS 1998), **u.** Christie's Images (DACS 1998); **108o.** BAUHAUS-ARCHIVE, **u.l.** Victoria & Albert Museum, **u.r.** Philippe Garner; **109o.** BAUHAUS-ARCHIVE, **u.** AKG, London; **110o.** Victoria & Albert Museum, **u.l.** Victoria & Albert Museum, **u.r.** Sotheby's Picture Library; **111** Pedro E. Guerrero; **112o.** Victoria & Albert Museum, **u.** BAUHAUS-ARCHIVE (Erich Consemüller); **113** Victoria & Albert Museum, **o.** BAUHAUS-ARCHIVE, **u.** Christie's Images; **114o.** Centro Studio Giuseppe Terragni, **u.** Centro Studio Giuseppe Terragni; **115o.** Centro Studio Giuseppe Terragni; **116o.** Corbis UK Ltd (Bettmann / UPI), **u.** Corning Museum of Glass (Copyright 1985, Steuben); **117** Advertising Archives, **o.** Henry Ford Museum und Greenfield Village, **u.** CHRISTIE'S IMAGES; **118** Corbis UK Ltd (Library of Congress); **119o.l.** Statens Konstmuseer, **o.r.** Corbis UK Ltd (Library of Congress), **u.r.** Corbis UK Ltd (Bettmann), **u.l.** E.T. Archive; **120** Corbis UK Ltd (Bettmann/UPI), **o.** AKG, London; **121o.l.** AKG, London, **o.r.** AKG, London; **122o.l.** AKG, London, **o.r.** AKG, London; **122u.l.** AKG, London; **123** AKG, London; **124o.** Design Council/DHRC, University of Brighton, **u.** Victoria & Albert Museum; **125o.l.** Philippe Garner, **o.r.** Royal Institute of British Architects, **u.** Royal Institute of British Architects; **126o.** Design Council/DHRC, University of Brighton (Leonard G. Taylor, AIBP), **u.l.** Royal Institute of British Architects, **u.r.** Victoria & Albert Museum; **127u.r.** Royal Institute of British Architects; **128o.** Corbis UK Ltd (Bettmann/UPI), **u.** Reed Consumer Books Limited; **129o.l.** Syracuse University, The George Arents Research Library for Special Collections, **o.r.** Syracuse University, The George Arents Research Library for Special Collections, **u.** Syracuse University, The George Arents Research Library for Special Collections; **130o.** Corbis UK Ltd (Bettmann/UPI), **u.l.** AKG, London, **u.r.** Advertising Archives; **131o.** Julius Shulman, **u.** The Thermos Company; **132o.** SAAB, **u.** SAAB; **133o.** SAAB, **u.l.** SAAB, **u.r.** CHRISTIE'S IMAGES; **137** Herman Miller, Inc; **138o.** Archivio Gio Ponti, **u.** Agenzia Fotografica Luisa Ricciarini, Mailand; **139** Index, **o.** Agenzia Fotografica Luisa Ricciarini, Milan; **140o.** Index, **u.** Christie's Images; **141o.** Archivio Gio Ponti, **u.** Reed Consumer Books Limited (Ian Booth); **142** Fritz Hansen, **o.** Fritz Hansen, **u.** Reed Consumer Books Limited; **143o.l.** Royal Copenhagen (Georg Jensen Silversmiths), **o.r.** Fritz Hansen;